Andreas Maercker
Simon Forstmeier
(Hrsg.)

Der Lebensrückblick in Therapie und Beratung

Mit 15 Abbildungen und 9 Tabellen

Prof. Dr. Dr. Andreas Maercker
Universität Zürich
Schweiz

Dr. rer. nat. Simon Forstmeier
Universität Zürich
Schweiz

ISBN-13 978-3-642-28198-3   ISBN 978-3-642-28199-0 (eBook)
DOI 10.1007/978-3-642-28199-0

Die Deutsche Nationalbibliothek verzeichnet diese Publikation in der Deutschen Nationalbibliografie; detaillierte bibliografische Daten sind im Internet über http://dnb.d-nb.de abrufbar.

SpringerMedizin
© Springer-Verlag Berlin Heidelberg 2013

Dieses Werk ist urheberrechtlich geschützt. Die dadurch begründeten Rechte, insbesondere die der Übersetzung, des Nachdrucks, des Vortrags, der Entnahme von Abbildungen und Tabellen, der Funksendung, der Mikroverfilmung oder der Vervielfältigung auf anderen Wegen und der Speicherung in Datenverarbeitungsanlagen, bleiben, auch bei nur auszugsweiser Verwertung, vorbehalten. Eine Vervielfältigung dieses Werkes oder von Teilen dieses Werkes ist auch im Einzelfall nur in den Grenzen der gesetzlichen Bestimmungen des Urheberrechtsgesetzes der Bundesrepublik Deutschland vom 9. September 1965 in der jeweils geltenden Fassung zulässig. Sie ist grundsätzlich vergütungspflichtig. Zuwiderhandlungen unterliegen den Strafbestimmungen des Urheberrechtsgesetzes.

Produkthaftung: Für Angaben über Dosierungsanweisungen und Applikationsformen kann vom Verlag keine Gewähr übernommen werden. Derartige Angaben müssen vom jeweiligen Anwender im Einzelfall anhand anderer Literaturstellen auf ihre Richtigkeit überprüft werden.

Die Wiedergabe von Gebrauchsnamen, Warenbezeichnungen usw. in diesem Werk berechtigt auch ohne besondere Kennzeichnung nicht zu der Annahme, dass solche Namen im Sinne der Warenzeichen- und Markenschutzgesetzgebung als frei zu betrachten wären und daher von jedermann benutzt werden dürfen.

Planung: Monika Radecki, Heidelberg
Projektmanagement: Sigrid Janke, Heidelberg
Lektorat: Dörte Fuchs, Freiburg
Projektkoordination: Cécile Schütze-Gaukel, Heidelberg
Umschlaggestaltung: deblik Berlin
Fotonachweis Umschlag: © victor zastol'skiy/fotolia.com
Herstellung: Crest Premedia Solutions (P) Ltd., Pune, India

Gedruckt auf säurefreiem und chlorfrei gebleichtem Papier

Springer Medizin ist Teil der Fachverlagsgruppe Springer Science+Business Media
www.springer.com

Vorwort

Dieses Buch möchte Ihnen eine bisher eher weniger bekannte Form der Therapie und Beratung nahebringen: die vielfältigen Interventionen des Lebensrückblicks, die auch unter den Bezeichnungen »Reminiszenz«, »Biografiearbeit« oder »Erinnerungsarbeit« bekannt sind. Während wohl alle anderen Psychotherapieformen von Medizinern oder Psychologen aus den großen therapeutischen Schulrichtungen entwickelt wurden, geht der Lebensrückblick als Interventionstechnik auf den Internisten und Gerontologen Robert N. Butler zurück, der in den 1960er-Jahren die Grundlagen für diese Interventionsform legte. Seither steigt die Zahl der Therapeuten und Berater, die sich weltweit mit dieser Technik – oft in Ergänzung zu anderen Techniken – beschäftigen, und dies mit vergleichsweise großem Erfolg, wie Studie über Studie belegt.

Es gibt zwei mögliche Missverständnisse, die am besten schon an dieser Stelle angesprochen werden: »Lebensrückblick – der ist doch sowieso Bestandteil aller Therapieformen.« Und: »Lebensrückblick – das ist nur etwas für Ältere.« Die Lebensrückblicksformen, die in diesem Buch vorgestellt werden, unterscheiden sich recht grundlegend vom üblichen Einbezug der Lebensgeschichte in eine Therapie oder Beratung, egal ob diese das zentrale Material darstellt wie in einer Psychoanalyse oder den anamnestischen Hintergrund – beispielsweise für eine Verhaltenstherapie – bildet. Denn die hier vorgestellten Lebensrückblicksformen sind hoch strukturiert, sodass bereits das Berichten und gemeinsame Besprechen eine Verbesserung des Wohlbefindens und des eigenen Identitätsmanagements bewirken können. Wie man diese Interventionen durchführt, beschreibt dieses Buch.

Dass Lebensrückblick oder Biografiearbeit nicht nur etwas für Ältere ist, hat sich in der Psychologie, in Beratung und Therapie bisher leider noch nicht weit genug herumgesprochen. Selbst Kinder und Jugendliche ziehen einen therapeutischen oder sozialpädagogischen Nutzen daraus, dass sie sich in strukturierter Weise, oft mit zusätzlichen Hilfsmitteln, mit der eigenen Biografie auseinandersetzen. Im mittleren Lebensalter gibt es bereits viele Angebote, mithilfe des Lebensrückblicks schwere Erkrankungen psychisch zu bewältigen. Wir meinen, dass über die Spanne des Erwachsenenalters noch viele weitere Anwendungsfelder für den Lebensrückblick und die Biografiearbeit zu erschließen sind, beispielsweise in Lebenskrisen, bei Depressionen oder Traumafolgestörungen. Das höhere Lebensalter soll allerdings auch nicht beiseitestehen: Hier haben Lebensrückblicksinterventionen für viele Personengruppen, einschließlich Menschen mit beginnender, moderater oder fortgeschrittener Demenzerkrankung, jeweils spezifische Verbesserungen des Wohlbefindens erbracht.

Wir freuen uns, dass für dieses Buch eine Reihe erfahrener internationaler und deutschsprachiger Fachleute gewonnen werden konnten. So sind die *grand old lady* des therapeutischen Lebensrückblicks, Barbara B. Haight, und ihr Mann Barrett S. Haight mit einem Beitrag zum Thema »Lebensrückblick und Demenz« vertreten. Anne Margriet Pot und Iris van Asch berichten über den in den Niederlanden inzwischen recht häufig angebotenen Lebensrückblick in Gruppen. Bruce Rybarczyk und Kollegen beschreiben ihre in den USA schon seit Langem eingesetzten Tools zur Stressreduktion und Selbstwirksamkeitssteigerung.

Dieses Buch ist in drei Teile gegliedert. Im ersten Teil werden von Andreas Maercker, Andrea Horn, Martin Pinquart und Simon Forstmeier die Grundlagen des Lebensrückblicks dargestellt: seine psychologischen Hintergründe, seine verschiedenen Formen und seine Wirksamkeit. Im zweiten Teil werden als Einsatzbereiche die Wohlbefindenssteigerung (Bruce Rybarczyk und Kollegen), Anpassungsstörungen (Simon Forstmeier), Depression (Christine Szkudlarek-Althaus und Katja Werheid), Traumafolgestörungen (Christine Knaevelsrud und Kollegen) und Demenz (Barbara und Barrett Haight) beschrieben. Schließlich folgen im dritten Teil spezifische Techniken: Lebensrückblick als Modul eines Computerprogramms (Barbara Preschl), Lebensrückblick in der Gruppe (Anne Margriet Pot und Iris van Asch) sowie Techniken der Visualisierung und Verbalisierung (Wolfgang Jänicke und Simon Forstmeier).

Alle Autorinnen und Autoren haben ihr Material so aufzubereiten versucht, dass es für Sie als Berater oder Therapeutin unmittelbar praktisch nutzbar ist. Wir hoffen, Ihr therapeutisches und beraterisches Repertoire durch diese Praxisorientierung zu bereichern.

Zum Schluss noch ein sprachlicher Hinweis: Nach reiflicher Überlegung haben wir uns entschlossen, aus Gründen der Kürze und besseren Lesbarkeit im Allgemeinen das generische Maskulinum zu verwenden. Selbstverständlich sind Patientinnen, Gruppenteilnehmerinnen, Klientinnen, Therapeutinnen und Leserinnen dann stets mit gemeint und mit angesprochen.

Als Herausgeber möchten wir uns an dieser Stelle bei allen Autorinnen und Autoren bedanken, die sich trotz vielfältiger anderer Aufgaben zum Schreiben eines Beitrags bereit erklärt haben. Die kollegiale und effiziente Zusammenarbeit hat uns große Freude gemacht. Den Übersetzern der drei englischsprachigen Originalkapitel, Marie-Luise Herrmann, David Altenstein und Tobias Krieger, danken wir für ihre wunderbaren Übertragungen in die deutsche Sprache. Für die professionelle und immer freundliche Betreuung dieses Buchprojekts gilt den Mitarbeiterinnen und Mitarbeitern des Springer-Verlags, allen voran Monika Radecki, Sigrid Janke und der Lektorin Dörte Fuchs, unserer besonderer Dank.

Andreas Maercker und Simon Forstmeier
Zürich, im Mai 2012

Die Herausgeber

Prof. Dr. Dr. Andreas Maercker
Psychotherapeut und Professor für Psychopathologie und Klinische Intervention an der Universität Zürich.

1986 Promotion zum Doktor der Medizin an der Humboldt-Universität Berlin und Approbation, 1987 Abschluss des Psychologiestudiums. Promotion in Psychologie am Max-Planck-Institut für Bildungsforschung. Bis 1998 Oberassistent am Lehrstuhl für Klinische Psychologie und Psychotherapie der TU Dresden. Seit 2004 Facharzt für Psychosomatische Medizin und Psychotherapie. Nach beruflichen Stationen in San Francisco, Zürich und Trier seit 2005 Lehrstuhlinhaber und Fachrichtungsleiter an der Universität Zürich. Professor Maercker beschäftigt sich insbesondere mit Traumafolgestörungen, der klinischen Psychologie der Lebensspanne und der Anwendung der neuen Medien in der Psychotherapie und Intervention. Er hat – teilweise mit Mitautoren – verschiedene Therapiebücher und -manuale für die posttraumatische Belastungsstörung und die Alterspsychotherapie vorgelegt. Für die Weltgesundheitsorganisation leitet er die Arbeitsgruppe zur Revision der trauma- und stressbezogenen Störungen im Rahmen der ICD-11.

Dr. rer. nat. Simon Forstmeier
Psychologischer Psychotherapeut und Oberassistent an der Universität Zürich.

Von 1994 bis 2001 Studium der Psychologie in Darmstadt und Warwick (UK). Mehrjährige Tätigkeit in der Psychosomatischen Klinik St.-Franziska-Stift, Bad Kreuznach. 2004 Promotion an der Universität Trier. 2005 Approbation zum Psychologischen Psychotherapeuten. Seit 2005 wissenschaftlicher Assistent, seit 2006 Oberassistent an der Universität Zürich, Koordinator des Ambulatoriums für Psychotherapie des Lehrstuhls Psychopathologie und Klinische Intervention. Ausbilder an verschiedenen Psychotherapie-Ausbildungsstätten. Präsident der Schweizerischen Fachgesellschaft für Gerontopsychologie. Forschungsschwerpunkte: Klinische Gerontopsychologie und Alterspsychotherapie; motivationale Reservekapazität bei Alzheimer-Demenz; Stressreaktionssyndrome im Alter; motivationale und volitionale Prozesse in der Psychotherapie.

Inhaltsverzeichnis

I Grundlagen 1

1 Sicherinnern und Lebensrückblick: Psychologische Grundlagen 3
Andreas Maercker und Andrea B. Horn

1.1	Das autobiografische Gedächtnis.	4
1.1.1	Gedächtnispsychologische Modelle und Konzepte	4
1.1.2	Schematheorien und Erinnerungen	6
1.2	Erinnern und Erzählen.	7
1.3	Erinnerungsstile und ihre Erforschung	9
1.4	Aufgaben und Funktionen des Erinnerns über die Lebensspanne	11
1.4.1	In welchem Lebensalter erinnert man sich besonders gern und häufig?	11
1.4.2	Die Erikson'schen Entwicklungsaufgaben und die Funktionen des Erinnerns	13
1.4.3	Altersgruppenvergleiche der Funktionen von lebensgeschichtlicher Erinnerung	15
1.4.4	Besondere Funktionen des Lebensrückblicks bei älteren Menschen	16
1.5	Sicherinnern und Wohlbefinden.	19
	Literatur.	21

2 Formen des Lebensrückblicks 25
Andreas Maercker

2.1	Einleitung und Überblick.	26
2.2	Nichttherapeutische Formen des Lebensrückblicks.	26
2.2.1	Autobiografien.	26
2.2.2	Oral-History-Interviews.	27
2.3	Sozialpädagogische Formen	29
2.3.1	Erinnerungsarbeit mit Kindern und Jugendlichen	29
2.3.2	Biografiearbeit mit Jugendlichen.	29
2.4	Therapeutische und soziotherapeutische Formen	31
2.4.1	Einfaches Erinnern (Reminiszieren)	31
2.4.2	Biografiearbeit	31
2.4.3	Die psychotherapeutische Hauptform: Lebensrückblickstherapie	32
2.5	Erinnern und Zeugnisablegen als Therapie	36
2.6	Besondere Inhaltstypen des Lebensrückblicks, an Beispielen erläutert	38
2.6.1	Anklagen und Verbitterung: Das Buch Hiob	38
2.6.2	Selbstenthüllungen: Anonyma. Eine Frau in Berlin.	39
2.6.3	Selbststilisierungen: Lebensberichte des Künstlers Joseph Beuys.	40
2.6.4	Selbstgefälliges und Geschöntes: Geständnisse des Hochstaplers Gert Postel	42
2.7	Ausblick.	43
	Literatur.	44

3 Wirksamkeitsforschung 47
Martin Pinquart und Simon Forstmeier

3.1	Vorüberlegungen	48
3.2	Ergebnisse bisheriger Metaanalysen	49
3.3	Die vorliegende Metaanalyse.	50
3.3.1	Methodisches Vorgehen	50
3.3.2	Mittlere Wirksamkeit der Reminiszenz	53

3.3.3	Einflüsse von Studienmerkmalen	56
3.4	Zusammenfassende Diskussion	61
	Literatur	62

II Einsatzbereiche ... 65

4 Lebensrückblick zur Wohlbefindenssteigerung ... 67
Bruce Rybarczyk, Andrea Shamaskin und Albert Bellg

4.1	Arten von Reminiszenzen	68
4.2	Reminiszenz und narrative Therapien	70
4.3	Lebensrückblicksinterview: Neun Prozessziele	70
4.4	Die drei Teile des Lebensrückblicksinterviews	73
4.4.1	Die Anfangsphase	73
4.4.2	Die mittlere Phase	74
4.4.3	Die Endphase	75
4.5	Das Lebensherausforderungsinterview	76
4.5.1	Die Aufmerksamkeit auf Herausforderungen lenken	76
4.5.2	Stärken und Ressourcen hervorheben	77
4.5.3	Überdauernde Schlüsselstärken und -ressourcen zusammenfassen	78
4.6	Wirksamkeit des Lebensrückblicksinterviews in Bezug auf die Wohlbefindenssteigerung	78
4.7	Zusammenfassung	80
4.8	Anhang A: Fragen für das Lebensrückblicksinterview	81
4.9	Anhang B: Fragen für das Lebensherausforderungsinterview	82
	Literatur	84

5 Lebensrückblick bei Anpassungsproblemen und Lebenskrisen ... 85
Simon Forstmeier

5.1	Anpassungsstörungen und Lebenskrisen	86
5.1.1	Diagnosekriterien	86
5.1.2	Störungsmodell	88
5.2	Behandlung von Anpassungsstörungen	89
5.3	Lebensrückblick zur Bewältigung kritischer Lebensereignisse	92
5.3.1	Funktionen eines Lebensrückblicks bei Anpassungsstörungen	92
5.3.2	Fokusse eines Lebensrückblicks bei Anpassungsstörungen	93
5.4	Programme für spezifische Patientengruppen	96
5.4.1	Bewältigung von Operationen und anderen medizinischen Eingriffen	96
5.4.2	Anpassung nach einem Schlaganfall	96
5.4.3	Identitätsfindung als Adoptiv- oder Pflegekind	97
5.4.4	Leben mit einem psychisch kranken Partner	99
5.4.5	Anpassung an den Verlust einer Person	100
5.4.6	Anpassung an eine neue Wohnumgebung	101
5.4.7	Leben mit einer Krankheit, die zum Tod führt	102
	Literatur	104

6 Lebensrückblicksinterventionen bei Depression ... 107
Christine Szkudlarek-Althaus und Katja Werheid

6.1	Indikation von Lebensrückblicksinterventionen bei Depression	108

6.2	**Wirksamkeitsnachweise bei Depression**	110
6.2.1	Wirksamkeitsstudien	110
6.2.2	Spezifische Aspekte der Wirksamkeit	111
6.3	**Einsatz von Lebensrückblicksinterventionen im Therapieverlauf**	112
6.4	**Mögliche Schwierigkeiten und Lösungsstrategien**	115
6.5	**Fallbeispiel**	116
	Literatur	118
7	**Lebensrücksblickstherapie bei Traumafolgestörungen**	121
	Christine Knaevelsrud, Philipp Kuwert und Maria Böttche	
7.1	**Autobiografisches Gedächtnis und das Selbst**	122
7.2	**Gedächtnisphänomene bei PTBS-Patienten**	123
7.2.1	Traumaerinnerungen	123
7.2.2	Nichttraumatische Erinnerungen bei Traumatisierten	125
7.2.3	Kurzzusammenfassung	127
7.3	**Lebensrückblick und biografische Therapieansätze**	127
7.4	**Fallbeispiel**	130
7.5	**Praktische Erfahrungen mit der ITT**	133
7.6	**Fazit**	134
	Literatur	135
8	**Strukturierter Lebensrückblick für Menschen mit Demenz**	139
	Barbara K. Haight und Barrett S. Haight	
8.1	**Die Anfänge des strukturierten Lebensrückblicks**	140
8.2	**Der Ablauf des strukturierten Lebensrückblicks**	141
8.3	**Hauptmerkmale des strukturierten Lebensrückblicks**	142
8.4	**Die Rollen des Patienten und des Therapeuten**	144
8.5	**Lebensrückblick mit Demenzkranken**	145
8.5.1	Erinnerungsarbeit: Projekte für Menschen mit Demenz	146
8.5.2	Modifikation des strukturierten Lebensrückblicks für Demenzkranke	146
8.5.3	Forschung zum strukturierten Lebensrückblick mit Demenzpatienten	148
8.6	**Umgang mit speziellen Herausforderungen bei Demenzpatienten**	148
8.6.1	Umgang mit Wiederholungen beim Lebensrückblick	148
8.6.2	Umgang mit Ängsten und Frustrationen während des Lebensrückblicks	149
8.6.3	Umgang mit dem Mangel an Erinnerungen	150
8.6.4	Durchführung der Integrationssitzungen	151
8.6.5	Weitere Besonderheiten beim Lebensrückblick mit Demenzkranken	151
8.6.6	Die Rolle der Angehörigen	152
8.7	**Zusammenfassung**	152
8.8	**Anhang: Lebensrückblickbogen (Life Review Form)**	153
	Literatur	156
III	**Spezifische Techniken**	159
9	**Lebensrückblick als Modul eines Computerprogramms**	161
	Barbara Preschl	
9.1	**Einsatz Neuer Medien in Lebensrückblicksinterventionen und Biografiearbeit**	162
9.1.1	Einsatz bei älteren Menschen und Menschen mit kognitiven Einschränkungen	163

9.1.2	CIRCA: Erinnerungsanker für Menschen mit kognitiven Einschränkungen.	163
9.2	**Das Butler-System**	164
9.2.1	Leitidee der deutschen Version	164
9.2.2	Module	165
9.2.3	Einsatz des Butler-Systems im therapeutischen Setting	166
9.2.4	Wirksamkeitsstudie	168
	Literatur	169

10 Lebensrückblick für ältere Erwachsene: Ein gruppentherapeutischer Ansatz ... 171
Anne M. Pot und Iris Asch

10.1	Erinnerungsarbeit und Lebensrückblick in der Gruppe	172
10.2	Überblick über das Gruppenprogramm »Auf der Suche nach Sinn«	173
10.3	Beschreibung der Sitzungen	174
10.3.1	»Mein Name«	175
10.3.2	»Gerüche aus der Vergangenheit«	175
10.3.3	»Häuser, in denen ich gelebt habe«	176
10.3.4	»Meine Ressourcen erkennen«	176
10.3.5	»Hände«	177
10.3.6	»Fotos«	178
10.3.7	»Freundschaft«	178
10.3.8	»Ausgleichen positiver und negativer Gedanken und Gefühle«	179
10.3.9	»Wendepunkte«	179
10.3.10	»Wünsche und Sehnsüchte«	180
10.3.11	»Die Zukunft in mir«	180
10.3.12	»Identität«	180
10.4	**Effektivität des Interventionsprogramms »Auf der Suche nach Sinn«**	181
10.4.1	Effektivität der Originalversion für ältere Erwachsene ab 55 Jahren	181
10.4.2	Effektivität der adaptierten Version für ältere Erwachsene in Wohn- und Pflegeheimen	182
10.4.3	Effektivität der adaptierten Version für ältere Erwachsene mit chronischen psychischen Leiden	183
10.5	**Schlussfolgerung**	184
10.6	**Anhang: Gedicht »Alte Hände« (»Oude handen«)**	185
	Literatur	185

11 Techniken der Visualisierung und Verbalisierung ... 187
Wolfgang Jänicke und Simon Forstmeier

11.1	Einführung	188
11.2	Die Lebenslinie	189
11.3	Chronik der Familienlebensereignisse	191
11.4	Das Beziehungsrad	191
11.5	Arbeit mit dem Genogramm	193
11.6	Brief an eine wichtige Bezugsperson	198
11.7	Sieben Säulen	198
11.8	Bilder und andere Erinnerungsgegenstände	199
11.9	Selbstentdeckungs-Wandteppich	200
	Literatur	201

Stichwortverzeichnis ... 203

Verzeichnis der Autoren

Iris van Asch
The Netherlands Institute of Mental Health and Addiction
P.O. Box 725
3500 AS Utrecht
Niederlande
E-Mail: i.asch@trimbos.nl

Albert Bellg, PhD
Appleton Cardiology Associates
1818 North Meade Street
Appleton, WI 54911
USA

Dipl.-Psych. Maria Böttche
Zentrum ÜBERLEBEN
bzfo – Behandlungszentrum für Folteropfer Berlin e.V.
Turmstr. 21
10559 Berlin
E-Mail: m.boettche@bzfo.de

Dr. Simon Forstmeier
Psychologisches Institut,
Abt. Psychopathologie und Klinische Intervention
Universität Zürich
Binzmühlestr. 14/17
8050 Zürich
Schweiz
E-Mail: s.forstmeier@psychologie.uzh.ch

Barbara K. Haight, RNC, DRPH
Prof. em., College of Nursing
Medical University of South Carolina
1710 Ion Ave
Sullivans Island, SC 29482
USA
E-Mail: haightb@musc.edu

Barrett S. Haight, JD
Col., USA, retired
1710 Ion Ave
Sullivans Island, SC 29482
USA
E-Mail: bbhaight@att.net

Dr. Andrea B. Horn
Psychologisches Institut,
Abt. Psychopathologie und Klinische Intervention
Universität Zürich
Binzmühlestr. 14/17
8050 Zürich
Schweiz
E-Mail: a.horn@psychologie.uzh.ch

Wolfgang Jänicke
Am Bagno 8
48301 Nottuln
E-Mail: wolfgang.jaenicke@t-online.de

Prof. Dr. Christine Knaevelsrud
Freie Universität Berlin
Klinische Psychologie u. Psychotherapie
Habelschwerdter Allee 45
14195 Berlin
E-Mail: christine.knaevelsrud@fu-berlin.de

PD Dr. Philipp Kuwert
Klinik für Psychiatrie u. Psychotherapie
der Ernst-Moritz-Arndt-Universität Greifswald
im Hanse-Klinikum Stralsund
Rostocker Chaussee 70
18437 Stralsund
E-Mail: kuwert@uni-greifswald.de

Prof. Dr. Dr. Andreas Maercker
Psychologisches Institut,
Abt. Psychopathologie und Klinische Intervention
Universität Zürich
Binzmühlestr. 14/17
8050 Zürich
Schweiz
E-Mail: maercker@psychologie.uzh.ch

Prof. Dr. Martin Pinquart
Fachbereich Psychologie
Philipps-Universität Marburg
Gutenbergstr. 18
35032 Marburg
E-Mail: pinquart@staff.uni-marburg.de

Prof. Anne M. Pot
Trimbos-Instituut
Da Costakade 45
3521 VS Utrecht
Postbus 725
3500 AS Utrecht
Niederlande
E-Mail: APot@trimbos.nl

Barbara Preschl
Psychologisches Institut,
Abt. Psychopathologie und Klinische Intervention
Universität Zürich
Binzmühlestr. 14/17
8050 Zürich
Schweiz
E-Mail: b.preschl@psychologie.uzh.ch

Bruce Rybarczyk, PhD
Virginia Commonwealth
University
Department of Psychology
806 West Franklin Street
PO Box 842018
Richmond, VA 23284-2018
USA
E-Mail: bdrybarczyk@
vcu.edu

Andrea Shamaskin, MS
Virginia Commonwealth
University
Department of Psychology
806 West Franklin Street
PO Box 842018
Richmond, VA 23284-2018
USA
E-Mail: bdrybarczyk@
vcu.edu

Christine Szkudlarek-Althaus
Liebenwalderstr. 43
13347 Berlin

Prof. Dr. Katja Werheid
Humboldt-Universität zu
Berlin
Institut für Psychologie/
Klinische
Gerontopsychologie
Rudower Chaussee 18
12489 Berlin
E-Mail: werheidk@
hu-berlin.de

Grundlagen

Kapitel 1   Sicherinnern und Lebensrückblick: Psychologische Grundlagen – 3
Andreas Maercker und Andrea B. Horn

Kapitel 2   **Formen des Lebensrückblicks – 25**
Andreas Maercker

Kapitel 3   **Wirksamkeitsforschung – 47**
Martin Pinquart und Simon Forstmeier

Sicherinnern und Lebensrückblick: Psychologische Grundlagen

Andreas Maercker und Andrea B. Horn

1.1	Das autobiografische Gedächtnis – 4	
1.1.1	Gedächtnispsychologische Modelle und Konzepte – 4	
1.1.2	Schematheorien und Erinnerungen – 6	
1.2	Erinnern und Erzählen – 7	
1.3	Erinnerungsstile und ihre Erforschung – 9	
1.4	Aufgaben und Funktionen des Erinnerns über die Lebensspanne – 11	
1.4.1	In welchem Lebensalter erinnert man sich besonders gern und häufig? – 11	
1.4.2	Die Erikson'schen Entwicklungsaufgaben und die Funktionen des Erinnerns – 13	
1.4.3	Altersgruppenvergleiche der Funktionen von lebensgeschichtlicher Erinnerung – 15	
1.4.4	Besondere Funktionen des Lebensrückblicks bei älteren Menschen – 16	
1.5	Sicherinnern und Wohlbefinden – 19	
	Literatur – 21	

Die Psychologie der Erinnerungen und der Gedächtnistätigkeit ist inzwischen zu einem fast unübersichtlich großen Gebiet geworden. Andererseits sind wesentliche Grundzüge inzwischen wissenschaftlich so gut erhärtet, dass es nicht länger um Spekulationen geht. Erinnerungen und Gedächtnis sind eng mit der persönlichen Identität verbunden: »Wir sind, was wir erinnern.« Identität und Selbstkonzept sind damit Themen, die gleichzeitig für die Entwicklungs- und die Persönlichkeitspsychologie relevant sind. Der grundlegende Prozess des Erinnerns wiederum ist ein wichtiges Gebiet der Allgemeinen Psychologie. Außerdem geschehen Identitätsbildung und Erinnerung nicht isoliert innerhalb des Individuums, sondern sind in die Beziehungen zu anderen Menschen eingebettet. Erinnern findet beispielsweise fast überwiegend durch Erzählen statt, und beim Erzählen sind naturgemäß andere Menschen die Adressaten. Daher werden im Folgenden verschiedene Konzepte und Erkenntnisse aus unterschiedlichen Bereichen der Psychologie präsentiert: aus der Kognitiven oder Gedächtnispsychologie, der Entwicklungspsychologie der Lebensspanne, der Persönlichkeits- sowie der Sozialpsychologie.

1.1 Das autobiografische Gedächtnis

In diesem Abschnitt wird der relevante Kenntnisstand der Gedächtnispsychologie zur Struktur und Funktion des autobiografischen Gedächtnisses dargestellt (für umfassendere Darstellungen sei auf Welzer u. Markowitsch 2006 verwiesen). Zusätzlich wird kurz auf Schematheorien zum autobiografischen Wissen eingegangen. Nicht nur in der Allgemeinen Psychologie als dem klassischen Fach für die Erforschung von Gedächtnisphänomenen befasst man sich mit dem Thema des autobiografischen Gedächtnisses, wichtige Beiträge wurden auch von der Entwicklungspsychologie (Piaget 1970/2000) und, darauf aufbauend, von der Klinischen Psychologie geleistet (Young et al. 2008). Im Folgenden soll nach einer kurzen allgemeinen Einführung in die Psychologie des Gedächtnisses auf unterschiedliche Konzepte des autobiografischen Gedächtnisses eingegangen werden.

1.1.1 Gedächtnispsychologische Modelle und Konzepte

Erinnerungen sind als ein gegliedertes Netzwerk von »Erinnerungselementen« zu verstehen. Diese Erinnerungselemente werden in jeweils etwas unterschiedlicher Form im Gedächtnis bzw. dessen Untersystemen gespeichert. Heute herrscht übereinstimmend die Vorstellung, dass das Gedächtnis kein einheitliches System ist, sondern aus Untersystemen zusammengesetzt ist, die dynamisch miteinander integriert sind (◐ Abb. 1.1; Fivush 2011).

Es werden zunächst zwei Hauptsysteme unterschieden: das deklarative und das nichtdeklarative Gedächtnis. Das nichtdeklarative System besteht aus mehreren Untersystemen, z.B. dem des prozeduralen Wissens, in dem das Wissen über Abläufe sowie Fähigkeiten und Handlungsvollzüge gespeichert sind, die meist automatisiert und unbewusst ablaufen. Daneben gibt es das Untersystem des sensorischen Gedächtnisses, das u.a. Flashbacks als Erinnerungs-»Bilder« aktivieren kann, wie sie bei der posttraumatischen Belastungsstörung bekannt sind (z.B. nach einer Vergewaltigung Flashback vieler unverbundener Details des schmerzhaften Eindringens in den Unterleib).

Das deklarative System ist dagegen explizit und bewusst. Tulving (1972) unterschied das semantische und das episodische Untersystem. Das semantische Gedächtnis umfasst das Sprachwissen, das Wissen über Zusammenhänge und das Funktionieren von Vorgängen (Konzeptwissen), z.B., dass eine Großstadt mindestens 100.000 Einwohner hat und dass Ärger ein menschliches Gefühl ist. Das episodische Gedächtnis enthält dagegen die zeitlich und örtlich ganz konkreten Erinnerungen an erlebte Situationen, z.B., in welchem Jahr man in die Schweiz umgezogen ist oder wann und wo man einen besonderen Wutausbruch eines bestimmten Menschen miterlebt hat.

Das autobiografische Gedächtnis wird primär als Unterform des episodischen Gedächtnisses gesehen. Nach Tulving (2002) gehört dazu auch das *autonoetische Gedächtnis* (wörtlich übersetzt: Selbsterkenntnis) als Unterform des semantischen Gedächtnisses. Es umfasst das Bewusstsein dafür, etwas selbst erlebt zu haben (»Die Fernsehbilder von den Terroranschlägen am 11. September 2001

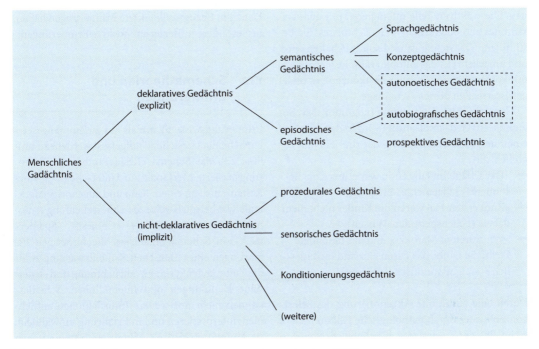

Abb. 1.1 Das Gedächtnis und seine Untersysteme (adaptiert nach Tulving 2002)

sind mir damals sehr nachgegangen«), und kann zudem als Gedächtnissystem für Selbsterkenntnis(se) verstanden werden (»Ich weiß, dass ich in vielen Alltagsdingen leicht vergesslich bin«).

Im episodischen autobiografischen Gedächtnis wurden von Conway u. Pleydell-Pearce (2000) weitere Aspekte in einem sog. »self-memory system« unterschieden. Die Autoren gehen davon aus, dass autobiografische Erinnerungen noch spezifischer von ganz allgemeinen Gedächtniselementen unterschieden werden müssen, weil sie eigenen Gesetzmäßigkeiten folgen.

Das Modell des Self-Memory-Systems geht davon aus, dass die Information im autobiografischen Gedächtnis in drei verschiedenen Spezifitätsebenen gespeichert werden kann.

— Die Ebene der *Lebensperioden* enthält thematisches Wissen über länger andauernde Episoden sowie Informationen über die Dauer dieser Episoden (z.B. Beziehung zum Partner, Erwerbsbiografie).
— Auf der Ebene der *allgemeinen Ereignisse* sind wiederholte sowie einzelne Ereignisse gespeichert. Diese sind miteinander und mit den Lebensperioden verknüpft (z.B. Vereinsmitgliedschaft, Sommerferien, erster Arbeitstag).
— Das *ereignisspezifische Wissen* enthält spezifische Bilder, Gefühle und andere Details, die den jeweiligen »allgemeinen Ereignissen« zugeordnet sind.

Die Verknüpfungen zwischen den drei autobiografischen Erinnerungsebenen werden nach Conway u. Pleydell-Pearce (2000) durch das »working self« reguliert. Die Autoren wählen diesen Begriff bewusst in Anlehnung an den Begriff »working memory«, im Deutschen »Arbeitsgedächtnis«. Vergleichbar mit dem Arbeitsgedächtnis, hat das »working self« die zentrale Aufgabe, konzeptionell unabhängige Systeme zu regulieren und zu koordinieren. Diese Koordination erfolgt gemäß motivationalen Prozessen, die sich aus individuellen Zielen und Emotionen ergeben. Die Autoren postulieren, dass das »Arbeitsselbst« bei der Erinnerungsaktivierung Zwischenziele verfolgt, die dem Erreichen der übergeordneten Ziele des Selbst dienen. Diese aktiven Teile interagieren mit dem Gesamt des autobiografischen Gedächtnisses. Sie bestimmen, was wichtig ist und somit behalten wird, und umgekehrt ist das autobiografische Gedächtnis mit konstituierend für das Selbstkonzept, es bildet gewissermaßen dessen Grundlage.

Eine aktivierte Erinnerung (kognitionspsychologisch: ein Gedächtnisabruf) wird in der Regel auf eine integrierte Verknüpfung der drei Ebenen zugreifen, z.B.:
– »Der Urlaub im Jahr 2000 war etwas ganz Besonderes« (allgemeines Ereignis).
– »Zum ersten Mal waren die Kinder nicht mehr dabei« (Lebensperioden-Wissen).
– »Wir waren in Marokko, und das besondere Licht, die Düfte, das Essen etc. sind unvergesslich« (ereignisspezifisches Wissen).

Durch eine bestimmte Akzentuierung des Selbstkonzepts oder durch pathologische Faktoren kann es im Erinnerungsprozess allerdings auch nur zu Teilabrufen der Erinnerungsebenen kommen, z.B., indem bei Depressiven nur die oberste, abstrakte Ebene des Lebensperiodenwissens angerufen wird: »Irgendwann begannen die Urlaube ohne Kinder.«

Diagnostisch kann man die Unterschiede im Gedächtnisabruf auf den verschiedenen Ebenen nutzen. Williams u. Broadbent (1986) entwickelten einen Autobiographical Memory Test, der Erinnerungsaktivierungen *mit Abrufhilfen* (»cued recall«) einsetzt. Die Probanden werden gebeten, sich jeweils an Ereignisse zu positiven Schlüsselbegriffen wie »glücklich«, »erleichtert«, »frei« und zu negativen Begriffen wie »einsam«, »traurig«, »zornig« zu erinnern (dt. Testversion: de Jong-Meyer u. Barnhofer 2001). Die Instruktion soll den Probanden helfen, »ein Ereignis zu erinnern, an das die vorgegebenen Wörter sie erinnern, egal ob dieses Ereignis kürzlich oder vor langer Zeit passiert ist«. Ausgewertet wird, ob die genannten Erinnerungen wirklich spezifisch oder eher allgemein sind. Viele Studien haben gezeigt, dass Menschen mit einer depressiven Störung eher allgemeine anstatt spezifische Erinnerungen nennen und dass die Beschränkung auf sehr allgemeine Erinnerungen nach positiven Abrufworten besonders stark ausgeprägt ist (Serrano et al. 2004). Daraus wurde geschlussfolgert, dass Depressive ein selbstwertschädigendes Defizit in Bezug auf konkrete Erinnerungen haben, insbesondere in Bezug auf positive Erinnerungen.

1.1.2 Schematheorien und Erinnerungen

Erinnerungswissen kann als aus zusammengesetzten Schemata bestehend aufgefasst werden. So umfasst z.B. das Schema »Restaurantbesuch« erfahrungsbasierte Merkmale zur Unterscheidung eines Restaurants von einem Kino und zugehörige Merkmale wie beispielsweise die Unterscheidung nationaler Küchen (»Italiener«, »Chinese«, »Spanier« u.a.). Ein Schema organisiert die bisherigen Erfahrungen eines Menschen, seine Erwartungen für die Zukunft, lenkt seine Wahrnehmung und steuert seine Handlungen und Interaktionen. Schemata können nicht nur weitere Informationen aufnehmen, interpretieren und in Erfahrung umwandeln, sie können ebenso als Mittel der systematischen Suche nach weiteren wichtigen Informationen eingesetzt werden. Hat sich ein Mensch beispielsweise neu zum Vegetarier entwickelt, so wird er eine erfahrungsbasierte Einschätzung vornehmen können, welches Restaurant besonders viele und welches keine Angebote für Vegetarier führt, und seine Auswahl danach ausrichten. Schemata sind u.a. auf kognitiver, auf narrativer und auf sozialer Ebene und für menschliche Handlungen relevant.

▪ **Kognitive Ebene**
Schemata aus Erfahrungs- oder Erinnerungselementen haben eine gewisse Konsistenz und damit einen gewissen Zusammenhalt. Taucht eine mit dem Schema inkonsistente neue Information auf, wird sie entweder abgewehrt oder nur mit größerem kognitivem Aufwand integriert. Beispielsweise erzeugt es Dissonanz, wenn ein sehr positives Ereignis aus einer Lebensphase erinnert wird, die man als »besonders unglücklich« im autobiografischen Gedächtnis abgelegt hat. Diese Befunde lassen sich im Zusammenhang sehen mit der über 50 Jahre alten Theorie der kognitiven Dissonanz (Festinger 1957). Diese Theorie besagt, dass im Konflikt stehende Kognitionen – in diesem Fall Erinnerungen – eine negative innere Spannung erzeugen. Um dies nicht zu erleben oder aber auszugleichen, wer-

den erwünschte oder kongruente Informationen bevorzugt.

Der sog. *Perseveranzeffekt* besagt, dass ein Schema selbst dann, wenn man bereits weiß, dass es falsch ist, so lange wie möglich beibehalten wird. Ursprüngliche Eindrücke von einem Ereignis oder einer Person prägen den Betreffenden so nachhaltig, dass später hinzukommende neue Informationen das entwickelte Schema (z.B. die Meinung, die man von sich oder von anderen hat) nur schwer verändern können.

Ebenso sind die theoretischen Vorstellungen zur Assimilation und Akkomodation im Lernprozess gut in Schemamodelle zu integrieren (Piaget 1970; Brandstädter 2006). Sie besagen – vereinfacht gesagt –, dass manche Informationen in bestehende Schemata eingearbeitet (assimiliert) werden können, während andere Informationen einen Umbauprozess (Akkomodation) des bisherigen kognitiven Schemas erfordern. So ist beispielsweise die zunehmende Bevorzugung pflanzlicher Lebensmittel vom 20. bis zum 40. Lebensjahr ein assimilativer Prozess des Schemas »Bevorzugte Nahrung«, während die mit 40 Jahren getroffene Entscheidung, zukünftig als Vegetarier zu leben, eine Akkomodation dieses Schemas und des damit verbundenen Selbstkonzepts (Selbstschemas) erfordert.

- **Narrative Ebene**

Wie weiter unten noch ausführlicher beschrieben wird, beruhen Erzählungen in der Regel darauf, dass sie einer gewissen Dramaturgie folgen (Auswahl, roter Faden, Aufbau eines Höhepunktes und nachfolgende Lösung). Erinnerungsschemata verstärken sich bzw. schwächen sich ab nach Maßgabe der Persönlichkeitsmerkmale der Erzähler: Menschen mit hoher Selbstständigkeitsorientierung aktivieren häufiger Erlebnisse, die für ihre innere Unabhängigkeit relevant waren. Für Menschen mit einem hohen Bindungsbedürfnis sind dagegen eher Erlebnisse wichtig, bei denen es um die Beziehung zu anderen Menschen ging. Singer u. Bluck (2001) betonen in einem häufig zitierten Übersichtsartikel die zentrale Rolle von narrativen Prozessen als integrierendes Bindeglied zwischen autobiografischen Erinnerungen und Identität und Selbstkonzept. Das Bilden einer kohärenten Lebensgeschichte setzt das Prozessieren in diesen »narrative mode«, also einen narrativen Verarbeitungsmodus voraus, auf dem in ▶ Abschn. 1.2 noch vertieft eingegangen wird.

- **Soziale Ebene**

Diese Ebene schließt auch die Handlungen von Personen ein. Phänomene wie störende Vorurteile, fixierte Einstellungen sowie die sich selbst erfüllende Prophezeiung gehören hierher.

Vorurteile sind wertende Schemata (meist negativ), die aus wenig reflektierten Erfahrungen oder der Übernahme von Schemata anderer Menschen stammen. Sie können als Übergeneralisierung gesehen werden, bei der unzulässigerweise von einzelnen Eigenschaften eines Individuums auf Eigenschaften aller Individuen einer Gruppe geschlossen wird. Vorurteile besitzen einen emotionalen Gehalt und treten als kohärente, widerspruchsfreie Überzeugungen auf. Sie beinhalten zudem oft negative Gefühle und Handlungstendenzen und führen bekanntermaßen zu Intoleranz und Diskriminierung. Für neutrale oder positive Vorurteile hat sich der Begriff der »fixierten Einstellungen« (z.B. Vorlieben) etabliert, denen im Prinzip ähnliche Prozesse zugrunde liegen wie den Vorurteilen.

Die *sich selbst erfüllende Prophezeiung* (Merton 1948) ist eine Variante des Perseveranzeffekts von Schemata, die sich auf Handlungen bezieht. Sie ist definiert als eine Vorhersage, die sich deshalb erfüllt, weil diejenigen, die an die Prophezeiung glauben, sich aufgrund der Prophezeiung so verhalten, dass sie sich erfüllt. Im Zusammenhang mit dem Lebensrückblick kommen sich selbst erfüllende Prophezeiungen oft als Verbitterung vor, z.B. in Aussagen wie »Aus mir konnte ja nichts werden, nachdem ich … durchgemacht habe« oder »Das … war der Anfang, und danach ging es nur noch schlecht weiter«.

1.2 Erinnern und Erzählen

Erinnern geschieht häufig im Rahmen des Erzählens. Sprache und das Formen einer Lebensgeschichte haben damit eine wesentliche Funktion für das Erinnern. Die Lebensgeschichte kann als die Grundlage für das Formen der eigenen Identität (McAdams 2001) gesehen werden; sie integriert vergangene Erlebnisse mit den Belangen der Gegenwart und den zukünftigen Zielen – im besten Falle in Form eines kohärenten Narrativs. Die Narratologie ist die interdisziplinäre Erforschung des sprachlichen Erzählens, zu der psychologische, geistes- und kulturwissenschaftliche Ansätze gehören. Die Analysekategorien für Erzählungen stammen z.B. aus der Literaturwissenschaft, in der es um die Zeitstruktur, den Erzählmodus (Distanz) und die Erzählperspektive (wer spricht?) geht. Die Regeln der Mündlichkeit im Vergleich zur Schriftlichkeit spielen ebenfalls eine Rolle. Narrative Therapien zielen darauf ab, die Erzählkompetenz eines Patienten zu verbessern bzw. seine Erinnerungsprozesse anzureichern. Ziel ist, das kompetente Konstruieren einer individuellen, kohärenten und wohltuenden Lebensgeschichte und damit einer wenig konfliktiven Selbstsicht zu fördern, um das psychische Wohlbefinden und die Ressourcen des Betreffenden zu verbessern.

Das Erzählen von Erinnerungen hat immer auch kommunikative Ziele. Menschen erzählen Zuhörern aus ihrem Leben in einer Weise, dass diese möglichst innerlich beteiligt und interessiert zuhören. Selbst das Sich-allein-Erinnern kann Erzählungen für eine virtuelle Zuhörerschaft produzieren. Erzählen ist sozusagen ein gemeinschaftliches Produkt des Erzählers und seiner Zuhörer, und es beeinflusst die Art und Weise, wie die erzählten Ereignisse späterhin im Gedächtnis gespeichert sind.

Die Grundlagenforschung hat in vielfältigen Erinnerungsexperimenten gezeigt, dass das Erinnern im Gespräch zwischen zwei oder mehr Personen die Lösung von Gedächtnisaufgaben verbessert (▶ Kasten 1; Hirst u. Echterhoff 2012). Allerdings hat kommunikatives Erzählen auch bestimmte Kosten:
— Erzählen reduziert Zufälligkeit zugunsten von scheinbar einander bedingenden Abfolgen.
— Erzählen vereinfacht: Um eine gute Geschichte zu erzählen, wird ein roter Faden gesucht. Dabei werden manche Zusammenhänge als unwesentlich qualifiziert und weggelassen, damit die Erzählung »nicht zu kompliziert wird«.
— Erzählen konstruiert in Form von Anfang, Mitte, Ende und ggf. Schlussfolgerung.
— Erzählen benutzt häufig eine Klimax-Verlaufsform mit einem stetigen (Spannungs-)Aufbau, einem Höhepunkt (Pointe) und einer spannungsmäßig wieder abfallenden Lösung.

> **Kasten 1: Transaktives Gedächtnissystem**
> »Transaktives Gedächtnissystem« ist ein neuer Begriff aus der Kognitiven Psychologie, der sich auf Gedächtnisaufgaben bezieht. Dabei teilen sich zwei oder mehr Personen so auf, dass alle zur Aufgabenlösung beitragen, indem jeder vom bereichsspezifisch besser zugänglichen Wissen des anderen profitieren kann. Mit diesem Begriff wird ausgedrückt, dass Erinnerungen im Dialog oder Gruppengespräch reichhaltiger, umfassender und sensorisch multimodaler werden können. Die Lebensrückblicksintervention stellt als Situation zwischen Klient und Therapeut so ein transaktives Gedächtnissystem dar (Pasupathi 2001).

Durch die Konstruktion von Erzählungen kommt es zu Akzentuierungen, (Um-)Interpretationen und Bedeutungszuschreibungen in Bezug auf die individuellen Erinnerungen. Die literaturwissenschaftliche Narratologie spricht in diesem Zusammenhang von »Plot-Konstruktion« oder »Inszenierung auf einer Bühne«. Erzählen ist demnach dramaturgisch organisiert. Für diesen Bühnenauftritt werden einige handelnde Personen, bestimmte Requisiten und Beleuchtungen ausgesucht, um einen bestimmten Eindruck zu kreieren. Der Wunsch, eine Handlungsabfolge (mit Anfang, Mitte und Ende) so interessant wie möglich darzustellen, kann die »Treue zum Original« beeinträchtigen.

Daher schlussfolgert die Narratologie, dass das Erzählen das Erlebte verwandelt (Boothe 2011). Biografische Erinnerungen werden dynamisch konfiguriert in einem Zusammenhang, der durch die aktuelle Befindlichkeit, aktuelle Einsichten und bewusste oder unbewusste Wünsche mitbestimmt wird. Häufig werden ins Erzählen einfache Bezugsdimensionen wie »gut oder schlecht«, »glücklich oder unglücklich« bzw. »erfolgreich oder gescheitert« eingebaut. So ergibt sich beispielsweise, dass die Ferien schön waren, die Kindheit glücklich oder die frühere Ehe gescheitert.

Die Erzählforschung zeigt, dass das Erzählen Bezug auf individuell oder kollektiv überlieferte »narrative Muster« oder »narrative Voreinstellungen/Templates« (Wertsch 2008) nimmt, d.h., Erinnerungen werden oft in sprachliche Muster oder Konstellationen verpackt, wie die »böse Stiefmutter«, die »wilde Jugendzeit« und der »Überlebenskampf im Job«. Auch dies kann zu Modifikationen der ursprünglichen Erlebnisse führen.

Sozialpsychologische Experimente haben gezeigt, dass das wiederholte Erzählen bestimmte Erinnerungen in der Folgezeit verstärkt (Hirst u. Echterhoff 2012): Wenn ein Erzähler in einer Konversation eine Erinnerung zum wiederholten Mal berichtet, dann wird damit die Erinnerung (oder werden bestimmte Aspekte darin) verstärkt bzw. verfestigt. So kann jemand durch wiederholtes Erzählen immer mehr zu einem Held (»Die habe ich damals aber in die Flucht geschlagen!«) oder zu einem Versager (»Ich sehe es noch vor mir, wie dumm ich mich benommen habe«) werden.

Interessant sind die Hinweise, dass ältere Menschen in ihren Erzählungen über Erinnerungen konsistenter sind als Jüngere. Das mag mit einem kumulierten Verstärkungseffekt zu tun haben. Es wurde aber auch gezeigt, dass Ältere in der Ausgestaltung ihrer erzählten Erinnerungen in geringerem Maße von den jeweiligen Zuhörern abhängig sind (Pasupathi 1999). Das wird u.a. damit erklärt, dass die Erinnerungen stärker in kognitive Schemata (▶ Abschn. 1.3) eingebaut sind. Therapeutisch sind diese weniger flexiblen Erinnerungsmuster oft eine Herausforderung, denn die in sie eingewobenen depressiven oder negativen Aspekte sind durch einfache Gespräche nicht zu verändern, vielmehr erfordert dies zielgerichtete Interventionen.

1.3 Erinnerungsstile und ihre Erforschung

Menschen haben zahlreiche Ziele, wenn sie ein Ereignis in einem bestimmten Moment erinnern, und diese bewussten und unbewussten Ziele bestimmen mit, an welche Ereignisse sie sich erinnern. Solche Zwecke sind z.B.: eine bestimmte Sicht von sich selbst zu bestätigen, seine eigenen Gefühle zu regulieren, sich bestimmte Lebensziele klarzumachen, selektiv eine positive Erinnerung an eine frühere Beziehung aufrechtzuerhalten oder anhand früherer Erfahrungen ein neues Problem zu lösen (Pasupathi 2001). Staudinger (2001) schlägt die terminologische Trennung von Reminiszenz und Lebensrückblick vor. Während Erstere das bloße Erinnern an Lebensereignisse bezeichnet, geht der Lebensrückblick weiter: Über die Erinnerung hinaus ergibt sich ein narrativer Prozess, der die Ergebnisse zu analysieren und zu integrieren sucht.

Andere Forscher postulieren unterschiedliche autobiografische Erinnerungsstile, hinsichtlich derer sich Personen unterscheiden (Wong 1995; Wong u. Watt 1991). Wong (1995) beschrieb zunächst sechs Erinnerungsstile, die in einer Serie von inhaltsanalytischen Untersuchungen aus den Erinnerungen von Hunderten von Studienteilnehmern extrahiert wurden (◘ Tab. 1.1). Im deutschen Sprachraum haben Mayer et al. (1996) anhand eines Fragebogens vier Stile unterscheiden können: integrativ, interpersonell (im Großen und Ganzen eine Zusammenfassung des transmissiven und narrativen Stils), eskapistisch und obsessiv.

Der inhaltsanalytische Bewertungsprozess zur Identifikation der Erinnerungsstile erfolgt üblicherweise über drei Stufen (Wong 1995):

1. Texte (schriftliche oder transkribierte mündliche Erinnerungen) werden in Abschnitte eingeteilt, die als Bewertungseinheiten gelten. Ein Abschnitt umfasst mindestens einen vollständigen Satz bzw. eine Sinneinheit. Typischerweise beginnt ein Abschnitt mit einem neu aufgebrachten Thema, das dann in einem oder mehreren nachfolgenden Sätzen erläutert und mit einer Zusammenfassung abgeschlossen wird.
2. Die Absätze werden danach bewertet, ob einer der sechs Erinnerungsstile in ihnen vorkommt. Diese Klassifikation wird sinnvollerweise in Kenntnis der größeren Sinnzusammenhänge innerhalb des Texts vorgenommen, da manche Abschnitte nur aus einem größeren Zusammenhang heraus bewertbar sind.
3. Die abschließende quantitative Auswertung beruht auf der Verrechnung der jeweiligen Erinnerungsstile mit der Gesamtwortzahl des Texts. Beispielsweise wird die Wortanzahl aller integrativen Erinnerungsabschnitte durch die Gesamtwortzahl des Texts geteilt und das Ergebnis in Prozent ausgedrückt.

Als Beispiel für die Verteilung der Erinnerungsstile soll eine Studie von Wong u. Watt (1991) herangezogen werden. In dieser wurden insgesamt 171 gesunde ältere Personen von 65 bis 99 Jahren mithilfe eines »Erinnerungsinterviews« untersucht. 90

Tab. 1.1 Erinnerungsstile, adaptiert nach Wong (1995) und Cappeliez (2006)

Erinnerungsstile (nach Wong 1995)		Systematisierung der Erinnerungsstile (nach Cappeliez 2006)
Bezeichnung	**Definition**	
Integrativ	– Akzeptieren der eigenen Vergangenheit gilt als wichtig und wertvoll – Akzeptieren früherer negativer Erfahrungen und deren Integration in die persönliche Gegenwart – Versöhnung der Realität mit dem Ideal – Aussöhnung vergangener Konflikte und mit ehemaligen Konfliktgegnern – Erinnerungen an Erfahrungen und »Lebenslektionen«, die einen haben reifen lassen	Selbstbezogen, positiver Stil
Instrumentell	– Erinnern früherer Pläne und zielgerichteter Aktivitäten – Ableitung neuer Problemlösungen aus früheren Erfahrungen – Erinnerungen an die gelungene Bewältigung von Schwierigkeiten	Selbstbezogen, positiver Stil
Eskapistisch	– Fixiertsein auf die Vergangenheit und Entwertung der Gegenwart – Übertreiben der positiven Aspekte der Vergangenheit und ein Verlangen nach den »guten alten Zeiten«	Selbstbezogen, negativer Stil
Obsessiv	– Anhaltendes Grübeln über »unerledigte Geschäfte«, teilweise als »Endlosspur«, häufig begleitet von Schuld-, Scham-, Verbitterungsgefühlen oder Verzweiflung	Selbstbezogen, negativer Stil
Transmissiv	– Ähnlich wie Geschichtenerzählen oder Oral History (▶ Kap. 2) – Weitergeben von Werteinstellungen oder kulturellem Erbe (z.B. Bescheidenheit, Demut) – Weitergeben eigener Erkenntnisse und Schlussfolgerungen	Fremdbezogener Stil
Narrativ	– Beschreibendes Erinnern ohne Interpretationen und Bewertungen, z.B. Erzählen einfacher autobiografischer Fakten, Anekdoten ohne persönliche Bewertung	Fremdbezogener Stil

Personen wohnten noch in ihrer eigenen (Miet-)Wohnung, 81 in Senioreneinrichtungen (zwischen diesen Untergruppen gab es keinen Altersunterschied). Zunächst sollten die Interviewten spontan kurz über ihre persönliche Vergangenheit erzählen, danach wurden sie gebeten, einer psychologisch geschulten Fachperson die Episode aus der eigenen Vergangenheit zu erzählen, die den größten Einfluss auf sie gehabt hatte. Danach wurden diese Texte auf die darin erscheinenden unterschiedlichen Erinnerungsstile hin gelesen. Dies erzielte bei jeweils zwei Bewertern eine hohe Übereinstimmung der Zuordnung von Erinnerungsstilen (Beurteilerübereinstimmung Kappa = 0.88).

Die Häufigkeitsauswertung zeigt, dass die drei häufigsten Erinnerungsstile der narrative (74 %), der integrative (13 %) und der instrumentelle Stil (6 %) waren (◘ Tab. 1.2). Das heißt, neben dem reinen Erzählen (narrativ) waren es von Akzeptanz und Aussöhnung geprägte (integrative) sowie auf frühere Problemlösungen bezogene (instrumentelle) Erinnerungen, die im Beisein eines professionellen Interviewers spontan zutage traten.

Signifikante Gruppenunterschiede gab es nur für den integrativen und instrumentellen Stil, die beide bei den noch in ihrer Wohnung lebenden Personen häufiger waren. Dieses Ergebnis ist ein Hinweis darauf, dass nicht nur Personeneigenschaften, sondern auch situative Faktoren einschließlich der dahinterstehenden Faktoren, z.B. der Anteil an Verwitwungen, den Gebrauch von Erinnerungsstilen mitbestimmen.

1.4 · Aufgaben und Funktionen des Erinnerns über die Lebensspanne

Tab. 1.2 Häufigkeiten der Erinnerungsstile gesunder älterer Menschen, nach Wohnform unterschieden (adaptiert nach Wong u. Watt 1991)

Erinnerungsstil	In ihrer Wohnung lebende Personen	In Senioreneinrichtungen wohnende Personen
Integrativ	16,2 %	10,2 %
Instrumentell	9,4 %	2,4 %
Eskapistisch	0,3 %	0,0 %
Obsessiv	1,4 %	2,0 %
Transmissiv	3,3 %	2,8 %
Narrativ	69,4 %	82,6 %

Legt man die von Cappeliez u. O'Rourke (2006) vorgenommene Systematisierung der Erinnerungsstile zugrunde (Tab. 1.1, rechte Spalte), die zwischen positiven und negativen Erinnerungen bzw. zwischen Selbst- und Fremdbezug der Erinnerungen unterscheidet, so zeigt sich, dass nach dem (neutralen) Fremdbezug des narrativen Stils die beiden positiv-selbstbezogenen Stile am häufigsten sind. Diese Häufigkeitsaussagen über Erinnerungsstile gesunder Menschen können als Hintergrundinformationen dienen, wenn man es als Therapeut oder Berater vermehrt mit negativ-selbstbezogenen Erinnerungsformen zu tun hat.

1.4 Aufgaben und Funktionen des Erinnerns über die Lebensspanne

Was sind nun die psychischen Funktionen des Erinnerns – was kann die Beschäftigung mit der eigenen Biografie dem Einzelnen bringen? Die Erstbeschreiber des gezielt eingesetzten Lebensrückblicks (Butler 1974; Haight 1991) haben zur Beantwortung dieser Frage bereits früh auf das Lebenszyklus-Entwicklungsmodell von Erik H. Erikson (1953) verwiesen. Dieses wird im Folgenden kurz repetiert. Davor wird zur Einführung ein kurzer Einblick in die Häufigkeit von Lebenserinnerungen nach Lebensalter gegeben. Dann werden die vorhandenen Studienergebnisse zum Altersgruppenvergleich der Erinnerungsfunktionen (nach Webster 1995) vorgestellt. Abschließend werden spezifische Funktionen der Lebensrückblicksintervention für ältere Menschen (Maercker 2002) dargestellt.

1.4.1 In welchem Lebensalter erinnert man sich besonders gern und häufig?

In diesem Abschnitt soll zunächst beschrieben werden, inwiefern die Häufigkeit von Lebenserinnerungen über die unterschiedlichen Altersstufen hinweg variiert. In den diesbezüglichen Untersuchungen werden oft zwei Erscheinungsformen des Erinnerns unterschieden: die spontanen (unwillentlichen) und die willentlichen Erinnerungen (die Unterscheidung und der Begriff der »willentlichen Erinnerung« stammen aus Marcel Prousts Romanepos *Auf der Suche nach der verlorenen Zeit*). Spontane Erinnerungen können z.B. auftauchen, wenn man etwas Bestimmtes zu sich nimmt. Plötzlich tauchen Kindheitserinnerungen auf, die mit dieser Speise zu tun haben. Willentliche Erinnerungen sind dagegen solche, für die man sich bewusst Zeit nimmt, um sich in einen bestimmten Abschnitt der eigenen Vergangenheit zu versetzen – ein Prozess, der dem von Staudinger (2001) vorgeschlagenen Begriff des Lebensrückblicks nahekommt.

Die Fähigkeit, sich an die eigene Vergangenheit zu erinnern, bildet sich in der Kindheit jenseits des dritten Lebensjahrs heraus (Howe u. Courage 1993). In allen nachfolgenden Lebensaltern spielt die Erinnerungstätigkeit eine wichtige Rolle, sei es im Zusammenhang mit Problemlösungen im Alltag oder als scheinbar zwecklose psychische Aktivität. Es gibt einige Hinweise, die zeigen, dass sich Art und Inhalt der Erinnerungen über die Lebensphasen etwas verändern. Die Menge verschiedener unwillentlicher und willentlicher Erinnerungen ist bei Menschen im höheren Lebensalter geringer als bei jüngeren Erwachsenen. Zudem stehen in der Kindheit bis ins jüngere Erwachsenenalter konkrete Erinnerungen an erlebte Episoden im Vordergrund, während in späteren Jahren eher abstrakte bzw. zusammengefasste Erinnerungen zunehmen, z.B.: »Als ich Mutter wurde, habe ich meine Tageseinteilung geändert« (Schlagman et al. 2009).

Die genannten konkreten Erinnerungen sind übrigens meist multimodal: Sie enthalten bildhafte Elemente, Szenen, die wie ein Film ablaufen, Geräusche und Klangfarben, oft auch Gerüche und vor allem Gefühle. Marcel Proust beschreibt z.B., wie der Genuss eines bestimmten Sandkuchengebäcks, einer »Petite Madeleine«, in Tee getaucht, ihn in schier endlose Assoziationsketten von Kindheitserinnerungen an eine Tante, deren Wohnung, deren blühenden Garten mit seinen vielen Düften und Geräuschen und in ein großes Wohlgefühl hineinführt (*Unterwegs zu Swann*, 1913/2004).

Einige Studien haben die Erinnerungshäufigkeit, zusammengefasst für unwillentliche und willentliche Erinnerungen, über alle Lebensalter hinweg systematisch untersucht. Dabei ergab sich im Wesentlichen eine u-förmige Kurve, die zeigt, dass sich sowohl Jugendliche (zwischen 12 und 20 Jahren) als auch ältere Menschen (über 65 Jahre) häufiger an ihre jeweilige Vergangenheit erinnern als Menschen im mittleren Erwachsenenalter (Hyland u. Ackerman 1988). Staudinger (2001) berichtet allerdings, dass es keine Altersunterschiede gibt, wenn man Personen zwischen 25 und 85 Jahren danach fragt, wie häufig sie Lebensrückblick (»life reflection«) betreiben.

Die vielleicht interessantesten Ergebnisse zur Erinnerungstätigkeit über die Lebensspanne hinweg stammen aus der Erforschung der Inhalte. Dabei ging es um die Frage: An welche Zeiten ihres Lebens erinnern sich Menschen jenseits der Lebensmitte am häufigsten? Spontan werden wohl die meisten Menschen annehmen, dass es Ereignisse aus der Kindheit sind, an die man sich am häufigsten erinnert. Viele Untersuchungen haben übereinstimmend gezeigt, dass ein sog. Erinnerungshügel (»reminiscence bump«), für erlebte Episoden aus der Zeit zwischen dem 15. und 25. Lebensjahr besteht, wie in ◘ Abb. 1.2 gezeigt (Rubin et al. 1986).

Der vermutete Hauptgrund für diesen »Erinnerungshügel« im Jugend- und Jungerwachsenenalter liegt darin, dass sich in dieser Zeit die Identität entwickelt. Die persönliche Identität wird durch eine Vielzahl von Faktoren gebildet, die man in die Bereiche »Selbsterkenntnis« und »Selbstgestaltung« einteilen kann. Eine wichtige Voraussetzung für die Selbsterkenntnis ist das bewusste Erinnern, also das mentale Wiederbeleben früherer Erlebnisse und Erfahrungen. Dadurch kommt es zu vielen neuen Erfahrungen. Weil sie neu sind, können sie leichter von anderen Episoden abgegrenzt werden. Dass sich die Identität in diesem Alter herausbildet, hat auch zur Folge, dass die Erfahrungen aus dieser Zeit viele Anknüpfungspunkte für die Zukunft bieten, z.B. für das Herausbilden von Vorlieben und Abneigungen oder die spätere berufliche Entwicklung. Dazu kommt, dass Erfahrungen in der Zeit vom 15. bis zum 25. Lebensjahr in der Regel selbstständig und mit hohem Kontrollgefühl gemacht werden.

> **Kasten 2: Übung »Meine ersten Arbeitstage an meinem ersten Arbeitsplatz«**
> Bitte besinnen Sie sich auf den Tag bzw. die ersten Tage, als Sie Ihre erste reguläre Arbeitsstelle antraten – wahrscheinlich in dem Beruf, für den Sie über mehrere Jahre ausgebildet wurden, und an dem Arbeitsplatz, an dem Sie das erste »richtige« Geld verdient haben. Versuchen Sie, sich die ersten Arbeitsstunden zu vergegenwärtigen, die ersten Interaktionen mit Kollegen und Vorgesetzten. Was fällt Ihnen ein? Bitte notieren Sie dies. An was können Sie sich noch ganz konkret erinnern? Welche Gedanken und Gefühle hatten Sie in der damaligen Zeit?
> Diese Übung führt in der Regel zu lebhaften Erinnerungen, egal, ob man selbst zuvor häufig an diese Zeit gedacht hat oder nicht. Diesem guten Erinnerungsvermögen liegen die Elemente der Neuheit, des Gewinns an Selbstständigkeit und in gewissem Sinne des Beginns eines neuen Lebensabschnitts zugrunde.

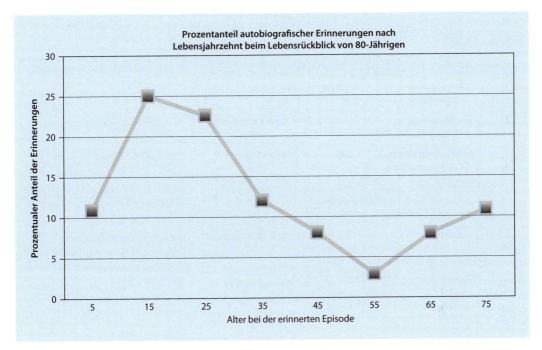

Abb. 1.2 Der sog. Erinnerungshügel (adaptiert nach Fromholt et al. 2003): Prozentualer Anteil der Erinnerungen beim Schildern der Lebensgeschichte von 80-Jährigen nach Lebensjahrzehnt, in dem die erinnerten Episoden stattfanden

Die eigene Lebensgeschichte, d.h. das Bewusstsein für eine eigene, zusammenhängende Abfolge von Erlebnissen, bildet sich in der Jugend und im frühen Erwachsenenalter heraus (Habermas u. Bluck 2000). Im mittleren Lebensalter verfestigt sich die Auswahl der Erinnerungen, die man als wesentlich für sich selbst ansieht (Pasupathi 2001, S. 662).

Die Lebensgeschichte ist im Übrigen nur ein Teil der Identität. Neuropsychologische Studien über Menschen mit seltenen amnestischen Ausfällen zeigten, dass es Menschen gibt, die sich an keinerlei konkrete Episoden aus ihrem Leben erinnern, ihre persönlichen Vorlieben, Eigenschaften und ihr Selbstkonzept aber dennoch gut beschreiben können (z.B. »Ich liebe Tulpen viel mehr als Astern«), was mit den verschiedenen bereits vorgestellten beteiligten Gedächtnissystemen erklärt werden kann. Erinnerungstätigkeit hat mit bestimmten Motivationslagen zu tun, z.B. gibt sich nicht jeder immer den Assoziationen hin, die Marcel Proust beim Anblick und Geschmack der Madeleine hatte. Diese bewussten oder unbewussten Motivationslagen können sich über die Lebensalter verändern. Mit zunehmendem Alter wandeln sich z.B. soziale Motive in einer bestimmten Weise: Ältere sind mehr an emotionalen Aspekten der Verbindung zu anderen Menschen interessiert, während Jüngere Erfahrungen aus vielen Bereichen, nicht nur emotionaler Art, bevorzugen (sozioemotionale Selektivitätstheorie des Alterns; Carstensen 1995). Häufig zitiert wird in diesem Zusammenhang Erikson, der als Entwicklungsaufgabe des Jugendalters die Identitätsbildung als den für diese Phase entscheidenden Prozess definiert. Im folgenden Abschnitt soll die Theorie von Erikson noch einmal kurz dargestellt werden, und einige in der Literatur diskutierte Funktionen des autobiografischen Gedächtnisses und des Lebensrückblicks sollen vorgestellt werden.

1.4.2 Die Erikson'schen Entwicklungsaufgaben und die Funktionen des Erinnerns

Die bekannteste und fruchtbarste Konzeption von Entwicklungsaufgaben über den gesamten Lebenslauf stammt von Erik H. Erikson (1953). Sein Ent-

Tab. 1.3 Entwicklungsaufgaben nach Erikson (1953; Erläuterungen in Lindenberger u. Brandstädter 2007) und abgeleitete Erinnerungsfunktionen

Phase	Alter	Entwicklungsaufgabe	Abgeleitete Erinnerungsfunktionen
1	Säuglingsalter (1. Lebensjahr)	Vertrauen vs. Misstrauen	–
2	Frühe Kindheit (2.–3. Lebensjahr)	Autonomie vs. Scham und Zweifel	(Spontane Kurzzeiterinnerungen)
3	Kindheit: Spielalter (4.–5. Lebensjahr)	Initiative vs. Schuldgefühl	(Spontane Kurzzeiterinnerungen)
4	Späte Kindheit: Schulalter (6.–11./12. Lebensjahr)	Werksinn vs. Minderwertigkeitsgefühl	Beginn des Identitätsaufbaus (Vorlieben, Wer bin ich?, Bezüge)
5	Adoleszenz (11./12.–17./19. Lebensjahr)	Kohärente Identität vs. Rollenkonfusion	Intensive Identitätsausbildung (Wer bin ich?, Krisenmeisterung)
6	Junges Erwachsenenalter	Intimität und Distanzierung vs. Selbstbezogenheit	Lebensstil herausbilden (Was lief gut? Was ist vielversprechend?)
7	Mittleres Erwachsenenalter	Generativität vs. Stagnation	Lebensstil anpassen (Problemlösung, Ziele überprüfen)
8	Spätes Erwachsenenalter: Ältere	Integrität vs. Verzweiflung	Verlust-Gewinn-Bilanzierung

wicklungsmodell besteht aus acht Phasen, die in der Kindheit beginnen und durch das Erwachsenenalter hindurch fortschreiten. Eriksons Grundgerüst stellt keine perfekte Repräsentation des Lebenslaufs dar, da es das Kindesalter überbetont und das Erwachsenenalter nicht sehr differenziert, dennoch kann es eine grobe Orientierung bieten.

Tab. 1.3 zeigt die Entwicklungsaufgaben nach Erikson und das Alter, in dem sie typischerweise auftreten. Genauere Erläuterungen zu diesen traditionell genannten Phasen geben Lehrbücher der Entwicklungspsychologie (z.B. Lindenberger u. Brandstädter 2007). Ganz rechts in der Tabelle stehen die entsprechenden Funktionen des Erinnerns, bei denen es ab der späteren Kindheit zunächst um die Identität, dann um Lebensstile und schließlich um Verlust-Gewinn-Bilanzierungen geht.

Insbesondere die Entwicklungsaufgabe der Bildung einer kohärenten, eindeutig definierten Identität im Jugendalter ist untrennbar mit der Integration autobiografischer Erinnerungen verknüpft. In neueren, postmodernen Ansätzen der Identitätsbildung wird übrigens die von Erikson und vielen anderen vertretene Meinung, dass eine »erfolgreiche« Identitätsbildung Integration und Kohärenz voraussetzt, infrage gestellt. Kraus (2007) spricht von lustvoller Diffusion (»joyful diffusion«) und einer Patchwork-Identität, bei der der Prozess der Identitätsbildung ein immer neuer, selbst gesteuerter Akt der Selbstdefinition ist, der keiner Stabilität oder Kohärenz bedarf, sondern nur des Aktes selbst (s. dazu auch ▶ Kasten 3).

Erikson (1953) hatte betont, dass sein Entwicklungsphasenmodell »epigenetisch« aufzufassen sei, d.h., dass die jeweils späteren Phasen immer noch Prozesse aller früheren Phasen beinhalten, auch wenn die neue Entwicklungsaufgabe aktuell dominiert. Für die abgeleiteten Erinnerungsfunktionen bedeutet die Anwendung des epigenetischen Prinzips z.B., dass junge Erwachsene sich auch immer noch mit dem Ziel der Identitätsformierung erinnern und dass Ältere sich immer noch auch zum Zwecke der Identitäts- und Lebensstilformierung erinnern.

1.4 · Aufgaben und Funktionen des Erinnerns über die Lebensspanne

Tab. 1.4 Skalen der Reminiscence Functions Scale (Webster 1993) mit Beispielitems

Skala	Bezeichnung	Beispielitem »Durch das Erinnern …«
1	Identität/Problemlösung	»… versuche ich mich selbst besser zu verstehen«
2	Langeweilereduktion	»… tue ich etwas gegen meine Langeweile«
3	Verbitterungs-»Pflege«	»… merke ich mir am besten, was mir früher Schlechtes angetan wurde«
4	Intimitätsaufrechterhaltung	»… bleiben mir die Erinnerungen an verstorbene Menschen lebendig«
5	Belehrung/Information	»… will ich anderen Menschen etwas über die menschlichen Werte mitteilen«
6	Kommunikation	»… fällt es mir leichter, mich gut mit anderen zu unterhalten«
7	Todesvorbereitung	»… fühle ich mich angstfreier, wenn ich an meinen Tod denke«

Staudinger (2001) zählt – ebenfalls aus einer entwicklungsorientierten Lebensspannenperspektive heraus – folgende Funktionen des Lebensrückblicks auf:
- Kategorisierung von unterschiedlichen Erinnerungstypen,
- Abstrahieren eines Themas oder einer Botschaft, die sich aus dem erinnerten Lebensereignis ergeben, sowie
- Motivations- oder Stimmungsregulation.

Weiterhin postuliert sie, dass der Lebensrückblick das Potenzial birgt, Erkenntnisse und Einsichten wahrscheinlicher zu machen, und der zurückblickenden Person ermöglicht, sich als Individuum zu emanzipieren, weshalb der Prozess eine wichtige Rolle bei der Entstehung von Weisheit spielen dürfte.

In der neueren Literatur wird außerdem auf die soziale Funktion des autobiografischen Gedächtnisses eingegangen. Alea u. Bluck (2003) verweisen hierbei auf den Aufbau und die Aufrechterhaltung von psychischer Intimität, die informierende und ratgebende Funktion und die Rolle von empathischen Prozessen als zentrale soziale Prozesse, die das Teilen von autobiografischen Gedächtnisinhalten beinhalten.

1.4.3 Altersgruppenvergleiche der Funktionen von lebensgeschichtlicher Erinnerung

Die Entwicklung eines Fragebogens zu den Erinnerungsfunktionen (Reminiscence Functions Scale; Webster 1997) machte es in einem gewissen Sinn möglich, empirische Altersvergleiche anzustellen. Der Fragebogen umfasst in der englischen Version 43 Items, die sieben verschiedene Skalen bilden (◘ Tab. 1.4).

In einer Studie von Webster (1995) mit über 700 gesunden Personen aller Altersstufen (in Dekaden eingeteilt) ab zehn Jahren gab es für sechs der sieben Skalen signifikante Altersgruppenunterschiede, mit Ausnahme der Kommunikationsfunktion, die für alle Altersgruppen gleich war:
- Höhepunkt im Adoleszentenalter: Langeweilereduktion, Verbitterungs-»Pflege« (und Intimitätsaufrechtserhaltung – mit Höhepunkt auch bei den Ältesten)
- Höhepunkt im Adoleszentenalter und vom 20. bis zum 40. Lebensjahr: Identität/Problemlösung
- Höhepunkt vom 40. bis zum 80. Lebensjahr: Belehrung/Information
- Höhepunkt ab dem 80. Lebensjahr: Todesvorbereitung (und Intimitätsaufrechterhaltung – mit Höhepunkt auch bei den Adoleszenten)

Es wurden weitere Studien mit dem gleichen oder ähnlichen Fragebogen gemacht, die im Großen und Ganzen diese Befunde stützen (Hyland u. Ackerman 1988; Webster 1997; Webster u. Gould 2007).

Kurz zusammengefasst, ergeben sich aus den theoretischen Annahmen und empirischen Befunden zu den Aufgaben und Funktionen des Erinnerns im Lebenslauf:

— Jugendliche erinnern sich insbesondere, um ihr Selbstkonzept zu stärken.
— Erwachsene erinnern sich insbesondere, um Probleme zu lösen.
— Ältere Menschen erinnern sich insbesondere, um im Kommunikationskontakt zu bleiben.

1.4.4 Besondere Funktionen des Lebensrückblicks bei älteren Menschen

Begrifflich sind Erinnern und Lebensrückblick durch einige Merkmale genauer unterscheidbar (s. genauer in ▶ Kap. 2). Ein Lebensrückblick ist in der Regel zunächst einmal eine ausführliche oder systematische Beschäftigung mit der eigenen Vergangenheit und wird zudem hauptsächlich im höheren Alter durchgeführt. Für die Funktionen des Lebensrückblicks werden schon seit Längerem verschiedene Konzepte und Modellvorstellungen diskutiert (z.B. in den Sammelbänden von Haight u. Webster 1995; Kunz u. Soltys 2007). Nachfolgend soll das Konzept von Maercker (2002) zu den Funktionen des Lebensrückblicks im Alter dargestellt werden, da es viele der von anderen Autoren genannten Aspekte mitbeinhaltet, wobei betont werden muss, dass es ursprünglich in einem klinisch-psychotherapeutischen Kontext in Hinblick auf Traumafolgen bei Älteren entwickelt wurde (Maercker 2002, S. 253ff.). Die drei Funktionen des Lebensrückblicks sind demnach:
— Gedächtniselaboration,
— Bilanzieren,
— Sinngebung.

Gedächtniselaboration

Die sorgfältige Aufbereitung der Erinnerungen als erstes Ziel bezieht sich auf die Struktur des autobiografischen Gedächtnisses (s. oben sowie Conway u. Pleydell-Pearce 2000). Autobiografische Erinnerungen sind demnach in einer hierarchisch geordneten und stufenweise abstrahierten Weise gespeichert und in der Regel nur durch eine ausreichend intensive Aktivierung umfassend über alle Erinnerungsebenen und -modalitäten (Fakten, Gedanken, Gefühle etc.) hinweg abrufbar. Insbesondere wird der Abruf über Suchstrategien gesteuert, die sich an der Bedeutung der Ereignisse orientieren. Zudem sind alle wesentlichen autobiografischen Erinnerungen im deklarativen, d.h. der Verbalisierung zugänglichen Gedächtnissystem gespeichert und nicht im sensorischen, d.h. nondeklarativen und nicht verbal zugänglichen Gedächtnissystem wie die belastenden Flashbacks von Traumatisierten.

Die Erinnerungstätigkeit depressiver Menschen zeigt, dass diese spontan die allgemeinste Ebene der Erinnerung bevorzugen und dass es ihnen schwerer fällt, konkrete Erinnerungen, das sog. ereignisbezogene Wissen, wiederzugeben. Bei der posttraumatischen Belastungsstörung (PTBS) geht man davon aus, dass das Gedächtnis für das Traumageschehen ungenügend elaboriert (d.h. ungenügend in seiner Bedeutung strukturiert) und mangelhaft in den Kontext anderer Erinnerungen integriert wurde. Dies geht damit einher, dass die Erinnerungen fragmentiert sind und nicht in inhaltlich schlüssiger und zeitlich kohärenter Form wiedergegeben werden können.

Bei beiden psychischen Störungen sind die geschilderten Defizite in Struktur und Umfang des Gedächtnisabrufs allerdings durch gezielte Interventionen veränderbar. So konnten Serrano et al. (2004) zeigen, dass eine strukturierte Lebensrückblicksintervention zu mehr und detaillierteren positiven und neutralen Erinnerungen führte. Dagegen war die Zunahme detaillierter negativer Erinnerungen nur gering und statistisch nicht signifikant. Für die PTBS-Therapie konnten Foa et al. schon 1995 zeigen, dass eine erfolgreiche Therapie mit einer Verbesserung der Erinnerungskohärenz sowie der Verringerung fragmentierter Erinnerungselemente und der Rate von Flashbacks einhergeht.

Die Gedächtniselaboration schafft damit auch gute Voraussetzungen für die kommunikative Funktion des Erinnerns, denn eine Zunahme an Detailreichtum und Struktur erleichtert das Erzählen (die Narration). Durch den engen lebenspraktischen Zusammenhang von Erinnern und Erzählen befruchten sich beide Fähigkeiten gegenseitig. Hierbei kommen interpersonelle Prozesse ins Spiel, deren zentrale Rolle nicht nur in neuen Modellen des autobiografischen Gedächtnisses (Alea u. Bluck 2003), sondern auch im Rahmen neuerer Perspektiven auf Stressfolgestörungen diskutiert wird (Horn u. Maercker 2011).

> **Kasten 3: Ist die Integration ein Ziel des Erinnerns?**
> Die »Integration der Erinnerungen« oder »Erinnerung als Integration« wird in vielen Zusammenhängen als ein wünschbares Ziel angesehen. Erik H. Erikson hatte den verwandten Begriff der Integrität beschrieben als »Akzeptanz des eigenen, einzigartigen Lebenszyklus und der Menschen, die darin von Bedeutung sind, als etwas, das unweigerlich sein musste und nicht austauschbar ist« (Erikson 1968, S. 139). Bei der Therapie posttraumatischer Belastungsstörungen wird ebenfalls häufig die »Integration der Erinnerungen« als Ziel angegeben. Ist das immer möglich und immer wünschbar, insbesondere wenn ein Mensch extremes Unrecht oder Unglück erlitten hat?
> Der israelische Psychologe Jacob Lomranz hat das Konzept der »Aintegration« aufgestellt (Lomranz 2011, in deutscher Sprache). Er stellt sich auf den Standpunkt, dass das »Integrationsparadigma« zumindest bei Traumaüberlebenden naiv und unzulänglich ist, geht es doch bei deren Erinnerungen nicht um eine neutrale oder akzeptierende Einstellung der eigenen Vergangenheit gegenüber. Lomranz plädiert für die Anerkennung – und therapeutische Nutzung – der menschlichen Leidensfähigkeit aus der Erkenntnis heraus, »dass der Mensch mit Dissonanzen, Inkohärenz und sogar mit schwerem Trauma leben kann, ohne dauerhaftem, lähmendem Leiden ausgesetzt zu sein« (S. 240).
> Die in diesem Kapitel dargestellten drei Funktionen des Lebensrückblicks berücksichtigen dies und sprechen eher vom »Bilanzieren« positiver und negativer Erfahrungen als vom »Integrieren«.

- **Bilanzieren**

Gemäß entwicklungspsychologischen Theorien ist die subjektive Rekonstruktion der eigenen Lebensgeschichte ein wesentlicher Faktor für das eigene Wohlbefinden und Funktionieren (▶ Abschn. 1.5). Die Vielfalt von sensorischen und episodischen Erinnerungen und generellem autobiografischem Wissen wäre für eine Person überfordernd, wenn sie nicht in Bezugsrahmen und -ebenen gestellt würde. Durch das Verknüpfen von Erinnerungen zu einer persönlichen Autobiografie – der Lebensgeschichte – erlangt eine Person ein Gefühl der eigenen Kohärenz.

Zur Konstruktion der Lebensgeschichte werden frühere Erlebnisse ungleich gewichtet, ausgeblendet oder durch eigene Interpretationen und »Ausmalungen« ergänzt. Im Streben nach einem selbstwertkonformen Selbstschema können positiv getönte Lebensgeschichten konstruiert werden, für die negative Erfahrungen vernachlässigt werden (▶ Kap. 2). Bei Depressiven ist eher das Gegenteil der Fall: Bei ihnen werden zum Selbstschema passende, negativ getönte Lebensgeschichten konstruiert, und positive Erlebnisse bleiben unbeachtet. Bei Psychotraumapatienten werden häufig alle Erlebnisse nach dem Trauma subjektiv entwertet und gelten nichts mehr (z.B.: »Was danach kam, war ein Abstieg auf ganzer Linie«).

Die Ergänzung der spontanen »blinden Flecken« in der Lebensgeschichte und damit im zugrunde liegenden Selbstkonzept sichert das Wohlbefinden und die Funktionsfähigkeit besser ab, weil sie sie – bildlich gesprochen – auf eine breitere Grundlage stellt. Blinde Flecken zeichnen sich meist dadurch aus, dass sie emotional geladen sind – d.h., die Beschäftigung mit ihnen verschlechtert die Stimmung und fordert die Emotionsregulationsfähigkeiten heraus. Entsprechend gibt es eine nachvollziehbare Tendenz, diese Themen zu meiden.

In der experimentellen Sozialpsychologie hat das »Paradigma des weißen Bären« die ungünstigen, ironisch scheinenden Folgen dieser Vermeidungstendenzen eindrücklich illustriert (Wenzlaff u. Wegner 2000): Wenn ich vermeiden möchte, an einen weißen Bären zu denken, drängt sich dieser besonders häufig in meinen Bewusstseinsstrom. Dies geschieht am wahrscheinlichsten dann, wenn es mir am wenigsten passt, nämlich wenn ich gerade von anderen Dingen gefordert bin. Diese sich aufdrängenden Gedanken sind nicht nur unangenehm – es gab ja einen Grund, den Gedanken zu meiden –, sie binden auch Arbeitsgedächtniskapazität, die für die anstehenden Aufgaben dringend benötigt würde. Der vermeidende Umgang mit blinden Flecken in der eigenen Biografie kann also, salopp formuliert, nach hinten losgehen: Es fällt schwerer, diesen Aspekt »abzulegen« und sein zu lassen, da sich die nicht narrativ integrierten Puzzleteile immer wieder aufdrängen (Gergen u. Gergen 1988).

Das Bilden einer kohärenten narrativen Struktur hat hingegen den Vorteil, dass es – gerade auch in seiner Reduktion von widersprüchlichen Aspekten der eigenen Biografie – Kapazität spart und Sinngebung fördert. Dabei ist anzumerken, dass das »Ausblenden« oder Gewichten von bestimmten Aspekten im Prozess der Bildung eines kohärenten Narrativs nicht als ungesund zu betrachten ist. Es gilt nicht alles, was im Leben passiert ist, im Detail abzubilden, es gilt vielmehr, gemäß diesem Ansatz ein Narrativ zu entwickeln, das in seiner Kohärenz zufriedenstellend und dem Individuum sinnhaft erscheint – so jedenfalls die Idee von Forschern wie Pennebaker u. Seagal (1999). Aspekte des Lebens, die man lustvoll ausblendet oder allenfalls zu einem Randstrang der eigenen Lebensgeschichte erklärt, unterscheiden sich von blinden Flecken: Letztere bleiben emotional beladen und bedeutsam, weil sie die Kohärenz des gebildeten Lebensnarrativs bedrohen, aber »zu heiß« sind, als dass man sie – wie kurz auch immer – anfassen könnte, was die Vorraussetzung für eine Integration wäre (in ▶ Abschn. 1.5 wird auf die gesundheitsfördernden Effekte des narrativen Erinnerns noch vertieft eingegangen).

Die Induktion bzw. die Verstärkung der sich jeweils ergänzenden positiven oder negativen Erinnerungen geschieht in der Regel, wenn Personen sich Zeit für einen bewusst durchgeführten Lebensrückblick nehmen (Staudinger 2001). Die Aktivierung positiver Erinnerungen im Therapie- oder Beratungsprozess gibt den Klienten die Möglichkeit, ihr Selbst differenzierter, mitfühlender und realistischer zu sehen. Der Therapeut bestärkt die Stabilität des Selbst, arbeitet die Kontrollmöglichkeiten heraus und verstärkt positive Bewältigungserfahrungen. Wenn ein Therapeut bei Depressiven zielgerichtet und nachdrücklich auf die positiven Aspekte der persönlichen Lebensgeschichte fokussiert, nimmt die Fähigkeit, diese zu erinnern und selbst für relevant zu halten, zu (Singer u. Salovey 1993). Auf die Traumatherapie angewandt, bedeutet das, dass ein Patient ermuntert wird, positiv bewertete Lebensereignisse zu erzählen, die nicht mit dem Trauma zusammenhängen, um sich selbst positiver definieren zu können. Damit geht in der Regel eine Abschwächung dominant negativer traumatischer Erinnerungen einher. Beide Prozesse, die Verstärkung positiver und die Abschwächung negativer Erinnerungen, dienen dem Ziel einer besseren Integration der Bewertungen des Erlebten.

- **Sinngebung**

Hier steht die Tendenz zur persönlichen Bedeutungszuschreibung und Sinngebung im Mittelpunkt. Befunde der Lebensspannenpsychologie zeigen, dass diese Tendenz insbesondere im höheren Lebensalter oder bei Menschen, die sich in einem terminalen Krankheitsstadium befinden, ein verbreitetes Phänomen ist (Henoch u. Danielson 2009; Steger et al. 2009). Steger et al. zeigen, dass dies insbesondere für eine der beiden Hauptkomponenten des »Lebenssinns« zutrifft, das Sinnfinden (»meaning presence«), während die andere Komponente, das Sinnsuchen (»meaning search«), eher bei jüngeren Menschen vorhanden ist. Für traumatisierte Menschen gibt es diese Tendenz nach Sinnsuche und Sinnfinden im Zusammenhang mit ihren schweren Erlebnissen unabhängig vom Lebensalter (Tedeschi u. Calhoun 1995; Maercker 2009).

Allgemein kann man die individuelle Tendenz zur Sinngebung sowohl im Laufe des Alternsprozesses als auch nach schweren Lebensereignissen beschreiben als die subjektive Erfahrung positiver Veränderungen, die das Ergebnis der kognitiven und emotionalen Verarbeitung von aversiven Ereignissen darstellt. Dabei kommt es zu Veränderungen und Differenzierungen der Bedeutungszuschreibungen. Eine mögliche Folge dieser Sinnfindungsprozesse kann als »Weisheit« bezeichnet werden, wenn sie durch ein außergewöhnliches

Maß an kognitiver und emotionaler Differenziertheit gekennzeichnet ist (Maercker 1995; Staudinger 2001). Andere Formen sind eine intensivierte Religiosität oder Spiritualität.

Allerdings scheint die Sinngebung im Zusammenhang mit der Überwindung von Verlusten und Traumata kein ausschließlich rationaler und funktionaler Prozess zu sein; vielmehr muss davon ausgegangen werden, dass er aus dem gemeinsamen Wirken einer Tendenz zur selbstschützenden (protektiven) Illusion und der funktionalen Fähigkeit zum kognitiven Neubewerten resultiert (Maercker u. Zöllner 2004). Einige Sinnsprüche, die gern von älteren Menschen gebraucht werden, etwa: »Wer weiß, wozu es noch gut ist« (z.B. ein erlebtes Unglück), »Was dich nicht umbringt, macht dich nur härter« oder das Hölderlin-Zitat »Wo aber Gefahr ist, wächst das Rettende auch« kennzeichnen die positive Uminterpretation negativer Schicksalsschläge.

Diese Tendenz zur Sinnfindung kann im therapeutischen Kontext z.B. der Lebensrückblicksintervention weiter verstärkt werden. Die Sinngebung dient dann der Verarbeitung und Einbettung des erlebten Traumas in die persönliche Geschichte, und zwar unabhängig davon, wie hoch der mögliche Anteil einer illusionären Tendenz bei der Uminterpretation ist. Pennebaker u. Seagal (1999) fassen u.a. Befunde der Traumatherapie zusammen, die zeigen, dass ausgeprägt subjektive bzw. idiosynkratische Sinngebungen mit verbesserten emotionalen und physiologischen Gesundheitsparametern einhergehen.

1.5 Sicherinnern und Wohlbefinden

Pennebaker u. Seagal (1999) werden häufig zitiert, wenn es um die Zusammenhänge zwischen dem Formen eines Narrativs bezüglich relevanter Lebensereignisse und Gesundheit und Wohlbefinden geht. Das von Pennebaker eingeführte Paradigma des expressiven Schreibens (auch »written disclosure«) ermöglichte es, diese Zusammenhänge wissenschaftlich im großen Stil zu untersuchen. Das strukturierte, anonyme Aufschreiben – und damit Versprachlichen – von relevanten Lebensereignissen mit der Instruktion, die tiefsten Gedanken und Gefühle zu schildern, meist im Rahmen von vier bis fünf Schreibsitzungen zu jeweils 20 Minuten, zeigt stabil kleine, aber signifikante Zusammenhänge mit Indikatoren psychischer und physischer Gesundheit (Metaanalyse von Frattaroli 2006). Das expressive Schreiben wurde mittlerweile in einer Vielzahl von Kontexten untersucht und erwies sich dabei als assoziiert mit sehr unterschiedlichen gesundheitsbezogenen Indikatoren: weniger Arztbesuche, günstigere immunologische Parameter nach einer Impfung, bessere Noten an der Hochschule, weniger Symptome bei Rheuma- und Asthmakranken, schnellere Wundheilung sowie besseres Wohlbefinden – um nur eine Auswahl zu nennen (Pennebaker u. Chung 2007; Horn u. Mehl 2004; Horn et al. 2011).

Bei der Diskussion der Wirkmechanismen dieser angesichts der vergleichsweise minimalen, ohne weiteres Feedback selbst eingesetzten Intervention teilweise erstaunlichen Effekte wurde früh auf die in diesem Kapitel bereits geschilderten Funktionen des Erinnerns verwiesen. Die Annahme, dass die kognitive Verarbeitung neben der Konfrontation mit dem emotionalen Gehalt der Erinnerung eine zentrale Rolle spielt, wurde unterstützt durch den Befund, dass insbesondere ein Wortgebrauch, der vertiefte Reflexion und das integrierende Annehmen unterschiedlicher Perspektiven nahelegt, mit stärkeren wohltuenden Effekten nach dem Schreiben assoziiert war (Horn u. Mehl 2004).

Das strukturierte Schreiben über wichtige Ereignisse des eigenen Lebens scheint eine Stütze beim Bearbeiten der bereits erwähnten emotionsregulatorisch so fordernden »blinden Flecken« der eigenen Biografie zu sein. Es kann ungünstige vermeidende Emotionsregulationsstrategien wie Gedankenunterdrückung unterbrechen und ermöglichen, auch schwierige Erlebnisse in ihrer Bedeutung für die eigene Biografie »zu Ende zu denken«, was eine Voraussetzung für die Bildung eines kohärenten Narrativs darstellt. Kompakte Narrative lassen sich eher »ablegen« und brauchen weniger kognitive Kapazität, und das Unterbrechen der gedanklichen Vermeidungen reduziert die sich dennoch aufdrängenden Gedanken – so die Annahme in Bezug auf gesundheitsfördernde Prozesse beim narrativen Erinnern wichtiger Lebensereignisse, wie es für das expressive Schreiben quasi »im Re-

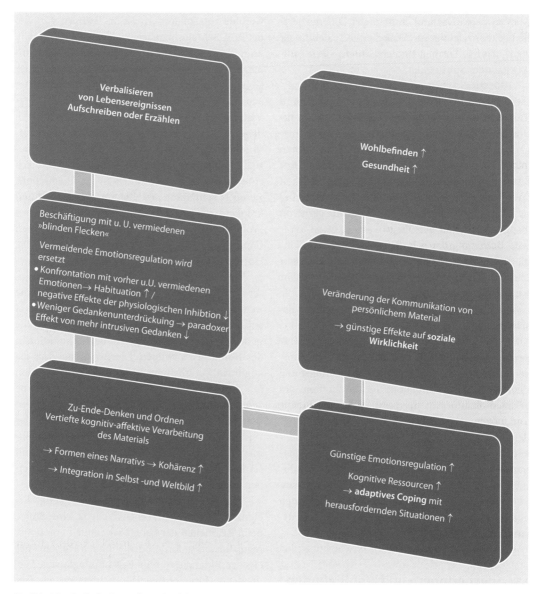

Abb. 1.3 Grafische Darstellung der diskutierten Wirkmechanismen von Erinnerungsprozessen beim expressiven Schreiben (adaptiert nach Horn u. Mehl 2004, S. 280)

agenzglas« untersucht wurde. Interessanterweise konnte auch eine Vergrößerung der Arbeitsgedächtniskapazität infolge der Schreibintervention beobachtet werden (Klein u. Boals 2001).

Eine »gute Geschichte« über eigene Erlebnisse ist nicht nur emotionsregulatorisch und kognitiv günstig, sie dürfte auch soziale Konsequenzen haben. Wie hier schon verschiedentlich ausgedrückt und wie der Titel von Gabriel García Márquez' autobiografischem Buch *Leben, um davon zu erzählen* nahelegt, ist das Teilen von wichtigen Lebensereignissen mit anderen ein wichtiges Grundbedürfnis des Menschen. Entsprechend konnte Bernard Rimé in seiner Untersuchung des »sozialen Teilens« (»social sharing«) empirisch bestätigen, dass nach einer emotionalisierenden Episode 80 bis 95 % der Befragten angeben, diese mit anderen geteilt zu haben (Rimé 2007). Je weniger fragmentiert und verwirrend die Schilderung von Lebensereignissen und damit auch die Darstellung des Selbst und der eigenen Identität, umso wahrscheinlicher mündet das Teilen von Erlebnissen in eine kommunikative Situation des Verstandenseins und damit psychischer Nähe und Integration (Alea u Bluck 2003).

Soziale Integration ist ein wichtiger gesundheitsfördernder Faktor (Uchino et al. 1996) und kann als zentrale Ressource für das individuelle Wohlbefinden gelten. Studien, die nach dem Aufschreiben von Erinnerungen günstige Veränderungen in Bezug auf Vergebung (Romero 2008) und Beziehungsdauer in Partnerschaften (Slatcher u. Pennebaker 2006) zeigen konnten, scheinen die Annahme, dass intrapersonelle Prozesse des Lebensrückblicks sich auch auf die soziale Wirklichkeit auswirken, empirisch zu bestätigen. Die diskutierten Wirkmechanismen der empirisch bestätigten Effekte des schriftlichen Sicherinnerns an lebensgeschichtlich bedeutsame Episoden sind in ◘ Abb. 1.3 zusammengefasst. Auch wenn dieses Modell von Wirkmechanismen im Rahmen der Diskussion zum expressiven Schreiben entstanden ist, mögen darin grundlegende Prozesse zusammengefasst sein, die auch für die wohlbefindensfördernden Funktionen des Lebensrückblicks relevant sind.

Zusammenfassend kann festgestellt werden, dass die hier vorgestellten relevanten psychologischen Theorien im Zusammenhang mit dem autobiografischen Gedächtnis und der eigenen Lebensgeschichte existenzielle Bereiche des Lebens widerspiegeln: wer wir sind, wie wir es geworden sind, wie wir uns anderen gegenüber darstellen und uns ihnen nähern und wie wir zu Einsicht und Erkenntnis, wenn nicht gar zu Weisheit kommen. Was liegt näher, als sich diese existenzielle Tiefe in psychotherapeutischen Ansätzen zunutze zu machen und in Therapien explizit auf Elemente des Lebensrückblicks zurückzugreifen? Die weiteren Kapitel dieses Buchs illustrieren die vielfältigen therapeutischen Möglichkeiten, die eine lebensgeschichtliche Perspektive eröffnet.

Literatur

Alea, N., & Bluck, S. (2003). Why are you telling me that? A conceptual model of the social function of autobiographical memory. *Memory, 11*, 165–178.

Boothe, B. (2011). *Das Narrativ. Biografisches Erzählen im psychotherapeutischen Prozess.* Stuttgart: Schattauer.

Brandtstädter, J. (2006). *Das flexible Selbst. Selbstentwicklung zwischen Zielbindung und Ablösung.* Wiesbaden: Spektrum.

Butler, R. N. (1974). Successful aging and the role of the life review. *Journal of the American Geriatrics Society, 22*, 529–535.

Cappeliez, P., & O'Rourke, N. (2006). Empirical validation of a model of reminiscence and health in later life. *Journals of Gerontology, Series B – Psychological Sciences and Social Sciences, 61*, 237–244.

Carstensen, L. L. (1995). Evidence for a life-span theory of socioemotional selectivity. *Current Directions in Psychological Science, 4*, 151–156.

Conway, M. A., & Pleydell-Pearce, C. W. (2000). The construction of autobiographical memories in the self-memory system. *Psychological Review, 107*, 261–288.

Erikson, E. H. (1953). *Identität und Lebenszyklus.* Frankfurt a.M.: Suhrkamp.

Erikson, E. H. (1968). *Identity, youth, and crisis.* New York: Norton.

Festinger, L. (1957). *A theory of cognitive dissonance.* Stanford, CA: Stanford University Press.

Fivush, R. (2011). The development of autobiographical memory. In S. T. Fiske, D. L. Schacter & S. E. Taylor (Hrsg.), *Annual Review of Psychology* (Bd. 62, S. 559–582). Palo Alto: Annual Reviews.

Foa, E. B., Molnar, C., & Cashman, L. (1995). Change in rape narratives during exposure therapy for posttraumativ-stress-disorder. *Journal of Traumatic Stress, 8*, 675–690.

Frattaroli, J. (2006). Experimental disclosure and its moderators: A meta-analysis. *Psychological Bulletin, 132*, 823–865.

Fromholt, P., Mortensen, D. B., Torpdahl, P., Bender, L., Larsen, P., & Rubin, D. C. (2003). Life-narrative and word-cued autobiographical memories in centenarians: Comparisons with 80-year-old control, depressed, and dementia groups. *Memory, 11*, 81–88.

Gergen, K. J. & Gergen, M. M. (1988). Narrative and the self as relationship. In L. Berkowitz (Hrsg.), *Advances in experimental social psychology* (S. 17–56). New York: Academic Press.

Habermas, T., & Bluck, S. (2000). Getting a life: The emergence of the life story in adolescence. *Psychological Bulletin, 126*, 748–769.

Haight, B. K. (1991). Reminiscing – the state-of-the-art as a basis for practice. *International Journal of Aging & Human Development, 33*, 1–32.

Haight, B. K., & Webster, J. D. (1995). *The art and science of reminiscing: Theory, research, methods, and applications.* Washington, D.C.: Taylor & Francis.

Henoch, I., & Danielson, E. (2009). Existential concerns among patients with cancer and interventions to meet them: An integrative literature review. *Psycho-Oncology, 18,* 225–236.

Hirst, W., & Echterhoff, G. (2012). Remembering in conversations: The social sharing and reshaping of memories. *Annual Review of Psychology, 63,* 55–79.

Horn, A. B., & Maercker, A. (2011). Psychologische Theorien zum Verständnis der PTBS. In G. Seidler, H. J. Freyberger & A. Maercker (Hrsg.), *Handbuch Psychotraumatologie* (S. 38–49). Stuttgart: Klett-Cotta.

Horn, A. B., & Mehl, M. R. (2004). Expressives Schreiben als Coping-Technik: Ein Überblick über den Stand der Forschung. *Verhaltenstherapie, 14,* 274–283.

Horn, A. B., Deters, F., & Mehl, M. R. (2011). Expressives Schreiben und Immunaktivität: Gesundheitsfördernde Aspekte der Selbst-Öffnung. In C. Schubert (Hrsg.), *Psychoneuroimmunologie und Psychotherapie* (S. 208–227). Stuttgart: Schattauer.

Howe, M. L., & Courage, M. L. (1993). On resolving the enigma of infantile amnesia. *Psychological Bulletin, 113,* 305–326.

Hyland, D. T., & Ackerman, A. M. (1988). Reminiscence and autobiographical memory in the study of the personal past. *Journals of Gerontology, 43,* 35–39.

Jong-Meyer, R. de, & Barnhofer, T. (2001). Unspezifität des autobiographischen Gedächtnisses bei Depressiven. *Psychologische Rundschau, 53,* 23–33.

Klein, K., & Boals, A. (2001). Expressive writing can increase working memory capacity. *Journal of Experimental Psychology: General, 130,* 520–533.

Kraus, W. (2007). Designing the long view: Lessons from a qualitative longitudinal study on identity development. In M. Watzlawik & A. Born (Hrsg.), *Capturing identity: Quantitative and qualitative methods* (S. 23–37). Lanham, MD: University Press of America.

Kunz, J. A., & Soltys, F. G. (2007). *Transformational reminiscence: Life story work*. New York: Springer.

Lindenberger, U., & Brandtstädter, J. (2007). *Entwicklungspsychologie der Lebensspanne: ein Lehrbuch*. Stuttgart: Kohlhammer.

Lomranz, J. (2011). »Aintegration« – ein komplementäres Paradigma zum Verständnis von Holocaust-Überlebenden. In J. Brunner & N. Zajde (Hrsg.), *Holocaust und Trauma* (S. 223–241). Göttingen: Wallstein.

Maercker, A. (1995). *Existentielle Konfrontation. Eine Untersuchung im Rahmen eines psychologischen Weisheitsparadigmas*. Berlin: Studien und Berichte des Max-Planck-Instituts für Bildungsforschung.

Maercker, A. (2002). *Alterspsychotherapie und klinische Gerontopsychologie*. Berlin: Springer.

Maercker, A. (2009). *Posttraumatische Belastungsstörungen* (3. Aufl.). Heidelberg: Springer.

Maercker, A., & Zöllner, T. (2004). The Janus face of posttraumatic growth: Towards a two component model of posttraumatic growth. *Psychological Inquiry, 15,* 41–48.

Mayer, A. K., Filipp, S. H., & Ferring, D. (1996). The Reminiscence Questionnaire – a measure of the frequency of reminiscing: Scale construction and statistical testing. *Diagnostica, 42,* 175–189.

McAdams, D. P. (2001). The psychology of life stories. *Review of General Psychology, 5,* 100–122.

Merton, R. K. (1948). The self-fulfilling prophecy. *Antioch Review, 8,* 193–210.

Pasupathi, M. (1999). Age differences in response to conformity pressure for emotional and nonemotional material. *Psychology and Aging, 14,* 170–174.

Pasupathi, M. (2001). The social construction of the personal past and its implications for adult development. *Psychological Bulletin, 127,* 651–672.

Pennebaker, J. W., & Chung, C. K. (2007). Expressive writing, emotional upheavals and health. In H. Friedman & R. Silver (Hrsg.), *Handbook of health psychology* (S. 263–284). New York: Oxford University Press.

Pennebaker, J. W., & Seagal, J. D. (1999). Forming a story: The health benefits of narrative. *Journal of Clinical Psychology, 55,* 1243–1254.

Piaget, J. (1970/2000). *Psychologie der Intelligenz* (10. Aufl.). Stuttgart: Klett-Cotta.

Rimé, B. (2007). Interpersonal emotion regulation. In: Gross J. J. (Hrsg.), *Handbook of emotion regulation* (S. 466–485). New York: Guilford.

Romero C. (2008). Writing wrongs: An intervention to promote forgiveness. *Journal of Social and Personal Relationships, 25,* 625–642.

Rubin, D. C., Wetzler, S. E., & Nebes, R. D. (1986). Autobiographical memory across the adult lifespan. In D. C. Rubin (Hrsg.), *Autobiographical memory* (S. 202–221). Cambridge: Cambridge University Press.

Schlagman, S., Kliegel, M., Schulz, J., & Kvavilashvili, L. (2009). Differential effects of age on involuntary and voluntary autobiographical memory. *Psychology and Aging, 24,* 397–411.

Serrano, J. P., Latorre, J. M., Gatz, M., & Montanes, J. (2004). Life review therapy using autobiographical retrieval practice for older adults with depressive symptomatology [Review]. *Psychology and Aging, 19,* 272–277.

Singer, J., & Bluck, S. (2001). New perspectives on autobiographical memory: The integration of narrative processing and autobiographical reasoning. *Review of General Psychology, 5,* 91–99.

Singer, J. A., & Salovey, P. (1993). *The remembered self: Emotion and memory in personality*. New York: Free Press.

Slatcher, R. B., & Pennebaker, J. W. (2006). How do I love thee? Let me count the words: The social effects of expressive writing. *Psychological Science, 17,* 660–664.

Staudinger, U. M. (2001). Life reflection: A social–cognitive analysis of life review. *Review of General Psychology, 5,* 148–160.

Steger, M. F., Oishi, S., & Kashdan, T. B. (2009). Meaning in life across the life span: Levels and correlates of meaning in life from emerging adulthood to older adulthood. *Journal of Positive Psychology, 4,* 43–52.

Tedeschi, R. G., & Calhoun, L. G. (1995). *Trauma & transformation: Growing in the aftermath of suffering*. Thousand Oaks, CA: Sage.

Tulving, E. (1972). Episodic and semantic memory. In E. Tulving & W. Donaldson (Hrsg.), *Organization of memory* (S. 382–403). New York: Academic Press.
Tulving, E. (2002). Episodic memory: From mind to brain. *Annual Review of Psychology, 53*, 1–25.
Uchino, B. N., Cacioppo, J. T., & Kiecolt-Glaser, J. K. (1996). The relationship between social support and physiological processes: A review with emphasis on underlying mechanisms. *Psychological Bulletin, 119,* 488–531.
Webster, J. (1995). Adult age differences in remininscence functions. In B. K. Haight & J. Webster (Hrsg.), *The art and science of reminiscing.* (S. 89–102). Washington DC: Taylor & Francis.
Webster, J. D. (1997). The reminiscence functions scale: A replication. *International Journal of Aging & Human Development, 44,* 137–148.
Webster, J. D., & Gould, O. (2007). Reminiscence and vivid personal memories across adulthood. *International Journal of Aging & Human Development, 64,* 149–170.
Welzer, H., & Markowitsch, H. J. (2006). Warum Menschen sich erinnern können: Fortschritte der interdisziplinären Gedächtnisforschung. Stuttgart: Klett-Cotta.
Wenzlaff, R. M., & Wegner, D. M. (2000). Thought suppression. *Annual Review of Psychology, 51,* 59–91.
Wertsch, J. V. (2008). Collective memory and narrative templates. *Social Research, 75(1),* 133–156.
Williams, J. M. G., & Broadbent, K. (1986). Autobiographical memory in suicide attempters. *Journal of Abnormal Psychology, 95,* 144–149.
Wong, P. T. P. (1995). The processes of adaptive reminiscences. In B. K. Haight & J. Webster (Hrsg.), *The art of science of reminiscing*. Washington, DC: Taylor & Francis.
Wong, P. T. P., & Watt, L. M. (1991). What types of reminiscence are associated with successful aging. *Psychology and Aging, 6,* 272–279.
Young, J. E., Klosko, J. S., & Weishaar, M. E. (2008). *Schematherapie: ein praxisorientiertes Handbuch* (2. Aufl.). Paderborn: Junfermann.

Formen des Lebensrückblicks

Andreas Maercker

2.1 Einleitung und Überblick – 26

2.2 Nichttherapeutische Formen des Lebensrückblicks – 26
2.2.1 Autobiografien – 26
2.2.2 Oral-History-Interviews – 27

2.3 Sozialpädagogische Formen – 29
2.3.1 Erinnerungsarbeit mit Kindern und Jugendlichen – 29
2.3.2 Biografiearbeit mit Jugendlichen – 29

2.4 Therapeutische und soziotherapeutische Formen – 31
2.4.1 Einfaches Erinnern (Reminiszieren) – 31
2.4.2 Biografiearbeit – 31
2.4.3 Die psychotherapeutische Hauptform: Lebensrückblickstherapie – 32

2.5 Erinnern und Zeugnisablegen als Therapie – 36

2.6 Besondere Inhaltstypen des Lebensrückblicks, an Beispielen erläutert – 38
2.6.1 Anklagen und Verbitterung: Das Buch Hiob – 38
2.6.2 Selbstenthüllungen: Anonyma. Eine Frau in Berlin – 39
2.6.3 Selbststilisierungen: Lebensberichte des Künstlers Joseph Beuys – 40
2.6.4 Selbstgefälliges und Geschöntes: Geständnisse des Hochstaplers Gert Postel – 42

2.7 Ausblick – 43

Literatur – 44

In Beratung und Psychotherapie wurde in den letzten Jahrzehnten eine Fülle von Formen des Lebensrückblicks entwickelt und eingesetzt. In diesem Kapitel sollen nichttherapeutische, sozialpädagogische und psychotherapeutische Formen beschrieben und voneinander abgegrenzt werden. Das Kapitel schließt ab mit der Diskussion einiger Extremtypen des Lebensrückblicks, die anhand von literarischen Beispielen erläutert werden.

2.1 Einleitung und Überblick

Im Gegensatz zu den meisten Psychotherapieformen, die in der Regel von Medizinern oder Psychologen entwickelt wurden, sind Lebensrückblicksverfahren in der Gerontologie oder Pflegewissenschaft entstanden (Butler 1963).

Wir bezeichnen als Lebensrückblicksinterventionen (LRI) eine Gruppe psychotherapeutischer Verfahren, die sich für mehrere Altersgruppen eignen. Sie stehen neben anderen Gruppen psychotherapeutischer Techniken wie
- Entspannungsverfahren,
- Expositions- und konfrontative Verfahren,
- kognitive Umstrukturierung,
- supportive Interventionen,
- nondirektive Gesprächsführung,
- psychodynamische Interventionstechniken.

LRI sind sowohl mit der Biografiearbeit als auch mit der Erinnerungs- oder Reminiszenzarbeit verwandt. Eine gewisse Überschneidung gibt es weiter mit dem Verfassen von Autobiografien sowie mit der sog. »Oral-History«-Methode, obwohl beide bekanntermaßen nicht direkt zu den Bereichen Beratung und Psychotherapie zählen. Da das Schreiben von Autobiografien und die »Oral-History«-Methode jedoch inhaltlich interessante Parallelen zu LRI aufweisen, sollen sie im Folgenden dargestellt werden.

2.2 Nichttherapeutische Formen des Lebensrückblicks

2.2.1 Autobiografien

Autobiografien erscheinen als literarisches Produkt und werden – anders als das Tagebuch, das beispielsweise auch im therapeutischen Rahmen genutzt werden kann – in der Regel nicht mit therapeutischen oder beraterischen Zwecken in Verbindung gebracht. Man versteht darunter die Beschreibung der eigenen Lebensgeschichte oder von Ausschnitten daraus. Autobiografien haben das Ziel, die eigene Vergangenheit oder Teile davon zu reflektieren und auch anderen zugänglich zu machen (Introspektion vs. Selbstenthüllung oder Selbstrechtfertigung; ▶ Abschn. 2.6).

Mit der Möglichkeit schriftlicher Überlieferungen wurden erstmals in der Antike und Nachantike Autobiografien weitreichend bekannt, in einer Zeit also, in der man auch zunehmend die Persönlichkeit »entdeckte« (Wagner-Egelhaaff 2005). Weit bekannt geworden sind die *Bekenntnisse* des Theologen Augustinus, in denen dieser die Phasen der eigenen geistigen und spirituellen Entwicklung beschreibt. Augustinus befasst sich zum einen mit der Entwicklung seines eigenen Denkens und zum anderen mit der des Suchens und Fragens. Im Buch finden sich Schilderungen seines Gemütszustandes und ansatzweise Erörterungen der Natur des menschlichen Gedächtnisses (8. Kap. des 10. Buches). In allen nachfolgenden Jahrhunderten und insbesondere seit dem 20. Jahrhundert gibt es einen wachsenden Markt an autobiografischer Literatur.

> **Kasten 1: Theodor Fontanes Selbstheilung durch das Schreiben seiner Erinnerungen (nach Wilkes** 1998**)**
> Im Alter von 72 Jahren erlebte der Journalist und Schriftsteller Theodor Fontane (1819–1898) eine mehrere Monate anhaltende schwere Depression. Seine Stimmung beschrieb er als resigniert. Von »Federkraft« könne keine Rede mehr sein, der Antrieb lasse nach, jeden Abend müsse er sich aufraffen, um wenigstens den gewohnten Spaziergang zu machen. Weiter an seinem Roman *Effi Briest* zu schreiben erscheine ihm sinnlos, beklagte er in einem Brief an einen Freund. Er berichtete von Todessehnsüchten und schweren Schlafstörungen. Die gut gemeinte Aufforderung, sich durch Wiederaufnahme der Schriftstellerei aus der wachsenden Lethargie zu befreien, überforderte ihn.

> Nach einem Dreivierteljahr konsultierte er den bekannten Psychiater Professor Hirt, der eine elektrogalvanische Kur, Luftveränderungen, bestimmte Diäten und eine tägliche Flasche Rotwein verordnete. Diese Heilmittel schienen allerdings nicht anzuschlagen.
> Dann schaltete sich sein Hausarzt Doktor Delhaes mit einem neuen Vorschlag ein: Fontane solle anstelle des angefangenen Romans etwas anderes schreiben, z.B. seine Lebenserinnerungen, und am besten mit der Kindheit anfangen.
> Wie Wilkes (1998) nachzeichnet, befolgte Fontane diesen Rat. In nur etwa 14 Tagen entstanden die ersten vier Kapitel seiner Memoiren: »Ich wählte ‚meine Kinderjahre' und darf sagen, mich an diesem Buch wieder gesund geschrieben zu haben«, notierte Fontane in seinem Tagebuch von 1892/93 (S. 1207). Von weiteren depressiven Episoden blieb der Autor bis zu seinem Lebensende 1898 verschont.

Das Verfassen von Autobiografien ist sehr gängig in der heutigen Zeit und wird von Menschen aller Altersgruppen betrieben. Als 36-jähriger Jugendstar hat beispielsweise der US-amerikanische Rap-Musiker Eminem seine Autobiografie *The way I am* geschrieben, in der er über seine von Gewalt geprägte Kindheit und Jugend berichtet. Im gleichen Lebensalter verfasste der später berühmt gewordene irische Schriftsteller James Joyce *Ein Portrait des Künstlers als junger Mann*, in dem er seine Befreiung aus einem traditionellen Elternhaus und seine Entwicklung von einem schüchternen Jungen zu einem bekannten Künstler beschreibt (der er zur Zeit des Schreibens noch gar nicht war). Autobiografien haben häufig auch fiktionale Anteile. Manche Künstler lassen auch Beschreibungen des eigenen Tods einfließen, wie beispielsweise François Villon *(Testament)* oder – in künstlerisch verfremdeter Form – Franz Kafka *(Die Verwandlung)*.

Dass Autobiografien nicht objektiv sein wollen in der Auswahl und Beschreibung ihrer Inhalte, haben viele Autoren selbst so reflektiert. Johann Wolfgang von Goethe nannte aus dieser Einsicht heraus seine ab dem 50. Lebensjahr entstandene Autobiografie *Dichtung und Wahrheit. Aus meinem Leben*, weil sie eben auch »erdichtete« Teile beinhaltete. Goethe hat mit seiner Autobiografie stilbildend gewirkt und viele Nachahmer gefunden, da er nicht nur sein eigenes Selbst reflektierte, sondern auch seine Epoche und deren historisch-politische Umbrüche.

Manche Psychotherapeuten legen ihren Patienten manchmal nahe, eine Autobiografie zu verfassen, um ein schwieriges oder traumatisches Erlebnis zu überwinden. Dies war z.B. bei Natascha Kampusch der Fall, die mit 22 Jahren ihre Autobiografie verfasste und darin ihre Entführung und Kellerhaft aufarbeitete, die insgesamt zehn Jahre gedauert hatte. Ob das Schreiben einer Autobiografie allerdings »heilsam« ist (wie im Fall von Theodor Fontane; ▶ Kasten 1) oder nicht, hängt von vielen Faktoren ab. Von Überlebenden der Vernichtungslager des Zweiten Weltkriegs weiß man, dass sie auch nach dem Verschriftlichen ihrer Erlebnisse weiter stark belastet waren. Der KZ-Überlebende Primo Levi beispielsweise verfasste in diesem Zusammenhang das Buch *Ist das ein Mensch?* und suizidierte sich dennoch als 68-Jähriger.

Das Verfassen einer Autobiografie ist mit dem Ziel verbunden, sich an ein Publikum zu wenden. Das Lesepublikum bleibt aber meist anonym, sodass es den Autoren schwerfällt, aus der Resonanz des Buches eine positive Bestätigung oder einen Impuls für die eigene weitere Lebensgestaltung zu übernehmen. Falls eine Autobiografie ohne Veröffentlichungsmöglichkeit oder ohne Resonanz bleibt, kann dies die Erwartungen der Autoren ebenfalls schwer enttäuschen, wie das bei Überlebenden von Traumata häufig der Fall war (Bilke 1993). Aus dem Wunsch, bewundert zu werden für das eigene bisherige Leben und seine Schilderung, kann dann eine narzisstische Kränkung entstehen, weil es kein Echo auf die eigene Selbstöffnung gibt. Daher sollte die Anregung zum Schreiben einer Autobiografie von Therapeutenseite immer mit einer Empfehlung verbunden werden, sich als potenzieller *Autor* nicht zu viel davon zu erhoffen.

2.2.2 Oral-History-Interviews

Seit den 1970er-Jahren gibt es in der Geschichtswissenschaft die Methode der »Oral-History-Interviews« (wörtlich übersetzt: mündliche Geschichtsinterviews). Darunter wird die Befragung von Zeitzeugen verstanden, die primär dem Zweck der Gewinnung historischen Wissens dient. Sekundär diente die Methode seit ihrer Etablierung der Erweiterung der Geschichtswissenschaft auf bis dahin vernachlässigte Gebiete, zu denen es keine schriftlichen Dokumente gab bzw. bei denen die überlieferten Dokumente nur die Sicht der damals mächtigen Kräfte widerspiegeln, während die weniger Privilegierten sich nicht schriftlich ausdrücken konnten oder daran gehindert wurden. Damit ging es um eine Geschichtsschreibung »von unten«, die »verschüttete Anteile« der Geschichte herausarbeiten sollte. Beispielsweise ging es um die Entdeckung und Erforschung der »Frauengeschichte« (Jureit 1998) oder der Lebenslagen von Überlebenden in Diktaturen.

> **Kasten 2: Die »Survivors of the Shoah Foundation« von Steven Spielberg**
> Die Shoah-Stiftung wurde in den 1990er-Jahren von dem amerikanischen Filmregisseur Steven Spielberg *(Schindlers Liste, Der Soldat James Ryan)* gegründet und dient dem Zweck, Zeitzeugenberichte von Holocaustüberlebenden aufzuzeichnen und diese auch für Weiterbildungs- und Forschungszwecke zur Verfügung zu stellen. Mehrere Tausend Überlebende des Holocausts auf der ganzen Welt wurden in den verschiedensten Sprachen interviewt. Auch in Deutschland, der Schweiz und Österreich wurden Hunderte Personen befragt.
> Mit dem zentralen Videoarchiv der Shoah Foundation an der University of Southern California, Los Angeles, arbeitet für Deutschland das Visual History Archive an der Freien Universität Berlin zusammen (www.vha.fu-berlin.de). In Österreich findet man die Shoah Foundation über das Zentrum für Jüdische Kulturgeschichte der Universität Salzburg (www.uni-salzburg.at/zjk).
> Für jedes Interview mit einem Überlebenden waren zwei Stunden vorgesehen. Das Format des Interviews bestand aus 20 % Vorkriegs-, 60 % Kriegszeit- und 20 % Nachkriegserfahrungen. In den letzten fünf Minuten des Interviews konnte der Überlebende Familienangehörige einladen, zwanglos einige Minuten vor der Kamera zu erscheinen. Außerdem wurde der Überlebende gebeten, einschlägige Fotos, Schriftstücke und Gegenstände zu zeigen. Die Interviewer hatten vorgängig schriftliches Schulungsmaterial zur Verfügung und führten Trainings zur Fragegestaltung durch (Beispielfrage des letzten Teils: »Wie denken Sie über den Verlauf Ihres Lebens insgesamt, und was ist Ihnen besonders wichtig?«). Während des Interviews wurden alle Fragen frei formuliert und nicht abgelesen. Für das Wohlbefinden des Interviewers wurden vorab ebenfalls Hinweise gegeben, z.B., sich nach einem Interview Zeit für sich zu nehmen, um zu entspannen, oder sich mit seinem Unterstützungskreis zu treffen, um über die eigenen Gedanken und Gefühle zu sprechen (Eliach u. Gurewitsch 1992).

Oral-History-Interviews werden in der Regel unstrukturiert oder wenig strukturiert durchgeführt, d.h., der Interviewer vertraut darauf, dass die Zeitzeugen die wichtigsten Erlebnisse und deren Hintergründe von sich aus erzählen. Nachfragen werden in der Regel nur gestellt, wenn der Interviewte ins Stocken kommt oder wenn mehr Details zu bestimmten Erlebnissen erwünscht sind.

Die Geschichtswissenschaft hat die Mechanismen und die Begrenzungen der Oral-History-Interviews verschiedentlich beschrieben (Jureit 1998). Primär geht es um die Verschränkung von individuellen mit historischen, sozialen und gesellschaftlichen Kontexten. Aus den individuellen Erlebnisberichten soll Verallgemeinerbares gewonnen werden. Dabei wird davon ausgegangen, dass das Erfahrungsrepertoire eines Menschen sowohl individuell als auch kollektiv ist. Man nimmt an, dass sich in den Interviews kollektive Erinnerungs- und Erzählmuster reproduzieren. Dieser Fokus auf kollektive Erfahrungen unterscheidet die Oral-History-Inhalte von den therapeutischen Lebensrückblicksformen. Darüber hinaus wirkt bei der Oral-History-Methode auch die Würdigung des einzelnen Befragten, denn dieser kann sich als herausgehobener Experte anerkannt fühlen, dessen

Aussagen dauerhaft festgehalten werden und der als Zeitzeuge auch späteren Generationen dienen kann.

Als hauptsächliche Begrenzung der Methode wird dagegen angesehen, dass das in der individuellen Lektüre oder in Gesprächen angesammelte Wissen oder andere vorgefasste Meinungen den individuellen Erinnerungsprozess während des Interviews beeinflussen können. Daher wird die Oral-History-Methode heute nur als *eine* geschichtswissenschaftliche Methode neben anderen (wie der Auswertung schriftlicher Archivalien) angesehen.

2.3 Sozialpädagogische Formen

Seit den 1980er-Jahren hat sich in der Pädagogik und verschiedenen Bereichen der sozialen Arbeit die Biografiearbeit etabliert, die in der Kinder- und Jugendhilfe wie auch an Schulen eingesetzt wird. Lehrer, die an alternativen Unterrichtsmethoden interessiert sind, können Biografiearbeitsprojekte einsetzen, um dem persönlichen Leben der Schüler Raum zu geben (Morgenstern 2011).

2.3.1 Erinnerungsarbeit mit Kindern und Jugendlichen

Diese Form der Erinnerungsarbeit wendet sich an unterschiedliche Alters- und Zielgruppen wie Adoptiv- und Pflegekinder oder benachteiligte Menschen (z.B. Menschen mit geistiger Behinderung, Jugendliche im Strafvollzug, Kinder psychisch kranker Eltern). In diesem Fall finden die Angebote im 1 : 1-Setting statt: Ein Sozialpädagoge ist jeweils einem Klienten zugeordnet.

In der Lebensbucharbeit mit Adoptiv- und Pflegekindern wird bewusst ein ausgewogenes Verhältnis zwischen dem Berichten schmerzlicher Erlebnisse und positiven Erfahrungen oder Berichten angestrebt. Das Ziel ist dabei, dem Kind trotz seiner schwierigen Vorgeschichte und seines komplizierten Verhältnisses zu den Eltern »einen Weg der Aussöhnung mit seiner Geschichte« zu ermöglichen (Morgenstern 2011, S. 17). Dazu gehört nicht nur der Rückblick auf Vergangenes, sondern auch die Ausrichtung auf Gegenwart und Zukunft. Als Übungen, die auf die Gegenwart fokussieren, können z.B. Imaginationen, Fantasiereisen oder die Übung des »sicheren Ortes« eingesetzt werden. Als zukunftsbezogene Übung kann beispielsweise ein positives Bild eines Familienalltags (in der Pflege- oder Adoptivfamilie) oder auch eines besonderen Tages (wie z.B. in den Ferien) in der Zukunft imaginiert werden. Neben den eigenen Erlebnissen ist das Schaffen von Zusammenhängen zu Menschen, Orten und Zeiten der Vergangenheit ein Schwerpunkt der Biografiearbeit mit Adoptiv- und Pflegekindern. Dabei werden u.a. Fotos, Dokumente, Urkunden oder Videos gesammelt, um damit Ansatzpunkte der Erinnerung und Selbstvergewisserung zu schaffen.

Ein interessantes Projekt zur Erinnerungsarbeit wurde in Uganda durchgeführt: Das »Ten Million Hero Book Project« gibt aidskranken Müttern und deren Kindern die Möglichkeit, sich mit Erinnerungen – vor allem schwierigen – aus ihrem Leben auseinanderzusetzen. Die Mütter werden angeregt, »Memory Books« zu erstellen, die nach ihrem Tod den Kindern zur Verfügung stehen. Die Kinder können dann ihrerseits »Hero Books« über ihre Mütter gestalten (Morgan 2005).

2.3.2 Biografiearbeit mit Jugendlichen

In der Arbeit mit Jugendlichen werden gerne Lebensbücher eingesetzt, was seit den 1980er-Jahren auch als »Life Story Work« bekannt ist (Ryan u. Walker 2007). Die Methode kann auch im schulischen Kontext als fächerübergreifendes Projekt (z.B. in Deutsch oder Ethik) angewandt werden. Unter Anleitung eines Erwachsenen werden die Jugendlichen in einer Gruppe mit Gleichaltrigen angeregt, über sich selbst zu reflektieren und Stationen Ihres bisherigen Lebens biografisch aufzuarbeiten (Morgenstern 2011).

Die Jugendlichen haben weiter die Möglichkeit, über Werte zu diskutieren und diese – ebenso wie persönliche Sichtweisen – im Lebensbuch zu erarbeiten. Zu den Werten könnte man beispielsweise »Familie«, »Selbstbestimmung« oder »Freundschaft« zählen.

In diesem Zusammenhang sind Lebensbücher auch eine gute Methode in der Arbeit mit Jugendlichen, die einen Migrationshintergrund haben. Biografiearbeit kann sehr niederschwellig angeboten werden, und die Erstellung eines Lebensbuchs muss nicht mit hohen sprachlichen Anforderungen verbunden sein. So kann sie einfache Aufgaben enthalten, für die Erinnerungen nicht komplex beschrieben werden müssen, sondern auch nur aus der stichwortartigen Sammlung von Begriffen (z.B. Gefühle und wichtige persönliche Eigenschaften) bestehen können.

Die Biografiearbeit hat zum Ziel, das eigene Leben mit gesellschaftlichen Rahmenbedingungen in Bezug zu setzen. Weiter soll der Jugendliche angeregt werden, in diesem Rahmen eigene Zukunftspläne zu entwickeln und über seine Handlungsmöglichkeiten nachzudenken (Hölzle u. Jansen 2009).

In der Arbeit mit psychisch chronisch kranken und/oder drogenabhängigen Jugendlichen hat die Biografiearbeit u.a. folgende Schwerpunkte (Hölzle u. Jansen 2009, S. 77ff.):
– Regie führen im eigenen Leben,
– Krisen als Herausforderungen und Lernchancen begreifen,
– das Gemeinsame im Individuellen entdecken.

Durch diese Formen der Arbeit mit persönlichen Erinnerungen sollen Jugendliche die Möglichkeit erhalten, aktiv ihre eigene Identität und Persönlichkeit zu entwickeln. Die Biografiearbeit soll bei ihnen eine gewisse Neugier und ein gewisses Interesse an der eigenen Person wecken, was auch mit der von Erik H. Erikson (1959) formulierten Entwicklungsaufgabe für das Jugendalter – »Identität vs. Rollenkonfusion« – konform geht (▶ Kap. 1).

> **Kasten 3: Gestaltung des Lebensrückblicks in Gruppen**
> In der Biografiearbeit können Jugendliche dazu angeleitet werden, ihr eigenes Lebensbuch zu erstellen (Morgenstern 2011, S. 9 u. 32). Im Wesentlichen wird dieses in drei Teile untergliedert:
> 1. »Das bin ich!« – dazu gehören: Vorlieben, Interessen, äußere Merkmale, eine Woche im aktuellen Leben, Mädchen sein/Junge sein, Freundschaft.
> 2. »Meine Familie und meine Herkunft« – dazu gehören: Verschiedenheit von Familien, Stammbaum, Familienfeiern und Feste.
> 3. »So stelle ich mir meine Zukunft vor« – dazu gehören: Zukunftswünsche und -träume, gewünschter Schulabschluss und Beruf, Vorbilder, wie aus Wünschen Pläne werden können.
>
> Als Produkt kann jeder Teilnehmer ein eigenes Buch kreieren, das Texte, Bilder, Fotos usw. enthält. Ein Bucheinband rundet die Gestaltung ab. Das Interessante am Ende einer solchen Gruppenaktivität ist, dass der oder die einzelne Jugendliche nicht nur mehr über sich selbst erfahren hat, sondern durch die gemeinsame Arbeit mit anderen Gruppenmitgliedern auch diese besser kennengelernt hat. Ein ganz wesentlicher Punkt ist die Vertraulichkeit. Alle Teilnehmer versichern, dass sie Informationen, die sie von anderen erfahren haben, nicht ohne das Einverständnis der jeweiligen Person an andere Personen außerhalb der Gruppe weitergeben.
>
> Insgesamt wird sehr auf das Einhalten von vorab besprochenen Gruppenregeln geachtet. Dabei ist wichtig, dass die Jugendlichen auch Mitspracherecht beim Erstellen der Regeln bekommen, die dann aufgeschrieben und von allen unterschrieben werden. Die Regeln können in etwa folgendermaßen lauten (Morgenstern 2011, S. 48):
> – Wir lachen niemanden aus!
> – Wir lassen andere ausreden!
> – Wir sagen nichts weiter, wenn der andere es nicht will!
> – Wir halten alle zusammen!

Diese Form der Erinnerungsarbeit mit Kindern und Jugendlichen sollte explizit nicht als psychotherapeutische Arbeit verstanden werden, denn die Aufarbeitung belastender oder traumatischer Lebensereignisse sollte ausgebildeten Psychotherapeuten und -therapeutinnen überlassen werden, wie wichtige Autoren betonen (Morgenstern 2011;

Ryan u. Walker 2007). In diesem Sinne würde die Biografiearbeit auch abgebrochen und eine Therapie empfohlen werden, sollte die Notwendigkeit erkannt werden.

2.4 Therapeutische und soziotherapeutische Formen

Seit zusammenfassende Überblicke und Metaanalysen über die Wirkung von Lebensrückblicksinterventionen vorliegen, werden im therapeutisch-pflegerischen Bereich drei Hauptformen unterschieden: einfaches Erinnern/Reminiszieren, Biografiearbeit und Lebensrückblick im engeren Sinne. Der Lebensrückblick kann zudem noch in strukturierte und unstrukturierte (spontane) Formen unterschieden werden. Diese Formen werden im Folgenden vorgestellt.

2.4.1 Einfaches Erinnern (Reminiszieren)

Diese einfachste therapeutisch-sozialtherapeutische Form ist gesprächs- und interaktionsorientiert. Sie wird häufig in Senioreneinrichtungen und Pflegeheimen durchgeführt, die Zielgruppe sind daher ältere Menschen. Beim Reminiszieren handelt es sich um das Sammeln von Erinnerungen zu bestimmten Themen wie z.B. Feste, Feiertage, beliebte Kinderspiele oder Lieblingsrezepte. Die Themenliste lässt sich fast endlos fortsetzen; viele Sachbücher zur Erinnerungsarbeit bringen Listen mit passenden Themen. Wichtig ist, dass die Themen als Erinnerungsstimuli vorgegeben werden.

Diese Form des Erinnerns wird meist in einem spielerischen Rahmen durchgeführt, der es den Teilnehmern leicht machen soll, sich an die konkreten Themen zu erinnern. Viele Arten von Hilfsmitteln, z.B. Fotos, alte Bücher oder Musikaufnahmen, tragen zur Erleichterung der Erinnerung bei.

> **Kasten 4: Erinnerungscafés**
> Alzheimergesellschaften bieten oftmals sog. Erinnerungscafés für demenzkranke Personen an (s. z.B. http://www.alzheimer-initiative-rheinland-pfalz.de/1.htm). Hier haben Demenzkranke beispielsweise die Möglichkeit, sich mit anderen zu treffen und auszutauschen. Die Treffen haben meist ein bestimmtes Thema oder Motto, z.B. »Bräuche« oder »Feiertage«. Zu diesen Themen wird dann gemeinsam etwas gestaltet oder unternommen. Die Teilnehmer können sich so beispielsweise erzählerisch austauschen oder gemeinsam singen. Auch gemeinsame Aktivitäten wie das Nachkochen beliebter Rezepte können unternommen werden. Solche Zusammenkünfte finden für gewöhnlich in gemütlicher Atmosphäre bei Kaffee und Kuchen statt.

Ziele der Reminiszenzarbeit sind eine allgemeine Aktivitätssteigerung, das Vermitteln von Erfolgserlebnissen beim Sich-erinnern-Können selbst bei frühdementen Menschen sowie das Sicherfreuen an positiven Erinnerungen.

2.4.2 Biografiearbeit

Die therapeutisch-sozialtherapeutische Biografiearbeit richtet sich in der Regel an ältere Menschen, die entweder eine allgemeine Aktivierung benötigen, manifest depressiv sind oder bei denen frühe Stadien von Demenz vorliegen. Es geht um das Durchsprechen verschiedener Lebensphasen und das konkrete Erinnern von Erlebnissen aus diesen Phasen. Je nach institutionellem Rahmen ergibt sich eine Serie von Terminen, bei denen einzelne Lebensphasen im Mittelpunkt stehen:
- Kindheit: kann unterteilt werden z.B. in die Zeit vor und nach dem Schuleintritt.
- Jugend: kann unterteilt werden z.B. in Jugendzeit in der Schule und in der ersten Ausbildungsphase, ein weiteres Thema kann beispielsweise die »erste Liebe« sein.
- Junges Erwachsenenalter: z.B. unterteilbar in »erster Beruf« und »Familiengründung« oder in Unterphasen an verschiedenen Wohnorten.
- Mittleres Erwachsenenalter: z.B. unterteilbar in Berufsentwicklung und Familienentwicklung, ein weiteres Thema könnten z.B. »Die schönsten Urlaube« sein.

- Phase des »jungen Alters«: z.B. die Phase kurz vor und nach dem Ausscheiden aus dem Arbeitsleben oder die Phase, in der der Partner noch lebte.
- Evtl. Phase des »Heute«, wenn sich der Klient im höheren Lebensalter (ab 80 Jahre) befindet.

> **Kasten 5: Spezifische Fragen in der Biografiearbeit mit Älteren**
> In den folgenden Kapiteln sollen konkrete Inhalte der Biografiearbeit benannt und erläutert werden. Exemplarisch werden hier nur einige Fragen genannt, die man in der Biografiearbeit mit älteren Menschen stellen kann:
> - Was haben Sie in Ihrer Jugend gerne gemacht?
> - Welche Menschen waren Ihnen wichtig?
> - An welche Lebensphase erinnern Sie sich besonders gerne zurück?
> - Worauf sind Sie sehr stolz? Was haben Sie Ihrer Meinung nach besonders gut gemacht?
> - Welche Zeiten waren für Sie schwierig?

Zwecke der Biografiearbeit sind:
- Rekonstruktion der eigenen Lebensgeschichte (individuelle Geschichten wiederbeleben; das Entdecken von Zusammenhängen innerhalb der eigenen Entwicklung und nach außen zu anderen Menschen),
- Stärkung der Erinnerungskompetenz (die Fähigkeit wird eingeübt, sich detailliert und nicht nur allgemein/global zu erinnern; Wertschätzung für das Frühere und Vergangene erleben),
- neue Ansatzpunkte für Aktivitäten und Kommunikation (aktives Suchen im Gedächtnis sowie ggf. von zeitbezogenen Materialien wie beispielsweise Fotos oder Musik; Mut zum Erzählen vermitteln).

Die Biografiearbeit hat verschiedene Gemeinsamkeiten mit dem Oral-History-Vorgehen, insbesondere das Wertschätzen individueller Lebenswege bzw. das Anerkennen der Person des Erzählenden als Experte für seine individuellen Erlebnisse und Erfahrungen.

Die sozialpädagogische Biografiearbeit mit Kindern und Jugendlichen (▶ Abschn. 2.3.2) und die therapeutische Biografiearbeit mit Älteren sind in vielen Punkten ebenfalls deckungsgleich, z.B. beim Gestalten von Lebensbüchern. Der Unterschied zwischen beiden liegt darin, dass in der Jugendarbeit die Rückschau auf das eigene Leben in der Regel mit einer Rückbesinnung auf die Herkunftsfamilie und ihrer Beschreibung sowie mit einem Blick auf die Zukunft verbunden ist.

Menschen mittleren Alters stand bisher keine therapeutisch-sozialtherapeutische Form der Biografiearbeit zur Verfügung (jedenfalls ist nichts darüber publiziert), sodass sich für diese Altersgruppe das angeleitete Schreiben einer Autobiografie als die am häufigsten durchgeführte Alternativform herausgestellt hat.

2.4.3 Die psychotherapeutische Hauptform: Lebensrückblickstherapie

Diese Form der Erinnerungsarbeit hat die eindeutigste therapeutische Orientierung. Zusätzlich zur Förderung der allgemeinen Erinnerungen geht es im Kern um die Selbstreflexion und die Reflexion des bisherigen Lebenswegs.

Unstrukturierte oder spontane Formen des Lebensrückblicks sind in der Psychotherapie aller therapeutischen Orientierungen weit verbreitet. Die Lebensgeschichte wird in dieser Weise benutzt, um sowohl für die Problemaktualisierung und -bearbeitung als auch für die Ressourcennutzung Anknüpfungspunkte zu finden. Insbesondere hat das klassische tiefenpsychologische Vorgehen viele Gemeinsamkeiten mit spontanen, unstrukturierten Lebensrückblicken. Die *strukturierte Form* des Lebensrückblicks wurde zunächst in der Gerontologie eingesetzt (Butler 1963). Sie ist Inhalt der nachfolgenden Ausführungen.

Der strukturierte Lebensrückblick wurde ursprünglich für Forschungszwecke konzipiert, um sicherzustellen, dass individuelle Lebensrückblicke ähnlich sind sowie analysiert und als Gruppe verglichen werden können. Für die Vergleichbarkeit mussten die Lebensrückblicke im Wesentlichen dieselben Abschnitte im Leben jedes Einzelnen abrufen, wie Kindheit, Schule, Erwachsenenalter etc., und über eine bestimmte Zeitdauer mit denselben vorgegebenen Fragen als Gedächtnisanstoß durchgeführt werden.

Es bestehen sowohl Gemeinsamkeiten als auch Unterschiede zwischen der Lebensrückblickstherapie (LRT) und den Formen des einfachen Erinnerns und der Biografiearbeit. Eine Gemeinsamkeit der drei Formen ist die zentrale Rolle, die konkrete Erinnerungen haben. Man nimmt sich Zeit, eine für die eigene Person wichtige Lebensepisode ausführlicher zu schildern, z.B. den Einstieg in den Beruf nach der Ausbildung. Zu dieser ausführlichen Vergegenwärtigung können bei allen drei Formen Hilfsmittel wie Fotos, eigene Texte, Gedichte, Briefe, (selbst gemalte) Bilder, Musikstücke sowie computergeneriertes Hilfsmaterial (z.B. biografische Landkarten) herangezogen werden. Mit der Biografiearbeit besteht die Übereinstimmung, dass beide Formen anhand des »roten Fadens« der Biografie von der Kindheit bis zur gegenwärtigen Lebensphase besprochen werden.

Was die LRT von den beiden anderen Formen unterscheidet, ist
— das Einbringen von Gefühlen und gefühlsmäßigen Bewertungen,
— das Einbringen von Selbstreflexionen bzw. Bilanzierungen,
— das (strukturierte) Einbeziehen von positiven und negativen Reminiszenzen.

Positive Erinnerungen sind typischerweise Dinge, die einem gelungen sind, und Dinge, auf die man stolz ist. Negative Erinnerungsimpulse sind ungelöste Konflikte, verpasste Möglichkeiten und früheres Scheitern, z.B. eine unglückliche frühere Ehe. Wesentlich für die LRT ist außerdem ihre im Folgenden erläuterte Drei-Phasen-Struktur.

■ **Die Drei-Phasen-Struktur der LRT**
■■ **Vorbereitungsphase**
Nach einer ausführlichen Psychodiagnostik und Feststellung der Hauptsymptomatik und -problematik des Patienten wird der Ablauf der Therapie erklärt, und ihre Ziele werden, für den Patienten nachvollziehbar, auf die Hauptsymptomatik bezogen (Phase des therapeutischen Rationals). Die konkreten Inhalte der Vermittlung des therapeutischen Rationals variieren zwischen verschiedenen Störungsbildern. So wird z.B. eine LRT bei Depressionen an die Tendenz Depressiver anknüpfen, sich selbst, ihre Vergangenheit und ihre Zukunft in negativem Licht zu sehen und zu entwerten (»kognitive Triade« der Depression; Beck 1999). Beim Vorliegen einer Traumafolgestörung, meist der posttraumatischen Belastungsstörung, kann daran angeknüpft werden, dass viele Betroffene einen »Knick in der Lebenslinie« empfinden oder bemerken, dass ihr Gedächtnis sie in Bezug auf andere Erinnerungen im Stich lässt, weil die Erinnerung an das Trauma alles dominiert. Daraus wird dann gemeinsam die Begründung dafür abgeleitet, dass man sich in den folgenden Therapiesitzungen im Detail auf die eigenen Erinnerungen – neutrale, positive und negative – einlässt.

■■ **Mittlere Phase**
Die mittlere Phase kann für einige Störungs- und Problemindikationen vollständig dem Vorgehen bei der Biografiearbeit entsprechen, in der von der Kindheit über die Jugend und das frühere und mittlere Erwachsenenalter bis hin zur aktuellen Lebensphase des Patienten konkrete Erinnerungen besprochen werden.

Im Rahmen einer Traumatherapie werden die traumatischen Erlebnisse in diese mittlere Phase integriert, wobei hier Grundsätze der Traumatherapie angewandt werden (Maercker 2009; s. auch das Beispiel in ▶ Kasten 6).

■■ **Bilanzierungsphase**
In der abschließenden Bilanzierungsphase stehen integrierende und bilanzierende Therapiegespräche im Mittelpunkt.

■ **Gestaltung der Vorbereitungsphase**
Bei Patienten mit weniger guter Auffassungsgabe können einfachere Sätze gewählt werden, z.B.: »Ich möchte Sie einladen, mir von Erlebnissen aus Ihrer Kindheit zu berichten. Wir haben die Erfahrung gemacht, dass es viele Menschen in eine gute Stimmung bringt, wenn sie über schöne Erlebnisse aus ihrer Vergangenheit sprechen. Das kann auch jenen Menschen Freude bereiten, die manchmal Probleme haben. Es kann ihnen sogar helfen, mit aktuellen Problemen besser umzugehen. Wichtig ist, dass

Sie versuchen, möglichst viele Details zu berichten, wenn Sie mir ein Erlebnis erzählen.«

Dem Patienten wird erläutert, dass zwischen 10 und 15 Sitzungen gebraucht werden, um wichtige Stationen seines Lebens zu besprechen. Weiterhin wird er gebeten, zu jeder Stunde passende persönliche Erinnerungsgegenstände (z.B. Fotos, Briefe, Tagebuchaufzeichnungen) mitzubringen.

Einigen Patienten ist es nur schwer möglich, sich auf einen Lebensrückblick anhand konkreter Erlebnisse einzulassen. In diesem Fall kann ein geleitetes Vorstellen (Imaginieren) hilfreich sein, für das zunächst eine Übung durchgeführt werden kann (z.B.: »Bitte stellen Sie sich so lebhaft wie möglich vor, wie Sie im Garten arbeiten oder ein Zimmer reinigen …«). Ein anfänglicher Widerstand gegenüber dem Erzählen von Erinnerungen (z.B.: »Ich erinnere mich an nichts mehr – was soll mir das auch bringen?«) kann in der depressiven Symptomatik begründet sein. Durch allgemeine psychotherapeutische Beziehungsarbeit bzw. durch positive Feedbacks zu den ersten geäußerten Erinnerungen lässt sich dieser Widerstand überwinden.

- **Gestaltung der mittleren Phase**

Das Vorgehen folgt der Chronologie der Lebensabschnitte, wobei individuell ein Zeitraster gesetzt wird, so wie dies vor dem Hintergrund der anamnestischen Vorgespräche sinnvoll erscheint. Jedes gewählte Lebensalter von der Kindheit bis zum jetzigen Alter wird in einer in sich abgeschlossenen Form in mindestens einer Sitzung besprochen.

> **Kasten 6: Abschnitte der mittleren Phase einer Lebensrückblickstherapie bei einer traumatisierten Patientin (nach Maercker u. Forstmeier 2007)**
> 1. Kindheit bis Schulzeit I
> 2. Kindheit bis Schulzeit II: Fortsetzung
> 3. Schulzeit bis Pubertät
> 4. Jugendzeit bis Berufsbeginn
>   **X. Traumatisches Erlebnis** (wird vor die Lebensphase eingeordnet, in der das Ereignis geschehen ist). Das kann beispielsweise eine Kriegserfahrung sein oder ein anderes Erlebnis, bei dem man selbst massiv gefährdet war (z.B. ein Überfall oder eine Vergewaltigung) und das sich in einer posttraumatischen Belastungsstörung manifestiert hat. Dass hier zwei Sitzungen zur frühen Kindheit festgelegt wurden, hatte damit zu tun, dass vor der Besprechung der Traumatisierung im Jugendalter genügend (d.h. drei bis vier) LRT-Sitzungen stattgefunden haben sollten, bevor das Trauma im Mittelpunkt steht.
> 5. Erwachsenenalter I: Arbeitsleben und Partnerschaften bis erste Kindsgeburt
> 6. Erwachsenenalter II: Kinder von Geburt bis Auszug aus der Familie
> 7. Erwachsenenalter III: ab 50. Lebensjahr bis heute

Die Besprechung der Lebensphasen beginnt mit der Kindheit, z.B.: »Heute möchte ich beginnen, mit Ihnen über Ihr Leben zu reden. Lassen Sie uns mehr oder weniger mit dem Anfang beginnen. Es ist besser, wenn wir chronologisch vorgehen und mit den frühesten Erinnerungen starten. Es ist erst einmal nicht so wichtig, wie weit wir mit dem Erinnern kommen. Was sind einige Ihrer frühesten Erinnerungen?«

Wichtig ist, sich nicht nur die Erinnerungen schildern zu lassen, sondern die Reflexion über die Erinnerungen anzuregen (»Was hat das für Sie damals bedeutet?«).

Fragen, die zum Erwachsenenalter gestellt werden können, sind z.B.:
- Wie waren Sie damals?
- Worauf legen Sie Wert? Was war Ihnen wichtig?
- Was waren Ihre Stärken?
- Hatten Sie Freude an Ihrer Arbeit? Welche Bedeutung hatte diese Tätigkeit für Sie?

Wie umfangreich oder vollständig muss der Lebensrückblick sein? Innerhalb von fünf bis acht Sitzungen ist verständlicherweise kein allzu vollständiger Rückblick möglich. Dies ist auch nicht nötig, um die Ziele der LRI zu erreichen. Entdeckt der Therapeut jedoch größere zeitliche Lücken oder ausgelassene Themen (möglicherweise gerade die emotional negativ besetzten), ist das ein wichtiger Hinweis auf das, was der Therapeut noch genauer explorieren sollte. Dazu können Themen angesprochen werden wie: Ursprungsfamilie, Schule und Erziehung, Wahrnehmung der Kohorte, sexuelle Entwicklung, Partnerschaften und Ehen, Kinder, Berufsbiografie, Wahrnehmung von ethnischer Zugehörigkeit, Geschlecht und sozialer Klasse, Körperbild und körperliche Veränderungen, religiöse und spirituelle Entwicklung bzw. Weltsicht, Erfahrungen mit dem Tod, Sicht der Zukunft (z.B. »Wie viel Zeit ist noch vorhanden? Welche Dinge sind noch zu erledigen?«). Der Therapeut kann mit Fragen zu den Lücken hinführen (z.B. »Sie neigen dazu, Ihre Fehler darzustellen – lassen Sie uns einmal über Ihre Erfolge reden!« oder: »Ich weiß nun viel über Ihre erste Arbeitsstelle; erzählen Sie etwas über ihre darauffolgende!«).

- **Gestaltung der Abschlussphase**

In den abschließenden Sitzungen, in denen die Erlebnisse aus den einzelnen Lebensabschnitten integriert und – meist in einem mehrfachen Durchlauf – bewertet werden, können folgende Fragen gestellt werden (Maercker u. Forstmeier 2007): »Wir haben nun eine Weile über Ihr Leben gesprochen. Berichten Sie doch jetzt über Ihre persönliche Entwicklung, über das, was Sie im Leben dazugelernt haben! Was würden Sie als die drei wichtigsten Dinge in Ihrem Leben bezeichnen? Warum? Was würden Sie ändern, besser machen, unverändert lassen? Was sind heute die wichtigsten Dinge in Ihrem Leben?«

Zum Abschluss geht es noch einmal darum, die Gespräche über das eigene Leben Revue passieren zu lassen und abzuwägen, was denn im eigenen Leben schmerzlich und was schön war. Idealerweise entsteht am Ende ein abgerundeteres Bild vom eigenen Leben, und man hat im Laufe der Intervention Anregungen erhalten, wie es gelingen kann, seine eigene Biografie anzunehmen.

Der Therapeut kann den Patienten auch bei dem Gedanken unterstützen, seine eigene Biografie aufzuschreiben, wenn er dies möchte. Es könnte für den Patienten hilfreich sein, alle Erlebnisse noch einmal chronologisch zu ordnen und auch emotional zu bewerten.

Fallbeispiel (aus Maercker u. Müller 2004, S. 44f.)
Eine 60-jährige Patientin bemerkte seit Jahren an sich, dass sie von der Kriegsopfer-Thematik stark berührt wurde. Auch die Albträume mit Kriegsinhalten, die sie über lange Phasen in ihrem Leben mehr oder weniger ausgeprägt hatte, hatten sich in den letzten Jahren verstärkt.

Im Alter von sechs Jahren erlebte sie in einer österreichischen Stadt eine schwere Bombardierung. Da ihre Mutter zum Zeitpunkt des Angriffs nicht in der Wohnung war, musste sich die Patientin alleine um ihre drei jüngeren Geschwister kümmern. Als weitere traumatische Erfahrung gab sie an, dass sie im Alter von 22 Jahren Typhusfieber hatte und der Arzt ihr sagte, dass sie nicht mehr lange zu leben hätte. Als aktuelles Problem gab sie eine Verletzungsangst an, ein großes Blutgefäß verliefe irregulär durch ihr Kniegelenk, und eine Verletzung könne zu massiven Blutungen führen. Mit strukturierter Diagnostik wurden eine verzögerte PTBS, eine somatoforme Störung und eine Schlafstörung (Insomnie) festgestellt.

Die Life-Review-Therapie begann mit einer Einzelsitzung über die prätraumatische Kindheit der Patientin, die sie als glücklich beschrieb. Schon in der zweiten Sitzung wurde das Trauma der Bombardierung besprochen. Zunächst beschrieb sie die Ereignisse in sehr summarischer Form. Nur auf Nachfragen ging sie mehr ins Detail. Ihr Mut, den sie beim Schutz ihrer jüngeren Geschwister gezeigt hatte, wurde ausführlich gewürdigt und bestärkt. (*Anmerkung:* Nur eine Stunde zur prätraumatischen Kindheit durchzuführen würden wir vom heutigen Wissensstand her nicht mehr empfehlen; Gründe s. oben).

In der dritten Sitzung wurden das Typhusfieber und die damalige Befürchtung der Patientin, dass sie mit 22 Jahren sterben würde, besprochen. Ihr wurde es ermöglicht, ihre Trauer darüber auszudrücken, dass ihr Jahre des Lebens wegen des Kriegs geraubt worden waren. Auf die Frage nach positiven Aspekten in dieser Lebensphase antwortete sie, dass sie damals begonnen hätte, ihr Leben zu planen und bewusster zu leben.

In den therapeutischen Gesprächen erzählte die Patientin immer wieder, dass sie seit Langem überlege, ein Buch über ihre traumatischen Kriegserlebnisse zu schreiben. Obwohl die traumatischen

Erfahrungen in jeder Lebensphase sehr relevant für sie waren, habe sie das Buchschreiben seit 30 Jahren immer wieder hinausgezögert. Stattdessen habe sie an verschiedenen gemeinnützigen Aktivitäten teilgenommen bzw. diese initiiert.

Im Verlauf der Therapie stellte sich bei der Patientin eine rasche Besserung ein. Insbesondere wurden die unwillkürlichen belastenden Erinnerungen (Intrusionen) vermindert. Die testpsychologische Untersuchung ihrer PTB-Symptomatik vor, während und nach Abschluss der Therapie ergab eine nachhaltige Reduktion der Werte (Maercker 2002). Ihre Ein- und Durchschlafstörungen besserten sich indes nicht. Als Grund für die anhaltenden Schlafstörungen vermutete die Patientin die große Belastung durch ihr Ehrenamt.

Wichtig für die Patientin war in diesem Fall, dass der Therapeut eine bejahende, die Patientin bestätigende Haltung einnahm, d.h. ihre Berichte über die schmerzlichen Erlebnisse, ihr Vorhaben, ein Buch zu schreiben, und ihre ehrenamtliche Tätigkeit bestätigte.

Am Ende einer Lebensrückblicksintervention kann auch eine weiterführende Therapie empfohlen werden, wenn in diesem Setting zu wenig Zeit vorhanden war, um vor allem schmerzliche Erfahrungen aufzuarbeiten, und im Einverständnis von Therapeut und Patient eine diesbezügliche Notwendigkeit gesehen wird. Üblicherweise würde der Therapeut eine andere weiterführende Therapie empfehlen.

2.5 Erinnern und Zeugnisablegen als Therapie

Im Kontext der Oral-History-Methode (▶ Abschn. 2.2.2) wurde beschrieben, dass das Zeugnisablegen mit dieser Methode zu einer Würdigung der erzählenden Person führt. Diesen positiven Effekt haben sich auch zwei spezifische Therapieformen im Rahmen der Traumatherapie zunutze gemacht: die Testimony-Therapie und die Narrative Expositionstherapie.

Testimony-Therapie Die Testimony-Therapie wurde erstmals im Zusammenhang mit einer politischen Widerstandstätigkeit beschrieben. Therapeuten trafen aus der politischen Haft entlassene Folterüberlebende und ließen diese über ihre Erlebnisse berichten. Die Berichte wurden auf Tonband aufgenommen. Die Therapeuten organisierten die Verschriftlichung der Tonbandberichte, wobei besonders wichtig war, dass sie die Berichte gemeinsam mit den Betroffenen bearbeiteten, damit daraus ein abschließendes Dokument entstand. Im gemeinsamen Bearbeitungsprozess ging es um

- das Einbringen von Gefühlen und das Ausdrücken von Leiden und Symptomen (z.B. Angst, Horror, Schreckhaftigkeit, Schlaflosigkeit, Gefühlen des Zerbrochenseins),
- das Überwinden von Scham- und Vermeidungsbarrieren,
- das Schildern von möglichen positiven Erfahrungen, z.B. kleiner subjektiver Widerstandsaktionen, äußerlich (»Ich habe standgehalten«; »Ich konnte eine Nachricht herausschmuggeln«) oder innerlich (»Egal, was die jetzt mit mir machen, die können mir nichts antun«).

Die Testimony-Therapie wurde erstmals von chilenischen Psychotherapeuten beschrieben, die Opfer der Pinochet-Militärdiktatur (1973–1989) behandelten. Um sich selbst zu schützen, wählten sie für die Erstveröffentlichung die Pseudonyme »Cienfuegos« und »Monelli« (Cienfuegos u. Monelli 1983). Als strukturierte Therapie besteht die Testimony-Therapie aus folgenden Teilen (Agger u. Jensen 1990, S. 120; im Folgenden gekürzt und zusammengefasst):

1. Vorbereitung
2. Aufbau der therapeutischen Beziehung
3. Zeugnis ablegen (auf Ton- oder Bildträger):
    a. Hintergrund: Alter, Herkunftsland, soziale Daten, wichtige politische, kulturelle und/oder religiöse Aspekte;
    b. die Situation bis zu den traumatischen Erlebnissen;
    c. die Traumageschichte im Detail: Daten, Stunden, Orte. Beschreibung der Foltermethoden und der eigenen Reaktionen darauf. Beispiele für das Leben im Gefängnis. Kann ergänzt werden durch Zeichnung zu den Orten und Vorgängen;
    d. die Freilassung, Befreiung oder Flucht;

e. Träume, Hoffnungen und realistische Überlegungen für die Zukunft;
   f. eine abschließende Aussage, in der die Wahrheit des Berichts vom Klienten bestätigt wird.
4. Zusammenarbeit beim Editieren und der Bearbeitung des Zeugnisses: Fehler werden korrigiert, Situationen präziser erläutert. Therapeutische Arbeit auf emotionaler Ebene fließt möglicherweise ein. Das abschließende Dokument wird ausgedruckt.
5. Übergabe-Ritual: Das Dokument wird vom Klienten unterschrieben (wenn er/sie nicht anonym bleiben muss) und vom Therapeuten (und evtl. dem Dolmetscher) gegengezeichnet. Alle Unterzeichner bekommen ein Exemplar. Der Klient entscheidet, was weiter mit diesem Dokument geschieht.
6. Das Private wird öffentlich: Der Klient setzt sein Dokument für private (z.B. im Asylverfahren) oder öffentliche Zwecke ein (z.B. Übergabe an eine Menschenrechtsgruppe oder Einsatz in einem professionellen Kontext als Informationsmaterial).
7. Fortführung der Therapie: Wenn die Therapie gleich im Anschluss oder zu einem späteren Zeitpunkt fortgesetzt wird, kann weiter am Zeugnisdokument gearbeitet werden.

Dieses Therapieprogramm wurde als Kurzzeittherapie mit ca. 15 Sitzungen beschrieben. Es wurde in mehreren Folteropfer- und Flüchtlingsbehandlungszentren der Welt erfolgreich eingesetzt.

■ ■ Narrative Expositionstherapie

Die Narrative Expositionstherapie (NET) wurde von Schauer, Neuner und Elbert (Schauer et al. 2005) entwickelt, wobei manche Teile an die Testimony-Therapie angelehnt sind. Die NET ist somit ebenfalls ein therapeutisches Verfahren für Überlebende eines Traumas, insbesondere für Menschen, die mehrfach traumatische Erlebnisse erleiden mussten.

In der NET erzählt der Patient chronologisch seine Lebensgeschichte, wobei der Fokus auf den negativen, d.h. traumatischen Erinnerungen liegt. Positive Erlebnisse sind aber ebenfalls sehr wichtig, da sie Hinweise auf Ressourcen geben können, deswegen wird auch diesen Beachtung geschenkt. Das Ziel der NET ist es, Erlebnisse aktiv in ihrer Intensität in die Gegenwart zu bringen. Dabei wird darauf fokussiert, welche Gedanken, Gefühle usw. dies beim Patienten auslöst, und auch sein Verhalten wird beobachtet. Dies ist ähnlich wie bei einer therapeutischen Exposition, wie sie z.B. bei Angststörungen (spezifischen Phobien) eingesetzt wird. Im ersten Schritt wird also ein sog. Furchtnetzwerk aktiviert. Durch die anschließende Aufarbeitung, den therapeutischen Dialog, soll der Patient im zweiten Schritt eine gewisse Distanz zu dieser seiner Vergangenheit erreichen können. Die Exposition wird mit allen Details und zugehörigen Sinnesmodalitäten so lange fortgesetzt, bis das Erlebte sich autobiografisch einordnen, benennen, begreifen und verorten lässt und eine Erleichterung durch die psychophysiologische Habituation eintritt (Schauer et al. 2005).

Der Ablauf der NET ist mit dem Zeitschema der Lebensrückblickstherapie vergleichbar (▶ Abschn. 2.4.3). Es werden 7 bis 15 Sitzungen oder Treffen in Form von Einzel- oder Gruppentherapien für Erwachsene oder Kinder durchgeführt. Häufig werden dabei »Lebenslinien« (Kordeln oder Schnüre) benutzt, in die für positive Erinnerungen Blüten und für negative bzw. traumatische Erlebnisse dunkle Steine eingebunden werden.

Ziel der NET ist eine Gesamtschau des eigenen Lebens, einschließlich des Erkennens von Lebensmustern und Zusammenhängen, und, daraus resultierend, eine Würdigung der Person und der Biografie des oder der Überlebenden.

Wie die Testimony-Therapie kann die NET durch das Erstellen eines Zeugnisdokuments ergänzt werden, das beispielsweise einer Menschenrechts- oder ähnlichen Organisation übergeben werden kann – insofern ist diese Methode ebenfalls mit der Menschen- und Kinderrechtsarbeit verbunden. Inzwischen gibt es viele Wirksamkeitsbelege für die NET, u.a. auch für Durchführungen in Krisengebieten und Flüchtlingslagern (Robjant u. Fazel 2010).

2.6 Besondere Inhaltstypen des Lebensrückblicks, an Beispielen erläutert

Bisher wurde in diesem Kapitel über unterschiedliche Formen und Formate des Erinnerns, der Biografiearbeit und des Lebensrückblicks berichtet. Wer als Berater oder Therapeut eine dieser Formen einsetzt, wird von Zeit zu Zeit mit bestimmten inhaltlichen Extremtypen konfrontiert werden, die berücksichtigt werden müssen, um die Wohlbefindens- oder Gesundheitsförderung durch einen Lebensrückblick zu erreichen. Aus der Fülle solcher Extremtypen werden im Folgenden vier Beispiele herausgegriffen:
- Anklagen und Verbitterung,
- Selbstenthüllungen bis hin zum Sich-selbst-Schlechtmachen,
- Selbststilisierungen,
- geschönte und selbstgefällige Erinnerungen.

Für diese vier Typen wird jeweils eine literarische Quelle herangezogen und genauer erläutert.

2.6.1 Anklagen und Verbitterung: Das Buch Hiob

Das Buch Hiob ist vor ca. 2.500 Jahren als religiöser Text entstanden und ist seitdem ein Teilabschnitt des Alten Testaments. Hiob, ein Mann in der Mitte des Lebens, berichtet darin ausführlich und in der Ich-Form von erlebten Tiefschlägen (»Hiobsbotschaften«), seinen Lebensgrundsätzen und seiner Verzweiflung. Auch wenn seine Klagen und die Anklagen gegen Gott, der ihn vermeintlich straft, den Text dominieren, entwickeln sich zum Ende des Buches hin im Dialog mit Gesprächspartnern »Gedanken der Weisheit«, für die dieses Buch auch berühmt geworden ist.

Nach der Einleitung, in der vom plötzlichen Tod vieler Angehöriger Hiobs, von dem Verlust seines Hauses und Besitzes sowie von seiner schweren, schmerzhaften Erkrankung erzählt wird, beginnen die Klagen des Hiob (zitiert nach: *Die Bibel in heutigem Deutsch*, 1997):

» Ausgetilgt soll er sein, der Tag, an dem ich einst geboren wurde, und auch die Nacht, die sah, wie man mich einst zeugte! … Wäre ich doch gleich bei der Geburt gestorben, oder, noch besser, schon im Leib der Mutter! … Ich läge jetzt still in meinem Grab, ich hätte meine Ruhe, könnte schlafen … Warum gibt Gott den Menschen Licht und Leben, ein Leben voller Bitterkeit und Mühe? Sie warten auf den Tod, doch der bleibt aus … Nur unter Stöhnen esse ich mein Brot, mein Klagen hört nicht auf, es fließt wie Wasser … Ich habe keinen Frieden, keine Ruhe, nur Plage über Plage fällt mich an (Kap. 3). «

» Mein Leben eilt noch schneller als ein Läufer, nicht einer meiner Tage bringt mir Glück … Wenn ich mir sage: »Gib das Klagen auf, vergiss den ganzen Jammer, lach doch wieder!« dann packt mich gleich die Angst vor neuen Qualen … Ach wäre Gott doch nur ein Mensch wie ich, ich wüsste, welche Antwort ich ihm gäbe: er müsste mit mir vor Gericht erscheinen … Dann dürfte Gott mich nicht mehr weiter prügeln (Kap. 9). «

» Ach, wenn es wieder so wie früher wäre, als Gott mich führte und mein Leben schützte! Er schenkte mir Erfolg an jedem Tag … wär's noch einmal wie in der besten Zeit … Die Kühe und die Ziegen gaben Milch, so viel, dass ich drin hätte waten können. Kein Boden war zu steinig für Oliven, ich hatte Öl in ungeheuren Mengen … Ein jeder, der mich sah und von mir hörte, war voller Lob für mich und meine Taten … Gerechtigkeit war immer mein Gewand, mein Mantel und mein Turban war das Recht … Ich glaubte wie ein starker Baum zu sein, der seine Wurzeln tief ins Wasser senkt und dessen Zweige nachts der Tau befeuchtet. … Ich dachte, immer neuen Ruhm zu finden und immer stark zu bleiben wie ein Bogen … (Kap. 29). «

Im Dialog mit seinen Gesprächspartnern, die ihn vom Klagen abbringen wollen, und später im direkten Gespräch mit Gott (Jahve) gelangt Hiob schrittweise zu einer Neubesinnung und dem Versprechen, nicht mehr Gott – wir würden heute wohl sagen: das Schicksal – anzuklagen.

> Die Weisheit aber – wo ist sie zu finden? Und wer kann sagen, wo die Einsicht wohnt? Hier bei den Menschen findet man sie nicht, und ihren Kaufpreis kann kein Händler nennen ... Man kann sie nicht mit feinstem Gold bezahlen ... (Kap. 28). «

> In meinem Unverstand hab ich geredet von Dingen, die mein Denken übersteigen. Du (Jahve) hast mich aufgefordert, zuzuhören und dann auf deine Fragen zu erwidern ... Ich schäme mich für alles, was ich sagte, in Staub und Asche nehme ich es zurück (Kap. 42). «

Abschließend wird berichtet, dass Hiob daraufhin wieder gesund wurde, seinen Besitz im Vergleich zu früher verdoppeln konnte und viele Kinder bekam: »Er starb in sehr hohem Alter, nach einem reichen, erfüllten Leben.«

Das Buch Hiob lässt sich aus vielen Perspektiven lesen (Krüger et al. 2007). In unserem Zusammenhang kann es als eindrucksvolles Zeugnis dafür gelten, dass bestimmte Menschen zu Klagen, Bitterkeit und andauernder Verzweiflung neigen, wenn sie auf ihr Leben zurückschauen. Der dramaturgische Aufbau des Texts veranschaulicht eindrucksvoll, dass einfache Tröstungen oder andere Versuche des Wegredens der Trauer zunächst nicht funktionieren. Erst in einem längeren Dialogprozess kann Hiob sich beruhigen und zu neuen Einsichten kommen.

Die Erfahrung mit klagsamen, oft depressiven Menschen im Beratungs- oder Therapiegespräch geht oft in dieselbe Richtung: Es kann sehr lange dauern, bis sie sich auf ein Erinnern ohne Verbitterung einlassen. Die dialogische Situation mit einem Berater oder Therapeuten ist an sich schon ein Wirkfaktor, der dazu beiträgt, dass Menschen, die auf solche Art zum Grübeln neigen, von ihrer Verbitterung wegkommen (Linden u. Maercker 2011).

2.6.2 Selbstenthüllungen: *Anonyma. Eine Frau in Berlin*

Über 50 Jahre nach dem Zweiten Weltkrieg wurde ein Buch für eine breite Öffentlichkeit entdeckt, das die Erlebnisse einer namenlosen 30-jährigen Frau in den letzten Kriegstagen 1945 und der Zeit des Einmarsches der sowjetischen Armee in Berlin beschreibt (Anonyma 2003). Berichtet wird von Hunger, plündernden Soldaten, vielen Ängsten und der rohen Gewalt erlebter Vergewaltigungen.

Weil die Autorin diese Erinnerungen nicht unter ihrem eigenen Namen veröffentlichen wollte, erschien das Buch anonym. Dieser Kunstgriff scheint es ihr möglich gemacht zu haben, öffentlich über die intimsten Vorgänge zu berichten und dabei auch Schamvolles und das Mitbeteiligtsein bis hin zur Frage nach der Mitschuld zu thematisieren.

Die erste Auflage in Deutschland (1959) führte zu heftiger Kritik. So wurde das Buch u.a. als »Schande für die deutsche Frau« bezeichnet. Die Autorin bestimmte daraufhin, dass es bis zu ihrem Tod keine weiteren Veröffentlichungen mehr geben dürfe und dass auch nach ihrem Tod ihr Name niemals genannt werden dürfe. Fünfzig Jahre später wurde das Buch mit großem Erfolg neu aufgelegt (Jaiser 2003).

In Form eines Tagebuchs schildert die anonyme Autorin mit ungewöhnlicher Offenheit ihre Wahrnehmungen (alle Zitate aus: *Anonyma. Eine Frau in Berlin*, © AB – Die Andere Bibliothek GmbH & Co. KG, Berlin 2003, 2011):

> **26. April 1945**
> Ein Bild, das ich auf der Straße sah. Ein Mann schob einen Handkarren, auf dem brettsteif eine tote Frau lag. Graue Strähnen, lose flatternd, blaue Küchenschürze. Die dürren, graubestrumpften Beine stakten lang über das hintere Karrenende hinaus. Kaum einer sah hin. War wie früher einmal die Müllabfuhr (S. 53). «

> **27. April 1945** [die russische Armee ist einmarschiert]
> Ich ... gehe ... vorsichtshalber noch mal hinaus in den dunklen Gang. Da haben sie mich. Die beiden haben hier gelauert. – Ich schreie, schreie ... Hinter mir klappt die Kellertür zu. Der eine zerrt mich an den Handgelenken weiter, den Gang hinauf. Nun zerrt auch der andere, wobei er mir seine Hand so an die Kehle legt, daß ich nicht mehr schreien kann, nicht mehr schreien will, in der Angst, erwürgt zu werden. Beide reißen an mir, schon liege ich am Boden ... Mit der Rechten wehre

ich mich, es hilft nichts, den Strumpfhalter hat er einfach durchgerissen. Als ich taumelnd hochzukommen versuche, wirft sich der zweite über mich, zwingt mich mit Fäusten und Knien an den Boden zurück … (S. 62f.). **«**

An diese Schilderung der ersten Vergewaltigung, der später noch viele weitere folgen, schließt noch unter dem gleichen Datum der folgende Eintrag an:

» Und nun sitze ich hier am Küchentisch, hab soeben den Füllhalter neu mit Tinte gefüllt und schreibe, schreibe, schreibe mir allen Wirrsinn aus dem Kopf und Herz. … Wobei mir die seltsame Vorstellung einfällt, eine Art Wachtraum, der mir heute früh kam, als ich … vergeblich einzuschlafen versuchte. Es war mir, als läge ich flach auf meinem Bett und sähe mich gleichzeitig selbst daliegen, während sich aus meinem Leib ein leuchtendweißes Wesen erhob … Natürlich ein Wunschtraum und Fluchttraum. Mein Ich läßt den Leib, den armen, verdreckten, mißbrauchten, einfach liegen. Es entfernt sich von ihm und entschwebt rein in weiße Fernen. Es soll nicht mein »Ich« sein, dem dies geschieht … (S. 71). **«**

Die Autorin beschreibt sich selbst und einige andere Frauen als Meisterin des Taktierens im Umgang mit den Russen, was sogar so weit geht, dass sie sich unter ihnen einen Beschützer sucht, der gleichzeitig »feste Anschlafe« ist:

» Erbrechen. Das grüne Gesicht im Spiegel, die Brocken im Becken. Ich hockte auf der Wannenkante, wagte nicht nachzuspülen, da immer wieder Würgen und das Wasser im Spüleimer so knapp. Sagte dann laut: Verdammt! und faßte einen Entschluss. Ganz klar: Hier muß ein Wolf her, der mir die Wölfe vom Leib hält. Offizier, so hoch es geht, Kommandant, General, was ich kriegen kann. Wozu hab ich meinen Grips und mein bißchen Kenntnis der Feindsprache? … Fühlte mich körperlich wieder besser, nun, da ich etwas plante und wollte, nicht mehr nur stumme Beute war (S. 75). **«**

Diese Selbstenthüllungen werden nicht mit Stolz, sondern mit tiefer Verunsicherung berichtet. Über viele Seiten reflektiert die Verfasserin darüber, ob sie eine »Dirne« ist oder nicht und ob sie in ihrem späteren Leben überhaupt noch Liebe erleben kann. Am Ende des Buches berichtet sie, dass ihr früherer Lebenspartner aus dem Krieg zurückkommt. Sie hofft, dass sie wieder zueinanderfinden können.

An diesen Schilderungen fällt der lapidare Ausdruck auf, der stellenweise grob und abrupt wirkt. Dieser Ausdruck könnte beispielsweise im Kontext von Beratung und Therapie zusätzlich zu den Inhalten solcher Enthüllungen zu einer Belastung der therapeutischen bzw. Arbeitsbeziehung werden. An dieser Stelle sei darauf verwiesen, dass es sich bei Normverletzungen um eine »normale Reaktion auf unnormale Erfahrungen« handelt. Entsprechend wird auch Patienten in der Traumatherapie vermittelt, dass traumatische Reaktionen normale Reaktionen auf unnormale Erlebnisse sind.

2.6.3 Selbststilisierungen: Lebensberichte des Künstlers Joseph Beuys

Der deutsche Künstler Joseph Beuys (1921–1986) wurde durch seine Kunstaktionen und ungewöhnlichen Rauminstallationen bekannt, die typischerweise aus verfremdeten Gegenständen und Materialien bestehen, z.B. einem Anzug aus Filz, einem Stuhl mit großem Fettdreieck oder einer Collage mit dem Titel »Zeige deine Wunde«, eine Kombination verschiedener Gegenstände wie Leichenbahren, Fettkisten, Schultafeln, Forken u.a.

Beuys gilt als einer der berühmtesten Künstler der zweiten Hälfte des 20. Jahrhunderts. In der Öffentlichkeit trat er immer gleich gekleidet – wie ein Bauer oder Hirte – als »Mann mit dem Filzhut« auf. Seine bevorzugten künstlerischen Materialien, Filz und Fett, wurden zu seinen Erkennungszeichen. Die Fülle der Aussagen, die Beuys der Öffentlichkeit übermittelte, gab Anlass zu mediengerechten Stilisierungen seiner Person. Beispielsweise sah man ihn wegen seiner Aussagen über den Tod als zentrales Kunstmotiv als einen »Schmerzensmann der Kunst« (vgl. Riegel 2012).

In vielen Interviews gab er bereitwillig Auskunft über seine Biografie. So äußerte er etwa über seine optische Selbststilisierung als Hirte mit Hirtenstab in einem Interview:

> Ich kann mich noch gut erinnern, daß ich mich jahrelang verhalten habe wie ein Hirte, das heißt, ich bin herumgelaufen mit einem Stab, einer Art »Eurasinenstab«, wie er später auftaucht, und hatte immer eine imaginäre Herde um mich versammelt (Adriani et al. 1981, S. 18). «

Ab den 1960er-Jahren begann Beuys eine Geschichte über seine Kriegserlebnisse zu erzählen, die er in mehreren Interviews ähnlich ausschmückte. Beuys war als 23-jähriger Unteroffizier in einem kleinen Kampfflugzeug abgeschossen worden. Der Pilot starb, Joseph Beuys wurde schwer verletzt. Kern der zugehörigen Legende wurde, dass ihn nomadisierende Krimtataren »acht Tage lang aufopfernd mit ihren Hausmitteln« gepflegt hätten. Sie hätten seine Wunden mit tierischem Fett gesalbt und ihn mit Filz warm gehalten.

> … ich habe erlebt, daß es runter ging. Ich habe noch gesagt, laßt uns alle rausspringen, abspringen … – der Höhenmesser war ausgefallen, und – ich konnte nach Gefühl ungefähr abschätzen, daß … dass sich der Fallschirm nicht mehr geöffnet hätte. Aber das, da weiß ich nix mehr. In dem Augenblick, wo ich das gesagt habe, ist wahrscheinlich schon zwei Sekunden später der Aufprall gewesen (Jappe 1996, S. 209f.). «

Wenig später seien, wie Beuys im Gespräch mit Georg Jappe berichtete, die Tartaren gekommen und hätten ihn aus dem Wrack gerettet:

> Na, dann hab ich … noch erlebt, als sie, als ich Stimmen hörte, diese Tataren, und als sie da im Blech am Kramen waren … und so um mich rumstanden, und daß ich dann gesagt habe woda, also Wasser sollte man – und dann hat's mir ausgesetzt (Jappe 1996, S. 210). «

Und Beuys resümiert:

> Ohne die Tataren wäre ich heute nicht mehr am Leben. Diese Krimtataren, das war hinter der Front. Ich hatte schon vorher ein sehr gutes Verhältnis zu den Tataren. Bin öfters hingegangen … Die hätten mich gerne rausgenommen, versuchten mich zu überreden, mich klammheimlich in irgend so einen Clan einzuheimsen … Unterschwellig [hatte ich] natürlich eine Affinität in mir zu so einer Kultur, nomadisch ursprünglich … Die haben mich dann in die Hütte genommen … Das Bewußtsein habe ich praktisch erst nach zwölf Tagen wiederbekommen … Die Zelte, also die hatten Filzzelte, das ganze Gehabe von den Leuten, das mit dem Fett … auch das Hantieren mit dem Käse und dem Fett und Milch und Quark … ich habe das wirklich erlebt (Jappe 1996, S. 208f.). «

Spätere Nachforschungen haben ergeben, dass sich nichts von diesen Einzelheiten in Wirklichkeit so abgespielt hat (Riegel 2012). Die erzählte Geschichte passte allerdings sehr gut zu den zentralen Materialien seiner Kunstwerke: Fett und Filz.

Beuys hat seine zunehmende Wirkung als Künstler und einflussreicher Zeitgenosse offen mit dem Schamanentum früherer Zeitalter in Verbindung gebracht und damit so etwas wie ein übergreifendes Motiv seiner Selbststilisierung genannt.

> Ich habe ja die Figur des Schamanen wirklich angenommen … allerdings nicht, um zurückzuweisen, in dem Sinn, dass wir wieder [dahin] zurückmüssen, wo der Schamane seine Berechtigung hatte … Sondern ich benutze diese alte Figur, um etwas Zukünftiges auszudrücken, indem ich sage, dass der Schamane für etwas gestanden hat, was in der Lage war, sowohl materielle wie spirituelle Zusammenhänge in eine Einheit zu bekommen (Joseph Beuys im Gespräch mit Erika Billeter; Billeter 1981, S. 89). «

Selbststilisierungen von Künstlern wie Joseph Beuys werden in der Regel von der Umwelt mit Interesse wahrgenommen, auch wenn dem zweckdienliche Selbst- und Fremdsuggestionen zugrunde liegen. In einem Lebensrückblick im therapeutischen Kontext können sich Selbststilisierungstendenzen naturgemäß problematischer auswirken. Ihr manipulativer Charakter kann die therapeutische Arbeit erschweren, sodass in einem empathischen Therapeut-Klienten-Verhältnis einerseits Selbststilisierungen als Faktum akzeptierend zur Kenntnis genommen werden, anderseits für direkte therapeutische Anliegen die individuellen Legenden infrage gestellt und möglicherweise sogar beendet werden sollten.

2.6.4 Selbstgefälliges und Geschöntes: Geständnisse des Hochstaplers Gert Postel

Die Tendenz, die eigene Vergangenheit ausschließlich in positivem Licht darzustellen, ist sehr verbreitet und fast sprichwörtlich geworden: »Früher war alles besser! Damals schien die Sonne in der rechten Weise, damals machte der Regen auf die rechte Art nass«, beschrieb Wilhelm Raabe *(Der Schüdderrump)* diese Haltung treffend. Insbesondere wird die eigene Kindheit häufig als ausschließlich »heil« oder »glücklich« dargestellt. Dies ist im mündlichen Erzählen allerdings viel häufiger der Fall als in schriftlichen Berichten oder Lebenserinnerungen. Zur schriftlichen Auseinandersetzung mit der eigenen Vergangenheit gehört normalerweise ein differenziertes Vergegenwärtigen und Erinnern, das nicht mehr alles in positivem Licht erscheinen lässt.

Als Beispiel für selbstgefällige und geschönte Erinnerungen in Memoiren wird im Folgenden ein Extremfall gewählt, die »Geständnisse« des (realen) Hochstaplers Gert Postel, der beruflich als Briefträger begann, nach vielen anderen hochstaplerischen Aktivitäten in den 1990er-Jahren als »falscher Oberarzt« in der Psychiatrie tätig war und darüber 2003 seine Erinnerungen geschrieben hat (Postel 2003). Er dient hier als Beispiel dafür, dass eine selbstgefällige Art des Erinnerns – als Auswahl nur der besten und gelungensten Erlebnisse – und die Hochstapelei – als Vortäuschung besserer beruflicher Positionen oder eines höheren gesellschaftlichen Rangs – vieles gemeinsam haben.

In Postels Erinnerungen wird oft von der »Eroberung« von Frauen erzählt, wobei Postel über diese Frauen rückblickend gern spottet.

» Ich erzählte meiner Geliebten, wie ich das Briefeaustragen sein ließ und mit 22 Jahren in Flensburg zum Dr. Dr. Bartholdy wurde … und wie ich so langsam in die Mühlen der Hochstapelei geriet, die mich jetzt auf der Flucht in diese Stuttgarter Luxussauna gebracht hatten.
So ein tolles Leben gefiel ihr, keine Vorgesetzten, immer alle lächerlich machen, keine Termine, nur den Stress der permanenten Zielfahndung, immer frech zu sein und nett zu den Frauen. Ich blieb ihr Hausgast fast zehn Tage lang. Sie sagte mir, sie sei noch nie so glücklich gewesen, und mir ging das ebenso (S. 82f.). «

In diesem humoristischen Erzählstil, der fast ein »Dauertonfall« seiner Erinnerungen ist, berichtet er auch über seine Zeit als falscher Psychiatrieoberarzt:

» Ich habe [dort] wenig geleistet, habe meine Macht mit allen ihren Insignien genossen, habe Fehler zu vermeiden gesucht, habe kleine Leute kujoniert, intrigiert, mit Dr. G. schöne Gespräche geführt und eben den Oberarzt gespielt. Da ich kaum empathiefähig bin und mir therapeutische Tätigkeit folglich nicht zusagt, weil man sich dabei einbringen muss …, habe ich mich mit Patienten eigentlich wenig beschäftigt. Mich interessierte vor allem der Macht- und Herrschaftsaspekt an meiner Position (S. 48). «

Postel liebte es, mit Prominenten in Kontakt zu sein, und sei es für ein einmaliges Erinnerungsfoto, einen Glückwunschbrief oder Ähnliches. Diese hat er sich mit großem manipulativem Aufwand besorgt. Die Fotoauswahl seines Erinnerungsbuchs beginnt mit einem Foto von ihm im Priestergewand zusammen mit Papst Johannes Paul II. und der Unterschrift: »Der Papst sprach deutsch mit mir. Es ging um Glaubensfragen.« Es folgt ein Widmungsfoto des damaligen Bundesaußenministers Klaus Kinkel (»Postel mit allen guten Wünschen zur Hochzeit …« und eine handschriftliche Unterschrift). Später im Buch ist das Faksimile des Regierenden Bürgermeisters von Berlin zum gleichen Anlass abgedruckt: »… aus dem Bundespräsidialamt ist es bis in unsere Hauptstadt gedrungen, dass Sie heute Ihre Hochzeit feiern. Aus diesem Anlass wünsche ich Ihnen …« (handschriftliche Unterschrift). Der ehemalige bayrische Ministerpräsident schrieb zu Beginn der 1990er-Jahre einen längeren Antwortbrief an Gert Postel, der im Buch ebenfalls erwähnt wird: »Ihr Zuspruch und Ihre Segenswünsche ermuntern mich …, mich … weiterhin mit ganzer Kraft für unser schönes Bayern und seine Menschen einzusetzen« (handschriftliche Unterschrift).

Nur in einem der zehn Kapitel seines Erinnerungsbuchs wirkt der Ton gedrückt: in dem Kapitel über sein Elternhaus. Nach dem Tod seiner Mutter, die sich suizidierte, setzte er als junger Erwachsener seinem Vater mit Gerichtsverfahren zu.

> Er lud mich mit seiner neuen Freundin … zu einer Afrikareise ein, was ich ablehnte, weil ich mit dieser Frau keine Stunde verbringen wollte. Das, glaubte ich, sei ich meiner Mutter schuldig. Stattdessen überzog ich meinen Vater in den nächsten Jahren mit Gerichtsverfahren, ließ ihm durch einstweilige Verfügungen verbieten, mit dem Schmuck meiner Mutter die neue Frau zu schmücken, vollstreckte bei ihm, zwang ihn zur Abgabe eines Offenbarungseids über sein Vermögen, zeigte ihn dann an, weil er seinen Wagen nicht im Vermögensverzeichnis aufgeführt hätte, und machte ihm überhaupt das Leben zur Hölle (S. 140). «

Am Ende dieses einzigen nicht humoristisch erzählenden Kapitels beschreibt Gert Postel den eigenen Erkenntnisprozess bei seinen gerade aufgezeichneten Erinnerungen:

> Beim Durchlesen meiner Aufzeichnungen über meinen Vater ist mir unerklärlich geblieben, warum ich meine jahrelang praktizierten Gemeinheiten plötzlich eingestellt habe … Ich vermute, dass ich ihm in seiner Sprachlosigkeit, in seinem Desinteresse an Kommunikation ähnlich geworden bin, ähnlicher, als mir lieb sein kann … (S. 143). «

Dass im Zusammenhang dieses Kapitels die intelligenten, humorvollen und manchmal durchaus doppelbödigen Erzählungen Gert Postels als Beispiel für selbstgefällige und geschönte Erinnerungen gewählt wurden, hat damit zu tun, dass sie vieles Typische enthalten und dennoch mit der Zeit langweilig werden, denn Erinnerungen nur von gelungenen und lobenswerten Erlebnissen werden für Leser oder Zuhörer oft schnell ermüdend und insgesamt langweilig.

Ein positiver Dauerton, auch in einer witzig-humoristischen Form, hat für die Erzählenden in der Regel auf Dauer auch seine Kosten: Gefühle der Leere, der Einsamkeit und ausgeprägte Depressionen (die auch Gert Postel mehrfach kurz erwähnt). Dauerbeschönigungen und -erfolgsnachrichten sind demnach nicht durchzuhalten.

In der therapeutischen Arbeit ist es in diesem Fall wichtig, auch den negativen Erfahrungen Raum zu geben und die Erzählenden dafür wertzuschätzen, wenn sie von nicht Gelungenem und Traurigem berichten. Die Erinnerungen Gert Postels zeigen an der oben zitierten Stelle über den Vater (der einzigen negativ getönten auf 190 Seiten), dass das »Ein-zweites-Mal-Vergegenwärtigen« von Traurigem zu wichtigen Selbsterkenntnissen führen kann.

2.7 Ausblick

Dieses Kapitel hatte zum Ziel, einen Überblick über verschiedene Formen des Sicherinnerns im Sinne einer biografischen Rückschau auf das eigene Leben zu geben. Sich zu erinnern und über Vergangenes nachzudenken (introspektiv), aber auch, sich mit anderen darüber auszutauschen (kommunikativ) ist ein ganz natürlicher Prozess, etwas, das wir alle machen. Wie oben ausgeführt, gibt es verschiedenste Kontexte – therapeutische und nichttherapeutische –, in denen man auf verschiedenste Art und Weise auf sein Leben zurückblicken kann, aus Eigeninitiative oder auf Anregung oder sogar unter Anleitung von anderen.

Weiter gibt es auch eine Reihe von Methoden, Projekten und Programmen, die für spezielle Altersgruppen angeboten werden. Auffallend ist, dass es im therapeutisch-sozialtherapeutischen Bereich der Biografiearbeit spezielle Programme für Kinder und Jugendliche (▶ Abschn. 2.3.2) und ältere Menschen gibt (▶ Abschn. 2.4.1 u. ▶ Abschn. 2.4.2), aber kaum Angebote für »mittelalte« Erwachsene. Man kann sich darüber Gedanken machen, warum dies so ist. Haben jüngere und ältere Menschen eher das Bedürfnis, sich mit der eigenen Biografie auseinanderzusetzen? Jugendliche sind in einer Phase, in der sich die eigene Identität ausbildet und in der man sich selbst und seine Herkunft im Kontext der Gesellschaft wahrnimmt. Wie in ▶ Abschn. 2.3.2 dargestellt, lässt sich dieser Prozess mit einer gruppenbasierten Biografiearbeit tatsächlich gut unterstützen. Ältere Menschen wiederum befinden sich an einem anderen Pol der Lebensspanne und widmen sich vermehrt ihren Erfahrungen und Erinnerungen, auch mit dem Ziel, die eigene Lebensgeschichte für sich abzurunden. Was ist aber nun mit Menschen, die sich in der Lebensspanne zwischen Jugend und Alter befinden? Eine Möglichkeit sind, wie bereits erwähnt, nichttherapeutische Formen der biografischen Rückschau, wie z.B. das Schreiben einer Autobiografie, was aber auch Risiken birgt, wie in ▶ Abschn. 2.2.1 dargestellt wurde. An dieser Stelle sei angemerkt, dass aus psychologischer Perspektive eine therapeutisch-sozialtherapeutische Biografiearbeit auch für mittlere Altergruppen gewinnbringend sein kann. Eine Rückschau auf das eigene Leben kann der Orientierung für künftige Lebenspläne (z.B. Karriere- oder Familienplanung) dienen, ein »Sichordnen« kann daher in jedem Alter befreiend sein. Die Entwicklung von Programmen für diese Altersgruppe ist daher absolut zu befürworten.

Es gibt derzeit noch wenig Literatur darüber, wie mit bestimmten Persönlichkeitsmerkmalen der zurückschauenden Person zu verfahren ist, wie sie in ▶ Abschn. 2.6 dargestellt sind. Anklagen und Verbitterung, Selbstrechtfertigungen, geschönte Erinnerungen, Bekenntnisse und Selbstenthüllungen – all diese Inhaltsformen bergen auch Herausforderungen für die Umwelt, wenn sie nicht nur nach innen, sondern auch nach außen gerichtet werden, ungeachtet dessen, ob dies im therapeutischen oder nichttherapeutischen Kontext geschieht. Ein spezieller Fokus bei der Erweiterung der Methode des Lebensrückblicks oder auch anderer Erinnerungsformen auf diese Persönlichkeitsmerkmale wäre eine wichtige Bereicherung.

Insgesamt ist es interessant, dass es sowohl im therapeutischen als auch im nichttherapeutischen Bereich eine derartige Vielzahl an Formen des Zurückschauens auf das eigene Leben gibt. Dies zeigt, wie facettenreich und wie wichtig für die individuelle Entwicklung in jeder Lebensphase persönliche Erinnerungen und der Umgang damit sind. In jeder Hinsicht bleibt ein Weiterentwickeln dieser Bereiche in verschiedenen Kontexten sehr wichtig.

Literatur

Adriani, G., Konnertz, W., & Thomas, K. (1981). *Joseph Beuys – Leben und Werk*. Köln: DuMont.

Agger, I., & Jensen, S. B. (1990). Testimony as ritual and evidence in psychotherapy with political refugees. *Journal of Traumatic Stress, 3*, 115–130.

Anonyma (2003). *Eine Frau in Berlin. Tagebuchaufzeichnungen vom 20. April bis 22. Juni 1945*. Frankfurt a.M.: Eichborn.

Beck, A. T. (1999). *Kognitive Therapie der Depression*. Weinheim: Beltz.

Die Bibel in heutigem Deutsch (1997). Stuttgart: Deutsche Bibelgesellschaft.

Bilke, B. (1993). *Unerwünschte Erinnerungen: Gefängnisliteratur 1945/49–1989*. http://www.gulag.memorial.de/pdf/bilke_erinnerungen.pdf [Zugegriffen 7.12.2011].

Billeter, E. (1981). *Mythos und Ritual in der Kunst der 70er Jahre*. Ausstellungskatalog. Konzipiert u. realisiert von Erika Billeter. Kunsthaus Zürich.

Butler, R. N. (1963). The life review: an interpretation of reminiscence in the aged. *Psychiatry, 26*, 65–76.

Cienfuegos, A. J., & Monelli, C. (1983). The testimony of political repression as a therapeutic instrument. *American Journal of Orthopsychiatry, 53*, 43–51.

Eliach, Y., & Gurewitsch, B. (1992). *Holocaust Oral History Manual* Los Angeles: Center for Holocaust Studies.

Erikson, E. H. (1989). *Identity and the life cycle*. New York: International Universities Press.

Hölzle, C., & Jansen, I. (Hrsg). (2009). *Ressourcenorientierte Biographiearbeit*. Wiesbaden: VS.

Jaiser, C. (2003). Rezension zu »Anonyma – Eine Frau in Berlin«. H-Soz-u-Kult, 5.12.2003. http://hsozkult.geschichte.hu-berlin.de/rezensionen/2003-4-138 [Zugegriffen 7.12.2011].

Jappe, G. (1996). *Beuys packen. Dokumente 1968–1996*. Regensburg: Lindinger u. Schmid.

Jureit, U. (1998). *Konstruktion und Sinn: Methodische Überlegungen zu biographischen Sinnkonstruktionen*. Oldenburg: Bibliotheks- und Informationssystem der Universität (Oldenburger Universitätsreden 103).

Krüger, T., Oeming, M., Schmid, K., & Ühlinger, C. (2007). *Das Buch Hiob und seine Interpretationen*. Zürich: Theologischer Verlag.

Linden, M., & Maercker, A. (Hrsg). (2011). *Embitterment: Societal, psychological and clinical perspectives*. Wien: Springer.

Maercker, A. (2002). Life-review technique in the treatment of PTSD in elderly patients: Rationale and three single case studies. *Journal of Clinical Geropsychology, 8*, 239–249.

Maercker, A. (2009). Lebensrückblicksinterventionen als wirksame Therapietechniken. *Ärztliche Psychotherapie, 4*, 10–16.

Maercker, A., & Forstmeier, S. (2007). *Posttraumatische Belastungsstörungen und ihr Verlauf im Alter*. http://www.zfg.uzh.ch/static/2007/maercker_forstmeier_ptsd.pdf [Zugegriffen 7.12.2011].

Literatur

Maercker, A., & Müller, J. (2004). Erzähltechniken bei der Therapie posttraumatischer Belastungsstörungen bei älteren Menschen: Life-Review und Testimony. *Psychotherapie im Alter, 1,* 37–48.

Morgan, J. (2005). The 10 Million Hero Book Project. *MMS Bulletin, 97,* 11–17.

Morgenstern, I. (2011). *Projekt Lebensbuch. Biographiearbeit mit Jugendlichen.* Mülheim an der Ruhr: Verlag an der Ruhr.

Postel, G. (2003) *Doktorspiele – Geständnisse eines Hochstaplers.* Frankfurt a.M.: Eichborn.

Riegel, H. P. (2012). *Beuys – Die Biographie.* Berlin: Aufbau.

Robjant, K., & Fazel, M. (2010). The emerging evidence for narrative exposure therapy: A review. *Clinical Psychology Review, 30,* 1030–1039.

Ryan, T., & Walker, R. (2007). *Wo gehöre ich hin? Biografiearbeit mit Kindern und Jugendlichen.* Weinheim: Juventa.

Schauer, M., Neuner, F., & Elbert, T. (2005). *Narrative exposure therapy: A short-term intervention for traumatic stress disorders after war, terror, or torture.* Göttingen: Hogrefe & Huber.

Wagner-Egelhaaf, M. (2005). *Autobiographie.* Stuttgart: Metzler.

Wilkes, J. (1998). Depression und Heilung: 100. Todestag Theodor Fontanes. *Deutsches Ärzteblatt, 95,* A2335–2337.

Wirksamkeitsforschung

Martin Pinquart und Simon Forstmeier

3.1 Vorüberlegungen – 48

3.2 Ergebnisse bisheriger Metaanalysen – 49

3.3 Die vorliegende Metaanalyse – 50
3.3.1 Methodisches Vorgehen – 50
3.3.2 Mittlere Wirksamkeit der Reminiszenz – 53
3.3.3 Einflüsse von Studienmerkmalen – 56

3.4 Zusammenfassende Diskussion – 61

Literatur – 62

In diesem Kapitel werden die Ergebnisse einer aktuellen Metaanalyse zur Wirksamkeit von Erinnerungsarbeit und Lebensrückblick dargestellt. Dazu wurde eine umfassende Literatursuche durchgeführt; 128 Studien mit Kontrollgruppe gingen in die Analyse ein. Als Zielvariablen wurden neun Variablen herangezogen, u.a. Depressivität, Ich-Integrität, positives Wohlbefinden und kognitive Leistung. Sowohl die kurzfristigen Effekte als auch die längerfristige Wirkung nach einem Follow-up wurden berücksichtigt. Es wurden alle Altersgruppen berücksichtigt, auch wenn die meisten Studien mit älteren Menschen durchgeführt wurden. Neben den Gesamteffekten werden auch verschiedene Moderatorvariablen untersucht, so wird beispielsweise die Lebensrückblickstherapie mit einfacher Reminiszenz verglichen.

3.1 Vorüberlegungen

Damit Lebensrückblick und Reminiszenz als Interventionsmethoden empfohlen werden können, muss deren Wirksamkeit belegt worden sein. Wenn man aufgrund der empirischen Evidenz eine Intervention empfehlen will, ist die Kernfrage, welche Interventionsmaßnahme für welche Zielpersonen wahrscheinlich die größten Effekte erbringt. Bevor man die Wirkungen der Reminiszenz untersucht, sind drei Fragen zu klären:
1. Welche methodischen Anforderungen sind an Studien zur Wirksamkeit zu stellen?
2. Welche Bereiche des Erlebens und Verhaltens sollen beeinflusst werden, sprich: Welches sind zu untersuchende Zielvariablen?
3. Ist anzunehmen, dass die Wirkungen in Abhängigkeit von der Form der Reminiszenz variieren, oder reicht es aus, mittlere Effekte über alle Studien hinweg zu berechnen?

> **Kasten 1: Methodische Anforderungen von Wirksamkeitsstudien**
> Für einen Wirkungsnachweis sind kontrollierte Studien notwendig, die den Effekt der Reminiszenz mit einer oder mehreren Kontrollbedingungen vergleichen. Am besten ist hier eine Placebointervention als Kontrollbedingung geeignet, die für die allgemein in Interventionen erfolgende Zuwendung kontrolliert, oder der Vergleich mit einer bereits als wirksam nachgewiesenen Intervention (Chambless u. Ollendick 2001). Hier wird also die Frage gestellt, ob Reminiszenz wirksamer ist als eine Placebobehandlung oder zumindest genauso wirksam wie eine Intervention, deren Wirksamkeit bereits belegt wurde. Eingeschränkt sind für den Wirksamkeitsnachweis auch Vergleiche mit einer Kontrollbedingung geeignet, die keine Intervention erhielt (etwa mit einer Wartekontrollgruppe), sodass zumindest für Effekte der wiederholten Messung und zwischen den Messungen erfolgende unspezifische Veränderungen statistisch kontrolliert wird. Wenn man z.B. die Wirkung der Reminiszenz auf die kognitive Leistung von Demenzerkrankten untersuchen will, wäre ohne eine solche Kontrollbedingung nicht klar, ob Veränderungen in der kognitiven Testleistung lediglich auf dem Übungseffekt durch wiederholtes Testen und/oder einem Voranschreiten der Erkrankung beruhen. Weiterhin sollte die Zuordnung zur Reminiszenz- und Vergleichsbedingung möglichst randomisiert erfolgen, sodass Unterschiede zwischen den Gruppen nicht durch Drittvariablen zustande kommen. Zudem sollten unabhängige Wirksamkeitsbelege aus mindestens zwei Forschergruppen vorliegen, und die Intervention sollte anhand eines Manuals erfolgen, damit sie von anderen Forschern oder Praktikern leicht repliziert werden kann (Chambless u. Ollendick 2001).

In Bezug auf welche Zielvariablen sollte die Wirkung von Reminiszenz untersucht werden? Bohlmeijer et al. (2003) haben drei Zielvariablen vorgeschlagen: die Erhöhung der Lebenszufriedenheit und der Lebensqualität im Allgemeinen (etwa durch die Reduzierung von Langeweile oder den Erhalt positiver Rückmeldungen durch andere Gruppenmitglieder), die Steigerung der kognitiven Leistungsfähigkeit von älteren Menschen mit Demenzerkrankungen (durch Anregung der Erinnerungen an die Vergangenheit und eine allgemeine geistige Aktivierung) und die Reduzierung depressiver Symptome bei Patienten mit klinischer Depression (etwa wenn eine akzeptierende Haltung zum bisherigen Leben angeregt wird). Darüber hinaus wurden weitere Zielvariablen in der Literatur genannt (z.B. Bohlmeijer et al. 2007; Haight u. Haight 2007; Webster et al. 2010; Westerhof et al. 2010), wie die Steigerung des Lebenssinns (etwa wenn man seine Lebenserfahrungen an andere Personen weitergibt und sich deshalb nützlich fühlt), der Ich-Integrität (als akzeptierende Haltung zum gelebten Leben), von Selbstwirksamkeitserwartungen (etwa durch Erinnerung an im Leben Geleistetes), der sozialen Einbettung (etwa durch Kontaktförderung in Reminiszenzgruppen) sowie die Entwicklung einer akzeptierenden Haltung zum Lebensende.

Es ist naheliegend, dass diese Zielvariablen durch verschiedene Formen der Reminiszenz in unterschiedlichem Maße beeinflusst werden. Hierbei wollen wir uns auf drei Formen konzentrieren: die einfache Reminiszenz, den Lebensrückblick im Allgemeinen und die Lebensrückblickstherapie im Besonderen (vgl. Webster et al. 2010; Westerhof et al. 2010; für Details ▶ Kap. 2). Mit *einfacher Reminiszenz* sind relativ unstrukturierte Interventionen gemeint, in denen Beschreibungen der Vergangenheit im Vordergrund stehen. Diese Interventionsform kann das allgemeine Befinden und die soziale Integration (bei Durchführung in Gruppen) fördern sowie allgemein das Gedächtnis anregen. Dagegen sind weniger Effekte auf die psychische Gesundheit (wie Depressivität) und auf die Ich-Integrität zu erwarten, da diese Intervention sich nicht gezielt an Personen mit eingeschränkter psychischer Gesundheit richtet und nicht an der Förderung einer akzeptierenden Haltung gegenüber dem bisherigen Leben gearbeitet wird.

Der *Lebensrückblick* (»life review«) ist eine stärker strukturierte Form der Reminiszenz, bei der positive Umbewertungen von Vergangenem, die Bearbeitung ungelöster früherer Konflikte und die Integration von Lebensereignissen in eine kohärente Sicht auf die eigene Person angeregt wird (Haight u. Haight 2007; Webster et al. 2010). Hier wären vergleichsweise stärkere Effekte auf die Ich-Integrität, Selbstwirksamkeitserwartungen und die psychische Gesundheit zu erwarten.

Die *Lebensrückblickstherapie* schließlich wendet den Lebensrückblick bei Personen mit psychischen Störungen – wie Depression oder Angststörungen – an und bezieht oft auch Elemente anderer Therapieformen ein, etwa die kognitive Umstrukturierung aus der kognitiv-behavioralen Verhaltenstherapie. Aufgrund der stärkeren psychischen Symptome vor Interventionsbeginn und der therapeutischen Ausrichtung sind hier die stärksten Effekte auf die psychische Gesundheit zu vermuten.

3.2 Ergebnisse bisheriger Metaanalysen

Dort, wo eine größere Zahl von Studien mit teilweise uneinheitlichen Ergebnissen vorliegt, ist es notwendig, diese möglichst übersichtlich in Form eines systematischen qualitativen Reviews oder einer Metaanalyse zusammenzufassen (Pinquart, im Druck). Letztere haben den Vorteil, dass eine große Zahl von Studien einbezogen werden kann und differenzierte statistische Auswertungen möglich sind.

Bisher liegen bereits einige Metaanalysen zur Wirkung von Reminiszenz vor. Hierbei wurden allerdings jeweils nur wenige Studien einbezogen, und zahlreiche Zielvariablen blieben gänzlich unberücksichtigt. Da nicht alle verfügbaren Studien in diese Metaanalysen einbezogen wurden (etwa weil viele Arbeiten unpubliziert sind) und seitdem zahlreiche weitere Arbeiten erschienen sind, sollen die Ergebnisse bisheriger Metaanalysen hier nur kurz zusammengefasst und im Anschluss die Ergebnisse einer aktuellen, umfassenden Metaanalyse vorgestellt werden.

Vorliegende Metaanalysen haben sich am häufigsten mit der Wirkung von Reminiszenz auf depressive Symptome befasst. In ihrer Auswertung von 20 kontrollierten Studien berichten Bohlmeijer et al. (2003), dass die Teilnehmer an Reminiszenzinterventionen nach Abschluss der Intervention ein um $d = .84$ Standardabweichungseinheiten geringeres Ausmaß von Depressionssymptomen aufwiesen als Teilnehmer der Kontrollbedingung, die keine Intervention oder eine unspezifische Placebointervention (wie die Diskussion aktueller Ereignisse) erhielten. Chin (2007) fand bei der Auswertung von sechs kontrollierten Studien einen ähnlich hohen Effekt auf depressive Symptome ($d = .90$). Pinquart et al. (2007) werteten acht kontrollierte Interventionsstudien zur Reminiszenz bei depressiven älteren Menschen aus. Hierbei wurde eine starke Verbesserung depressiver Symptome gefunden ($d = 1.00$), die sich nicht von den Effekten kognitiver Verhaltenstherapie ($d = 1.06$) unterschied. Auch in der Metaanalyse von Peng et al. (2009) gab es keine signifikanten Unterschiede in den Effekten von kognitiver Verhaltenstherapie und Reminiszenz, auch wenn die mittleren Verbesserungen nach der Verhaltenstherapie ($d = 1.34$, basierend auf sieben Studien) mehr als doppelt so hoch wie nach Reminiszenzprogrammen ($d = .64$, basierend auf drei Studien) ausfielen. In einer Metaanalyse über Interventionen in Gruppen fanden Payne und Marcus (2008) dagegen eine signifikant geringere Verbesserung des Befindens nach einer Reminiszenzintervention ($d = .67$, basierend auf neun Studien) als nach kognitiver Verhaltenstherapie ($d = 1.35$, basierend auf 17 Studien). Hier ist allerdings zu beachten, dass Studien zum Lebensrückblick, welche meist nicht im Gruppenformat arbeiten, von Payne u. Marcus nicht berücksichtigt wurden. In einer weiteren Metaanalyse zur Prävention depressiver Symptome fanden Forsman et al. (2011) einen geringen und statistisch nicht signifikanten Effekt der Reminiszenz ($d = .24$), wobei allerdings nur fünf Studien ausgewertet wurden.

Indikatoren des positiven Befindens – wie Lebenszufriedenheit und positiver Affekt – standen im Mittelpunkt von zwei weiteren Metaanalysen. Bohlmeijer et al. (2007) fanden bei der Auswertung von 15 kontrollierten Studien eine mäßig starke Verbesserung des positiven Befindens im Vergleich zur Kontrollbedingung ($d = .54$). Chin (2007) berichtet über getrennte Analysen für drei Indikatoren des positiven Befindens. Hierbei war ein signifikanter starker Effekt der Reminiszenz auf die positive Stimmungslage nachweisbar ($d = 1.09$, basierend auf sechs Studien). Dagegen waren Verbesserungen von Lebenszufriedenheit ($d = .22$) und Selbstwert ($d = .51$) nicht statistisch signifikant. Fast alle bisherigen Metaanalysen untersuchten jeweils nur Effekte der Reminiszenz unmittelbar nach Abschluss der Intervention, sodass keine Aussagen über längerfristige Wirkungen auf das Befinden möglich waren.

Woods et al. (2005) werteten fünf randomisierte kontrollierte Studien zur Reminiszenz mit Demenzpatienten aus. Hierbei wurde im Vergleich zur Kontrollgruppe ohne Intervention ein signifikanter Effekt auf die kognitive Leistung ($d = .50$) im Follow-up vier bis sechs Wochen nach Interventionsschluss gefunden, während Effekte unmittelbar nach Abschluss der Intervention nicht signifikant waren ($d = .27$).

Vergleiche zwischen der Wirkung einfacher Reminiszenz und der Wirkung des Lebensrückblicks wurden in zwei Metaanalysen angestellt. Hierbei wurde beim Lebensrückblick eine signifikant stärkere Verbesserung des positiven Befindens ($d = 1.04$ vs. $d = .40$; Bohlmeijer et al. 2007), nicht jedoch eine stärkere Verbesserung depressiver Symptome (Bohlmeijer et al. 2003) als bei der einfachen Reminiszenz gefunden.

Zusammenfassend gesagt, zeigen die Metaanalysen kleine bis starke Effekte auf depressive Symptome und das positive Befinden sowie kleine bis moderate Effekte auf die kognitive Leistungsfähigkeit von Demenzpatienten. Zudem liegen widersprüchliche Befunde zu der Frage vor, ob der Lebensrückblick stärkere Verbesserungen bewirkt als die weniger strukturierte einfache Reminiszenz. Diese Uneinheitlichkeit beruht vermutlich darauf, dass nur relativ wenige Studien in die bisherigen Metaanalysen einbezogen wurden und dass auch innerhalb einer Interventionsform beträchtliche Unterschiede im Vorgehen bestehen.

3.3 Die vorliegende Metaanalyse

3.3.1 Methodisches Vorgehen

Um den aktuellen Stand der Wirksamkeitsforschung zu dokumentieren, erschien es uns notwendig, eine neue Metaanalyse durchzuführen. Diese sollte im Vergleich zu den vorliegenden Arbeiten
- eine deutlich größere Zahl von Studien einbeziehen,
- Effekte für eine größere Zahl von Zielvariablen analysieren,

- für all diese Variablen sowohl unmittelbare Effekte nach Abschluss der Intervention als auch längerfristige Wirkungen im Follow-up untersuchen,
- einen größeren Altersbereich umfassen (da sich die bisherigen Metaanalysen ausschließlich auf Personen im höheren Erwachsenenalter konzentrierten, obwohl auch einige Studien mit jüngeren Erwachsenen vorliegen) und
- den Einfluss einer größeren Zahl von Moderatorvariablen testen (etwa zum Vergleich von Lebensrückblickstherapie mit anderen Lebensrückblicksinterventionen und einfacher Reminiszenz).

Die Suche nach Studien erfolgte mithilfe der Datenbanken PsycInfo, CINAHL, Medline, Psyndex und Google Scholar. Wir verwendeten die folgenden Suchbegriffe in deutscher und englischer Sprache: (Reminiszenz oder Lebensrückblick oder autobiografisches Erzählen oder autobiografisches Schreiben) und (Intervention oder Therapie oder Trial). Zudem wurden vorliegende Übersichtsarbeiten und Metaanalysen und die Literaturlisten der bereits identifizierten Einzelstudien ausgewertet, um weitere Studien zu finden. Hierbei wurden Studien ausgewählt, die folgende Kriterien erfüllen:
- Es handelt sich um eine Interventionsstudie, welche die Wirkungen von Reminiszenz mit einer Kontrollbedingung vergleicht, die entweder keine Intervention erhält (etwa einer Wartekontrollgruppe oder der Routineversorgung in stationären Einrichtungen) oder eine Placebointervention (etwa Diskussion von aktuellen Themen oder gesellige Spielnachmittage), welche nicht aktiv die Beschäftigung mit der Vergangenheit anregt. Vergleiche mit anderen psychologischen Interventionen, deren Wirksamkeit bereits nachgewiesen wurde (wie Verhaltenstherapie oder psychodynamische Therapie), wurden dagegen nur in einer ergänzenden Metaanalyse untersucht, da hier nur sehr wenige Studien mit zudem sehr heterogenen Vergleichsbedingungen vorlagen.
- Berichtet werden Unterschiede zwischen der Reminiszenz- und Kontrollbedingung im Posttest und/oder Follow-up in Bezug auf Depressivität, andere psychische Symptome (wie Angstsymptome oder Summenskalen von verschiedenen psychischen Symptomen), positives Befinden (wie Stimmungslage, Lebenszufriedenheit, Selbstwert), Selbstwirksamkeitserwartungen, Lebenssinn, Ich-Integrität, soziale Integration, kognitive Leistung und die Vorbereitung auf das Lebensende. Effektstärken werden berichtet in Form von standardisierten Mittelwertsdifferenzen oder können anhand vorhandener statistischer Angaben (wie t-Tests) berechnet werden.
- Wie bei Bohlmeijer et al. (2003, 2007) und Chin (2003) werteten wir das Fehlen einer randomisierten Zuordnung zur Interventions- und Kontrollbedingung nicht als Ausschlusskriterium, da ansonsten viele Studien nicht in die Analyse hätten einbezogen werden können. Zudem führt das Fehlen einer Randomisierung meist zu unsystematischen (studienspezifischen) Fehlern, die bei Mittelung der Effekte vieler Studien nicht die mittlere Effektstärke beeinflussen. Jedoch testeten wir, ob sich randomisierte und nichtrandomisierte Studien in den berichteten Effektstärken unterscheiden.

Ausgeschlossen wurden Studien ohne eine Kontrollgruppe ($N = 65$), Einzelfallstudien ($N = 22$), Studien, in denen die Kontrollgruppe eine aktive psychologische Intervention – wie z.B. Realitätsorientierungstraining – erhielt ($N = 7$), qualitative Studien ($N = 9$), sowie Studien, welche keine ausreichenden Informationen zur Berechnung von Effektstärken boten ($N = 3$). Weitere sieben Studien wurden ausgeschlossen, weil ihre Ergebnisse bereits in anderen Arbeiten berichtet wurden. Zudem waren drei Studien nicht über Fernleihe zugänglich. Nach Ausschluss dieser Studien konnten 128 Studien in die vorliegende Metaanalyse einbezogen werden, bei denen 4.067 Teilnehmer die Intervention erhielten und 4.337 Teilnehmer einer Kontrollbedingung zugewiesen wurden. Eine vollständige Liste der einbezogenen Studien ist beim Erstautor dieses Beitrags erhältlich.

> **Kasten 2: Messinstrumente der Studien**
> Depressive Symptome wurden am häufigsten mit der Geriatric Depression Scale (Sheikh u. Yesavage 1986; 37 Studien) gemessen. Andere psychische Symptome wurden am häufigsten mit dem State-Trait-Angstinventar (Spielberger et al. 1970; fünf Studien) erfasst. Studien zum positiven Befinden verwendeten am häufigsten Formen des Life Satisfaction Index (Neugarten et al. 1961; 28 Studien), die Selbstwertskala von Rosenberg (Rosenberg 1965; 22 Studien) sowie die Affekt-Balance-Skala (Bradburn 1969; 13 Studien). Die Erfassung der Ich-Integrität erfolgte in jeder Studie mit einem anderen Instrument, wie etwa der Ego Integrity Scale von Boylin et al. (1976). Der Lebenssinn wurde am häufigsten mit dem Purpose in Life Test (Crumbaugh 1968; vier Studien) erfasst, und zur Messung der Selbstwirksamkeit kam am häufigsten der Fragebogen von Pearlin u. Schooler (1978; drei Studien) zum Einsatz. Zur Erfassung der kognitiven Leistungsfähigkeit diente am häufigsten der Mini-Mental-Status-Test (bei Demenzerkrankten; Folstein et al. 1975; 15 Studien). Die soziale Integration wurde über die Häufigkeit sozialer Aktivitäten und das Erleben von Einsamkeit operationalisiert, und die Auseinandersetzung mit dem Lebensende wurde am häufigsten über ein geringes Ausmaß an Angst vor dem Tod (z.B. Death Anxiety Scale; Templer 1970; drei Studien) erfasst.

Anhand von 20 % der kodierten Studien fanden wir eine Urteiler-Übereinstimmung von $r = .89$ bei kontinuierlichen Variablen und von 90 % bei kategorialen Variablen. Die Zuordnung von Studien zum Lebensrückblick oder zu einfacher Reminiszenz war nicht immer einfach, da Studien oft nur graduelle Unterschiede im Ausmaß der Struktur und der Einbeziehung von Bewertungen des zurückliegenden Lebens aufwiesen. Diskrepanzen wurden durch Diskussion gelöst.

> **Kasten 3: Sechs Berechnungsschritte der Metaanalyse**
> Die statistischen Berechnungen erfolgten in sechs Schritten anhand einer sog. Random-Effects-Metaanalyse und sind ausführlich bei Lipsey u. Wilson (2001) dargestellt. Die Random-Effects-Metaanalyse geht davon aus, dass Unterschiede zwischen den Effektstärken verschiedener Studien nicht nur auf Messfehlern beruhen, sondern auch systematische Unterschiede – etwa in Abhängigkeit von der Form der Intervention – auftreten. Dies ist angesichts der unterschiedlichen Formen von Reminiszenz (z.B. Webster et al. 2010) naheliegend. Im ersten Schritt wurden pro Studie für die Zielvariablen Effektstärken berechnet als Differenz zwischen der Ausprägung dieser Variable in der Versuchs- und Kontrollgruppe im Posttest (bzw. Follow-up), dividiert durch die gemeinsame Standardabweichung. Wird mehr als eine Kontrollbedingung verwendet, so erfolgt der Vergleich mit dem Mittelwert der Kontrollbedingungen. Ein Wert von $d = 1$ bedeutet, dass die Ausprägung der Variable um eine Standardabweichung günstiger in der Reminiszenzbedingung ausfällt. Im zweiten Schritt erfolgte die statistische Korrektur für verschiedene Fehlerquellen. Diese betrafen die statistische Kontrolle für Mittelwertsunterschiede zwischen den Gruppen in den Prätestwerten und für die Überschätzung von Effektstärken bei Studien mit sehr kleinen Stichproben (Berechnung von Hedges' g). Zudem wurden Ausreißerwerte, die mehr als zwei Standardabweichungseinheiten vom Mittelwert abwichen, durch den Wert von zwei Standardabweichungseinheiten ersetzt (vgl. Lipsey u. Wilson 2001). Im dritten Schritt wurden gewichtete mittlere Effektstärken und deren Konfidenzintervalle berechnet, welche 95 % der Effektstärken umfassen. Im vierten Schritt wurde getestet, ob die Effektstärken der Einzelstudien stärker variieren, als per Zufall zu erwarten ist. Im fünften Schritt wurde mithilfe der »Trim-and-fill«-Prozedur untersucht, ob es Hinweise dafür gibt, dass die Effektstärke überschätzt wurde, weil wirkungslose Studien häufig unpubliziert bleiben (Duval u. Tweedie 2000). Im letzten Schritt wurde mithilfe eines Analogons einer Varianzanalyse untersucht, ob sich die Effektstärke in Abhängigkeit von Studienmerkmalen unterscheidet.

3.3 · Die vorliegende Metaanalyse

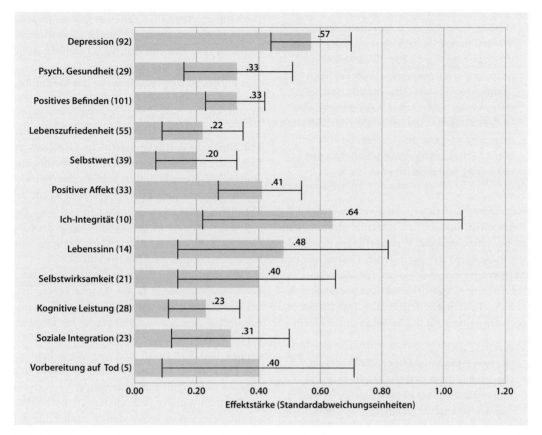

Abb. 3.1 Relative Verbesserungen im Posttest bei Teilnehmern an Reminiszenzinterventionen im Vergleich zur Kontrollbedingung. Die Zahlen in Klammern zeigen die Anzahl der vorliegenden Effektstärken für die jeweilige Variable; die Fehlerbalken stellen das Konfidenzintervall dar, das 95 % aller Effektstärken umfasst

3.3.2 Mittlere Wirksamkeit der Reminiszenz

Im ersten Auswertschritt wurden für die Ergebnisvariablen die gewichteten mittleren Effekte berechnet. Werte größer null bedeuten hierbei jeweils eine stärkere Verbesserung in der Reminiszenzbedingung im Vergleich zur Kontrollbedingung. Die Ergebnisse der Analyse werden in ◘ Abb. 3.1 zusammengefasst. Die Fehlerbalken stellen das Konfidenzintervall dar, welches 95 % aller Effektstärken umfasst. Wenn das Konfidenzintervall nicht den Wert null einschließt, dann ist die mittlere Effektstärke signifikant größer als null. Wenn sich zwei Konfidenzintervalle nicht überlappen, dann liegen signifikante Unterschiede zwischen diesen Bedingungen vor. Weitere statistische Kennzahlen haben wir an anderer Stelle berichtet (Pinquart u. Forstmeier, im Druck).

Im Mittel wurden für alle untersuchten Variablen statistisch signifikante positive Effekte unmittelbar nach Abschluss der Intervention gefunden. Die stärksten Verbesserungen traten bei depressiven Symptomen ($g = .57$ Standardabweichungseinheiten) und der Ich-Integrität ($g = .64$) auf (vgl. ◘ Abb. 3.1).

Kasten 4: Interpretation der Effekte
Cohen (1992) und Rosenthal (1991) haben Kriterien zur Bewertung der praktischen Bedeutung von Effekten vorgeschlagen. Gemäß Cohen (1992) sind Verbesserungen von 0.2 Standardabweichungseinheiten als klein zu bewerten,

> Verbesserungen von 0.5 als mittelstark und Verbesserungen von 0.8 als stark. Eine relative Verbesserung von 0.2 Standardabweichungseinheiten in der Interventions- im Vergleich zur Kontrollbedingung bedeutet auch, dass die Interventionsbedingung 1 % der gemessenen interindividuellen Unterschiede in der Zielvariable nach Ende der Intervention aufklärt. Bei 0.5 Standardabweichungseinheiten sind es bereits 5,9 % und bei 0.8 etwa 13,8 %.

Nach diesen Kriterien sind die Verbesserungen der Depressivität und der Ich-Integrität als mittelstark zu bewerten, und die Verbesserungen von anderen Indikatoren der psychischen Gesundheit (wie Angstsymptomen), des positiven Befindens, von Lebenssinn, Selbstwirksamkeitserwartungen, kognitiven Leistungen, der sozialen Integration und der Vorbereitung auf das Lebensende sind klein.

> **Kasten 5: Binomial Effect Size Display zur Beurteilung der praktischen Bedeutung**
> Rosenthal (1991) hat als relativ einfaches Maß zur Beurteilung der praktischen Signifikanz das sog. Binomial Effect Size Display (BESD) vorgeschlagen. Stellen wir uns vor, dass jeweils gleich viele Personen an der Reminiszenz- und an der Kontrollbedingung teilnahmen. Stellen wir uns zudem vor, dass wir alle Personen danach einteilen, ob sie zu den 50 % mit den vergleichsweise stärksten Verbesserungen des Befindens gehören oder nicht. Das BESD gibt an, welcher Anteil der Teilnehmer an der Reminiszenzgruppe zu den Personen mit den vergleichsweise stärksten Verbesserungen zählt. Ein Wert von 50 % würde also bedeuten, dass gleich viele Personen in der Reminiszenz- und in der Kontrollbedingung die vergleichsweise stärksten Verbesserungen zeigen, die Reminiszenz also keinen positiveren Effekt erzielte als die Kontrollbedingung. Ein Wert von 75 % würde dagegen bedeuten, dass drei Viertel der Personen in der Reminiszenzgruppe, aber nur ein Viertel der Personen in der Kontrollgruppe das Erfolgskriterium erfüllen.

Die beobachtete relative Verbesserung der Depressionssymptome von 0.57 Standardabweichungseinheiten lässt sich mit dem BESD so übersetzen, dass 63,7 % der Teilnehmer an der Reminiszenz-, aber nur 36,3 % der Teilnehmer an der Kontrollbedingung eine Abnahme der Depression über dem Median aller Teilnehmer zeigten. Die Erfolgsraten sind ähnlich bei der Ich-Integrität, wo 65,2 % der Teilnehmer an der Reminiszenz- im Gegensatz zu 34,8 % der Teilnehmer an der Kontrollbedingung eine Verbesserung über dem Median aller Teilnehmer zeigten. Die geringste Verbesserung wurde bei kognitiven Leistungen gefunden ($g = .23$), wo bei 55,7 % der Teilnehmer der Reminiszenzgruppe im Gegensatz zu 44,3 % in der Kontrollgruppe eine Verbesserung über dem Median auftrat.

Wie man anhand fehlender Überlappungen der Konfidenzintervalle in ◘ Abb. 3.1 sehen kann, hatten Reminiszenzinterventionen stärkere Verbesserungen bei depressiven Symptomen zur Folge als bei positivem Befinden (und hier bei Lebenszufriedenheit und Selbstwert) und kognitiven Leistungen. Die anderen Effektstärken unterschieden sich dagegen nicht signifikant voneinander.

Deutlich weniger Befunde lagen zum Follow-up (im Mittel etwa sechs Monate nach Ende der Intervention) vor. Die Verbesserungen der depressiven Symptome, von anderen Indikatoren der psychischen Gesundheit, des positiven Befindens (und hier der Lebenszufriedenheit), der Ich-Integrität, der kognitiven Leistungen und der Vorbereitung auf den Tod hatten auch im Follow-up Bestand (◘ Abb. 3.2). Da sich die mittleren Effektstärken zwischen dem Posttest und dem Follow-up nicht systematisch unterschieden, beruht die ausbleibende statistische Signifikanz für die anderen Variablen sehr wahrscheinlich auf der geringeren Zahl vorliegender Studien und der damit einhergehenden geringeren statistischen Testpower.

> **Kasten 6: »Trim-and-fill«-Prozedur zur Beurteilung eines Publikationsbias**
> Auch wenn wir im Vergleich zu bisherigen Metaanalysen auf diesem Gebiet eine relativ große Zahl von unpublizierten Studien einschlossen ($N = 34$), ist es praktisch unmöglich, alle jemals durchgeführten Studien – etwa im Rahmen von Master- oder Diplomarbeiten –

3.3 · Die vorliegende Metaanalyse

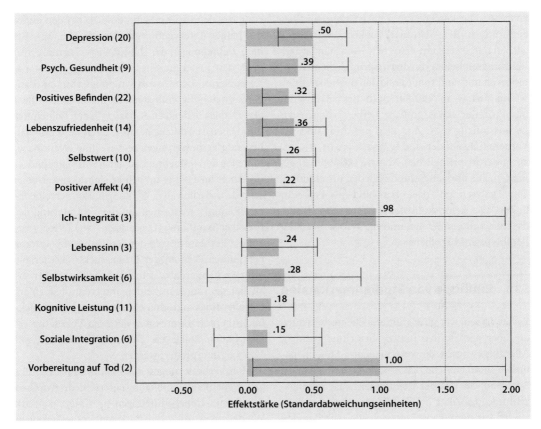

Abb. 3.2 Relative Verbesserungen im Follow-up bei Teilnehmern an Reminiszenzinterventionen im Vergleich zur Kontrollbedingung. Die Zahlen in Klammern zeigen die Anzahl der vorliegenden Effektstärken für die jeweilige Interventionsform; die Fehlerbalken stellen das Konfidenzintervall dar, das 95 % aller Effektstärken umfasst

aufzufinden. Häufig werden Interventionsstudien, welche keine signifikanten Effekte finden, nicht veröffentlicht, sodass die in öffentlich zugänglichen Studien gefundenen Effekte möglicherweise überschätzt werden. Deswegen nutzten wir im nächsten Schritt die »Trim-and-fill«-Prozedur, um Hinweise auf einen möglichen Publikationsbias zu finden (Duval u. Tweedie 2000). Hier wird die Symmetrie der Verteilung der Effektstärken mit der Annahme untersucht, dass größere Studien zuverlässigere Befunde liefern sollten, die näher am Mittelwert aller Studien liegen. Gibt es weniger kleine Studien mit nach oben oder unten abweichenden Effektstärken, als per Zufall zu erwarten wäre, so schätzt dieses Verfahren eine korrigierte Effektstärke, die man bei Einbeziehung dieser Studien gefunden hätte.

In der vorliegenden Metaanalyse gab es bei fünf der elf Analysen zu Reminiszenzwirkungen im Posttest Hinweise auf das mögliche Fehlen von Studien. Die im Anschluss geschätzten korrigierten Effektstärken wichen am stärksten für die Lebenszufriedenheit von den in ◘ Abb. 3.1 dargestellten Befunden ab. Die mit der »Trim-and-fill«-Prozedur geschätzte Verbesserung der Lebenszufriedenheit war nicht länger signifikant ($g = -.01$, $Z = -.14$, n.s.). Dieser Befund könnte also einen Hinweis darauf liefern, dass es unpublizierte Studien geben mag, die keine Verbesserungen des positiven Befindens und der Lebenszufriedenheit fanden. Allerdings kann dieser Befund auch dadurch zustande gekommen sein, dass Studien mit kleinen Stichproben meist passive Kontrollbedingungen verwenden und wir deshalb nur wenige Studien mit kleinen Fallzahlen und unterdurchschnittlichen Effekten auffinden konnten. Die korrigierten Effektstärken für Verbesserungen der Selbstwirksamkeitserwartungen wichen nur jeweils um −0.01 bzw. +.02 Standardabweichungseinheiten von den ursprünglichen Ergebnissen ab und sind somit praktisch unbedeutend.

Im Follow-up wurden nach der »Trim-and-fill«-Prozedur etwas größere Verbesserungen des Lebenssinns ($g = .73$, $Z = 4.54$, $p < .001$) und der Vorbereitung auf den Tod ($g = .52$, $Z = 2.95$, $p < .01$) als in der ursprünglichen Analyse (◘ Abb. 3.2) gefunden. Die übrigen Befunde blieben unverändert. Die Analysen mit der »Trim-und-fill«-Prozedur liefern also keine konsistenten Hinweise darauf, dass die vorliegenden Befunde die Wirksamkeit der Reminiszenz überschätzen.

3.3.3 Einflüsse von Studienmerkmalen

Bisher haben wir über mittlere Effekte berichtet, die über alle Studien hinweg berechnet wurden. Allerdings wiesen die verschiedenen Studien natürlich beträchtliche Unterschiede auf, etwa in Bezug auf die Art der Reminiszenz, die Sitzungszahl und das Alter der Teilnehmer. Passend dazu fanden wir signifikante Unterschiede zwischen den Studien, was das Ausmaß der Verbesserung von Depressionssymptomen, anderen Indikatoren der psychischen Gesundheit, des positiven Befindens, von Selbstwirksamkeitserwartungen und der sozialen Integration betrifft (für Details s. Pinquart u. Forstmeier, im Druck). Im nächsten Schritt wurde deshalb untersucht, ob die Interventionseffekte in Abhängigkeit von Merkmalen der Studien variieren. Hiermit soll die Frage beantwortet werden, ob es Bedingungen gibt, unter denen Reminiszenz überdurchschnittliche bzw. unterdurchschnittliche Effekte erbringt.

- **Art der Reminiszenz**

Wie schon in ▶ Abschn. 3.1 beschrieben, kann man zwischen einfacher Reminiszenz, Lebensrückblick und Lebensrückblickstherapie unterscheiden. Beim Vergleich der drei Reminiszenzformen im Posttest tritt für die Veränderung depressiver Symptome ein signifikanter Unterschied auf ($Q = 23.56$, $p < .01$). Wie erwartet, gab es bei Teilnehmern der Lebensrückblickstherapie eine stärkere Verbesse-

rung der depressiven Symptome als bei den anderen beiden Interventionsformen (◘ Abb. 3.3). Bei den Teilnehmern der Life-Review-Therapie trat nach den Kriterien von Cohen (1992) eine starke Verbesserung depressiver Symptome von 1.28 Standardabweichungseinheiten auf. Im Binomial Effect Size Display bedeutet das, dass 77 % der Teilnehmer der Lebensrückblickstherapie über dem Median liegende Verbesserungen zeigen – im Gegensatz zu nur 23 % der Teilnehmer an der Kontrollgruppe.

Auch im Follow-up gab es signifikante Unterschiede zwischen den Wirkungen der verschiedenen Reminiszenzformen auf die Veränderung depressiver Symptome ($Q = 11.55$, $p < .01$). Wieder fielen die Verbesserungen der depressiven Symptome bei Teilnehmern an der Lebensrückblickstherapie mit 1.67 Standardabweichungseinheiten stärker aus als bei den anderen beiden Interventionsformen. Da allerdings nur drei Studien zur Lebensrückblickstherapie Depressionswerte im Follow-up erfasst hatten, sollte die sehr hohe Effektstärke mit Vorsicht interpretiert werden.

Bei Verbesserungen des Befindens im Posttest gab es ebenfalls signifikante Unterschiede zwischen den Reminiszenzbedingungen ($Q = 13.57$, $p < .01$). Wiederum wurden die stärksten Verbesserungen bei Teilnehmern an Lebensrückblickstherapien erzielt ($g = 1.02$ Standardabweichungseinheiten, $Z = 4.94$, $p < .001$), gefolgt von sonstigen Studien zum Lebensrückblick ($g = 0.38$; $Z = 4.52$, $p < .001$) und zur einfachen Reminiszenz ($g = 0.24$; $Z = 4.21$, $p < .001$).

Da in Bezug auf die anderen Zielvariablen noch weniger Befunde zur Lebensrückblickstherapie verfügbar waren, fassten wir im nächsten Schritt diese Studien mit den anderen Studien zum Lebensrückblick zusammen und verglichen deren Wirkung mit der einfachen Reminiszenz. Aber auch hier fanden wir keine signifikant höheren Verbesserungen bei Teilnehmern an Lebensrückblicksinterventionen als bei Teilnehmern an einfachen Reminiszenzinterventionen. So betrug z.B. der Zuwachs an Ich-Integrität unmittelbar nach einem Lebensrückblick $g = 0.68$ ($Z = 2.92$, $p < .01$) Standardabweichungseinheiten und bei einfacher Reminiszenz $g = 0.56$ ($Z = 1.65$, $p < .10$) Standardabweichungseinheiten. Beide Effekte unterschieden sich nicht signifikant voneinander.

3.3 · Die vorliegende Metaanalyse

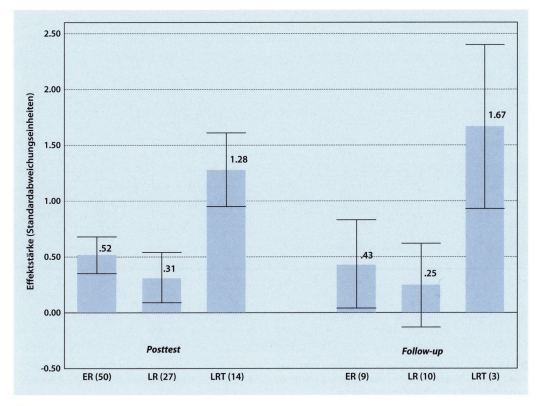

Abb. 3.3 Vergleich der Wirksamkeit von einfacher Reminiszenz (ER), Lebensrückblick (LR) und Lebensrückblickstherapie (LRT) auf depressive Symptome im Posttest und Follow-up. Die Zahlen in Klammern zeigen die Anzahl der vorliegenden Effektstärken für die jeweilige Interventionsform; die Fehlerbalken stellen das Konfidenzintervall dar, das 95 % aller Effektstärken umfasst

Zielgruppe

Wenn die Veränderungen depressiver Symptome bei der Lebensrückblickstherapie höher sind als bei den anderen beiden Interventionsformen, sich jedoch die Wirkungen von Lebensrückblick und einfacher Reminiszenz nicht unterscheiden, dann liegt es nahe, dass der genannte Unterschied in der Wirkung auf der Unterschiedlichkeit der Teilnehmer an den drei Interventionen beruht und nicht auf einem unterschiedlichen Vorgehen bei einfacher Reminiszenz im Vergleich zum Lebensrückblick. An der Lebensrückblickstherapie nehmen per Definition Personen mit Depressionen und anderen psychischen Störungen teil (Webster et al. 2010). Teilnehmer der anderen Interventionen sind dagegen häufig Freiwillige, die im Mittel wenig depressive Symptome zeigen und folglich auch wenig diesbezügliche Verbesserungen zeigen können.

Im folgenden Vergleich betrachteten wir allerdings nicht nur Interventionen mit Depressiven und Freiwilligen, die zumindest mehrheitlich keine psychischen Störungen aufweisen. Wir bezogen zwei weitere Vergleichsgruppen ein, und zwar Personen mit hirnorganischen Erkrankungen (Demenzen) und mit chronischen körperlichen Erkrankungen, wie etwa Krebs oder Aids. Depressive Symptome sind im frühen und mittleren Stadium einer Demenzerkrankung weit verbreitet (ca. 40 %; Evers et al. 2002). Ebenso sind Depressionen bei chronisch körperlich Kranken verbreiteter als bei Gesunden (9 bis 18 %; Moussawi et al. 2007). Geprüft wurde deshalb, ob auch Personen mit Demenzerkrankungen und chronischen körperlichen Erkrankungen stärkere Verbesserungen depressiver Symptome zeigen als (überwiegend) gesunde Personen.

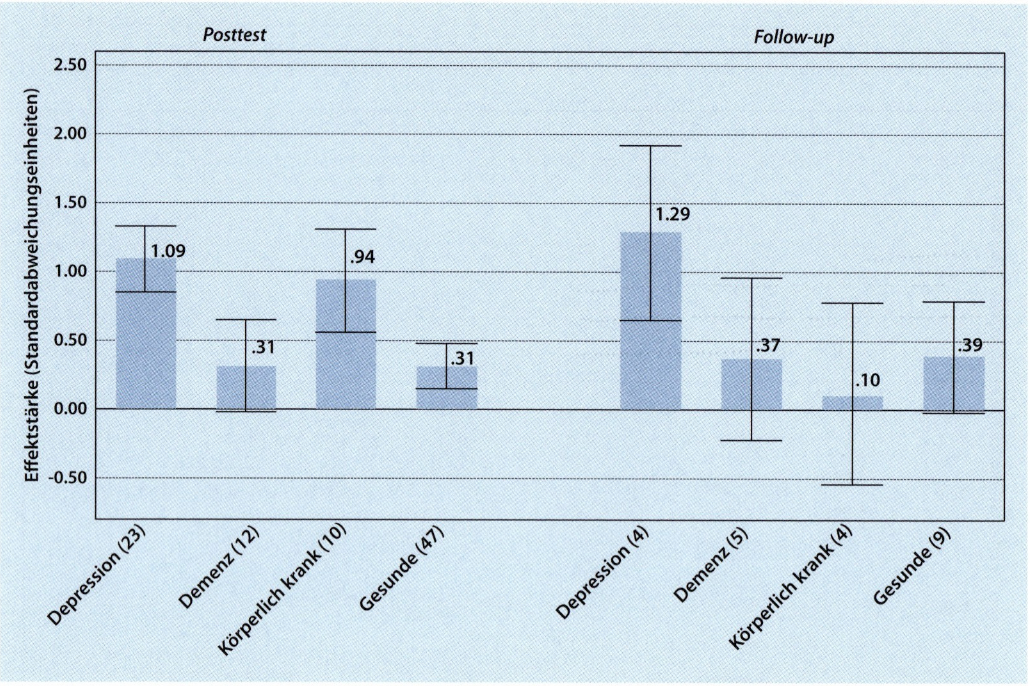

Abb. 3.4

Veränderung depressiver Symptome in Abhängigkeit vom Krankheitsstatus im Prätest. Die Zahlen in Klammern zeigen die Anzahl der vorliegenden Effektstärken für die jeweilige Variable; die Fehlerbalken stellen das Konfidenzintervall dar, das 95 % aller Effektstärken umfasst

Die Abb. 3.4 zeigt, dass die Veränderungen depressiver Symptome im Posttest systematisch in Abhängigkeit von medizinischen Erkrankungen vor Interventionsbeginn variierten ($Q = 32.64$, $p < .001$). Hierbei zeigten sowohl Studien mit Depressiven als auch Studien mit chronisch körperlich Erkrankten signifikant stärkere Verbesserungen ($g = 1.09$ bzw. 0.94) als Studien mit überwiegend gesunden Freiwilligen (die sich nur um $g = 0.31$ Standardabweichungseinheiten verbesserten). Zudem fielen die Verbesserungen in Studien mit Depressiven stärker aus als in Studien mit Demenzpatienten (welche eine Verbesserung von $g=0.31$ Standardabweichungen zeigten). Im Follow-up traten ebenso signifikante Unterschiede in Abhängigkeit von den Symptomen bzw. Erkrankungen im Prätest auf ($Q = 7.78$, $p < .05$). Auch hier fanden wir eine stärkere Verbesserung der depressiven Symptome in Studien mit Depressiven als in den anderen Studien (Abb. 3.4). Ein längerfristiger Effekt auf das Depressionsniveau körperlich Kranker war dagegen nicht mehr nachweisbar.

Eine gewichtete multiple Regressionsanalyse, in die wir neben der Durchführung einer Lebensrückblickstherapie (1 = ja, 0 = nein) das Vorliegen von Depressionen (1 = ja, 0 = nein) und chronischen körperlichen Erkrankungen im Prätest (1 = ja, 0 = nein) als Prädiktoren einbezogen, zeigte nur einen signifikanten Effekt von Depression ($\beta =.47$, $Z = 4.06$, $p < .01$) und chronischer Erkrankung im Prätest ($\beta =.28$, $Z = 2.98$, $p < .01$), nicht jedoch von der Lebensrückblickstherapie ($\beta =.03$, $Z =.23$, n.s.) auf die Veränderung depressiver Symptome im Posttest.

Keine signifikanten Gruppenunterschiede traten bei der Veränderung des positiven Befindens im Posttest auf, wobei aber auch hier Depressive und körperlich Kranke im Posttest etwas stärkere Verbesserungen zeigten. Jedoch unterschieden sich die Wirkungen der Reminiszenz auf die Selbstwirksamkeitserwartungen im Posttest zwischen den Gruppen ($Q = 8.07$, $p < .01$): Hierbei beobachteten wir signifikant stärkere Effekte in der Gruppe der chronisch Kranken ($g =.51$, 95 % Konfidenzintervall .27–.76, $Z = 4.11$, $p < .001$) als in der Gruppe der Gesunden, in der signifikante Verbesserungen ausblieben ($g = .09$, 95 % Konfidenzintervall $-.08–.25$, $Z = 1.04$, n.s.). Auch bei Depressiven wurden signifikante Verbesserungen erzielt ($g = .26$, 95 % Konfidenzintervall $.06–.45$, $Z = 2.62$, $p < .01$), die sich allerdings nicht von den übrigen Gruppen unterschieden. Von Demenzpatienten lagen keine Studien zur Veränderung der Selbstwirksamkeitserwartungen vor.

Da sich die bisher vorliegende Metaanalyse zur Verbesserung der kognitiven Leistungen bei Teilnehmern an Reminiszenzinterventionen auf Demenzerkrankte beschränkte, untersuchten wir auch, ob es einen ebensolchen Effekt auf kognitiv intakte Teilnehmer gibt. Wir fanden wie bei Wood et al. (2005) schwache, jedoch signifikante kognitive Verbesserungen bei Demenzpatienten ($g = .33$, $Z = 4.00$, $p < .001$). Die kognitiven Veränderungen bei Personen ohne Demenzdiagnose waren dagegen nicht statistisch signifikant ($g = .12$, $Z = 1.37$). Da sich allerdings die beiden Effektstärken nicht signifikant unterschieden, kann aus den vorliegenden Daten nicht geschlossen werden, dass Demenzpatienten stärker als andere Teilnehmer ihre kognitive Leistungsfähigkeit steigern können. Hier ist mehr Forschung notwendig, da es nur sechs Effektstärken für kognitiv intakte Teilnehmer gab. Beim Lebenssinn und der sozialen Integration gab es keine signifikanten Gruppenunterschiede, und in Bezug auf Ich-Integrität und Vorbereitung auf das Lebensende konnte wegen der geringen Zahl vorliegender Studien nicht auf Gruppenunterschiede getestet werden.

> **Kasten 7: Einfluss der Zielgruppe – Zusammenfassung**
>
> Zwar zeigen Teilnehmer der Lebensrückblickstherapie stärkere Verbesserungen der depressiven Symptome als Teilnehmer an Programmen mit einfacher Reminiszenz und nichttherapeutischem Lebensrückblick, aber dies beruht primär auf ihrer erhöhten Depressivität im Prätest. Neben Depressiven profitieren kürzerfristig auch Menschen mit schweren körperlichen Erkrankungen in Bezug auf depressive Symptome und Selbstwirksamkeitserwartungen stärker von Reminiszenz als Gesunde. Längerfristig ist der Vorteil für chronisch körperlich Kranke jedoch nicht mehr nachweisbar, was vielleicht auf einem Voranschreiten der Krankheit beruht. Dagegen gibt es keine überdurchschnittliche Verbesserung der Depressionssymptome bei Demenzpatienten, obwohl auch dort Depressionen recht verbreitet sind. Diese scheinen aber durch Reminiszenz schlechter beeinflussbar zu sein, z.B., weil die Depression vor allem eine Reaktion auf die aktuelle hirnorganische Erkrankung und auf erwartete künftige Verschlechterungen und weniger eine Reaktion auf ungelöste vergangene biografische Konflikte ist, die mithilfe des Lebensrückblicks gelöst werden könnten. Zudem mögen kognitive Einschränkungen zu negativen Gefühlen bei erlebten Gedächtnisproblemen führen und die Auseinandersetzung mit der Vergangenheit beeinträchtigen. Trotzdem zeigen Demenzpatienten statistisch nachweisbare kleine Verbesserungen ihrer depressiven Symptome und der kognitiven Leistungsfähigkeit nach der Teilnahme an Reminiszenzprogrammen.

- **Sitzungszahl**

Im Mittel verliefen die Interventionen über sieben bis acht Sitzungen. Wir überprüften, ob sich die Wirkungen der Reminiszenz bei Interventionen mit mehr als sieben Sitzungen von den Wirkungen kürzerer Interventionen unterscheiden. Hierbei fanden wir Hinweise auf größere Wirkungen bei kürzeren Interventionen in Bezug auf Ich-Integrität ($Q = 9.94$, $p < .01$; $g = 1.13$ vs. $g = .27$), Selbstwirksamkeitserwartungen ($Q = 17.48$, $p < .001$; $g = .59$ vs. $g = .13$) und kognitive Leistungen ($Q = 5.39$, $p < .05$; $g = .49$ vs. $g = .12$). Da sich allerdings bei kognitiven Leistungen die Konfidenzintervalle der verglichenen Gruppen überlappten, ist dieser Unterschied nicht eindeutig interpretierbar und sollte anhand eines größeren Datensatzes abgesichert werden.

- **Format**

Haight u. Haight (2007) hatten vermutet, dass die Individualbedingung besser zur Förderung der Ich-

Integrität und der psychischen Gesundheit geeignet sei, weil Personen in der Gruppenbedingung weniger bereit seien, über ungelöste biografische Konflikte zu sprechen. Dagegen könnte man vermuten, dass die Gruppenbedingung besonders gut zur Förderung sozialer Beziehungen und zur Überwindung von Einsamkeit geeignet ist, da man mit anderen Gruppenmitgliedern in Kontakt kommt.

Die meisten vorliegenden Studien führten Reminiszenzinterventionen in kleinen Gruppen durch ($N = 99$); 42 Studien boten Reminiszenz als Individualbedingung an. Entgegen den theoretischen Überlegungen unterschieden sich die Reminiszenzwirkungen jedoch nicht signifikant zwischen beiden Bedingungen. Hier ist allerdings zu berücksichtigen, dass nur eine Studie zur Wirkung von Reminiszenz in der Individualbedingung auf Veränderungen der Ich-Integrität vorlag, was ein Auffinden von statistisch signifikanten Unterschieden stark erschwerte. Zudem boten viele Studien als Kontrollbedingung den Kontakt mit anderen Personen an, etwa in Form einer Diskussion über aktuelle Ereignisse oder als Spielnachmittag. In diesen Fällen wäre ein vergleichsweise stärkerer Effekt der Reminiszenz auf die Verbesserung der sozialen Integration und die Abnahme des Einsamkeitserlebens nicht zu erwarten.

- **Alter der Teilnehmer**

Ausgehend von den Arbeiten von Erikson (1959) und Butler (1963) wird Reminiszenz als etwas besonders für ältere Menschen Nützliches angesehen, da diese mit dem näher rückenden Lebensende vor der Aufgabe stehen, ihr Leben zu bewerten und eine akzeptierende Haltung zu diesem zu finden (Ich-Integrität). Folglich haben die meisten bisher vorliegenden Studien Wirkungen der Reminiszenz auf ältere Menschen untersucht. Allerdings liegen inzwischen auch acht kontrollierte Evaluationsstudien mit Personen im jungen und mittleren Erwachsenenalter vor.

Die vorliegende Metaanalyse verglich Studien mit einem mittleren Alter der Teilnehmer von < 60 Jahre, 60–79,9 Jahre und 80 Jahre und älter. Hierbei fanden wir nur bei dem Summenmaß der psychischen Gesundheit signifikante Altersunterschiede ($Q = 9.68, p < .01$). Hier wurden etwas stärkere Verbesserungen bei den jüngeren Teilnehmern ($g = .50$, $Z = 2.76, p < .01$) im Vergleich zu den über 80-Jährigen gefunden ($g = -.11, Z = -.68$, n.s.).

> **Kasten 8: Einfluss des Alters – Zusammenfassung**
> Bei allen Variablen außer dem Summenmaß psychischer Gesundheit war kein Alterseffekt auffindbar. Es lässt sich schlussfolgern, dass Reminiszenz sowohl im jungen als auch im mittleren und hohen Lebensalter mit positiven Effekten verbunden ist. Beim Summenmaß psychischer Gesundheit fanden sich die größten Effekte im jüngeren Lebensalter. Allerdings überlappten sich hier die Konfidenzintervalle, und es waren für diese Analyse nur zwei Studien mit Personen unter 60 Jahren verfügbar. Hier ist also noch mehr Forschung notwendig, bevor definitive Schlussfolgerungen über die Wirkung der Reminiszenz bei jüngeren Erwachsenen gezogen werden können. Zudem kann vermutet werden, dass der positive Effekt im jüngeren und mittleren Lebensalter damit zusammenhängt, dass sich ein Teil dieser Studien auf chronisch Kranke bezieht, etwa Krebs- oder Aidskranke (z.B. Erlen et al. 2001), die ebenso wie ältere Menschen mit der Endlichkeit ihres Daseins konfrontiert sind und deshalb vermutlich ähnlich stark von Reminiszenzinterventionen profitieren.

- **Geschlecht**

Etwa zwei Drittel der Teilnehmer an den von uns untersuchten Reminiszenzinterventionen waren Frauen. Bohlmeijer et al. (2003) fanden in ihrer Metaanalyse, dass Männer und Frauen in Bezug auf positives Befinden gleichermaßen von Reminiszenz profitieren. In der vorliegenden Metaanalyse verglichen wir die Wirksamkeit der Reminiszenz in Studien, in denen die Anzahl der Frauen über bzw. unter dem Median aller Studien lag. Auch hier gab es keine signifikanten Unterschiede zwischen Studien mit einem kleineren bzw. größeren Frauenanteil. Frauen und Männer profitieren also im Mittel gleichermaßen von Reminiszenz.

- **Wohnform**

Die Interventionen fanden in 53 % der Studien in Altenheimen oder anderen Pflegeeinrichtungen statt. Weitere 39 % der Studien wurden mit Bewohnern von Privathaushalten durchgeführt, und die restlichen 6 % der Interventionen hatten in Bezug auf die Wohnform eine gemischte Teilnehmerschaft. In der vorliegenden Metaanalyse unterschieden sich die Effekte auf Depressivität und positives Befinden nicht in Abhängigkeit von der Wohnform, sodass Reminiszenz als Intervention gleichermaßen in Pflegeeinrichtungen wie bei selbstständig lebenden Personen zu empfehlen ist.

- **Weitere Studienmerkmale**

Untersucht wurde auch die Wirkung einer Reihe weiterer Studienmerkmale, welche mehr für den wissenschaftlich Interessierten als für den Praktiker für Interesse sind. Hierzu gehören die Art der Kontrollgruppe und die Qualität der Studie (festgemacht u.a. an vorhandener vs. nicht vorhandener Randomisierung, der Drop-out-Rate und dem Vergleich publizierter und unpublizierter Arbeiten). Zusammenfassend kann gesagt werden, dass die Art der Kontrollbedingung und die Studienqualität für fast alle Zielvariablen keine Rolle spielte (Details s. Pinquart u. Forstmeier, im Druck). Die ermittelte Wirksamkeit von Reminiszenz wird also keinesfalls dadurch überschätzt, dass es eine größere Zahl von Studien mit eingeschränkter Qualität gibt.

3.4 Zusammenfassende Diskussion

Die vorliegende Metaanalyse zeigt, dass durch Reminiszenz zahlreiche Aspekte des Erlebens und Verhaltens positiv beeinflusst werden, auch wenn die Effekte im Mittel nur gering bis mäßig stark ausgeprägt sind. Die moderaten Verbesserungen der Ich-Integrität unterstützen die Annahme von Butler (1963), dass Reminiszenz eine nützliche Intervention ist, um die Akzeptanz des bisher gelebten Lebens zu erhöhen.

Dass ein nichttherapeutischer Lebensrückblick im Mittel nicht wirksamer als einfache Reminiszenz ist, mag auf den ersten Blick überraschen, aber dessen Teilnehmer wiesen meist schon vor der Intervention ein relativ gutes Befinden auf. Eine stärker akzeptierende Haltung zum bisherigen Leben zu finden und mögliche biografische Konflikte zu lösen sollte auch nur jenen Menschen helfen, die bisher eine eher negative Haltung zu ihrem Leben sowie ungelöste biografische Konflikte hatten.

Wie sind Veränderungen der depressiven Symptome und des positiven Befindens der Teilnehmer an Reminiszenzprogrammen im Vergleich zu anderen Interventionen zu bewerten? Die von uns gefundenen Verbesserungen des Befindens sind ähnlich stark wie bei unterstützenden Interventionen oder dem Einsatz von Entspannungsverfahren (Pinquart u. Sörensen 2000). Die Verbesserungen der depressiven Symptome lagen bei depressiven Patienten geringfügig über dem Bereich, der bei Psychotherapie der Depression im höheren Alter beobachtet wurde ($g = .84 – .93$; Pinquart et al. 2007; $d = .92$; Peng et al. 2009). Ebenso lagen die Verbesserungen der depressiven Symptome bei Nichtdepressiven geringfügig über dem Durchschnitt aller Präventionsmaßnahmen ($d = .17$; Forsman et al. 2011). Bei solchen Vergleichen ist jedoch Vorsicht angebracht, da sich verschiedene Gruppen von Interventionsstudien in bedeutsamen Drittvariablen unterscheiden können, wie etwa im anfänglichen Ausmaß psychischer Belastungen. Aussagekräftiger sind Studien, welche die Teilnehmer – möglichst per Zufall – der Reminiszenz oder einer anderen Interventionsbedingung (wie etwa im Fall der Depression einer kognitiv-behavioralen Psychotherapie) zuordnen und die Wirksamkeit beider Interventionen vergleichen. Hier gibt es leider bisher nur sehr wenige komparative Interventionsstudien. Wenn man deren Ergebnisse betrachtet (Arean et al. 1993; Bachar et al. 1991, Cooper 1983; Ingersoll u. Silverman 1978; Klausner et al. 1998; Scates et al. 1985), so gibt es im Mittel keine signifikanten Unterschiede in der Wirkung der Reminiszenz und der Vergleichsintervention (wie Verhaltenstherapie und nondirektive Gruppentherapie) auf Depressivität ($g = .43$, $Z = .98$, n.s.), andere Indikatoren der psychischen Gesundheit ($g = .01$, $Z = .05$, n.s.) und positives Befinden ($g = .12$, $Z = .38$, n.s.). Aber hier ist dringend noch mehr komparative Forschung notwendig, bevor definitive Schlussfolgerungen möglich sind.

Mehr Forschung ist auch zur Lebensrückblickstherapie bei Personen mit posttraumatischer Belastungsstörung nötig, wozu bisher nur Fallstudien mit erfolgreichem Verlauf vorliegen (Maercker u. Zöllner 2002). Mehr Forschung ist auch notwendig zu jenen Zielvariablen, die bisher nur selten untersucht wurden, wie Ich-Integrität und Lebenssinn. Ebenso ist mehr Forschung zur Wirkung von Reminiszenz bei gesunden Personen im jungen und mittleren Erwachsenenalter nötig. Da bisher keine kontrollierten Studien aus dem deutschen Sprachraum verfügbar sind, besteht auch hier ein großer Nachholbedarf. Ebenso ist mehr Forschung zu der Frage notwendig, welche Personen besonders stark von Reminiszenzinterventionen profitieren können. So sollte explizit überprüft werden, ob Personen mit ungelösten biografischen Konflikten stärker als andere Teilnehmer vom Lebensrückblick profitieren können. Ebenso ist die Frage von Interesse, wie das Vorgehen beim Lebensrückblick optimiert werden kann. Wie weit sollten z.B. beim Lebensrückblick positive Umbewertungen biografischer Ereignisse gezielt angestrebt werden, und mit welchen Techniken kann man das am besten erreichen? Da die Lebensrückblickstherapie oft Strategien aus anderen Therapierichtungen benutzt (Webster et al. 2010), ist auch zu klären, wie weit deren Effekte auf diesen Strategien oder auf dem Lebensrückblick selbst beruhen.

Trotz des Bedarfs nach mehr Wirksamkeitsforschung zeigen die bisherigen Studien überzeugend, dass es sich lohnt, Reminiszenz sowohl als Intervention bei depressiven älteren Menschen und bei körperlich schwer Erkrankten als auch im präventiven Bereich anzubieten – für Personen, die an Erinnerungen an ihre Vergangenheit und an einer Aufarbeitung ihrer Biografie Interesse haben. Ebenso bilden Reminiszenzinterventionen in den frühen Phasen einer Demenzerkrankung eine Möglichkeit zur kognitiven Anregung und zur Verbesserung des Befindens. Dabei sollte man in der Arbeit mit Demenzpatienten und im präventiven Bereich angesichts der im Mittel meist kleinen Effekte der Reminiszenz aber realistische Erwartungen haben.

Literatur

Arean, P. A., Perri, M. G., Nezu, A. M., Schein, R. L., Christopher, F., & Joseph, T X (1993). Comparative effectiveness of social problem-solving therapy and reminiscence therapy as treatment for depression in older adults. *Journal of Consulting and Clinical Psychology, 61*, 1003–1010.

Bachar, E., Kindler, S., Schefler, G., & Lerer, B. (1991). Reminiscing as a technique in the group psychotherapy of depression: A comparative study. *British Journal of Clinical Psychology, 30*, 375–377.

Bohlmeijer, E., Smit, F., & Cuijpers, P. (2003). Effects of reminiscence and life review on late-life depression: A meta-analysis. *International Journal of Geriatric Psychiatry, 18*, 1088–1094.

Bohlmeijer, E., Roemer, M., Cuijpers, P., & Smit, F. (2007). The effects of reminiscence on psychological well-being in older adults: A meta-analysis. *Aging & Mental Health, 11*, 291–300.

Boylin, W., Gordon, S. K., & Nehrke, M. F. (1976). Reminiscing and ego integrity in institutionalized elderly males. *Gerontologist, 16*, 118–124.

Bradburn, N. M. (1969). *The structure of psychological well-being*. Adline: Chicago, IL.

Butler, R. N. (1963). The life review: An interpretation of reminiscence in the aged. *Psychiatry, 26*, 65–76.

Chambless, D. L., & Ollendick, T. H. (2001). Empirically supported psychological interventions. *Annual Review of Psychology, 52*, 568–716.

Chin, A. M. (2007). Clinical effects of reminiscence therapy in older adults: A meta-analysis of controlled trials. *Hong Kong Journal of Occupational Therapy, 17*, 10–22.

Cohen, J. (1992). A power primer. *Psychological Bulletin, 112*, 155–159.

Cooper, F. W. (1983). The effects of two group approaches on self-esteem among the elderly. *Journal of Reality Therapy, 3*, 32–33.

Crumbaugh, J. C. (1968). Cross-validation of purpose-in-life based on Frankel's concepts. *Journal of Individual Psychology, 24*, 74–81.

Duval, S. J. & Tweedie, R. L. (2000). Trim and fill: A simple funnel plot-based method of testing and adjusting for publication bias in meta-analysis. *Biometrics 56*, 455–463.

Erikson, E. H. (1959). *Identity and the life cycle*. International University Press, New York.

Erlen, J. A., Mellors, M. P., Sereika, S. M., & Cook, C. (2001). The use of life review to enhance quality of life of people living with AIDS: A feasibility study. *Quality of Life Research, 10*, 453–464.

Evers, M., Samuels, M. L., Khan, K., Brickman, A. M., & Marin, D. B. (2002). The prevalence, diagnosis and treatment of depression in dementia patients in chronic care facilities in the last six months of life. *International Journal of Geriatric Psychiatry, 17*, 464–472.

Folstein, M. F., Folstein, S. E., & McHugh, P. R. (1975). Mini-Mental State: a practical method for grading the state of patients for the clinician. *Journal of Psychiatric Research, 12*, 189–198.

Forsman, A. K., Schierenbeck, I., & Wahlbeck, K. (2011). Psychosocial interventions for the prevention of depression in older adults: Systematic review and meta-analysis. *Journal of Aging and Health, 23,* 387–416.

Haight, B. K., & Haight, B. S. (2007). The handbook of structured life review. Baltimore, MD: Health Professions Press.

Ingersoll, B., & Silverman, A. (1978). Comparative group psychotherapy for the aged. *Gerontologist, 18,* 201–206.

Klausner, E. J., Clarkin, J. F., Spielman, L., Pupo, C., & Abrams, R. (1998). Late-life depression and functional disability: The role of goal-focused group psychotherapy. *International Journal of Geriatric Psychiatry, 13,* 707–716.

Lipsey, M. W., & Wilson, D. B. (2001). *Practical meta-analysis.* Thousand Oaks, CA: Sage.

Maercker, A. & Zöllner, T. (2002). Life-Review-Therapie als spezifische Form der Behandlung Posttraumatischer Belastungsstörungen im Alter. *Verhaltenstherapie und Verhaltensmedizin, 23,* 213–226.

Moussawi, S., Chatterji, S., Verdes, E., Tandon, A., Patel, V., & Ustun, B. (2007). Depression, chronic diseases, and decrements in health: Results from the World Health Surveys. *Lancet, 370,* 808–809.

Neugarten, B. L., Havighurst, R., & Tobin, S. (1961). The measurement of life satisfaction. *Journal of Gerontology, 16,* 134–143.

Payne, K. T., & Marcus, D. K. (2008). The efficacy of group psychotherapy for older adult clients: A meta-analysis. *Group Dynamics, 12,* 268–278.

Pearlin, L. I., & Schooler, C. (1978). The structure of coping. *Journal of Health and Social Behavior, 19,* 2–21.

Peng, X. D., Huang, C. Q., Chen, L. J., & Lu, Z. C. (2009). Cognitive behavioural therapy and reminiscence techniques for the treatment of depression in the elderly: A systematic review. *Journal of Internatinal Medical Research, 37,* 975–982.

Pinquart, M. (im Druck). Bedeutung systematischer Reviews und Meta- Analysen. In C. Tesch-Römer, H.W. Wahl & J. Ziegelmann (Hrsg.), Angewandte Gerontologie in Schlüsselbegriffen (2., kompl. überarb. Aufl.). Stuttgart: Kohlhammer.

Pinquart, M., Duberstein, P. & Lynness, J. (2007). Effects of psychotherapy and other behavioral interventions on clinically depressed older adults: A meta-analysis. *Aging & Mental Health, 11,* 645–657.

Pinquart, M., & Forstmeier, S. (im Druck). Effects of reminiscence interventions on psychosocial outcomes: A meta-analysis. *Aging & Mental Health.*

Pinquart, M., & Sörensen, S. (2001). How effective are psychotherapeutic and other psychosocial interventions with older adults? – A meta-analysis. *Journal of Mental Health and Aging, 7,* 207–243.

Rosenberg, M. (1965). *Society and the adolescent self-image.* Princeton, NJ: Princeton University Press.

Rosenthal, R. (1991). Effect sizes: Pearson's correlation, its display via the BESD, and alternative indices. *American Psychologist, 46,* 1086–1087.

Scates, S. K. H., Randolph, D. L., Gutsch, K. U., & Knight, H. V. (1985). Effects of cognitive-behavioral, reminiscence, and activity treatments on life satisfaction and anxiety in the elderly. *International Journal of Aging and Human Development, 22,* 141–146.

Sheikh, J. I. & Yesavage, J. A. (1986). Geriatric Depression Scale (GDS): Recent evidence and development of a shorter version. *Clinical Gerontologist, 5,* 165–173.

Spielberger, C. D., Gorsuch, R. L., & Lushene, R. E. (1970). *Manual for the State-Trait Anxiety Inventory.* Palo Alto, CA: Consulting Psychologists Press.

Templer, D. I. (1970). The construction and validity of a death anxiety scale. *Journal of General Psychology, 82,* 165–177.

Webster, J. D., Bohlmeijer, E. T., & Westerhof, G. J. (2010). Mapping the future of reminiscence: A conceptual guide for research and practice. *Research on Aging, 32,* 527–564.

Westerhof, G. J., Bohlmeijer, E. T., & Webster, J. D. (2010). Reminiscence and mental health: A review of recent progress in theory, research and interventions. *Aging and Society, 30,* 697–721.

Woods, B., Spector, A., Jones, C., Orrell, M., & Davies, S. (2005). Reminiscence therapy for dementia. *Cochrane Database of Systematic Reviews, 18(2).*

Einsatzbereiche

Kapitel 4   **Lebensrückblick zur Wohlbefindenssteigerung – 67**
Bruce Rybarczyk, Andrea Shamaskin und Albert Bellg

Kapitel 5   **Lebensrückblick bei Anpassungsproblemen und Lebenskrisen – 85**
Simon Forstmeier

Kapitel 6   **Lebensrückblicksinterventionen bei Depression – 107**
Christine Szkudlarek-Althaus und Katja Werheid

Kapitel 7   **Lebensrückblickstherapie bei Traumafolgestörungen – 121**
Christine Knaevelsrud, Philipp Kuwert und Maria Böttche

Kapitel 8   **Strukturierter Lebensrückblick für Menschen mit Demenz – 138**
Barbara K. Haight und Barrett S. Haight

Lebensrückblick zur Wohlbefindenssteigerung

Tools zur Stressreduktion und Selbstwirksamkeitssteigerung

Bruce Rybarczyk, Andrea Shamaskin und Albert Bellg (Übersetzung: Tobias Krieger)

4.1 Arten von Reminiszenzen – 68

4.2 Reminiszenz und narrative Therapien – 70

4.3 Lebensrückblicksinterview: Neun Prozessziele – 70

4.4 Die drei Teile des Lebensrückblicksinterviews – 73
4.4.1 Die Anfangsphase – 73
4.4.2 Die mittlere Phase – 74
4.4.3 Die Endphase – 75

4.5 Das Lebensherausforderungsinterview – 76
4.5.1 Die Aufmerksamkeit auf Herausforderungen lenken – 76
4.5.2 Stärken und Ressourcen hervorheben – 77
4.5.3 Überdauernde Schlüsselstärken und -ressourcen zusammenfassen – 78

4.6 Wirksamkeit des Lebensrückblicksinterviews in Bezug auf die Wohlbefindenssteigerung – 78

4.7 Zusammenfassung – 80

4.8 Anhang A: Fragen für das Lebensrückblicksinterview – 81

4.9 Anhang B: Fragen für das Lebensherausforderungsinterview – 82

Literatur – 84

Das Ziel dieses Kapitels ist es, eine umfassende Beschreibung des Lebensrückblicksinterviews zur Wohlbefindenssteigerung zu geben. Im ersten Teil dieses Kapitels sollen verschiedene Arten von natürlich auftretenden Lebensrückblickserinnerungen dargestellt werden. Besonderes Augenmerk soll hierbei auf die Art von Geschichten gelegt werden, die sich im Allgemeinen positiv auf das Befinden auswirken. Besonders fokussieren wollen wir auf jene Geschichten, welche die Bewältigungsressourcen ansprechen. Der nächste Abschnitt beschäftigt sich mit den neun Prozesszielen des Lebensrückblicksinterviews. Danach wird näher auf eine Methode eingegangen, die es ermöglicht, den Fokus des Interviews auf bereits bewältigte Herausforderungen zu lenken, um die Selbstwirksamkeitserwartungen zu stärken. Zu guter Letzt widmen wir uns Forschungsergebnissen, welche die Wirksamkeit des Lebensrückblicksinterviews (Life Review Interview) und einer spezifischen Form davon, des sog. Lebensherausforderungsinterviews (Life Challenges Interview), belegen.

4.1 Arten von Reminiszenzen

Der Begriff des Lebensrückblicksinterviews wurde zum ersten Mal 1996 verwendet, um eine klinische Intervention zu beschreiben, deren Ziel es war, durch den Einsatz von Reminiszenzen die Stimmung zu verbessern und die Bewältigung des Alltags zu erleichtern (Rybarczyk u. Bellg 1997). Diese Intervention macht sich die natürliche Neigung des Menschen zunutze, seine Geschichten über die bedeutungsvollsten Erfahrungen seines Lebens mit anderen zu teilen. Indem es den Erzählfluss auf positive Emotionen und Bewältigungserfahrungen lenkt, hilft das Lebensrückblicksinterview Menschen dabei, besser mit stressreichen Anforderungen umzugehen. Rybarczyk u. Auerbach (1990) zeigten diese Stresspuffereffekte an einer Gruppe von ehemaligen Soldaten, denen ein chirurgischer Eingriff bevorstand. Die Resultate liefern zusammen mit den Ergebnissen von Folgeuntersuchungen empirische Evidenz dafür, dass Lebensrückblicksinterventionen nicht nur Ängste reduzieren, sondern auch dabei helfen, Selbstwirksamkeitserwartungen zu steigern.

Das Geschichtenerzählen ist ein kraftvoller Prozess, welcher sowohl Bewältigungsressourcen bewusst macht als auch einen funktionalen Umgang mit Stress fördert. Die Geschichten, aus denen ein Leben besteht, repräsentieren die Lebensgeschichte eines Patienten und beinhalten Erfolge, Niederlagen und Anpassungsvorgänge. Der Prozess des Sicherinnerns, im Folgenden *Reminiszenz* genannt, wurde traditionell als ein Prozess angesehen, der überwiegend bei älteren Menschen auftritt. Wir betrachten ihn jedoch als einen Vorgang, der in jedem Lebensalter vonstattengehen kann.

Im Verlauf eines Lebensrückblicksinterviews können verschiedene Arten von Reminiszenzen auftreten. Es ist wichtig, sie hier zu unterscheiden, um bestimmen zu können, welche Reminiszenzen während eines Lebensrückblicksinterviews die hilfreichsten sind. Die im Folgenden dargestellten Arten von Reminiszenzen kommen insbesondere beim Geschichtenerzählen vor. Beim autobiografischen Schreiben und beim Selbstgespräch treten andere Formen auf, auf welche jedoch an dieser Stelle nicht näher eingegangen werden soll. Die fünf Kategorien der Reminiszenz sind: einfach, bewältigend, integrativ, transmissiv und negativ (vgl. auch ▶ Kap. 1).

- **Einfache Reminiszenz**

Die einfache Reminiszenz ist die häufigste und offensichtlichste Form der Reminiszenz. Ihr Ziel ist die Induktion von positiven Emotionen sowohl beim Erzähler als auch beim Zuhörer. Es gibt zwei Unterarten einer einfachen Reminiszenz: Eine *einfache generationale Reminiszenz* ist eine Erinnerung an ein historisches Ereignis und wird häufig eingesetzt, um das gemeinsame Erlebnis eines positiven Gefühls beim Erzähler und beim Zuhörer hervorzubringen. Die Diskussion über ein herausragendes Sportereignis ist beispielsweise ein Weg, um emotionale Verbundenheit zwischen zwei Personen herzustellen. Die einfache generationale Reminiszenz ist nicht nur auf Angehörige derselben Generation beschränkt. Sie dient auch dazu, jüngeren Personen von einer Zeit zu erzählen und sie somit auf eine Art Zeitreise zu entführen. Eine *einfache persönliche Reminiszenz* löst ebenfalls positive Gefühle aus, aber sie erlaubt es den Erzählenden zudem, einzigartige Elemente ihrer Lebensgeschichte mit anderen zu teilen. So ermöglichen Geschichten über frühere Reisen und andere Abenteuer es z.B. einem Patienten, sich in einem farbigen Licht darzustellen und damit nicht lediglich als Patient wahrgenommen zu werden. Solche positiven Erinnerungen mit anderen zu teilen ist ein wirkungsvolles Mittel zur Reduktion von Stress und Ängstlichkeit.

- **Bewältigende Reminiszenz**

Die bewältigende Reminiszenz ist eine andere Form, die bei der Bewältigung im Allgemeinen und beim Lebensrückblicksinterview im Speziellen eine Rolle spielt. Diese Art der Reminiszenz hilft einerseits, unser Kompetenzgefühl hervorzuheben und zu stärken, und andererseits, mit gegenwärtigen oder bevorstehenden Herausforderungen fertig zu werden. Wenn Menschen darüber berichten, wie sie Hindernisse überwunden und Ziele erreicht haben, werden sie an ihre Fähigkeiten und Stärken erinnert. Berichtet beispielsweise eine Person, wie sie viele Jahre lang darauf hingearbeitet hat, eine bestimmte berufliche Position zu erreichen, spricht das für ihre Entschlossenheit und Ausdauer. Diese Art der Reminiszenz wird in der Selbstwirksamkeitsliteratur behandelt, welche davon ausgeht, dass die Fähigkeit einer Person, mit einer Herausforderung umzugehen, davon abhängt, wie sehr sie an ihre individuellen Bewältigungsfähigkeiten glaubt. Indem Bewältigungsreminiszenzen vergangene persönliche Erfahrungen herausstreichen, bei denen jemand eine Herausforderung auf adaptive Weise bewältigt hat, helfen sie, die Selbstwirksamkeit dieser Person zu stärken.

- **Integrative Reminiszenz**

Diese Form der Reminiszenz wird gebraucht, um eine Brücke zwischen Vergangenem und Gegenwärtigem zu schlagen und Menschen auf diese Weise zu helfen, durch Kontinuität und Konsistenz Sinnhaftigkeit zu erfahren. Wenn Menschen von ihrer Vergangenheit erzählen, erlauben integrative Reminiszenzen ihnen, ihre Geschichten im Kontext ihrer heutigen Identität mit anderen zu teilen oder darzustellen, wie vergangene Ereignisse ihre Identität mitgeformt haben. Diese Art der Reminiszenz formt folglich eine Art Lebensgeschichte, und diese »Rekonstruktion des Selbst« ist wichtig

für die Lebenszufriedenheit. Bewältigung entsteht hier durch die Verbindung der Gegenwart mit der Vergangenheit. Eine solche Kontinuität des Selbst ist in Lebenskrisen – insbesondere in Übergangsphasen, bei Trauer und Krankheit – von besonderer Bedeutung.

- **Transmissive Reminiszenz**

Die transmissive Reminiszenz dient der Weitergabe von moralischen Werten und Erfahrungen an jüngere Generationen. Diese Art der Reminiszenz sollte im Lebensrückblicksinterview möglichst minimiert werden. Möglicherweise profitiert der Geschichtenerzähler davon, dass er bei solchen Reminiszenzen in einer Position ist, in der er Informationen und Einsichten weitergeben kann. Dies kann besonders wertvoll sein, wenn es sich um eine Person handelt, die ansonsten kaum in einer vermittelnden Rolle ist. In einem Lebensrückblicksinterview jedoch sollte die transmissive Reminiszenz nicht besonders betont werden, da die Gefahr besteht, dass der Erzähler/Patient zu sehr auf die Instruktion und weniger auf einen interaktiven Dialog mit dem Gesprächspartner fokussiert.

- **Negative Reminiszenz**

Die letzte Kategorie ist die negative Reminiszenz. Sie sollte im Lebensrückblicksinterview vermieden werden. Meistens hat sie einen negativen Effekt auf den Zuhörer, und typischerweise ist sie durch Angst motiviert. Ein häufiger Subtyp ist die *obsessive Reminiszenz*, bei der eine Person dieselbe Geschichte immer und immer wieder erzählt und dabei ausschließlich auf einige wenige negative Ereignisse in der Vergangenheit fokussiert. Die Person ist nicht imstande, die vergangene Situation zu lösen, wiederholt jene Ereignisse jedoch immer wieder. Ein anderer Subtyp ist die *eskapistische Reminiszenz*. Hierbei haben Patienten keine positiven Gefühle bezüglich ihrer gegenwärtigen Identität und wiederholen stattdessen negative Erinnerungen an ihre Vergangenheit. Typischerweise treten negative Reminiszenzen deutlich seltener auf als andere Arten der Reminiszenz und sind häufiger bei Personen, die ein schlechtes Kurzzeitgedächtnis haben. Negative Reminiszenzen können für den Zuhörer frustrierend sein, und für den Erzähler sind sie vermutlich sogar schädlich.

4.2 Reminiszenz und narrative Therapien

Obschon sich viele wissenschaftliche Aufsätze mit der Wirksamkeit von narrativen Therapien beschäftigen (vgl. ► Kap. 3), gibt es nur wenige, die spezifische Instruktionen zur Durchführung narrativer Therapien vermitteln. Eine wichtige Unterscheidung, die in der Forschung jedoch nur selten gemacht wird, ist, ob der Zuhörer einem *interpretativen* oder einem *unterstützenden* Ansatz folgt. Ein interpretativer Ansatz beinhaltet, dass der Zuhörer oder Therapeut eine aktive Rolle übernimmt und dem Erzähler dabei hilft, ein kohäsives Lebensnarrativ zu generieren. Ein häufiger interpretativer Ansatz ist die Biografiearbeit, bei welcher der Patient und der Therapeut ungelöste Probleme identifizieren und miteinander durcharbeiten. Techniken der Biografiearbeit werden am besten bei belasteten, aber gesunden älteren Menschen mit dem Ziel angewendet, deren Lebenszufriedenheit, Wohlbefinden und Anpassungsvermögen zu verbessern. Wer mit diesem Ansatz arbeitet, sollte darin gut ausgebildet sein. Beim unterstützenden Ansatz hingegen muss die durchführende Person weniger gut ausgebildet sein, da sie eine weniger aktive, dafür stärker unterstützende Rolle einnimmt.

Ein etwas anderer Ansatz, Geschichten zu erzählen, entstammt der 30-jährigen Tradition der narrativen Therapieschulen. Dieser Ansatz legt den Fokus auf das Integrieren von Lebensereignissen in ein sinnstiftendes und nachvollziehbares Narrativ. Obwohl persönliche Narrative oder Lebensgeschichten, die Konsistenz zwischen Vergangenheit, Gegenwart und Zukunft kreieren, Ähnlichkeiten mit integrativen Reminiszenzen aufweisen, unterscheiden sich narrative Therapien in einigen wichtigen Punkten von diesen. Narrative Ansätze werden typischerweise von Psychotherapeuten angewendet, welche psychisch beeinträchtige Menschen jeden Alters behandeln. Erinnerungstechniken helfen dem Patienten zusätzlich dabei, eine neue Perspektive auf seine Lebensgeschichte zu gewinnen oder ungelöste Probleme zu integrieren. Des Weiteren arbeiten narrative Therapeuten mit ihren Patienten daran, die Geschichte umzuschreiben und auch vermeintlichen Niederlagen etwas Positives abzugewinnen.

Zusätzlich fokussieren narrative Therapeuten auf Elemente der Lebensgeschichte, bei welchen psychologische Aspekte des Selbst, der Vergangenheit und der Gegenwart betont werden. Der Reminiszenzansatz hingegen befasst sich mit positiven Aspekten der individuellen Lebensgeschichte mit einem besonderen Fokus auf weit Vergangenes. Zudem können in narrativen Therapien auch andere Behandlungsmethoden eingesetzt werden, um die Lebensgeschichte umzuschreiben, wie beispielsweise Familientherapie oder lösungsorientierte Ansätze, während sich Berater bei der Reminiszenz auf ihre Art der Therapie beschränken und keine anderen Therapieelemente integrieren.

Während narrative Therapien über mehrere Sitzungen durchgeführt werden sollten, war das Lebensrückblicksinterview ursprünglich als Krisenintervention in einer einzelnen Sitzung gedacht. Es hat den Vorteil, dass es nicht nur von professionellen Therapeuten, sondern auch von Laien durchgeführt werden kann, sofern diese ein Minimum an Training erhalten haben. Eine notwendige und essenzielle Voraussetzung für die Anwendung dieses Ansatzes ist, dass der Interviewer gut zuhören und in angemessener Weise auf eine Person reagieren kann. Obwohl die Interviews einige Techniken der Reminiszenz- und Narrativen Therapie anwenden, sind sie als Kurzinterventionen gedacht, um die natürlichen Bewältigungskompetenzen einer Person im Vorfeld einer Operation oder einer medikamentösen Behandlung zu stärken. Insofern sind sie als Krisenintervention und weniger für Menschen mit klinisch relevanten Ängsten oder Depressionen konzipiert. Eine so schwer belastete Klientel sollte unbedingt empirisch gestützte Therapien von dazu ausgebildeten Therapeuten erhalten.

4.3 Lebensrückblicksinterview: Neun Prozessziele

Das Lebensrückblicksinterview (LR-Interview) ist insofern einzigartig, als dass es dem Geschichtenerzähler ein positives Erlebnis bringen soll, während andere Interviews meist darauf abzielen, Informationen zu sammeln. Beim LR-Interview steht jedoch immer der Prozess im Vordergrund. Der Interviewer muss es verstehen, während des

4.3 · Lebensrückblicksinterview: Neun Prozessziele

Interviews eine angenehme und unterstützende Atmosphäre zu erzeugen, in welcher der Geschichtenerzähler seine Geschichte frei mitteilen kann. Hierzu sind ein positiver Interaktionsstil und eine unterstützende Beziehung notwendig. Um eine solche positive Atmosphäre zu schaffen, orientiert sich das LR-Interview an neun Prozesszielen, die dem Interviewer helfen sollen, auf den Prozess und nicht auf Inhalte zu fokussieren. Die Prozessziele sind:

1. Achte darauf, dass Führung und Spontaneität sich die Waage halten.
2. Behaupte nicht, sondern zeige.
3. Hebe das Positive hervor.
4. Mache das Erzählte persönlich.
5. Folge dem Geschehen chronologisch.
6. Verschaffe dir einen Überblick.
7. Halte das Erzählte lebendig.
8. Ermutige zur Selbstreflexion.
9. Sei vorbereitet.

■ **Achte darauf, dass Führung und Spontaneität sich die Waage halten**

In einem LR-Interview sollte der Interviewer auf die Balance achten: Einerseits stellt er Fragen, die sicherstellen, dass die Ziele des Interviews erreicht werden, andererseits lässt er einen spontanen Themenwechsel des Erzählers zu. Da der Erzähler nicht mit dem Verlauf des Interviews vertraut ist, sollte der Interviewer die semistrukturierte Form des Interviews möglichst frühzeitig vorstellen, sonst sucht der Interviewte permanent nach Hinweisen auf seine Rolle im Prozess und kann sich nicht auf die Rolle des Erzählers konzentrieren. Anstatt Frage an Frage zu reihen, was unwillkürlich zu kurzen, einsilbigen Antworten führen würde, sollte der Interviewer sein Gegenüber zur Zusammenarbeit motivieren und zu einem Gespräch einladen, das sowohl der Interviewte als auch der Interviewer interessant finden.

■ **Behaupte nicht, sondern zeige**

Während eines LR-Interviews ist es wichtig, dass der Erzähler nicht nur Fakten, sondern vor allem seine erinnerten Gefühle beschreibt. Wenn er lebhaft erinnerte Sinneseindrücke schildert, macht dies den Erzählprozess sowohl für ihn selbst als auch für den Zuhörer interessanter und eingängiger. Wie in der belletristischen Literatur kann der Erzähler eine Geschichte für den Zuhörer dadurch greifbar machen, dass er ihm das Gefühl vermittelt, er wäre selbst dabei gewesen. Es ist durchaus möglich, dass Patienten diese Art des LR-Interviews nicht gewohnt sind und die Fakten (Wer? Was? Wo?) überbetonen. Dies führt dazu, dass die Geschichten langweilig wirken und nicht zu einem positiven Erlebnis werden können. Falls dies passiert, sollte der Interviewer den Erzähler dazu einladen, sich einem bestimmten Thema mit detaillierten Gefühlsbeschreibungen und mehr sensorischen Erfahrungen nochmals zuzuwenden. Damit die Geschichte lebendig bleibt, sollte der Interviewer es tunlichst vermeiden, geschlossene Fragen zu stellen, und den Erzähler bei jeder sich bietenden Gelegenheit ermutigen, seine Geschichte mit optischen, akustischen und olfaktorischen Eindrücken anzureichern. Oft sind wenige, dafür detailreiche sensorische Erinnerungen hilfreicher und führen zu einem positiveren Erlebnis als eine konsistente und ausführliche Geschichte.

■ **Hebe das Positive hervor**

Dieses Prozessziel ist eines der relevantesten, um das zentrale Anliegen des LR-Interviews, das Herbeiführen eines positiven psychologischen Erlebnisses, zu erreichen. In der Lebensgeschichte eines Patienten gibt es eine Vielzahl an Erinnerungen, welche die Stärken und den adaptiven Einsatz von persönlichen Ressourcen aufzeigen. Diese Erinnerungen mit jemandem zu teilen kann die positive Identität eines Patienten stärken und ihm dabei helfen, Ängste und Stress zu reduzieren. Bei einer Geschichte, selbst wenn sie noch so stressreich und frustrierend war, kann häufig Humor dazu beitragen, dass man sich auf eine positive Weise an sie erinnert. Wenn der Geschichtenerzähler und der Zuhörer zusammen lachen, kann dies positive Gefühle auslösen. Zur Erreichung des Prozessziels sollte der Interviewer jederzeit dazu bereit sein, den Erzähler »umzulenken«, wenn er zu sehr auf ein schmerzvolles Ereignis in der Vergangenheit fokussiert. Er sollte negative Erfahrungen jedoch auch nicht geringschätzen und übergehen, denn das Anerkennen von negativen Erfahrungen kann dem Patienten dabei helfen, sich als ganze Person mit Stärken und Schwächen akzeptiert zu fühlen.

Interviewer sollten des Weiteren nicht in die Rolle eines Psychologen fallen und schmerzhafte Ereignisse explorieren, wenn sie den Patienten unterstützen oder einen Rat erteilen wollen. Wenn der Patient eine schmerzhafte Erfahrung besprechen will, sollte der Interviewer diese Erfahrung und das Erleben des Patienten validieren und das Gespräch auf ein positiveres Thema lenken.

- **Mache das Erzählte persönlich**

Der Zuhörer und der Erzähler sollten darauf achten, dass die Geschichten so persönlich wie möglich sind. Wenn der Erzähler seiner Geschichte eine individuelle und persönliche Note geben kann, hat dies einen größeren psychologischen Effekt. Patienten können dazu neigen, beim Erzählen lediglich Situationen oder Kontexte zu beschreiben und ihr persönliches Erleben zu vernachlässigen. Der Interviewer kann dabei helfen, den Erzähler zu seinen Gedanken und Gefühlen in der jeweiligen Situation zurückzubringen. Wenn der Patient ein Ereignis auf eine intellektualisierende Weise erzählt, sollte der Interviewer den Fokus wieder auf die Gefühle lenken. Indem er auf emotionale Erinnerungen empathisch und/oder mit vertiefenden Fragen reagiert, kann er damit dem Erzähler helfen, eine persönlichere Perspektive einzunehmen.

- **Folge dem Geschehen chronologisch**

Das LR-Interview kann sich wie eine Lebensgeschichte chronologisch entwickeln und ein ganzes Leben vom Anfang bis zur Gegenwart umfassen. Eine Alternative stellt die Strukturierung anhand von verschiedenen Themen (z.B. Liebe, Karriere, Familie) dar. Häufig kommt es vor, dass der Erzähler ein Thema in den natürlichen Erzählfluss einwebt. Ist dies der Fall, kann der Interviewer den Erzähler chronologisch zu den entsprechenden Themen hinführen und ihn erzählen lassen, wie die verschiedenen Ereignisse sein Leben beeinflusst haben. Beim Übergang zu einem neuen Thema sollte der Interviewer es vermeiden, den Erzähler mit einem anderen, nicht verwandten Thema zu unterbrechen. Idealerweise findet der Übergang zwischen verschiedenen Ereignissen spontan statt oder indem der Erzähler aufgrund von Gemeinsamkeiten eine Verbindung zwischen zwei Ereignissen herstellt. Der Interviewer sollte darauf achten, dass die Erzählung einen Abschluss findet, bevor die Gegenwart erreicht wird. Dies ist immens wichtig, da in der Gegenwart das Funktionsniveau des Erzählenden aufgrund von persönlichen Einschränkungen oder anderen negativen Elementen beeinträchtigt sein kann, was dazu führen würde, dass das positive Erlebnis des Erzählens keinen Bestand hätte.

- **Verschaffe dir einen Überblick**

Ein ideales LR-Interview behandelt alle relevanten Ereignisse einer jeden Lebensphase und ermöglicht es dem Erzähler, verschiedene Lebensereignisse zu integrieren. Indem verschiedene Themen und Ereignisse behandelt werden, kann das LR-Interview die positive Einstellung eines Patienten sich selbst gegenüber verstärken und ihm wie auch dem Zuhörer einen ganzheitlichen Überblick ermöglichen. Eine Herausforderung besteht darin, ein Gleichgewicht zu finden zwischen dem Gewinn eines Überblicks und der Fokussierung auf sensorische und emotionale Details (▶ Prozessziel 2). Es ist daher nicht möglich, die Prozessziele 2 und 6 vollumfänglich zu erreichen. Aus diesem Grund ist es wichtig, ein Gleichgewicht zwischen der Breite und der Tiefe eines Interviews anzustreben.

- **Halte das Erzählte lebendig**

Einige Patienten sind es gewohnt, Geschichten wieder und wieder zu erzählen. Solche Patienten können im LR-Interview versucht sein, eine Geschichte, die sie schon häufig erzählt haben, einfach erneut zu berichten. Obwohl solche Geschichten häufig voller Energie zu sein scheinen und oft Lieblingserzählungen der betreffenden Patienten sind, kann eine Wiederholung solcher »Archivgeschichten« für den Erzähler und den Zuhörer uninteressant und unproduktiv sein. Das LR-Interview sollte eine aktive Interaktion zwischen Erzähler und Zuhörer ermöglichen, indem eine frische Geschichte aus einer neuen Perspektive erzählt wird. Der Interviewer kann für diese »Frische« sorgen, indem er nach spezifischen Details fragt (z.B. Farben, Gerüche, Geschmack), die der Erzähler möglicherweise auslässt. Die ausdrückliche Betonung des persönlichen Involviertseins in eine Geschichte verhindert somit, dass das Interview eine Aneinanderreihung von müden Anekdoten wird.

- **Ermutige zur Selbstreflexion**

Die Sinnhaftigkeit des Interviews wird zudem erhöht, wenn der Patient aus neuen Einsichten heraus über Lebensereignisse nachzudenken beginnt. Selbstreflexionen helfen, Einsichten und Weisheit aus dem Leben des Erzählers herauszufiltern. Wenn der Interviewer es schafft, den Erzähler dazu zu bringen, über vergangene Lebensereignisse nachzudenken, führt dies dazu, dass sich der Erzähler auf eine natürliche Art und Weise mit dem Sinn dieser Ereignisse zu beschäftigen beginnt. Er wird dann diese neuen Erkenntnisse während des Interviews ausdrücken. Der Interviewer sollte verhindern, dass die Reflexion und die neuen Einsichten zu einer transmissiven Reminiszenz (▶ Abschn. 4.1) werden. Die beste Art, Selbstreflexionen anzuregen, ist die positive Verstärkung. Dabei ermutigt der Interviewer den Erzähler durch sein nonverbales Verhalten (z.B. Lächeln oder Nicken) zum Weiterreden oder bittet ihn, einen Gedankengang weiter zu elaborieren. Provokante und kreative Fragen können ebenfalls ein probates Mittel sein; z.B., indem der Interviewer nach der Entwicklung der persönlichen Werte oder der Wichtigkeit von Moral fragt und wie diese verschiedene Entscheidungen und spätere Ereignisse beeinflusst haben könnten.

- **Sei vorbereitet**

An einem bestimmten Punkt werden die meisten Interviews ins Stocken kommen. Es kann sein, dass der Erzähler einen Gedanken nicht mehr weiter elaborieren kann und nicht sicher ist, welches Thema der Interviewer als Nächstes anschneiden wird. Interviewer sollten darauf vorbereitet sein, Fragen zu Themen zu stellen, die wahrscheinlich ein positives emotionales Erleben auslösen (z.B. die erste Freundin bzw. der erste Freund, das erste eigene Auto). Ohne auf bestimmte mögliche Themen vorbereitet zu sein, riskiert der Interviewer, dass das LR-Interview an Schwung verliert, vorhersagbar wird und sich sowohl Erzähler als auch Zuhörer zu langweilen beginnen.

4.4 Die drei Teile des Lebensrückblicksinterviews

Ein Lebensrückblicksinterview dauert typischerweise 45 bis 90 Minuten. Obschon die Dauer nicht grundsätzlich festgelegt ist, besteht bei kürzeren Interviews die Gefahr, dass der Erzählende nicht völlig in der Geschichte aufgehen kann, längere Interviews hingegen können ermüdend sein. Die Länge des Interviews sollte grundsätzlich von der Ausdauer des Interviewers und des Erzählers abhängen. Während der zu Beginn vereinbarten Zeitdauer ist das Interview in drei Phasen unterteilt: Eine Anfangsphase, eine mittlere Phase und eine Endphase (Rybarczyk u. Bellg 1997). Der Interviewer sollte sich der Chancen und Herausforderungen einer jeden Phase bewusst sein.

4.4.1 Die Anfangsphase

Zu Beginn des Interviews ist es die Aufgabe des Interviewers, dafür zu sorgen, dass sich der Patient in der Rolle des Erzählers wohlfühlt. Geschichten zu erzählen ist ein natürlicher Prozess, der seit Hunderten von Jahren einen wesentlichen Teil der menschlichen Interaktion darstellt. Jeder scheint eine intuitive Begabung dafür zu haben, Geschichten zu erzählen. Um eine Geschichte über sein Leben zu erzählen, benötigt man jedoch ein gewisses Maß an Selbstfokus und Introspektion. Dies kann zu Beginn für Patienten schwierig sein, vor allem dann, wenn sie die Erwartung haben, dass es das primäre Ziel des Interviews ist, Informationen zu sammeln, wie es in den meisten Interviews in einem medizinischen Setting der Fall ist. Möglicherweise erwarten zudem viele Patienten, dass das Interview wie ein typisches Gespräch abläuft, in dem Fragen und Antworten sich abwechseln. Aufgrund dieser Herausforderungen sollte der Interviewer so früh wie möglich den Ablauf des Interviews und die Erwartungen an den Patienten klären. Obwohl das LR-Interview sich von anderen Interviews unterscheidet, ist der erste Schritt für den Interviewer ähnlich wie in anderen therapieartigen Beziehungen das Herstellen einer therapeutischen Allianz. Während der Interviewer versucht, eine entspannte und angenehme Atmosphäre zu erzeugen, sollte sich der Patient aufgehoben fühlen und sich darauf einlassen können, persönliche Informationen und Erlebnisse preiszugeben. Der Interviewer sollte in Betracht ziehen, selbst einige persönliche Informationen preiszugeben, um eine Verbindung mit dem Patienten herzustellen. Er sollte zudem weitgehend vermeiden, den Patienten nach seiner gesundheitlichen Verfassung zu fragen oder gar darüber zu diskutieren, da dies den Patienten ängstlich stimmen und vom eigentlichen Ziel des LR-Interviews ablenken könnte.

Die zweite wichtige Aufgabe in dieser Phase des Interviews besteht darin, dem Patienten zu vermitteln, was der Zweck des LR-Interviews ist und wie beide Parteien darauf hinarbeiten können. Beispielsweise könnte der Interviewer, nachdem er eine erste Verbindung zum Patienten hergestellt hat (z.B. indem er ein Bild oder eine Karte im Patientenzimmer kommentiert), mit dem Patienten diskutieren, inwiefern die persönlichen Gegenstände im Zimmer dem Patienten dabei helfen, sich wohlzufühlen, und wie wichtig Dinge, die ihn an bestimmte Menschen erinnern, für ihn sind. Dann kann der Interviewer das LR-Interview einführen und darauf hinweisen, dass es dessen Ziel ist, durch das Reden über glückliche Momente in verschiedenen Lebensphasen positive Gefühle und Entspannung hervorzurufen. Der Interviewer sollte betonen, dass das LR-Interview in erster Linie darauf abzielt, positive Emotionen zu erzeugen, indem man über angenehme Erinnerungen spricht, und es nicht darum geht, möglichst viele Informationen zu sammeln. Ein häufig begangener Fehler, der zwangsläufig dazu führt, dass Patienten das Gefühl haben, es gehe um das Sammeln von Informationen, besteht darin, dem Patienten am Anfang viele geschlossene Fragen zu stellen. Die dadurch geschaffene Atmosphäre kann zur Folge haben, dass der Patient sich weniger auf die Rolle des Geschichtenerzählers einlassen wird. Es gibt jedoch auch Menschen, die einen solchen Einstieg benötigen, damit sie die Rolle des Erzählers überhaupt einnehmen können. Wenn Patienten zögernd, zurückhaltend oder einem solchen interview abgeneigt sein sollten, liegt es am Interviewer, ihnen zu vermitteln, dass jeder eine Geschichte hat, die es wert ist, erzählt zu werden. Eine andere Möglichkeit ist, dem Patienten einfach zu beantwortende Fragen zu stellen, z.B., wie die Stadt aussieht, in der er aufgewachsen ist, oder ob er sich an eine lustige Geschichte erinnert, die ihm ein Verwandter erzählt habe, als er noch ein Kind war. Zu Beginn des LR-Interviews sollte der Interviewer den Erzähler so lange ermutigen zu sprechen, bis ein Thema gefunden wurde, das ein flüssiges Gespräch ermöglicht.

4.4.2 Die mittlere Phase

Nachdem das Interview gestartet ist, hat der Interviewer im weiteren Verlauf zwei wesentliche Aufgaben: Fragen zu stellen und fördernde Kommentare zu geben. Der Interviewer kann während des Interviews offene oder geschlossene Fragen stellen. Beide Fragetypen dienen dabei jedoch unterschiedlichen Zwecken. Offene Fragen regen zum Weitererzählen an und ermutigen dazu, die Rolle des Geschichtenerzählers einzunehmen. Sie sollten in einem LR-Interview den größten Raum beanspruchen, da sie Patienten dazu ermuntern, Erinnerungen detaillierter zu beschreiben und weiter über ein Thema zu sprechen (z.B.: »Erzählen Sie mir bitte etwas über die Traditionen in ihrer Familie«). Aus geschlossenen Fragen resultieren hingegen meistens kurze Antworten, die typischerweise dazu dienen, konkrete Informationen zu gewinnen (z.B.: »In welcher Stadt sind Sie zur Schule gegangen?«). Aus diesem Grund sollten geschlossene Fragen im LR-Interview nur selten benutzt werden. Ideal sind sie dann, wenn es darum geht, ob sich der Interviewer und der Geschichtenerzähler an derselben Stelle der Geschichte befinden. Wenn der Erzähler z.B. von einem Lebensabschnitt zum anderen übergeht, helfen geschlossene Fragen bezüglich der Hauptfakten im Leben des Patienten zu diesem Zeitpunkt (z.B. Familienstand, Bildungsabschluss, Karrierestufe), den Kontext des Erinnerten zu verstehen. Der Interviewer sollte jedoch die Fragen immer mit Bedacht wählen, damit sich der Patient nicht beurteilt fühlt. So könnte der Interviewer z.B. fälschlicherweise annehmen, dass der Patient verheiratet war, da er Kinder erwähnt hat, und fragen, wann er denn geheiratet habe. Idealerweise würde man jedoch zuerst fragen, ob der Patient jemals verheiratet war.

Zusätzlich zu seinen Fragen sollte der Interviewer ermunternde verbale (z.B. »Das ist wirklich interessant. Erzählen Sie mir bitte mehr!«) oder nonverbale (z.B. Lächeln oder Nicken) Kommentare geben. Solche Reaktionen wirken verstärkend und unterstützen den Erzählprozess auf unterschiedliche Art und Weise. Beispielsweise zeigen sie, dass der Interviewer aktiv zuhört und aufmerksam ist. Zudem vermitteln sie dem Erzähler das Gefühl, dass er es schafft, den Interviewer mit der Geschichte zu fesseln. Diese Dynamik ist wichtig im LR-Interview. Ein erfolgreiches Interview lässt den Erzähler spüren, dass die Geschichte, die er erzählt, es wert ist, erzählt zu werden. Sowohl offene Fragen als auch ermunternde Kommentare dienen dazu, den Enthusiasmus des Geschichtenerzählers aufrechtzuerhalten. Wenn der Interviewer in der mittleren Phase des LR-Interviews das Gefühl hat, dass er mehr Energie in das Interview steckt, kann dies ein Hinweis darauf sein, dass er zu viele geschlossene Fragen stellt. Er sollte auf die Tonlage und die Energie der Patientenantworten achten. Weckt ein Thema oder eine Person das Interesse des Patienten besonders oder verändert sich die Lebhaftigkeit der Erzählung, sollte der Interviewer dies mit offenen Fragen weiter explorieren. Wird ein Thema gefunden, das beim Patienten genuine Gefühle auslöst, führt dies das LR-Interview meist auf eine tiefere emotionale Ebene.

Obschon der Fokus während des Interviews größtenteils auf den Patienten gerichtet ist, sollte sich der Interviewer ebenfalls innerlich beteiligt und interessiert fühlen. Der Prozess des Geschichtenerzählens gerät dann ins Stocken, wenn eine der beiden Parteien das Interesse verliert oder sich langweilt. Sollte dies der Fall sein, ist es am Interviewer, das Interview in eine andere Richtung zu lenken. Das LR-Interview wird dann besonders förderlich sein, wenn sowohl der Erzähler als auch der Zuhörer den Prozess genießen können.

4.4.3 Die Endphase

Wenn sich das Interview dem Ende entgegen neigt, sollte der Interviewer den Patienten informieren, wie viel Zeit noch übrig ist. Patienten können so im Geschichtenerzählen und Erinnern aufgehen, dass sie nicht realisieren, wie viel Zeit vergangen ist. Der Interviewer kann beispielsweise eine Erinnerung geben, an die sich eine Frage oder ein Kommentar anschließt (»Wir haben noch ca. zehn Minuten. Erzählen Sie mir doch mehr über die Gartenarbeit, die Sie erwähnten«). Dieser »Zeitstempel« bereitet den Erzähler nicht nur mental auf das Interviewende vor, sondern gibt ihm auch die Gelegenheit, noch ein wichtiges Thema anzuschneiden, welches bisher noch nicht diskutiert werden konnte. Der Erzähler kann so das Ende von Geschichten und Erinnerungen auf natürliche Art und Weise vorbereiten und lose Enden miteinander verbinden oder berichten, wie eine Geschichte zu Ende ging. Am Schluss des Interviews sollte der Interviewer in Form einer Zusammenfassung wiedergeben, wie er das Interview erlebt hat. Der Patient wird sich zum Ende des Interviews wertgeschätzt fühlen und es mit einem guten Gefühl verlassen können, wenn der Interviewer dem Patienten rückmeldet, dass er das Interview genossen habe, und Dankbarkeit für die Bereitschaft des Patienten äußert, seine Geschichten mit jemandem zu teilen. Die Aussagen des Interviewers sollten nicht vorgeschrieben sein, da sie idealerweise für jeden Patienten und für jedes LR-Interview einzigartig sind. Zusätzlich kann der Interviewer weitere abschließende Kommentare anbringen, die besonders fesselnde Geschichten reflektieren (»Ich habe es genossen, als Sie mir von den Neujahrstraditionen in Ihrer Familie erzählt haben. Vielleicht werde ich einige davon dieses Jahr selbst versuchen«). Ein solcher Kommentar betont die Beziehung des Interviewers zum Erzähler und drückt seine persönliche Wertschätzung für den Patienten und dessen Geschichte aus. Ein erfolgreiches Abschließen eines LR-Interviews kann zudem helfen, dass sich Patienten wieder ihrer persönlichen Ressourcen, ihrer Bezugspersonen, ihrer Identität und ihrer Bewältigungsmöglichkeiten bewusst werden und dadurch von ihnen profitieren können. Dies kann zusätzlich durch das Äußern von Respekt und Verständnis erzielt werden (z.B.: »Das war ein wirklich wunderbares Erlebnis für mich, und ich empfinde Sie als einen sehr zielstrebigen Menschen, der die Dinge so nimmt, wie sie kommen. Ich wünsche Ihnen weiterhin alles Gute!«). Solche abschließenden Äußerungen tragen dazu bei, dass der Patient mit einem guten Gefühl aus dem Interview geht.

4.5 Das Lebensherausforderungsinterview

Als eine Erweiterung des Lebensrückblicksinterviews hat das Lebensherausforderungsinterview (LH-Interview, Life Challenges Interview) ein spezifischeres Anliegen (Rybarczyk u. Bellg 1997). Das LH-Interview umfasst zwar ebenfalls die Erzählung der Lebensgeschichte des Patienten, legt den Fokus jedoch auf die Herausforderungen, denen der Patient im Lauf seines Lebens begegnete und die er zu bewältigen hatte. Das LH-Interview macht dem Patienten bewusst, eine Leistung erbracht zu haben, und hilft ihm, stolz zu sein, weil er die Herausforderung gemeistert hat. Dadurch fördert es bei Patienten das Bewusstsein für ihre persönlichen Stärken und Ressourcen, die sie benötigt haben, um die Herausforderungen zu bewältigen. Diese positiven Selbstbewertungen helfen Patienten im Idealfall dann auch bei der Bewältigung von gegenwärtigen medizinischen Stressoren und Herausforderungen. Es hat sich gezeigt, dass Patienten nach einem LH-Interview eine erhöhte Selbstwirksamkeitserwartung und bessere Bewältigungsfertigkeiten aufwiesen als Patienten nach einem Lebensrückblicksinterview oder Patienten aus einer Kontrollgruppe (Rybarczyk u. Auerbach 1990; Rybarczyk et al. 1993).

Das LH-Interview sollte als Teil des Lebensrückblicksinterviews aufgefasst werden. Erst nachdem die Prozessziele des Lebensrückblicksinterviews erreicht sind, sollte der Fokus gezielt auf Herausforderungen gerichtet werden. Das LH-Interview hat neben den Zielen des Lebensrückblicksinterviews drei zusätzliche Prozessziele:

— Lenke die Aufmerksamkeit auf Herausforderungen.
— Unterstreiche die Stärken und Ressourcen, die gebraucht wurden, um der Herausforderung entgegenzutreten.
— Fasse die überdauernden Schlüsselstärken und -ressourcen zusammen.

Jedes LH-Interview ist einzigartig – sowohl für den Erzähler als auch für den Interviewer. Dennoch gibt es allgemeine Richtlinien dafür, wie viel Zeit für das Erreichen der verschiedenen Ziele eingesetzt werden sollte: Ungefähr 75 % der Zeit sollte den bereits genannten neun Prozesszielen zukommen. Die verbleibenden 25 % sollten dem Fokus auf die zusätzlichen drei Prozessziele vorbehalten sein. Der Interviewer sollte sich bei der Durchführung des Lebensrückblicksinterviews kompetent fühlen, bevor er versucht, die Aufgaben des LH-Interviews zu integrieren. Das LH-Interview sollte auf dieselbe Art eingeführt werden wie das Lebensrückblicksinterview, ohne die Unterschiede zwischen beiden ausführlicher zu erläutern.

4.5.1 Die Aufmerksamkeit auf Herausforderungen lenken

Das erste zusätzliche Prozessziel des LH-Interviews ist es, das Interview in ein Gespräch über vergangene Herausforderungen, die der Patient erfolgreich gemeistert hat, zu überführen. »Herausforderung« meint in diesem Sinne keine Notsituation oder Schwierigkeit, sondern eine Situation, die positive Einstellungen, Fähigkeiten oder Ressourcen hervorgerufen hat. Die folgenden Fragen können als Hilfe dienen, das Gespräch auf Herausforderungen mit positivem Ausgang zu lenken:

— Hat Ihre Familie jemals ungewöhnliche Ereignisse (z.B. ein Feuer, eine Überschwemmung) miterlebt? Wie sind Sie und Ihre Familie damit umgegangen?
— Welche Lektionen haben Sie von Ihren Eltern gelernt?
— Gab es in Ihrer Kindheit irgendwelche Sportarten oder Spiele, für die Sie hart trainiert haben, um gut darin zu werden?
— Was war Ihr bestes Schulfach? Wieso waren Sie gerade darin so gut?
— Erinnern Sie sich daran, wie Sie von zu Hause ausgezogen sind? Wie fühlte sich das an?
— Gab es berufliche oder Karriereübergänge in Ihrem Leben?
— Welche Schlüsselereignisse haben Ihr Leben geprägt?

Es gibt unzählige Fragen, mit denen man Herausforderungen zutage fördern oder betonen kann. Es gibt jedoch ein paar Kategorien von Fragen, auf die der Interviewer besonders fokussieren kann. So können Interviewer Fragen zur Entwicklung von Kompetenzen (z.B. Autofahren) oder Selbstwert (z.B. das erste Rendezvous) stellen oder zu Leistungszielen des Patienten oder seiner Familie. Die Fragen können sich außerdem auf Übergangsphasen beziehen oder auch auf Phasen, in denen der Patient mit wenig auskommen musste (z.B. wegen eines begrenzten Einkommens). Unbedingt vermeiden sollte der Interviewer Fragen zu Themen, die negativ konnotiert oder noch nicht verarbeitet sind, wie z.B. Todesfälle, Tragödien oder fortbestehende Familienprobleme, da solche Themen wahrscheinlich nicht zu dem angestrebten Ziel führen, dass der Patient seine Erzählung mit einem positiven Gefühl beendet. Aus einem ähnlichen Grund sollten auch kurz zurückliegende Herausforderungen, inklusive gesundheitlicher Herausforderungen, vermieden werden. Obwohl es das Ziel des Interviews ist, dass sich der Patient seiner Stärken und Fähigkeiten bewusst wird, sollte dies implizit, also während des Erzählens von anderen – länger zurückliegenden – Herausforderungen passieren. Obwohl einige Herausforderungen also vermieden werden sollten, gibt es eine Reihe von Herausforderungen im Verlauf eines Lebens, deren Identifizierung und Besprechung lohnend ist. Wenn Herausforderungen auftauchen, sollte der Interviewer Fragen stellen, welche es dem Patienten erleichtern, den Erzählfluss zu verlangsamen und nachzudenken. Das Nachdenken über eigene Stärken kann angeregt werden, indem man Anfangsschwierigkeiten anspricht, die sich durch die Herausforderung ergeben haben, aber auch durch Fragen, wie der Patient es geschafft hat, die Herausforderung zu bewältigen.

4.5.2 Stärken und Ressourcen hervorheben

Das zweite Hauptziel des LH-Interviews ist das Hervorheben von Stärken und Ressourcen des Patienten, welche ihm dabei geholfen haben, eine Herausforderung anzunehmen und zu bewältigen. Idealerweise sollte der Interviewer den Patienten dazu anregen, seine Stärken und Ressourcen selbst zu identifizieren (z.B. »Welche persönlichen Eigenschaften halfen Ihnen dabei, die Herausforderung zu bewältigen?«). Einige Patienten werden darauf angewiesen sein, dass der Interviewer die Stärken und Ressourcen des Patienten explizit hervorhebt oder kommentiert. So können Interviewer offensichtliche Stärken, Werte und Ressourcen des Patienten in einer herausfordernden Situation kommentieren, z.B. die unablässige Unterstützung, die ihm durch seine Familie zuteilwurde, oder eigenständige Veränderungen, die der Patient in einem schwierigen Umfeld vollzogen hat. Der Erzähler und der Interviewer müssen nicht zu jeder angesprochenen Situation ein positives Element finden, weil dies eine Verlangsamung oder eine Unterbrechung des natürlichen Redeflusses zur Folge haben kann. Der Interviewer sollte darauf achten, früh im Interview Fragen zu positiven Eigenschaften zu stellen, aber es dem Patienten gleichzeitig erlauben, ohne fremde Vorschläge seine eigenen Qualitäten zu beschreiben. Es kann sein, dass der Patient das Muster übernimmt und im Folgenden jede neue Herausforderung aus der Perspektive eigener Stärken und Ressourcen betrachtet.

Es gibt Patienten, die zurückhaltend sind und Schwierigkeiten haben, ihre positiven Eigenschaften zu beschreiben. Meistens müssen Patienten zuerst mit dem Interviewprozess und der Erzählerrolle vertraut werden, bevor sie mit einem gewissen Grad an Introspektion über sich selbst zu sprechen beginnen. Andere werden trotz allem bescheiden bleiben und Schwierigkeiten haben, sich selbst zu loben. Hier können Interviewer mit der Beschreibung von positiven Eigenschaften beginnen. Schon die bloße Anerkennung oder Zustimmung seitens des Patienten bezüglich seiner vom Interviewer beobachteten Qualitäten werden ihm dabei helfen, dies später im Interview selbst zu tun. Ein anderes Hindernis, welches in dieser Phase des Interviews auftreten kann, ist, dass Patienten die Anerkennung ihrer Qualitäten nicht annehmen können und die Bewältigung einer Herausforderung z.B. purem Glück oder einer höheren Macht zuschreiben. In diesem Fall sollten die Interviewer die Patienten ermutigen, ihre eigenen Stärken zu identifizieren, z.B. durch Fragen wie: »Denken Sie nicht, dass Sie für

Ihr eigenes Glück verantwortlich sind?« Zu guter Letzt gibt es auch Themen, bei denen bestimmte Stärken oder Fähigkeiten von Patienten (z.B. harte Arbeit, Entschlossenheit, Geduld) eine Rolle spielen. Der Interviewer sollte Ereignisse, welche solche individuellen Kernkompetenzen des Patienten erkennen lassen, aufmerksam wahrnehmen, um bei anderer Gelegenheit wieder darauf zurückzukommen. Der Interviewer kann durch das Herstellen von Zusammenhängen zwischen verschiedenen herausfordernden Situationen, die dem Patienten gewisse Fähigkeiten oder Ressourcen abverlangten, das Vertrauen des Patienten in diese Fähigkeiten stärken. Zudem haben Menschen meist ganz persönliche »Prüfsteine« oder Ereignisse, die sie als »definierende Momente« erlebt haben, wie beispielsweise Kriegserlebnisse. Solche Erzählungen werden insbesondere dann mit anderen geteilt, wenn man sich in einer stressreichen Situation befindet, um sich selbst und andere daran zu erinnern, dass man fähig ist, mit schwierigen Herausforderungen umzugehen. Dies kann sich der Interviewer zunutze machen.

4.5.3 Überdauernde Schlüsselstärken und -ressourcen zusammenfassen

Das letzte Ziel des LH-Interviews ist es, die während des Interviews gesammelten Stärken und Ressourcen des Patienten zusammenzufassen. Die Auflistung und Zusammenfassung der positiven Eigenschaften des Pateinten soll dabei helfen, das bei diesem geweckte Bewusstsein für seine Stärken und Ressourcen aufrechtzuerhalten, damit sie ihm nach dem Interviewende besser im Gedächtnis bleiben. Der Interviewer kann dieses Ziel erreichen, indem er eine Zusammenfassung der Aussagen des Patienten über wichtige Ereignisse und positive Qualitäten am Ende des Interviews bereitstellt. Idealerweise macht sich der Interviewer während des Interviews Notizen über die Stärken und Qualitäten des Erzählers, sodass er zum Schluss eine konzise Aussage machen kann, welche die Schlüsselkompetenzen und -ressourcen besonders hervorhebt. Die Schlussfolgerung kann im Frageformat gegeben werden (z.B. »Es scheint so zu sein, dass die Quelle Ihrer Stärken in herausfordernden Situationen in Ihrem Leben Ihre Spiritualität und Ihre Kreativität waren. Würden Sie dem zustimmen?«). Die Zusammenfassung der Stärken kann aber auch zum Abschluss des Interviews gegeben werden, wenn man sich für die Mitarbeit des Patienten bedankt. Der beste Weg, das Bewusstsein des Patienten für seine Stärken und Ressourcen zu schärfen, ist, sie von diesem selbst zusammenfassen zu lassen. Auf diese Weise kann der Patient diejenigen Stärken und Ressourcen auswählen, die ihn seines Erachtens am besten repräsentieren oder am besten zu seinem Selbstkonzept passen.

4.6 Wirksamkeit des Lebensrückblicksinterviews in Bezug auf die Wohlbefindenssteigerung

Rybarczyk testete als Erster die Wirksamkeit des Lebensrückblicksinterviews, welches damals noch »LR- und LH-Interview« genannt wurde (Rybarczyk u. Auerbach 1990). In dieser Studie wurde die Wirkung des Interviews bei 104 ehemaligen Soldaten im McGuire Veterans Administration Hospital in Richmond (USA) untersucht. Die Soldaten standen alle kurz vor verschiedenen chirurgischen Eingriffen, wie Herzarterien-Bypass, Prostataresektion oder Leistenbruchoperation. Die Interviews fanden jeweils am Vorabend der Operation statt, dauerten jeweils zwischen 45 und 100 Minuten und wurden von jungen, ausgebildeten Psychologen oder älteren Laien aus Freiwilligenprogrammen durchgeführt. Die Interviewer erhielten eine Stunde Training und einen Fragenkatalog, an dem sie sich orientieren konnten (s. Anhang A, ▶ Abschn. 4.8). Zudem wurde ihnen nach jedem Interview Feedback gegeben. Die Versuchsteilnehmer wurden nach dem Zufallsprinzip auf vier Interviewgruppen verteilt: LR-Interview, LH-Interview, ein Interview, das auf aktuelle Aktivitäten und Interessen fokussierte (um für Aufmerksamkeit und Unterstützung zu kontrollieren) und eine interventionsfreie Kontrollgruppe. Zudem wurden die Teilnehmer nach dem Zufallsprinzip einem Psychologen oder einem freiwilligen Laien zugewiesen. Eigentlich wurde erwartet, dass nur ca. die Hälfte der ehemaligen Soldaten an der Studie teilnehmen würde. Tatsächlich aber nahmen 85 % der Soldaten daran teil. Diese Teilnahmequote stützt die Annahme, dass Reminiszenzen einen attraktiven Grundbaustein für psychologische Interventionen darstellen.

Die Resultate dieser ersten Studie waren sehr ermutigend. Die Teilnehmer, die einem der beiden Interviews zugeteilt worden waren, zeigten nach der Intervention deutlich niedrigere Ängstlichkeitswerte, während sich ein leichter Anstieg der Ängstlichkeit bei der Interventionskontrollgruppe und ein etwas stärkerer Anstieg bei der interventionsfreien Kontrollgruppe zeigte. Zudem konnte die Hypothese, dass die Teilnehmer der LR- und LH-Interviews im Vergleich zu den beiden anderen Gruppen höhere Selbstwirksamkeitswerte aufweisen würden, bestätigt werden. Diese Resultate zeigten, dass LR- und LH-Interviews Bewältigungsmöglichkeiten und -ressourcen stärker bewusst machen. Zudem war der Effekt signifikant größer, wenn das Interview von einem Gleichaltrigen statt von einem jungen Psychologen durchgeführt worden war. Ebenso war die Angstreduktion im LR-Interview ebenfalls größer, wenn dieses von einem Gleichaltrigen durchgeführt wurde. Diese Resultate lassen darauf schließen, dass Gleichaltrige Erinnerungen und Geschichten besser miteinander teilen und sich besser mit gewissen Aspekten des Gegenübers identifizieren können. Diese Ergebnisse standen in Konkurrenz zu den Ergebnissen früherer Studien, in welchen gleichaltrige Laieninterviewer ebenso effektiv waren wie Fachleute, wenn es darum ging, ein strukturiertes Interview bei belasteten, aber subklinischen Personen durchzuführen. Die Effektstärken der Studie weisen darauf hin, dass sowohl das LR-Interview als auch das LH-Interview das Stresserleben in klinisch bedeutsamer Weise verringern und in einem geringeren, aber immer noch signifikanten Ausmaß die wahrgenommene Selbstwirksamkeit erhöhen können.

Nach den Erfolgen der ersten Studie wurde eine Folgestudie am Rush Medical Center in Chicago (USA) mit 143 Koronarangioplastie-Patienten durchgeführt (Rybarczyk et al. 1993). Diese Studie unterschied sich von der Originalstudie hinsichtlich vier wichtiger Punkte: Erstens erlaubte sie aufgrund der homogenen Stichprobe genauere Rückschlüsse auf die individuelle Wirkung der Interviews. Zweitens wurden auf der Grundlage der Ergebnisse der ersten Studie nur noch freiwillige Helfer als Interviewer eingesetzt (insgesamt 19 Interviewer, im Durchschnitt 66 Jahre alt). Drittens wurde neben der interventionsfreien Gruppe in dieser Studie eine Stressmanagement-Intervention (Entspannungstraining) als aktive Kontrollbedingung hinzugezogen, welche den Vergleich einer herkömmlichen Stressintervention mit einer neu entwickelten ermöglichte. Schließlich wurden die freiwilligen Interviewer in der Folgestudie nicht nur eine, sondern vier Stunden in die Methode eingeführt und erhielten zusätzlich die Möglichkeit, außerhalb der Studie die beiden Interventionen in einer Übungsstunde zu testen.

Wie in der ersten Studie belegten die Resultate der Nachfolgestudie die Wirksamkeit des Lebensrückblicksinterviews. Es zeigte sich wie in der ersten Studie sowohl in der LR-Interview- als auch in der LH-Interview-Gruppe ein signifikanter Rückgang der Ängstlichkeitswerte. Auf der anderen Seite zeigte sich ein leichter Anstieg dieser Werte in der behandlungsfreien Kontrollgruppe. Der Rückgang der Ängstlichkeitswerte in beiden Interviewgruppen war vergleichbar mit jenem in der Entspannungsgruppe. Weiter zeigte sich im Vergleich zur Kontrollgruppe in allen drei Interventionsgruppen ein Anstieg bezüglich der – mittels einer Checkliste zur Erfassung von Copingstrategien erhobenen – emotionsfokussierten Bewältigungsfertigkeiten. Schließlich berichteten die Patienten in allen drei Interventionsgruppen über mehr Zufriedenheit während der Vorbereitung und der Planung des chirurgischen Eingriffs. Zudem berichteten die Patienten der drei Interventionsgruppen, dass sie sich im Krankenhaus sehr gut aufgehoben fühlten. Die Effektstärken waren im Allgemeinen etwas geringer als in der vorhergehenden Studie, befanden sich jedoch alle immer noch im »moderaten« bis »hohen« Bereich.

Wie in der ersten Studie unterstützen die Resultate die Hypothese, dass das LH-Interview insbesondere einen Effekt auf die kognitive Komponente der Bewältigungsfertigkeiten hatte. Nur bei den Patienten der LH-Interview-Gruppe zeigte sich ein signifikanter Anstieg des positiven Denkens bezüglich des Ausgangs der Angioplastie. Zudem zeigte lediglich die LH-Interview-Gruppe einen signifikanten Anstieg der Werte des Bewältigungs-

Selbstwirksamkeits-Inventars (Coping Self Efficacy Inventory, CSEI) im Vergleich zur unbehandelten Kontrollgruppe. Sowohl die LR-Interview- als auch die Entspannungsgruppe zeigten Werte auf dem CSEI, die höher waren als jene der Kontrollgruppe, aber niedriger als jene der LH-Interview-Gruppe. Keiner der Unterschiede erreichte jedoch Signifikanzniveau. Diese beiden Resultate unterstützen die Annahme, dass das LH-Interview im Vorfeld eines stressreichen Ereignisses die Wahrnehmung von Bewältigungsfähigkeiten steigert. Im Gegensatz zu den gefundenen günstigen psychologischen Kurzzeitfolgen zeigten sich keine sekundären Effekte wie beispielsweise bezüglich der von den Krankenpflegern eingeschätzten Anpassung oder Schmerzwahrnehmung während der Operation, des Medikamentenverbrauchs nach dem Eingriff, der Anzahl der Tage bis zur Entlassung oder der Lebensqualität 30 Tage nach dem chirurgischen Eingriff.

Die zweite Studie umfasste Patienten beider Geschlechter und Patienten ab 50 Jahren. Es zeigte sich jedoch, dass weder das Alter noch das Geschlecht oder der Bildungsstand einen Einfluss auf das Ergebnis hatten. Dieses Resultat lässt darauf schließen, dass das Sicherinnern nicht nur bei älteren Menschen einen positiven Einfluss hat, obwohl es traditionell als ein Phänomen angesehen wurde, das ausschließlich in gehobenem Alter vorkommt.

> **Zusammenfassung der Studienergebnisse**
>
> Fasst man die beiden Studien von Rybarczyk und Kollegen (Rybarczyk u. Auerbach 1990; Rybarczyk et al. 1993) zusammen, zeigten sich folgende Resultate für das Lebensrückblicksinterview:
> - Lebensrückblicksinterviews führen bei Patienten, welche einen chirurgischen Eingriff vor sich haben, zu einem signifikanten Rückgang der Ängstlichkeit.
> - Lebensrückblicksinterviews sind genauso effektiv wie die weit verbreiteten und häufig gegen Stress eingesetzten Entspannungstrainings.
> - Wenn die Interviews auf vergangene Herausforderungen fokussieren, die erfolgreich bewältigt wurden, führen sie zu einer positiven Veränderung in der individuellen Bewertung eigener Bewältigungsressourcen und -fähigkeiten. Frühere Studien konnten bereits zeigen, dass der Glaube an die eigene Selbstwirksamkeit zur Bewältigung von Herausforderungen sich positiv auf das Verhalten auswirkt.
> - Ein 45-minütiges Lebensrückblicksinterview ist bedeutend wirksamer als ein gleich langes Interview, das auf positive Erfahrungen in der Gegenwart fokussiert.
> - Patienten, die vor einem stressreichen chirurgischen Eingriff stehen, sind beinahe immer für ein Lebensrückblicksinterview empfänglich.
> - Richtig trainierte Freiwillige können hochwirksame Lebensrückblicksinterviews durchführen.
> - Ob jemand von einem Lebensrückblicksinterview profitiert, scheint unabhängig von Geschlecht und Alter zu sein.
> - Es benötigt weitere Forschung, um die kurz- und langfristigen positiven Konsequenzen eines Lebensrückblicksinterviews zu untersuchen; im Speziellen gilt dies im Zusammenhang mit unterschiedlichen stressreichen Ereignissen.

4.7 Zusammenfassung

Erzählendes (narratives) Denken und Sichausdrücken haben zum Ziel, ein Gefühl von persönlichem Sinn, Identität und Beziehungen zu anderen zu stiften. Aus diesen Gründen scheint es sinnvoll, diese natürliche Art des Denkens und Kommunizierens für die therapeutische Arbeit zu nutzen. Ein Aspekt, der vor unseren eigenen Studien noch nicht untersucht wurde, ist die Wirkung von narrativem Erzählen auf Stress, Bewältigungsstrategien und Wohlbefinden. Zu diesem Zweck wurden in diesem Kapitel zwei Wege (mit und ohne Fokus auf Lebensherausforderungen) dargestellt, wie Lebensrückblicksinterviews durchgeführt werden können, um Bewältigungsfertigkeiten und Wohlbefinden zu steigern. Des Weiteren wurden die Resultate zweier Studien zu diesem Thema dargestellt. Obwohl die dargestellten Studien darauf fokussierten, ob die Interventionen in einer einzelnen Sitzung durchgeführt werden können, scheint es wahrscheinlich, dass die vorgestellten Techniken auch im Verlauf von mehreren Sitzungen durchgeführt werden können und beispielsweise bei einer Klientel, die chronischem Stress ausgesetzt ist, zu einer Verbesserung der Stimmung und zu einem Anstieg der erlebten Selbstwirksamkeit führen. Es ist vorstellbar, dass die vorgestellten Techniken auch in andere Therapiemethoden integriert werden können. Jedoch bedarf es weiterer Forschung, welche die vorgestellten Techniken in solchen alternativen Anwendungen überprüft.

4.8 Anhang A: Fragen für das Lebensrückblicksinterview

Kindheitsjahre

Der Anfang
- Was ist Ihre früheste Kindheitserinnerung?
- Wo sind Sie geboren?
- Sind Sie in der Stadt oder auf dem Land aufgewachsen?
- Wie viele Geschwister haben Sie?
- Wie waren Sie als kleines Kind?

Das Leben zu Hause
- Beschreiben Sie mir bitte die Nachbarschaft, in der Sie aufgewachsen sind.
- Wie war das Haus, in dem Sie aufgewachsen sind?
- Erzählen Sie mir von Ihrem ersten besten Freund/Ihrer ersten besten Freundin.
- Haben Sie jeweils alle zusammen zu Abend gegessen? Wie war das Abendessen?
- Welches Familienrezept erinnern Sie am besten?
- An welche Geburtstage oder Urlaube erinnern Sie sich gerne?
- Hatte Ihre Familie ein Auto?
- Spielte Religion für Sie und Ihre Familie eine wichtige Rolle?

Eltern und andere Erwachsene
- Wie waren Ihre Eltern, als Sie ein Kind waren?
- Waren Ihre Eltern Einwanderer? Erzählten sie Ihnen Geschichten über ihre »alte Heimat«?
- Gab es außer Ihren Eltern erwachsene Personen, die damals für Sie eine wichtige Rolle spielten? Zu wem schauten Sie auf? Vielleicht eine Tante, ein Onkel oder ein Lehrer?

Interessen und Hobbys
- Welche Spiele oder Spielzeuge mochten Sie als Kind besonders gerne?
- Wie war das alltägliche Leben rund um Ihr Elternhaus?
- Wer waren Ihre Heldinnen und Helden in Geschichten?
- Haben Sie irgendetwas gesammelt? Briefmarken? Münzen? Muscheln?
- Haben Sie ein Musikinstrument gespielt?
- Waren Sie jemals im Zirkus?
- Mit welcher Sportmannschaft fieberten Sie mit? Hatten Sie einen Lieblingsspieler?
- Hatten Sie eine Leidenschaft für Bastel-, Hand- oder Gartenarbeiten?

Leben auf dem Land
- Was für eine Art von Bauernhof hatte Ihre Familie?
- Hatten Sie Tiere?
- Was für Arbeiten hatten Sie zu verrichten?
- Was war Ihre Lieblingsjahreszeit, und weshalb?

Leben in der Stadt
- Was mochten Sie daran, in der Stadt aufzuwachsen?
- Sind Sie mit der Straßenbahn gefahren?
- Gab es ein besonderes Lebensmittelgeschäft oder eine Metzgerei?
- Wuchsen Sie in einer international durchmischten Nachbarschaft auf?

Jugendjahre

Schule
- Wie weit war es für Sie zur Schule?
- Was waren Ihre Lieblingsfächer in der Schule, und wieso?
- Wie kamen Sie morgens zur Schule?
- Können Sie mir etwas über die Klasse oder die Lehrer erzählen, an die Sie sich am besten erinnern?

- Haben Sie während Ihrer Jugendjahre ein Talent an sich entdeckt?
- Gab es Sportarten, die für Sie besonders wichtig waren?

Freunde
- Mit wem waren Sie als Jugendliche/r unterwegs? Gab es einen engen Freundeskreis?
- Was waren das für Leute?
- Wo vertrieben Sie und Ihre Freunde sich die Zeit?

Abenteuer
- Was für Träume und Ambitionen hatten Sie für Ihr Leben?
- Was war das erste Auto, das Sie besaßen?
- Wie sah Ihre erste Reise aus?
- Gibt es eine Zugfahrt oder einen Flug, die oder der Ihnen besonders in Erinnerung ist?
- Welche Länder und/oder Gegenden haben Sie bereist?

- **Junges Erwachsenenalter**

Heirat
- Sind Sie verheiratet?
- Wer von Ihnen hat den Heiratsantrag gemacht, und wie sah er aus?
- Können Sie mir Ihre Hochzeit beschreiben?
- Können Sie mir Ihre erste Wohnung beschreiben?

Universität/erste Stelle
- Was war Ihre erste Anstellung?
- Haben Sie eine Universität besucht? Wie haben Sie sie ausgesucht?
- Erinnern Sie sich an irgendwelche Studentenstreiche?
- Was ist Ihre Lieblingserinnerung in Bezug auf die Universität?

Meilensteine
- Lebten Sie alleine, bevor Sie geheiratet haben?
- Haben Sie Erinnerungen an den Krieg?
- Was war das erste Auto, das Sie besaßen?

- **Familien- und Karrierejahre**

Kinder
- Haben Sie Kinder? Wie viele?
- Was machte Ihre Kinder glücklich?
- Können Sie sich an eine lustige Geschichte in Zusammenhang mit Ihren Kindern erinnern?
- Was war für Sie das Schönste daran, Vater/Mutter zu sein?

Beruf
- Was waren/sind Sie von Beruf?
- Wie sind Sie gerade in dieser Branche gelandet?

Schlüsselereignisse
- Haben Sie jemals an einem großen internationalen Ereignis teilgenommen (Weltmeisterschaften, Olympiaden etc.)?
- Was war die schönste Reise, die Sie je gemacht haben?
- Haben Sie je Klassentreffen besucht? An welches erinnern Sie sich am besten? Ist Ihnen dabei aufgefallen, ob und inwiefern Sie sich seit der Schulzeit verändert haben?

- **Zusammenfassende Fragen**
- Was war für Sie bisher das bereicherndste Erlebnis in Ihrem Leben?
- Für welche Dinge in Ihrem Leben sind Sie am dankbarsten?

4.9 Anhang B: Fragen für das Lebensherausforderungsinterview

- **Kindheitsjahre**

Das Leben zu Hause
- Sind Sie in einer großen Familie aufgewachsen? [Falls ja:] Das kann eine Herausforderung sein. Wie haben Sie das Beste daraus gemacht?
- Welche Regeln waren für Ihre Eltern besonders wichtig?
- Haben Sie auf irgendeine Weise von diesen Regeln profitiert?
- Hatten Sie als Kind vor irgendetwas Angst, worüber Sie heute lachen, wenn Sie daran zurückdenken? Wie haben Sie diese Angst überwunden?
- Musste Ihre Familie mit weniger auskommen als die Familien in der Nachbarschaft?

- Wie hat der Zweite Weltkrieg Ihre Familie beeinflusst?
- Hat Ihre Familie sich etwas einfallen lassen müssen, um besser durchzukommen?
- Erinnern Sie sich an die Rationierung? Welche Opfer mussten Sie bringen? Waren Sie Selbstversorger?
- Hat Ihre Familie irgendwelche Naturkatastrophen erlebt (z.B. Feuer, Überschwemmungen etc.)? Wie sind Sie und Ihre Familie damit zurechtgekommen?

Eltern und andere Erwachsene
- Welche positiven Werte und Ideale haben Ihre Eltern Ihnen vermittelt?
- Musste Ihre Familie hart arbeiten, um durchzukommen?
- Welche Lektionen haben Sie von Ihren Eltern gelernt?

Hobbys und Interessen
- Erinnern Sie sich daran, wie Sie das Fahrradfahren gelernt haben? Wie war das?
- Wie haben Sie es geschafft, sich zu amüsieren – ohne all die Spielzeuge und Spiele, die die Jugendlichen heutzutage haben?
- Gab es, als Sie ein Kind waren, irgendwelche Sportarten, Spiele oder Fertigkeiten, für die Sie besonders hart trainiert haben, um gut darin zu werden?

Leben auf dem Land
- Gab es viele Aufgaben, die Sie täglich für Ihre Eltern zu verrichten hatten? Welche war Ihre Lieblingsaufgabe? Welche mochten Sie am wenigsten? Was haben Sie unternommen, um es sich so angenehm wie möglich zu machen?
- Erinnern Sie sich daran, dass Sie während eines schlechten Jahres besonders hart arbeiten mussten?
- Wie war es, bei schlechtem Wetter arbeiten zu müssen?
- Früher gab es weniger Landwirtschaftsmaschinen. Wie haben Sie dennoch die ganze Arbeit geschafft?

Leben in der Stadt
- Inwiefern haben Sie in der Stadt gelernt, mit anderen Leuten auszukommen?
- Gab es Orte in der Stadt, die Sie gemieden haben, weil sie zu gefährlich waren?

- **Jugendjahre**

Schule
- Wie haben Sie Ihre Fähigkeiten und Talente in der Schule entdeckt?
- In welchem Schulfach waren Sie am besten? Was machte Sie gut darin?
- Haben Sie in Ihrer Schulzeit irgendeinen besonderen Erfolg erreicht?

Freunde
- Wie haben Sie es geschafft, Freunde zu finden?
- Gab es irgendwelche Hindernisse, die Sie beim Kontakt zu Gleichaltrigen überwinden mussten? Zum Beispiel, kleiner zu sein als andere? Weniger sportlich zu sein als andere? Aus einer Familie zu stammen, die weniger reich war?
- Wurden diese Unterschiede mit der Zeit weniger relevant? Erinnern Sie sich noch, wie Sie das geschafft haben?

Sich verabreden
- Waren Sie schüchtern gegenüber Jungen/Mädchen?
- Hatten Sie Streit mit Ihren Eltern, wenn es ums Ausgehen ging?
- Wer war der erste Freund/die erste Freundin, der/die Ihnen das Herz brach?
- Waren Sie überrascht, als Sie merkten, dass Sie darüber hinwegkamen?

Abenteuer
- Können Sie sich an das erste Mal erinnern, als Sie für längere Zeit von zu Hause weg waren? Benötigten Sie Zeit, um mit der neuen Situation zurechtzukommen?

Heirat
- Welche Schwierigkeiten gab es zu Beginn Ihrer Ehe? Wie haben Sie gelernt, mit den Unterschieden zu leben?

Universität/erste Stelle
- War Ihre erste Stelle anstrengend?
- Was mussten Sie tun, um die Stelle zu bekommen?
- Was mussten Sie tun, um an die Universität zu kommen?
- Haben Ihre Eltern Sie finanziell unterstützt? Mussten Sie während des Studiums Geld verdienen?
- Mussten Sie sich zwischen Familiengründung und Studium/Karriere entscheiden? War diese Entscheidung schwierig für Sie? Oder haben Sie beides gemacht?

Meilensteine
- Was mussten Sie tun, um Ihr erstes Haus kaufen zu können?
- Was waren Ihre Erlebnisse während des Zweiten Weltkriegs? Inwiefern haben diese Sie zu einem besseren oder stärkeren Menschen gemacht?
- Gab es während der Kriegsjahre Menschen, durch die Sie sich inspiriert fühlten?
- Inwiefern haben diese Menschen Sie inspiriert?

- **Familien- und Berufsjahre**

Kinder
- Welche Werte wollen Sie Ihren Kindern weitergeben?
- Welche unerwarteten Herausforderungen brachte das Elternsein mit sich? Wie haben Sie sich diesen gestellt?
- Inwiefern hat Sie das Mutter- resp. Vatersein zu einem besseren oder stärkeren Menschen gemacht?

Beruf
- Worin waren Sie besonders gut in Ihrem Beruf?
- Gab es Berufswechsel, die Sie zu bewältigen hatten?
- Haben Sie Sexismus am Arbeitsplatz erlebt?
- Was waren die größten Herausforderungen beim Führen des Haushalts, während Ihr Ehemann/Ihre Ehefrau die meiste Zeit außer Haus war?

- Was war herausfordernd an der Tatsache, dass Sie beide berufstätig waren?

Schlüsselereignisse
- Haben Sie sich in der Gemeinde oder in einer Organisation sozial engagiert?
- Sind Sie jemals mit Ihrer Familie in einen fremden Ort gezogen? Wie war es, wieder von vorne zu beginnen?

- **Zusammenfassende Fragen**
- Was ist die größte Herausforderung, der Sie sich in Ihrem Leben stellen mussten?
- Wenn jemand ein Buch über Ihr Leben schreiben sollte, was wären Dinge, die er als bemerkenswert herausstreichen würde?
- Was war Ihr stolzester Moment?
- Welche Schlüsselereignisse haben Ihr Leben geformt?
- Wie würden Sie auf der Grundlage Ihrer Lebensereignisse Ihre Lebensphilosophie beschreiben?

Literatur

Rybarczyk, B. D., & Auerbach, S. M. (1990). Reminiscence interviews as stress management interventions in older patients undergoing surgery. *The Gerontologist, 30*, 522–528.

Rybarczyk, B. D., Auerbach, S. M., Jorn, M., Lofland, K., & Perlman, M. (1993). Using volunteers and reminiscence to help older adults cope with an invasive medical procedure: A follow-up study. *Behavior, Health, and Aging, 3*, 147–162.

Rybarczyk, B., & Bellg, A. (1997). Listening to life stories: A new approach to stress intervention in health care. New York: Springer.

Lebensrückblick bei Anpassungsproblemen und Lebenskrisen

Simon Forstmeier

5.1	Anpassungsstörungen und Lebenskrisen – 86	
5.1.1	Diagnosekriterien – 86	
5.1.2	Störungsmodell – 88	
5.2	Behandlung von Anpassungsstörungen – 89	
5.3	Lebensrückblick zur Bewältigung kritischer Lebensereignisse – 92	
5.3.1	Funktionen eines Lebensrückblicks bei Anpassungsstörungen – 92	
5.3.2	Fokusse eines Lebensrückblicks bei Anpassungsstörungen – 93	
5.4	Programme für spezifische Patientengruppen – 96	
5.4.1	Bewältigung von Operationen und anderen medizinischen Eingriffen – 96	
5.4.2	Anpassung nach einem Schlaganfall – 96	
5.4.3	Identitätsfindung als Adoptiv- oder Pflegekind – 97	
5.4.4	Leben mit einem psychisch kranken Partner – 99	
5.4.5	Anpassung an den Verlust einer Person – 100	
5.4.6	Anpassung an eine neue Wohnumgebung – 101	
5.4.7	Leben mit einer Krankheit, die zum Tod führt – 102	
	Literatur – 104	

Jeder Mensch erlebt kritische Lebensereignisse und Krisen. Die Anpassungsreaktion verläuft normalerweise nicht pathologisch. Eine Anpassungsstörung kann allerdings resultieren, wenn die Intensität oder Dauer der Reaktion ein zu erwartendes Ausmaß übersteigt. Da die Anpassungsstörung gegenwärtig sehr ungenau definiert ist, werden zunächst ihre Diagnosekriterien und ein Störungsmodell diskutiert. Anschließend werden Behandlungsansätze der Anpassungsstörung beschrieben, in denen ein Lebensrückblick nur eine von mehreren Interventionen darstellt. Daraufhin wird dargestellt, welche verschiedenen Funktionen ein Lebensrückblick bei der Bewältigung eines kritischen Lebensereignisses haben kann. Ein Lebensrückblick kann an verschiedenen Stellen im therapeutischen Prozess hilfreich sein. Dabei ist der Fokus des Lebensrückblicks unterschiedlich, was Auswirkungen auf die Länge und den Inhalt der therapeutischen Fragen hat. Nachdem die verschiedenen Fokusse im Überblick beschrieben worden sind, werden verschiedene publizierte Programme beschrieben, die für spezifische Patientengruppen angepasst wurden.

5.1 Anpassungsstörungen und Lebenskrisen

Einzelne Lebensereignisse oder chronische Stressoren führen zumeist zu einem Stresserleben. Dieses ist durch spezifische Gefühle (z.B. Traurigkeit, Angst, Wut), Gedanken (z.B. der Hilflosigkeit, der Sinnlosigkeit, der Orientierungslosigkeit, des Kontrollverlustes, des Sorgens), physiologische Reaktionen (z.B. Blutdrucksteigerung, hormonelle Veränderungen) sowie verhaltensbezogene Reaktionen (z.B. Vermeidung, sozialer Rückzug, Aggression) gekennzeichnet. Wie Menschen auf ein kritisches Lebensereignis reagieren, wie intensiv die Reaktion ist und wie ihr Verlauf aussieht, ist interindividuell unterschiedlich. Ebenfalls gibt es interindividuelle Unterschiede in den Bewältigungsprozessen, die zur Anpassung an Stressoren eingesetzt werden.

Die Reaktion auf Stressoren ist normalerweise nicht pathologisch. Wenn sie jedoch eine Intensität oder Dauer annimmt, die die zu erwartende Anpassungsreaktion übersteigt, kann von einer Anpassungsstörung gesprochen werden. Typischerweise wird eine Anpassungsstörung von depressiven und/oder ängstlichen Symptomen begleitet. In den aktuellen Klassifikationssystemen ICD-10 und DSM-IV ist allerdings festgehalten, dass die Schwere dieser Symptomatik nicht ein solches Ausmaß annehmen darf, dass die Kriterien einer depressiven Störung, einer Angststörung oder einer anderen psychischen Störung erfüllt werden (▶ Kasten 1). Dies macht deutlich, dass die Anpassungsstörung in der gegenwärtigen Klassifikationssystematik zwischen dem »normalen« Erleben und Verhalten nach einem kritischen Lebensereignis und einer klassischen affektiven oder anderen Störung angesiedelt ist.

5.1.1 Diagnosekriterien

Die derzeitigen Diagnosekriterien einer Anpassungsstörung sind in ▶ Kasten 1 zusammengefasst. Kriterium A beschreibt, dass die Symptomatik nach einem besonderen Lebensereignis aufgetreten ist. Dabei kann es sich um interpersonale, schulische, berufliche, gesundheitsbezogene, kriminelle oder andere Ereignisse handeln (▶ Kasten 2). In jedem Fall müssen Symptome oder Verhaltensstörungen auftreten. Depressive und ängstliche Symptome sind am häufigsten, aber auch andere Gefühle wie Wut oder auch Störungen des Sozialverhaltens können vorkommen (Kriterium B). Das Zeitkriterium der ICD-10 sieht vor, dass die Symptome bis zu zwei Jahre andauern können (bei einer längeren depressiven Reaktion). Die für das DSM-5 vorgeschlagenen Kriterien sehen keine maximale Dauer mehr vor.

> **Kasten 1: Diagnosekriterien einer Anpassungsstörung nach ICD-10 (F43.2)**
> — A. Identifizierbare psychosoziale Belastung von einem nicht außergewöhnlichen oder katastrophalen Ausmaß; Beginn der Symptome innerhalb eines Monats.
> — B. Symptome und Verhaltensstörungen, wie sie bei affektiven Störungen (F3), neurotischen, Belastungs- und somatoformen Störungen (F4) und bei den Störungen des Sozialverhaltens (F91) vorkommen. Die Kriterien einer einzelnen Störung

werden aber nicht erfüllt. Die Symptome können in Art und Schwere variieren.
- C. Die Symptome dauern nicht länger als sechs Monate nach Ende der Belastung oder ihrer Folgen an, außer bei der längeren depressiven Reaktion (bis zwei Jahre).

Kasten 2: Mögliche kritische Lebensereignisse
- Interpersonale Ereignisse: Trennung, Scheidung, Konflikte in der Familie, mit Kollegen oder Vorgesetzten, Elternschaft, Adoption
- Schulische und berufliche Ereignisse: Schulbesuch, Misserfolg, Berentung, Arbeitslosigkeit, ein Zuviel oder Zuwenig an Arbeit, hoher Termin- und Zeitdruck, finanzielle Probleme
- Schwere Krankheit oder Tod eines Angehörigen
- Schwere eigene Krankheit: Krankheit, schwerer medizinischer Eingriff, Schlaganfall
- Unfall oder Überfall
- Veränderungen der Wohn- und sozialen Umwelt: Umzug in eine andere Wohnung, Emigration, Flucht

Begleitsymptomatik verschiedene Subtypen unterschieden werden (mit depressiver Symptomatik, mit Angst, mit Störung des Sozialverhaltens etc.).

Kasten 3: Anpassungsstörung als Stressreaktionssyndrom (Maercker et al. 2007)
- A. Identifizierbare psychosoziale Belastung; Beginn der Symptome innerhalb eines Monats.
- B. Intrusive Symptome: wiederholte belastende und unwillkürliche Erinnerungen an das Ereignis; repetitive Gedanken oder andauerndes Grübeln über das Ereignis; Stressreaktion bei der Erinnerung an das Ereignis.
- C. Vermeidung: Vermeidung von Reizen, die mit dem Ereignis assoziiert sind; Versuch, Gedanken an das Ereignis zu vermeiden; Versuch, Gefühle zu vermeiden, die mit dem Ereignis assoziiert sind; Versuch, nicht über das Ereignis zu reden; Rückzug von anderen.
- D. Fehlanpassung: Verlust des Interesses an der Arbeit, am sozialen Leben, der Fürsorge für andere, an Freizeitaktivitäten; Konzentrationsstörung, Schlafstörung; Verlust von Selbstvertrauen bei bekannten Aktivitäten.

Das Problem dieser Diagnosekriterien ist ihre Unklarheit. Anders als andere Störungen ist die Anpassungsstörung nicht durch das Vorhandensein spezifischer Symptome definiert, sondern durch den Ausschluss anderer Störungen bei nur grober Beschreibung einer Symptomatik. Es gibt verschiedene Bemühungen, diese Definition zu konkretisieren. Maercker et al. (2007) nehmen den Vorschlag von Horowitz (2001) auf und kategorisieren die Anpassungsstörung zusammen mit der akuten Belastungsstörung, der posttraumatischen Belastungsstörung und der komplizierten Trauer als Stressreaktionssyndrom. Dieser Störungsgruppe ist gemeinsam, dass in Reaktion auf einen Stressor Intrusionen, Vermeidungssymptome und Fehlanpassungssymptome auftreten. In ▶ Kasten 3 ist diese Neudefinition einer Anpassungsstörung dargestellt. Wie nach der ICD-10 können je nach

Das DSM-5 sieht erstmals eine »verlustbezogene Störung« (komplizierte oder prolongierte Trauer) vor, die als Subtyp der Anpassungsstörung klassifiziert wird. Die in ▶ Kasten 4 dargestellten Symptome folgen in weiten Teilen den Vorschlägen einer internationalen Expertengruppe (Prigerson et al. 2009). Auch in diesen Diagnosekriterien sind Intrusionen, Vermeidung und Fehlanpassung zu finden.

Kasten 4: Diagnosekriterien der verlustbezogenen Störung (aktuell vorgeschlagene Kriterien des DSM-5)
- A. Tod einer nahen Person vor mindestens 12 Monaten
- B. Symptome von Trennungsstress (mindestens 1 von 4, an den meisten Tagen, in klinisch bedeutsamem Ausmaß): Verlangen

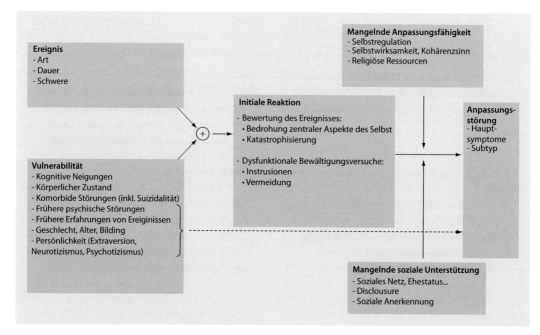

☐ Abb. 5.1 Störungsmodell der Anpassungsstörung

nach dem Verstorbenem; intensive Trauer bzw. emotionaler Schmerz; Beschäftigung mit dem verstorbenen; Beschäftigung mit den Todesumständen
- C. Kognitive, emotionale und verhaltensbezogene Symptome (mindestens 6 von 12, an den meisten Tagen, in klinisch bedeutsamem Ausmaß):
  - C1. Reaktive Belastung: Schwierigkeit, den Tod zu akzeptieren; Gefühl der Erschütterung oder Benommenheit; Schwierigkeit, sich in positiver Weise an den Verstorbenen zu erinnern; Verbitterung oder Wut; maladaptive Selbstbewertungen bezüglich dem Tod (z.B. Selbstbeschuldigung); exzessives Vermeiden von Erinnerungen an den Verlust
  - C2. Erschütterung der Identität und sozialer Beziehungen: Wunsch, nicht mehr zu leben, um bei dem Verstorbenen zu sein; Schwierigkeit, anderen Menschen zu vertrauen; Gefühl des Alleinseins; Gefühl, dass das Leben sinnlos oder leer ist; Verwirrung über die eigene Rolle im Leben oder Gefühl, ein Teil des Selbst sei gestorben; Schwierigkeit, Interessen zu verfolgen und die Zukunft zu planen
- D. Die Störung verursacht eine klinisch signifikante Beeinträchtigung
- E. Die Trauerreaktion ist außerhalb der jeweiligen kulturellen oder religiösen Norm

5.1.2 Störungsmodell

Bei der Anpassungsstörung wird, wie bei anderen Stressreaktionssyndromen, angenommen, dass ein kritisches Lebensereignis die Störung auslöst. Allerdings hängt von verschiedenen Faktoren ab, ob ein Stressor eine Anpassungsstörung zur Folge hat. In ☐ Abb. 5.1 ist ein Störungsmodell der Anpassungsstörung dargestellt. Ausgangspunkt ist ein Vulnerabilitäts-Stress-Modell als Rahmenkonzeption, welches besagt, dass die Kombination von Stressoren und einer bestimmten Vulnerabilität zu einer Störung führt (Hankin u. Abela 2005). Der Stress bezieht sich im Falle der Anpassungsstörung mit verschiedenen Charakteristika (Art, Dauer, Schwere) auf das kritische Lebensereignis. Die Vulnerabilitätsfaktoren prädisponieren eine Person, mit einer Anpassungsstörung auf ein Ereignis zu reagieren. Für die Anpassungsstörung besonders wichtige Vulnerabilitätsfaktoren sind kognitive Neigungen (Intrusions-, Vermeidungs-, Depressions-, Angst- und Aggressionsneigung). Im Alter häufiger auftretende Vulnerabilitätsfaktoren sind funktionale Beeinträchtigungen (Akechi et al. 2004), ein beeinträchtigter körperlicher Zustand und komorbide Störungen (Strain et al. 1998). Allgemeine Vulnerabilitätsfaktoren sind frühere Ereignisse und Störungen, Geschlecht, Alter, Bildung (Aghanwa u. Erhabor 1998) und Persönlichkeit (Lung et al. 2006).

Die initiale Reaktion stellte sich in der Überprüfung eines PTBS-Genesemodells als sehr wichtig heraus (Maercker 2007), sodass sie auch im Erklärungsmodell für Anpassungsstörungen eine zentrale Stellung einnimmt (Peeters et al. 1995). Im Vergleich zu anderen Störungen spielt bei Anpassungsstörungen besonders mangelnde Anpassungsfähigkeit eine wichtige Rolle. Hier sind insbesondere Selbstregulationsfähigkeiten (Jopp u. Smith 2006), Selbstwirksamkeit (Luszczynska et al. 2005), Kohärenzsinn (Surtees et al. 2006) und religiöse Ressourcen (Park 2006) zu nennen. Schließlich beeinflusst auch das Ausmaß an sozialer Unterstützung den Anpassungserfolg nach einem kritischen Lebensereignis (Hemenover 2003; Laireiter et al. 2007).

5.2 Behandlung von Anpassungsstörungen

Es mag auch mit der schon diskutierten mangelhaften Definition der Anpassungsstörungsdiagnose zusammenhängen, dass es bisher kein etabliertes und gut untersuchtes Behandlungsprogramm für Anpassungsstörungen gibt. Gerade im deutschen Sprachraum wurden aber in den letzten Jahren mehrere Therapiemanuale und -empfehlungen veröffentlicht. In diesen Publikationen nimmt zwar auch die Lebensrückblicksintervention in der einen oder anderen Form eine gewisse Rolle ein, hat aber eher einen untergeordneten Platz. Bevor verschiedene Ansätze der Lebensrückblicksintervention bei der Behandlung von Anpassungsstörungen und Lebenskrisen ausführlicher beschrieben werden, sollen allgemeine Therapiestrategien im Überblick dargestellt werden.

Bengel u. Hubert (2009) geben in ihrem Band der Reihe *Fortschritte der Psychotherapie* einen schönen Überblick über relevante Behandlungsstrategien und formulieren vier Haupttherapieziele (◘ Tab. 5.1). Zum ersten Therapieziel, der Erarbeitung eines Störungsmodells, gehört nicht nur die Exploration des Ereignisses und der Symptomatik, sondern auch eine Ressourcenanalyse. Ein Lebensrückblick zur Betrachtung persönlicher Erfolge und/oder gemeisterter schwieriger Lebenssituationen wird u.a. in Bezug auf die Ressourcenanalyse genannt.

Das zweite Therapieziel, die Bearbeitung der Symptome, nimmt den größten Raum ein. Da die Symptomatik bei einer Anpassungsstörung recht unterschiedlich sein kann (depressiv, ängstlich, verbittert, sozial gestört), wird aus einer Palette von möglichen therapeutischen Interventionen gewählt (◘ Tab. 5.1). Die am häufigsten eingesetzten Behandlungsstrategien stammen aus der kognitiv-verhaltenstherapeutischen Depressions- und Angsttherapie.

Beim dritten Therapieziel geht es um die Einbettung des belastenden Ereignisses in die Biografie. Über die beiden Strategien der Abschiedsrituale und des Perspektivwechsels (◘ Tab. 5.1) hinaus böte sich hier ein ausführlicher Lebensrückblick an, wie in den folgenden Abschnitten dieses Kapitels beschrieben.

Schließlich geht es gegen Ende der Therapie um das Ziel, neue Perspektiven für die Zukunft zu entwickeln. Dazu liegen in der Psychotherapie eine Reihe von Strategien vor, zwei konkrete Strategien werden von Bengel u. Hubert (2009) genannt (◘ Tab. 5.1). Wenn im vorhergehenden Schritt ein ausführlicher Lebensrückblick durchgeführt wird, mündet der Blick zurück meist ganz harmonisch in einen Blick nach vorne.

Tab. 5.1 Therapieziele und Behandlungsstrategien bei Anpassungsstörungen (adaptiert nach Bengel u. Hubert 2009)

Therapieziel	Behandlungsstrategien
Erarbeitung eines Störungsmodells	– Exploration des kritischen Ereignisses
	– Persönliche Bedeutung des kritischen Ereignisses für den Patienten
	– Erfassung von Vermeidungsverhalten
	– gemeinsame Formulierung eines Störungsmodells
	– Ressourcenanalyse
	– Festlegung von Therapiezielen
Bearbeiten der Symptome	Symptomübergreifende Strategien:
	– Modifikation des Stressors oder seiner Auswirkungen (falls möglich)
	– Krisenintervention und Verringerung der Suizidalität
	– Ressourcenaktivierung
	– Problemlösetraining
	– Imaginative Stabilisierungstechniken
	Bei depressiver Symptomatik:
	– Aufbau angenehmer Aktivitäten
	– Förderung unterstützender Sozialkontakte
	– Kognitive Umstrukturierung
	Bei ängstlicher Symptomatik:
	– Schrittweise Konfrontation mit vermiedenen Situationen
	– Entspannungsverfahren
	Bei Beeinträchtigung anderer Gefühle:
	– Strategien der Emotionsregulation
	– Methode der unlösbaren Probleme (aus der Weisheitstherapie)
	Bei Störung des Sozialverhaltens
	– Strategien der Emotionsregulation
	– Training sozialer Kompetenzen
Einbettung des belastenden Ereignisses in die Biografie	– Abschiedsrituale (bei Verlusterlebnissen)
	– Perspektivwechsel (bei Kränkungserlebnissen)
Entwicklung neuer Perspektiven	– Entwicklung eines Zukunftsszenarios
	– »Wheel of Life«

In zwei weiteren Buchpublikationen (Reschke et al. 2011; Hoffmann u. Hofmann 2008) wird je ein kognitiv-verhaltenstherapeutisches Behandlungsmanual der Anpassungsstörung vorgestellt. Beide Manuale beinhalten weitgehend ähnliche Behandlungsstrategien, wenn auch in anderer systematischer Ordnung als bei Bengel u. Hubert (2009). Exemplarisch sei hier das Therapieprogramm für Anpassungsstörungen (TAPS) von Reschke et al. (2011) vorgestellt.

Drei zentrale Interventionskategorien dieses Gruppenprogramms werden unterschieden:
— Verbesserung der Gefühls-und Handlungsregulation,
— Entspannungstechnik sowie
— Coping und Problemlösen.

Insgesamt handelt es sich um zehn Sitzungen, in denen jeweils ein Thema im Vordergrund steht. Wie in ▶ Kasten 5 ersichtlich ist, kommen hier zumeist kognitiv-verhaltenstherapeutische Standardstrategien zur Anwendung. In der zehnten Sitzung wird eine kurze Lebensrückblicksintervention eingesetzt (▶ Abschn. 5.3.2), in der das aktuelle Problem in die eigene »Stressbiografie« eingeordnet wird, sodass es mit dem Blick auf bisher gemeisterte Krisen besser bewältigt werden kann.

> **Kasten 5: Inhalte der Sitzungen des Therapieprogramms für Anpassungsstörungen (TAPS; nach Reschke et al. 2011)**
> 1. Ankommen, sich entlasten und entspannen: erste Problembeschreibung
> 2. Information und Motivation: Vermittlung eines Störungsmodells, Verhaltensanalyse
> 3. Der Gedanken-Gefühls-Spirale entkommen: kognitive Umstrukturierung, Entspannungsübung
> 4. Denkfallen erkennen und verändern: kognitive Umstrukturierung
> 5. Gefühle ausdrücken und Ruheort finden: Gefühlsausdruck, Imaginationsübung
> 6. Negative Gefühle ausdrücken, positive Gefühle kultivieren: Emotionsregulation, Genusstraining
> 7. Problemlösungen erarbeiten: Problemlösetraining
> 8. Gewohnheiten ändern
> 9. Eigene Probleme bewältigen lernen: Problemlösetraining
> 10. Neubewertung der Anpassungskrise als Chance zur Veränderung: kurzer Lebensrückblick, Zielsetzung

Zum Abschluss dieses Abschnitts sei darauf hingewiesen, dass aus der Konzeptualisierung der Anpassungsstörung als Stressreaktionssyndrom (▶ Abschn. 5.1.2) mit den psychopathologischen Hauptmechanismen der Intrusionen und des Vermeidens ein konfrontatives Vorgehen ähnlich der Expositionstherapie zur Behandlung der PTBS folgerichtig wäre. Dieser Aspekt wurde meines Erachtens in den vorgestellten Behandlungsprogrammen zu wenig integriert. Dort wird zwar auch eine schrittweise Konfrontation mit bisher vermiedenen Situationen angestrebt, jedoch würde eine Expositionstherapie zusätzlich eine Konfrontation mit dem Ereignis und damit zusammenhängenden Gedanken und Gefühlen beinhalten. Dieser Aspekt ist besonders gut in dem bisher nicht publizierten *Manual zur gesprächspsychotherapeutischen Behandlung von Anpassungsstörungen* beschrieben (Biermann-Ratjen u. Eckert 2001). Eckert (1996) fasst das Vorgehen in drei Therapiephasen zusammen (▶ Kasten 6).

> **Kasten 6: Drei Phasen der gesprächspsychotherapeutischen Behandlung von Anpassungsstörungen (nach Eckert 1996)**
> 1. Verstehen des Vermeidungsverhaltens (z.B. Selbstzweifel, Schuld- und Angstgefühle, Aggression) und Auseinandersetzung mit dem belastenden Lebensereignis und den damit einhergehenden Gefühlen
> 2. Konfrontation mit den Gefühlen, die zu dem belastenden Lebensereignis gehören und den Selbstwert infrage stellen. Typisch ist in dieser Phase eine Intensivierung der psychischen Belastung (Angst, Suizidalität, emotionale Stumpfheit).
> 3. Immer differenziertere Auseinandersetzung mit dem Ereignis und den Gefühlen, Akzeptanz und Integration in das Selbstkonzept.

5.3 Lebensrückblick zur Bewältigung kritischer Lebensereignisse

Das in ▶ Kap. 1 bereits beschriebene Entwicklungsmodell von Erikson (1966), das eine Beschreibung der Entwicklungsaufgaben in jeder der acht Phasen vom Säuglingsalter bis zum späten Erwachsenenalter enthält, wird in der Lebensrückblicksliteratur sehr häufig als theoretische Grundlage der therapeutischen Strategien herangezogen. Biografien verlaufen allerdings meist nicht idealtypisch. So können kritische Lebensereignisse in bestimmten Lebensphasen eine effektive Bewältigung der jeweiligen Entwicklungsaufgabe behindern. Beispielsweise kann die Identitätsentwicklung – die Entwicklungsaufgabe in der späten Kindheit und Adoleszenz – nur in unzureichendem Ausmaß geschehen, wenn das Kind adoptiert wurde, nie seine leiblichen Eltern kennengelernt hat oder in Pflegefamilien aufwuchs. Ebenso kann z.B. die Nähe-Distanz-Regulation – die Entwicklungsaufgabe im jungen Erwachsenenalter – bei Menschen mit einem psychisch kranken Partner sehr herausgefordert werden. Erschwerend für die Ausbildung von Generativität und Integrität – Entwicklungsaufgaben im mittleren und späten Erwachsenenalter – sind beispielsweise schwere Erkrankungen oder der Verlust wichtiger Bezugspersonen.

Abhängig vom Alter des Patienten kann ein Lebensrückblick im therapeutischen Prozess zur Bewältigung des kritischen Ereignisses unterschiedliche Funktionen haben. Im Folgenden werden zunächst die Funktionen eines Lebensrückblicks bei Anpassungsstörungen diskutiert. Anschließend werden verschiedene Formen des Lebensrückblicks bei Anpassungsstörungen beschrieben.

5.3.1 Funktionen eines Lebensrückblicks bei Anpassungsstörungen

Ein Lebensrückblick kann die Funktion haben, eine unzureichend gelöste Entwicklungsaufgabe wieder aufzunehmen bzw. besser zu bewältigen. Bezogen auf die oben genannten Beispiele kann ein Lebensrückblick folgende Funktionen übernehmen:

— Stärkung der eigenen Identität: Mit Adoptiv- und Pflegekindern wird ein Lebensrückblick – meist in der sozialpädagogischen Biografiearbeit (▶ Kap. 2) – zur Auseinandersetzung mit der eigenen Identität und zur Anregung einer gesunden Persönlichkeitsentwicklung eingesetzt. Dies gilt auch für Kinder und Jugendliche in anderen problematischen Lebenssituationen, z.B. Jugendliche im Strafvollzug und Kinder psychisch kranker Eltern. Am anderen Ende der Lebensspanne sind es Menschen mit Demenz, mit denen Biografiearbeit u.a. mit dem Ziel durchgeführt wird, die Identität durch das Erinnern länger zurückliegender Ereignisse aufrechtzuerhalten.

— Stärkung der Beziehungsfähigkeit: Gerade im jungen Erwachsenenalter, wenn die eigene Beziehungsbiografie bereits Narben hinterlassen hat, kann ein Lebensrückblick zum Verstehen von Beziehungsmustern und zur Bewältigung gegenwärtiger problematischer Beziehungskonstellationen (z.B. mit einem psychisch kranken Partner) dienen.

— Lebensbilanz (Verlust-Gewinn-Bilanz): Im höheren Lebensalter können aktuelle Lebensereignisse (z.B. schwere Erkrankungen, Verlust wichtiger Bezugspersonen) oder länger zurückliegende Lebensereignisse, die im Alter wieder präsenter werden, zu einer negativen Lebensbilanz führen. Ein strukturierter Lebensrückblick, in dem gezielt auch positive Erlebnisse rekapituliert werden, dient daher einer ausgewogenen Lebensbilanz mit positivem Effekt auf das Wohlbefinden.

Daneben kann ein Lebensrückblick in der Behandlung von Anpassungsstörungen auch die in ▶ Kap. 1 erwähnten Funktionen haben, die ursprünglich für die Behandlung der PTBS identifiziert wurden:

— Sinnfindung: Nach einem kritischen Lebensereignis haben Menschen das Bedürfnis, diesem einen Sinn zu geben, d.h., neben der Tragik und dem Schmerz auch subjektiv positive Veränderungen in der Folge des Ereignisses zu erleben. Eine Lebensrückblicksintervention kann dieses Bedürfnis nach Sinngebung aufnehmen und verstärkt berücksichtigen, um eine bessere emotionale und kognitive

Verarbeitung des Lebensereignisses zu ermöglichen.
- Gedächtniselaboration: Wie in ▶ Kap. 1 ausgeführt, sind autobiografische Erinnerungen in hierarchischer Form abgespeichert, d.h. in verschiedenen Abstraktheitsgraden und über verschiedene Modalitäten hinweg (Fakten, Gedanken, Gefühle, sensorische Empfindungen). Bei Stressreaktionssyndromen – vor allem, wenn das Ereignis mit intensiver Angst einherging – wurde das Ereignis weder genügend in den Kontext anderer Erinnerungen noch in inhaltlich kohärenter Form integriert. Bei depressiven Störungen werden Erinnerungen bevorzugt auf einer sehr abstrakten Ebene abgerufen. Ein strukturierter Lebensrückblick hat die Funktion, wieder vermehrt Zugang zu konkreten – insbesondere positiven – Erinnerungen zu schaffen und die Kohärenz der Erinnerungen zu verbessern.

Eine Lebensrückblicksintervention ist bei Anpassungsstörungen und Lebenskrisen daher besonders sinnvoll, weil sie sowohl der Linderung der Intrusions- und Vermeidungssymptomatik dient (Gedächtniselaboration) als auch bei der kognitiven und emotionalen Verarbeitung hilft (Sinnfindung, Lebensbilanz, Identitätsstärkung).

5.3.2 Fokusse eines Lebensrückblicks bei Anpassungsstörungen

Wie in der Beschreibung der Behandlungsstrategien schon angeklungen ist, kann ein Lebensrückblick an verschiedenen Stellen im therapeutischen Prozess hilfreich sein. Dabei ist der Fokus des Lebensrückblicks unterschiedlich, was Auswirkungen auf die Länge und den Inhalt der therapeutischen Fragen hat. Im Folgenden werden unterschiedliche Fokusse einer Lebensrückblicksintervention bei der Behandlung von Anpassungsstörungen beschrieben.

▪ **Fokus auf dem aktuellen negativen Erlebnis**
Bei diesem Fokus geht der Lebensrückblick nur bis zum kritischen Lebensereignis zurück und umfasst eine detaillierte Beschreibung des Ereignisses und der damit zusammenhängenden Gefühle und Gedanken. Die Folgen des Ereignisses werden ebenfalls detailliert beschrieben. Dieses Vorgehen ähnelt sehr dem Vorgehen eines Lebensrückblicks bei PTBS (▶ Kap. 7; Forstmeier u. Maercker 2008). Besonders die Funktionen der Gedächtniselaboration und Sinnfindung werden hierbei angestrebt.

Zu Beginn gibt der Therapeut zu verstehen, dass er weiß, wie schwierig es für den Patienten sein kann, sich in großer Ausführlichkeit mit dem kritischen Lebensereignis auseinanderzusetzen. Die Erzählung des Patienten wird zunächst *nicht* durch Fragen nach positiven Aspekten (z.B. der eigenen Bewältigung) unterbrochen. Dies kann im Anschluss oder in einer späteren Sitzung geschehen. Die existenzielle Schwere des Lebensereignisses wird vielmehr durch den Therapeuten gewürdigt (»Das muss eine ganz schwierige Zeit für Sie gewesen sein«).

Der Therapeut hat im weiteren Verlauf die Aufgabe, den Patienten von der Ebene der reinen Beschreibung auf die Ebene von Gedanken und Gefühlen zu führen. Der Therapeut achtet daher auf folgende Aspekte:
- Ist der Ausdruck zu sachlich?
- Was ist der schlimmste Moment des Ereignisses oder der Ereigniskette?
- Welches sind die dominierenden Gefühle (Wut, Scham, Angst, Trauer, Schuld)?
- Welche dysfunktionalen Gedanken sind mit dem Ereignis assoziiert (z.B. Machtlosigkeit, Selbstvorwürfe, fehlendes Selbstvertrauen, Verbitterung, Angst, Trauer)?

Zur Vertiefung des Explorationsniveaus stellt der Therapeut Fragen nach den schmerzhaftesten Erinnerungen, Körperreaktionen (z.B. Schwitzen, Herzrasen), auditiven und visuellen Wahrnehmungen und emotionalen Reaktionen. Die Beschreibung in der Ich-Form und der Gegenwartsform zu halten ist entscheidend für eine wirkungsvolle Konfrontation. Dabei kann es auch hilfreich sein, sich bewusst mit Reizen zu konfrontieren, die mit dem Ereignis in Zusammenhang stehen (z.B. Gegenstände, Fotos der involvierten Personen, Lieblingsmusikstücke aus der Zeit des Ereignisses).

Wie Eckert (1996) betont, kann die Konfrontation mit den schmerzhaftesten Momenten die psychische Belastung erhöhen, Ängste und eine damit zusammenhängende Vermeidungstendenz auslösen (► Kasten 6). Der Therapeut ist auch achtsam für auftretende suizidale Tendenzen. Die immer differenziertere Auseinandersetzung mit dem Ereignis und den Gefühlen wird idealerweise zu einer Akzeptanz und Integration des Ereignisses in das Selbstkonzept führen.

Zum Abschluss der Sitzung wird nach positiven Veränderungen durch das Überstehen des kritischen Lebensereignisses gefragt (z.B. »Haben Sie bei sich selbst festgestellt, dass Sie etwas Positives aus dieser Lebenserfahrung gezogen haben?«). Im Falle der Verneinung kann an dieser Stelle das Thema des Abschlussfindens angesprochen werden: »Haben Sie einen Abschluss für sich selbst finden können? Wie sieht der aus bzw. könnte der aussehen?« Negativen Erlebnissen, selbst den schrecklichsten, kann ein Sinn gegeben werden. Auch wenn das Lebensereignis selbst ein negativer Fakt bleibt, wird die subjektive Erfahrung, durch das Ereignis auch in positiver Hinsicht verändert worden zu sein, unterstützt und als neue, erweiterte Sichtweise ermöglicht.

Wenn die Fokussierung auf das aktuelle Ereignis im Rahmen eines strukturierten, umfassenden Lebensrückblicks von der Geburt bis zum gegenwärtigen Alter geschieht, wird in den nachfolgenden Stunden mit der Besprechung der folgenden Lebensphasen weitergemacht. Dies unterstützt implizit ein wesentliches Ziel des Lebensrückblicks, das kritische Lebensereignis »nur« als einen von vielen Teilen des Lebens zu verstehen.

■ **Fokus auf früheren negativen Ereignissen**

Typischerweise umfasst eine Lebensrückblicksintervention nicht nur das aktuelle kritische Lebensereignis, sondern verortet ein aktuelles Ereignis im lebensgeschichtlichen Zusammenhang. Mit dem gleichen Fragestil können auch länger zurückliegende Ereignisse bearbeitet werden. Dabei kann man entlang eines Themas entsprechende Ereignisse rekapitulieren, z.B. ausschließlich die Beziehungsbiografie erarbeiten, um besser zu verstehen, welche Lebensereignisse die eigene Beziehungsfähigkeit beeinflusst haben. Ein themenoffener Rückblick mit allen wichtigen negativen Lebensereignissen ist natürlich auch möglich. Die Ziele der Gedächtniselaboration und Sinnfindung werden auch hier als Wirkfaktoren angestrebt.

Eine Variante des Rückblicks auf negative Ereignisse wird gerne von kognitiven Therapeuten angewendet. Wie in ► Kap. 6 beschrieben wird, hängen kognitive Schemata ganz häufig mit vergangenen Erfahrungen zusammen. Misserfolgserlebnisse, die man als Kind oder Jugendlicher hatte, können beispielsweise eine Neigung zu selbstabwertenden Gedanken begünstigen. Eigene Handlungen können Schuldgefühle ausgelöst haben und noch heute eine Neigung zu Selbstvorwürfen nach sich ziehen. Das Ziel des Lebensrückblicks ist dabei, besonders die Gedanken zu explorieren, die im Zusammenhang mit den Lebensereignissen stehen, und zu verstehen, wie sich kognitive Schemata durch das Leben ziehen und weitere negative Erlebnisse begünstigen. Dysfunktionale Gedanken führen auch dazu, dass man frühere Ereignisse aus einer negativen Perspektive interpretiert. Wenn es einem nun, als Erwachsenem, möglich ist, Erlebnisse des damaligen Kindes mit dem heutigen Wissen neu zu interpretieren (z.B., dass die andere Person bzw. man selbst damals aufgrund mangelnden Wissens und mangelnder Erfahrung nur so und nicht anders handeln konnte), ist ein ganz wichtiger Schritt in der kognitiven Umstrukturierung getan.

■ **Fokus auf gemeisterten Krisen und hilfreichen Ressourcen**

Im Unterschied zu den beiden bisher beschriebenen Fokussen stehen hier positive Aspekte der Biografie im Mittelpunkt. Dabei werden kritische Lebensereignisse und Krisen zwar besprochen, aber der Fokus ist hier auf das Meistern und Bewältigen dieser als »Herausforderungen« umgedeuteten Ereignisse gerichtet. Wenn dem Patienten bewusst wird, welche Probleme er in seinem bisherigen Leben gemeistert hat, stärkt dies seine Selbstwirksamkeitserwartung und führt dazu, dass er an das aktuelle Problem optimistischer herangeht. In diesem Zusammenhang wird auch gezielt nach persönlichen Stärken und Ressourcen gefragt, die dem Patienten damals geholfen haben und – so die Weiterführung des Gedankens – ihm auch heute zustattenkommen können. Dadurch wird der Lebensrückblick zu einer Methode der Ressourcenanalyse und -aktivierung.

Rybarczyk u. Bellg (1997) nennen diese Form des Lebensrückblicks auch Lebensherausforderungsinterview (Life Challenges Interview). In ▶ Kap. 4 wird es ausführlich beschrieben, und im Anhang B von ▶ Kap. 4 findet sich eine große Anzahl hilfreicher Fragen, die der Therapeut nutzen kann. Die Logik dieser Fragen beginnt immer bei der Frage nach der Herausforderung; anschließend wird nach der Bewältigungserfahrung gefragt (z.B. in Bezug auf eine Partnerschaft: »Welche Schwierigkeiten gab es zu Beginn Ihrer Ehe? Wie haben Sie gelernt, mit den Unterschieden zu leben?«). Die Fragen nach der Bewältigung dienen einer ausführlichen Beschäftigung mit diesem positiven Erlebnis und umfassen drei Ziele oder Phasen:

1. Lenke die Aufmerksamkeit auf Herausforderungen, z.B.: »Welche Lektion haben Sie dabei gelernt? Wie haben Sie das gemeistert?«,
2. Unterstreiche die Stärken und Ressourcen, die gebraucht wurden, um der Herausforderung entgegenzutreten, z.B. »Welche persönlichen Eigenschaften halfen Ihnen dabei, die Herausforderung zu bewältigen?«
3. Fasse die überdauernden Schlüsselstärken und -ressourcen zusammen.

- **Fokus auf früheren Interessen, Aktivitäten und sozialen Kontakten**

Dies ist eine Variante des eben dargestellten Fokus auf Ressourcen. Speziell bei einer depressiven Symptomatik sind der Aufbau angenehmer Aktivitäten und die Herstellung befriedigender sozialer Kontakte Therapieziele. Dazu dienen bei einem kognitiv-verhaltenstherapeutischen Vorgehen häufig Listen angenehmer Aktivitäten, die der Patient dahingehend bewerten soll, wie häufig sie in seinem Leben derzeit auftreten und wie angenehm er sie erlebt oder erleben würde (Hautzinger 1997).

Ein Lebensrückblick bietet die Möglichkeit, genau zu explorieren, welche Aktivitäten und sozialen Beziehungen in der Vergangenheit als angenehm oder befriedigend erlebt wurden. Viele dieser Aktivitäten sind vermutlich nach wie vor positiv besetzt und können beim Aufbau angenehmer Aktivitäten herangezogen werden. Die Frage, was aus diesen ehemals positiven Lebensaspekten geworden ist, hilft zu verstehen, was die Hindernisse sein könnten. Möglicherweise stehen Misserfolgserlebnisse oder interpersonale Konflikte hinter dem Rückzug von einstmals geliebten Aktivitäten und Beziehungen.

- **Umfassender strukturierter Lebensrückblick mit positiven und negativen Ereignissen**

Wenn sowohl positive als auch negative Aspekte in gleichem Ausmaß und von der Kindheit bis zum aktuellen Lebensalter strukturiert bearbeitet werden, wird von einem *strukturierten Lebensrückblick* gesprochen (Haight u. Haight 2007). In der Behandlung von Depressionen bei Älteren wird er als eigenständiges therapeutisches Verfahren eingesetzt. Bei der Behandlung von Anpassungsstörungen dient er der Unterstützung einer Lebensbilanz, da die Erkenntnis, dass das eigene Leben doch nicht nur negative Ereignisse beinhaltet hat, wichtig für die Herstellung von Wohlbefinden ist und bei der Bewältigung der aktuellen Krise hilft. Der Therapeut hat dabei die Aufgabe, durch gezielte Fragen nach positiven Ereignissen ein ausgewogenes Verhältnis oder – besser noch – ein Überwiegen von positiven Aspekten herzustellen.

In ▶ Kap. 8 ist das strukturierte Programm von Haight u. Haight (2007) beschrieben. Zwar wird es dort auf Demenzpatienten bezogen, wurde aber ursprünglich als störungsübergreifende Intervention entwickelt. Für jede der sechs Sitzungen wurde eine Reihe von hilfreichen Fragen vorgeschlagen (der *Lebensrückblickbogen*, s. Anhang von ▶ Kap. 8).

- **Fokus auf der Herkunftsfamilie und der frühen Entwicklung**

Bei Kindern und Jugendlichen aus zerrütteten Familienverhältnissen (z.B. Adoptiv- und Pflegekindern) kann ein Lebensrückblick der Stärkung der eigenen Identität dienen. Dieser Ansatz wird in ▶ Abschn. 5.4.3 noch näher beschrieben (s. auch ▶ Kap. 2). Der Fokus liegt dabei meist auf der Herkunftsfamilie und der frühen Entwicklung. In einem persönlichen Lebensbuch, das auch Fotos und andere bedeutungsvolle Dokumente enthält, werden Episoden aus dem bisherigen Leben notiert. Es geht um die leiblichen Eltern, die Geschwister, den Grund der Adoption, die neuen Eltern und Geschwister, frühere Wohnorte, Schulen etc. Das Ziel ist dabei, dem Kind trotz seiner schwierigen Vorgeschichte und seines komplizierten Verhältnisses zu den Eltern die Aussöhnung mit seiner Geschichte zu ermöglichen.

- **Fokus auf Erlebnissen mit einer bestimmten Person**

Bei dem Verlust einer wichtigen Bezugsperson kann es zur Bewältigung der Trauer hilfreich sein, Erlebnisse mit dieser Person über die Lebensspanne hinweg zu reflektieren. Beispielsweise bietet sich die Intervention »Spurensuche« an, um herauszufinden, wie die verstorbene Person den Patienten geprägt hat und wie auch heute noch Spuren der Person in übernommenen Gewohnheiten, Aktivitäten, Persönlichkeitseigenschaften und Werten weiterleben (► Abschn. 5.4.5). Auch können ungelöste Konflikte wieder aufgenommen werden, und mit imaginativen Verfahren können Lösungen und Neuerfahrungen gefunden werden.

5.4 Programme für spezifische Patientengruppen

In diesem Kapitel werden Projekte vorgestellt, in denen eine Lebensrückblicksintervention in der einen oder anderen Form eingesetzt und empirisch evaluiert wurde. Studien streben meist eine homogene Stichprobe an, sodass die erwähnten Patientengruppen keine vollständige Liste möglicher Indikationen repräsentieren.

5.4.1 Bewältigung von Operationen und anderen medizinischen Eingriffen

Zwei einstündige Kurzinterventionen setzten Rybarczyk und Kollegen ein, um das Wohlbefinden bei Personen zu verbessern, die kurz vor einer Operation oder einem anderen medizinischen Eingriff standen (Rybarczyk et al. 1993; Rybarczyk u. Auerbach 1990). Zwei Varianten der Kurzintervention wurden dabei verglichen: das Lebensrückblicksinterview (Life Review Interview) und das Lebensherausforderungsinterview (Life Challenges Interview). In ► Kap. 4 sind diese Interviews ausführlich dargestellt (s. auch ► Abschn. 5.3.2). Der Fokus liegt im ersten Interview ganz allgemein auf positiven Erlebnissen, im zweiten Interview auf gemeisterten Krisen und hilfreichen Ressourcen. An dieser Stelle sollen nun die Wirksamkeitsstudien zusammengefasst werden.

In einer ersten Studie erhielten ältere ehemalige Soldaten einen Tag vor einem chirurgischen Eingriff (z.B. Herzarterien-Bypass, Prostataresektion, Leistenbruchoperation) eine einstündige Intervention (Rybarczyk u. Auerbach 1990). Verglichen wurden das allgemeine Lebensrückblicksinterview, das Lebensherausforderungsinterview, ein Gespräch mit dem Fokus auf aktuellen Aktivitäten und Interessen sowie eine unbehandelte Kontrollgruppe. Die beiden Interviewgruppen verzeichneten hinsichtlich Ängstlichkeit und Selbstwirksamkeit größere Verbesserungen als die beiden Kontrollgruppen.

In einer Folgestudie wurden bei einer Stichprobe von Koronarangioplastie-Patienten die beiden Interviews mit einer Entspannungsintervention und einer unbehandelten Kontrollgruppe verglichen (Rybarczyk et al. 1993). Auch hier schnitten beide Interviewgruppen besser ab als die unbehandelte Kontrollgruppe (die Entspannungsgruppe hatte gleich gute Effekte), und zwar hinsichtlich Ängstlichkeit und emotionsfokussierter Bewältigung. Nur das Lebensherausforderungsinterview führte zu höherer Selbstwirksamkeit und positiverem Denken während der Angioplastie. Einschränkend ist hinzuzufügen, dass es sich bei den Effekten der Interviews nur um Kurzzeitfolgen handelt, aber keine signifikanten Effekte auf die Schmerzwahrnehmung während der Operation, den Medikamentenverbrauch, die Aufenthaltsdauer bis zur Entlassung oder die Lebensqualität 30 Tage nach dem chirurgischen Eingriff gefunden wurden.

5.4.2 Anpassung nach einem Schlaganfall

Ein Schlaganfall ist ein kritisches Lebensereignis, nach dem mindestens ein Viertel der Patienten eine depressive Störung entwickeln (Hackett et al. 2005). In einer qualitativen Studie wurde die Bedeutung eines Schlaganfalls bei Frauen untersucht (Hilton 2002). Nach einem Schlaganfall wird es häufig als schwierig erlebt, wieder so zu werden, wie man sich

5.4 · Programme für spezifische Patientengruppen

einmal kannte. Unsicherheit, Autonomieverlust, Verzweiflung, Isolation und Verluste sind übliche Erlebnisinhalte. Um sich an die veränderte Situation anzupassen, helfen die Identifikation neuer Rollen und Bewältigungsstrategien, das Üben von Strategien zur Überwindung von Alltagsschwierigkeiten sowie das Akzeptieren der Realität der neuen Begrenzungen.

Davis (2004) kürzte die strukturierte Lebensrückblicksintervention von Haight u. Haight (2007; ▶ Kap. 8) von sechs auf drei einstündige Sitzungen und wandte sie bei Patienten an, die innerhalb der letzten sechs Monate einen Schlaganfall erlitten hatten. Die Inhalte der drei Sitzungen sind:
1. Kindheit und frühe Jugend;
2. Jugend und junges Erwachsenenalter, inklusive Fragen zu Familie und Zuhause, Religion, Arbeit;
3. Erwachsenenalter, inklusive Fragen zu bedeutungsvollen Beziehungen, Ehe, Schwierigkeiten; Fragen zur Zusammenfassung und Integration (z.B., was der Patient ändern und was er so lassen möchte, wie es ist, oder welches die größten Befriedigungen seines Lebens sind).

Verglichen wurde diese Interventionsgruppe mit einer Kontrollgruppe, die in drei Sitzungen Videos zu den Themen Ernährung, Feuersicherheit und Telefonieren sah und darüber diskutierte. Die Interventionsgruppe wies nach der dritten Sitzung signifikant größere Verbesserungen hinsichtlich Depression und Lebenszufriedenheit auf. Diese Ergebnisse zeigen, dass eine Lebensrückblicksintervention, selbst wenn sie nur aus wenigen Sitzungen besteht, die Lebensqualität und die Anpassung an die Folgen des Schlaganfalls deutlich erhöhen kann.

5.4.3 Identitätsfindung als Adoptiv- oder Pflegekind

Adoptiv- und Pflegekinder erleben nicht nur die Trennung von ihren leiblichen Eltern, welche an sich schon ein stressvolles Lebensereignis ist (diese Erfahrung teilen sie mit Waisen), sondern sie erleben diese Trennung zudem als ein Verlassen- oder Verstoßensein, weil sie wissen, dass die Eltern noch leben. Dies hat langfristige Folgen für das psychische Wohlbefinden. Gefühle wie die Angst, nicht geliebt oder wieder verlassen zu werden, Einsamkeit oder das Gefühl, minderwertig zu sein, sind keine Seltenheit. Die Rate psychischer Störungen sowie der Suizidalität und krimineller Handlungen ist daher auch erhöht (Hjern et al. 2002).

Natürlich ist auch die Identitätsentwicklung gestört, da eine Identifizierung mit den Bezugspersonen, welche wichtig für die Ausbildung der eigenen Identität ist, erschwert ist. Das fehlende Wissen über die leiblichen Eltern führt oft dazu, dass diese Lücken in der Fantasie ausgefüllt werden. Solche Fantasien sind nicht selten negativ (»Meine Eltern sind böse und wertlos, denn gute Eltern geben ihr Kind nicht weg«) und mit destruktiven Schlussfolgerungen über die eigene Person verbunden (»Als ihr Kind kann ich nicht anders, als auch böse und wertlos zu sein, denn ich stamme von ihnen ab«) (Wiemann 2011).

In der sozialpädagogischen Begleitung von Adoptiv- und Pflegekindern ist eine Biografiearbeit zwar noch nicht Standard, aber doch weit verbreitet (Wiemann 2011). Die Biografiearbeit kann dabei Teil einer interdisziplinären Behandlung sein, zusätzlich zu einer kinderpsychologischen bzw. -psychiatrischen Betreuung. Natürlich kann ein Kinder- und Jugendlichenpsychotherapeut die Biografiearbeit auch selbst durchführen. Im Folgenden sind die wichtigsten Aspekte dieser Form des Lebensrückblicks beschrieben. Ausführliche Materialien finden sich beispielsweise bei Lattschar u. Wiemann (2008).

- **Prozess und Produkt**

Die Biografiearbeit kann in einer Gruppe beginnen, doch zur intensiven Bearbeitung sind Einzelsitzungen sinnvoller. Die Dauer kann zwischen einem halben und einem Jahr betragen, allein schon deswegen, weil die Beschaffung von Informationen über die Herkunftsfamilie zeitlich intensiv sein kann. Als sichtbares Produkt der Biografiearbeit wird ein Buch bzw. eine Mappe zusammengestellt, das sog. Lebensbuch. Es enthält zu jedem Thema eine oder mehrere Seiten mit Fotos, gemalten Bildern, Briefen, Texten von relevanten Bezugspersonen, eigenen Notizen usw.

- **Herkunft und Grundgeschichte**

Die ersten Seiten des Lebensbuchs enthalten einen Vorspann, der ein aktuelles Foto des Kindes, einen Steckbrief und eine Zusammenfassung seiner besonderen Fähigkeiten etc. umfasst. Informationen zu und Fotos von den leiblichen Eltern sowie den Adoptiveltern sind ebenso wichtig. Wenn keine Fotos von den leiblichen Eltern vorliegen, können die Eltern auch symbolisch gemalt werden. Auf einer Seite wird die Grundgeschichte des Kindes aufgeschrieben, etwa so:

» Damit ein Baby entsteht, braucht es immer einen Mann und eine Frau. Das Baby wächst im Bauch der Frau und macht den Mann zum Vater und die Frau zur Mutter. Du hast einen ersten Vater, Michael, und eine erste Mutter, Diana. Die haben dir dein Leben geschenkt. Sie wussten, dass sie für ihr Kind nicht jeden Tag und jede Nacht genug Kraft hatten. So haben sie dafür gesorgt, dass du uns als Mama und Papa bekommen hast, obwohl wir dich nicht geboren haben. Du bist in unseren Herzen festgewachsen. Dein Leben, deine Kraft, deine Liebe zum Leben hast du von deinen leiblichen Eltern. Und du hast uns, Mama und Papa, die wir jeden Tag für dich da sind und dich hegen und pflegen, deine Möglichkeiten stärken und vermehren (Wiemann 2011, S. 112). «

- **Positive Ereignisse**

Einige Seiten des Lebensbuchs sollen einem Lebensrückblick mit Fokus auf positiven Ereignissen und Ressourcen gewidmet werden, mit dem Ziel, das Wohlbefinden positiv zu beeinflussen und Bewältigungsmöglichkeiten zu stärken.

- **Identität**

Ein Teil des Lebensbuchs wird der Person des Kindes gewidmet. Hierzu gehört die Beschreibung des Äußeren, der Persönlichkeit, der Hobbys und Vorlieben etc. Ein Lebensrückblick, der thematisch auf Interessen und Gewohnheiten fokussiert, kann dabei sehr hilfreich sein. Oft an dieser Stelle enthalten, aber über einen Lebensrückblick hinausgehend ist das Thema »Gefühle«. Hierbei werden alle Gefühle anhand von Gesichtern und Beispielen beschrieben, und der Umgang mit diesen Gefühlen wird während des therapeutischen Prozesses regelmäßig reflektiert.

- **Beziehungen**

Das Thema »Beziehungen« ist in der Biografiearbeit mit Adoptiv- und Pflegekindern zentral. Genogramme und Soziogramme dienen der grafischen Darstellung der Beziehungen zu relevanten Bezugspersonen, Freunden, Kontrahenten, Lehrern, Nachbarn etc. (▶ Kap. 11). Dabei soll das Kind Klarheit über die Bedeutung der verschiedenen Personen gewinnen, egal, ob es sich um aktuelle oder um frühere Bezugspersonen handelt. Wichtig ist beispielsweise, die Bedeutung der leiblichen und der Pflege-/Adoptiveltern sowie den biografischen Kontext der Adoption bzw. des Pflegeauftrags zu beschreiben, z.B.:

» Deine erste Mama und dein erster Papa haben dir das Leben gegeben. Aber sie können dir kein Zuhause geben. Wenn Eltern nicht selbst für ihr Kind sorgen können, dann haben sie ein Recht darauf, dass ihnen jemand hilft. Das Jugendamt hat ihnen geholfen und hat deine Pflegeeltern gesucht. Und diese Pflegeeltern sind für deine Eltern eingesprungen und sind jetzt jeden Tag für dich da. Du hast Eltern, die dir das Leben gegeben haben, und Pflegeeltern, die du so lieb hast wie deine Eltern (Wiemann 2011, S. 117). «

Ebenfalls sinnvoll ist, den Sinn von Kontakten zu den leiblichen Eltern zu klären:

» Ich bin deine Mama, die dir das Leben gegeben hat. Da wir uns nur so selten sehen, bleiben meine Besuchstage bei dir Ausnahmetage für uns beide. Ich komme, um zu schauen, wie du gewachsen bist und was du alles dazugelernt hast. Und du kannst schauen, wer ich bin und wie ich bin. Ich bin sehr glücklich, dass es dich gibt, und stolz auf dich. Es ist gut, dass du Menschen hast, die dich lieb haben und zu denen du gehörst (Wiemann 2011, S. 117). «

- **Besonders belastende Ereignisse**

Die Biografiearbeit sollte auch die Bearbeitung besonders belastender Lebensereignisse beinhalten. Dies kann die bereits angesprochene und hier wieder aufgenommene Abgabe durch die Eltern sein.

Es ist wichtig, dass das Kind versteht, aus welchen Gründen es von den Eltern getrennt wurde. Ehrlichkeit ist an dieser Stelle sinnvoll. Mit Fotos, gemalten Bildern, Kommentaren und Briefen von Bezugspersonen aus früheren Zeiten wird die Verbindung zu verloren gegangenen Menschen und Orten geschaffen. Trauer und Hilfen beim Umgang mit der Trauer haben ebenfalls ihren Platz. Wenn der Grund der Trennung darin bestand, dass ein Elternteil mit dem Gesetz im Konflikt kam (beispielsweise durch sexuellen Missbrauch der Geschwister), ist Gefühlen wie Wut und Verachtung Raum zu geben. Ziel ist es hier, die Herkunftseltern mit neuen Augen zu sehen und zu erkennen, dass sie ihrerseits Opfer von ungünstigen Lebensbedingungen waren und dass sie auch gute Eigenschaften haben. Dies hilft, die leiblichen Eltern langsam zu tolerieren zu lernen.

- **Zukunft**

Schließlich endet die Biografiearbeit mit einem Blick auf die Zukunft. Interessen, Wünsche und Träume bezüglich Freundschaften, Beruf, Werten und Lebenssituationen werden hier gesammelt. Mit einem positiven, optimistischen, lustvollen Blick in die Zukunft wird das Wohlbefinden unterstützt.

5.4.4 Leben mit einem psychisch kranken Partner

Die Lebensqualität von Partnern einer psychisch kranken Person ist deutlich reduziert. Bei Partnern von Menschen mit Schizophrenie, Depression oder einer Angststörung beispielsweise sind insbesondere das psychische Wohlbefinden und die Zufriedenheit mit sozialen Beziehungen reduziert (Angermeyer et al. 2006). Auch eine Alkoholabhängigkeit des Partners ist ein bedeutsamer Stressor, der interpersonale Konflikte, Gefühle der Hoffnungslosigkeit und Sinnlosigkeit und weitere negative Gesundheitsfolgen haben kann (Hurcom et al. 2000).

Ziel einer Lebensrückblickstherapie wäre für diese Patientengruppe, wieder Sinn im Leben zu finden, das Leben besser zu akzeptieren und die eigene psychische Gesundheit zu fördern. Dies strebt ein koreanisches Interventionsprogramm an,

Tab. 5.2 Sitzungsinhalte des Logo-Autobiografie-Programms (nach Cho 2008)

Sitzung	Inhalt	Lebensphase
1	Vorstellung und Orientierung Erstellung einer chronologischen Tabelle	Gesamtes Leben
2	Bedeutsame Menschen im Leben	Vor der Heirat
3	Bedeutsame Menschen im Leben	Nach der Heirat
4	Krisen und Einstellungen gegenüber diesen	Vor der Heirat
5	Krisen und Einstellungen gegenüber diesen; Einstellung gegenüber dem Tod	Nach der Heirat
6	Wiederholtes Lesen der Autobiografie; Teilen der Gefühle und Bewertungen mit anderen	Gesamtes Leben

das Elemente aus der Logotherapie (Frankl 1998) und dem strukturierten Lebensrückblick (Haight u. Haight 2007) vereint und »Logo-Autobiografie-Programm« genannt wird (Cho 2008). Es besteht aus sechs zweistündigen Sitzungen, die wöchentlich im Gruppenformat mit sechs bis zehn Personen durchgeführt wurden. Die Inhalte der sechs Sitzungen sind in ◘ Tab. 5.2 zusammengefasst.

In den ersten fünf Sitzungen schreiben die Teilnehmer ihre Autobiografien handschriftlich nieder. Vor der sechsten Sitzung werden diese Niederschriften von einem Assistenten mit einem Textverarbeitungsprogramm abgeschrieben und in Buchform gedruckt. In der sechsten Sitzung lesen die Teilnehmer zunächst ihr eigenes Buch und teilen dann ihre Gefühle und Bewertungen mit den anderen Teilnehmern. Die sechs Sitzungen bestehen jeweils aus vier Teilen:
1. Aufwärmen (10 Min.): Motivierung, Information über das heutige Thema, Erfahrungen berichten.
2. Schreiben des autobiografischen Textes (40 Min.).

3. Suchen und Finden des Sinns (50 Min.): Gefühle und Gedanken mitteilen; Werte explorieren: Einstellungen modifizieren; Feedback geben; Alternativen explorieren; möglichen Sinn diskutieren.
4. Teilen der Erfahrung (10 Min.): Abschließend über Gefühle reden; das Thema der nächsten Stunde vorstellen.

In einer nicht randomisierten Studie wurde diese Intervention mit einer Kontrollgruppe verglichen (Cho 2008). Die Ergebnisse sind ermutigend: Die Patienten in der Interventionsgruppe verbesserten sich im Hinblick auf Sinn im Leben, Depressivität, Feindseligkeit, Somatisierung, interpersonale Sensitivität und globale Symptomschwere signifikant stärker als die Patienten in der Kontrollgruppe. Keine Unterschiede fanden sich hinsichtlich Ängstlichkeit, Wahn, Zwanghaftigkeit und Psychotizismus.

5.4.5 Anpassung an den Verlust einer Person

Der Verlust einer bedeutsamen Person ist ein universales Lebensereignis, welches im Unterschied zu manch anderem Lebensereignis jeder irgendwann erlebt. Die meisten Menschen können sich an solche Verluste adäquat anpassen. Einige allerdings leiden in einem klinisch bedeutsamen Ausmass mit entsprechenden Einschränkungen im psychosozialen Funktionieren, sodass die Diagnose einer besonderen Form der Anpassungsstörung, nämlich der komplizierten oder prolongierten Trauer, angemessen erscheint (Prigerson et al. 2009). In ▶ Abschn. 5.1.1 sind die Kriterien dieser Diagnose beschrieben.

Die Behandlung einer verlustbezogenen Störung kann ähnliche Strategien beinhalten wie die Therapie der Anpassungsstörung (▶ Abschn. 0). Hierzu gehört das Ermöglichen des Trauerausdrucks, eine Trauerkonfrontation, Verhaltensübungen, kognitive Umstrukturierung, Aufbau einer Alltagsstruktur, Kommunikation über den Verlust sowie Ressourcenaktivierung (z.B. Znoj 2004). Ein Lebensrückblick kann, wie im Folgenden ausgeführt, an mehreren Stellen des therapeutischen Prozesses hilfreich sein.

- **Konfrontation mit dem Verlust**

Wenn Vermeidungsverhalten einen wichtigen Teil der Symptomatik ausmacht, ist ein konfrontatives Vorgehen indiziert. Reize, die mit dem Verlust verbunden sind, wie persönliche Gegenstände des Verstorbenen, das Grab etc., können bei der Konfrontation behilflich sein. Wie in ▶ Abschn. 5.3.2 beschrieben, werden die Patienten angeleitet, die Todesumstände so zu beschreiben, als ob es sich um ein aktuelles Geschehen handelte.

- **Klärung der Beziehung**

Ziel der Trauertherapie ist es auch, den Verstorbenen in seiner Bedeutung für sich selbst und in seiner Beziehung zur Person des oder der Trauernden zu verstehen. Dies beinhaltet auch die Auseinandersetzung mit ungelösten Konflikten mit der verstorbenen Person. Diese Konflikte können zwar nicht mehr direkt gelöst werden, können aber langfristig zu Anpassungsproblemen führen. Ein Lebensrückblick, der den Fokus auf die Beziehung zu der verstorbenen Person und auf gemeinsame Erlebnisse legt, bietet hier einen sinnvollen Ausgangspunkt. Konflikte, die mit Vorwürfen dem Verstorbenen gegenüber, Schuldgefühlen oder emotionalem Schmerz assoziiert sind, werden im Detail beschrieben. Der Therapeut hilft dabei, die emotionalen Aspekte der Geschichte nicht zu vernachlässigen, indem er die Auseinandersetzung mit einem nur angedeuteten Konflikt vertieft. Eine Neuerfahrung mit der verstorbenen Person ist nur noch via Vorstellung, Rollenspiel oder mit dem »leeren Stuhl« möglich (s. z.B. Znoj 2004). Hilfreich können auch Briefe an die verstorbene Person sein. Sie helfen, Gefühle und Gedanken auszudrücken, eine ambivalente Haltung zu explizieren, Unerledigtes zu beenden und Abschied zu nehmen (s. auch Bengel u. Hubert 2009).

- **Ressourcenaktivierung**

Mit dem Tod einer wichtigen Bezugsperson fallen häufig eine Reihe von Ressourcen weg, insbesondere soziale. Die Gefahr ist, dass sich die psychische Situation noch verschärft, wenn zugelassen wird, dass auch noch vorhandene Ressourcen nicht mehr genutzt werden. Dazu gehören andere Bezugspersonen, die nun einen neuen Stellenwert erhalten, aber auch Freizeitaktivitäten, die möglicherweise nun alleine oder mit anderen Menschen ausgeübt werden müssen, sowie personale Ressourcen wie Humor oder Optimismus. Aus Pietätsgründen erlauben sich trauernde Menschen häufig nicht, auch positive Gefühle zu erleben, die mit diesen Ressourcen verbunden sind. Erzwungen werden sollten positive Gefühle zwar nicht, aber es gibt hilfreiche Interventionen, die den Zugang zu positiven Emotionen erleichtern können. Znoj (2004) bietet einige konkrete Fragen an:

» Wann haben Sie das letzte Mal mit … gelacht? Wie haben Sie sich kennengelernt? Auch in den traurigsten Zeiten gibt es Momente kleinen Glücks – ist es Ihnen möglich, sich jetzt einen solchen Moment ins Gedächtnis zu rufen? Stellen Sie sich vor, Ihr(e) … sieht Ihren Gram – verträgt sich das mit der Freude, die er/sie an Ihnen hatte? (Znoj 2004, S. 62). «

Eine weitere Intervention, um Ressourcen zu aktivieren, ist die »Spurensuche« (»life imprint«), die in ▶ Kasten 7 beschrieben ist (Neimeyer 2010).

> **Kasten 7: Spurensuche (nach Neimeyer 2010)**
> Wir nehmen kleine oder größere Anteile von für uns bedeutsamen Personen in uns auf, assimilieren Merkmale und Werte dieser Personen unbewusst in unsere Persönlichkeit. Diese »Vererbung« geht über Gene hinaus, da wir stark oder subtil nicht nur durch unsere Eltern, sondern auch durch Freunde, Lehrer, Geschwister und sogar Kinder geprägt werden, die wir geliebt und verloren haben. Diese Spuren sind nicht immer positiv. Manchmal können wir unsere Selbstzweifel, unser Misstrauen, Ängste usw. auf einst wichtige Beziehungen zurückführen. Nehmen Sie sich Zeit, um die Spuren dieser wichtigen Person in Ihrem Leben ausfindig zu machen.
> Diese Person hat folgende Spuren in mir hinterlassen:
> Meine Eigenheiten oder Gesten: ……………
> Meine Art zu sprechen und zu kommunizieren: ……………………………………………....
> Meine Arbeits- und Freizeitaktivitäten: ………..
> Meine Gefühle in Bezug auf mich selbst und andere: …………………………………………………
> Meine Persönlichkeitseigenschaften: ……….
> Meine Werte und Einstellungen: ……………
> Die Spuren, die ich behalten und weiterentwickeln möchte, sind: ……………………….
> …………………………………………………
> Die Spuren, auf die ich gerne verzichten und die ich verändern möchte, sind: ………………
> …………………………………………………..

5.4.6 Anpassung an eine neue Wohnumgebung

Durch einschneidende Lebensveränderungen wie das Auftreten einer körperlichen Behinderung, die Trennung von einem Partner, den Tod eines Partners oder finanzielle Probleme kann ein Wohnungswechsel notwendig werden. Dieser kann wiederum als sekundäres kritisches Lebensereignis erlebt werden, das mit mehr oder weniger starken Anpassungsschwierigkeiten verbunden sein kann. Das Risiko, eine Depression oder Suizidgedanken zu entwickeln, ist bei dieser Population erhöht. Ein Lebensrückblick kann dabei helfen, diese Veränderung zu akzeptieren, Ressourcen zu aktivieren und einen Sinn in dieser Veränderung zu erarbeiten (Haight et al. 1998). In dieser Studie wurde der strukturierte Lebensrückblick eingesetzt, wie ihn Haight u. Haight (2007) beschrieben haben (▶ Kap. 8). Verglichen mit einer Kontrollgruppe, deren Teilnehmer einen unterstützenden Besuch erhielten, wies die Interventionsgruppe nach der Therapie eine signifikant niedrigere Prävalenz einer klinischen Depression auf (Haight et al. 1998). Auch nach einem Jahr waren Depressivität und Hoffnungslosigkeit signifikant niedriger und psychisches Wohlbefinden und Lebenszufriedenheit höher. Es konnte also gezeigt werden, dass ein Lebensrückblick in dieser Stichprobe einen präventiven Effekt hat.

5.4.7 Leben mit einer Krankheit, die zum Tod führt

Erkrankungen, die zum Tode führen, sind ebenfalls kritische Lebensereignisse, bei denen ein Lebensrückblick hilfreich sein und die Anpassung unterstützen kann. Bereits mit der Diagnose »Krebs« oder »Aids« ist der Gedanke an den Tod verbunden, auch wenn die Krankheit noch nicht fortgeschritten ist und/oder sehr gute Heilungschancen bestehen. Doch selbst bei Menschen mit fortgeschrittener Krebs- oder Aidserkrankung kann eine Kurzintervention mit Lebensrückblick die Befindlichkeit deutlich verbessern.

- **Leben mit infauster Prognose**

Eine der bekanntesten psychotherapeutischen Interventionen zur Bewältigung einer Krebserkrankung ist die supportive Gruppentherapie, die David Spiegel an der Universität Stanford entwickelte (Spiegel 1993). Das Ziel dieses Ansatzes ist, den Patienten zu helfen, mir ihren Ängsten, ihrer Depressivität und Trauer besser umzugehen, um eine gute Entscheidung treffen zu können, wie sie den Rest ihres Lebens verbringen möchten. Eine der vorgeschlagenen Strategien ist ein Lebensrückblick, um das bisherige Leben zu evaluieren und Lebensziele neu zu definieren. Dabei können alte, nicht beendete Projekte wieder aufgenommen werden, um die verbleibende Zeit weise und sinnvoll zu nutzen. Patienten knüpfen beispielsweise an ihre frühere Vorliebe fürs Gedichteschreiben an oder bereisen Destinationen, die sie schon lange im Sinn hatten. Ausgangspunkt dieser Projekte am Ende des Lebens ist ein Lebensrückblick, der Ressourcen, Vorlieben und unvollendete Projekte zutage fördert.

Der strukturierte Lebensrückblick von Haight u. Haight (2007) wurde in diesem Kapitel bereits mehrfach erwähnt. Auch in einer Gruppe von Krebspatienten, die sich nicht in der terminalen Phase befanden, wurde diese Intervention angewendet (Ando et al. 2006). In dieser nicht randomisierten kontrollierten Studie durchlief die Interventionsgruppe vier Sitzungen mit einem strukturierten Lebensrückblick zu positiven und negativen Ereignissen von der Kindheit bis zum aktuellen Alter (im Mittel 54 Jahre). Während die unbehandelte Kontrollgruppe sich hinsichtlich Depressivität und Selbstwert nicht veränderte, verbesserte sich die Interventionsgruppe signifikant.

Ein ähnliches Ergebnis konnte in einer randomisierten kontrollierten Studie mit Aidspatienten (im Mittel 44 Jahre) gefunden werden (Erlen et al. 2001). Auch hier wurden in Anlehnung an Haight u. Haight (2007) vier Sitzungen mit einer Dauer von ein bis zwei Stunden eingesetzt. Die Inhalte der vier Sitzungen waren:

1. Kindheit: Fragen zu den Lebensumständen, zu Eltern, Geschwistern, Krankheiten, Verlusten, Religion und Selbstkontrollfähigkeit.
2. Jugend: Fragen zu Beziehungen zu Gleichaltrigen, zu Schule, Hobbys, intimen Beziehungen, sexuellen Aktivitäten, Selbstkontrolle, Familienbeziehungen, Interaktionen mit den Eltern und zur Atmosphäre zu Hause.
3. Erwachsenenalter: Fragen zu wichtigen Ereignissen, Religion, Selbstbild, Arbeit, Beziehungen, Ehe, Kindern, sexuellen Aktivitäten, Verlusten, Krankheiten und zu der Erfahrung, mit Aids zu leben.
4. Integration: Zusammenfassung und Bewertung des Lebens, Zusammenschau aller wichtigen Lebensereignisse, persönliche Errungenschaften, die Auswirkung von Aids auf das eigene Leben; die glücklichsten, unglücklichsten und stolzesten Momente im Leben; Lebenszufriedenheit, Ängste und Hoffnungen.

Verglichen mit der Kontrollgruppe, erlebte die Interventionsgruppe nach einem Jahr eine Verbesserung der Lebensqualität und des Selbstwertes und hatte weniger depressive Symptome.

- **In der terminalen Phase**

Wenn ein Krebs- oder Aidspatient nur noch wenige Wochen oder Monate zu leben hat, kann eine Kurzfassung der Lebensrückblicksintervention eingesetzt werden. Ziele sind neben der Verbesserung der Befindlichkeit eine Möglichkeit der Lebensbilanz und ein Gefühl der Generativität.

Chochinov et al. (2005) nennen ihre Intervention »Würdetherapie« (Dignity Therapy). Sie entwickelten sie aufgrund der Beobachtung, dass es einen starken Zusammenhang zwischen dem Empfinden von Würde am Ende des Lebens und dem

Auftreten von Depressivität, Angst und Todeswünschen gibt. Daher ist das Ziel der Würdetherapie, in der Betreuung Todkranker nicht nur Schmerz- bzw. Symptommanagement zu betreiben, sondern auch das Bedürfnis nach einem Sterben in Würde zu berücksichtigen. Als Produkt entsteht ein Text, der die wichtigsten Aspekte des jeweiligen Lebens beinhaltet und als eine Art emotionales Testament den Angehörigen und Bezugspersonen übergeben wird.

Der Ablauf der Würdetherapie sieht vor, dass die Patienten vor der eigentlichen Sitzung mit dem Therapeuten eine Liste von Standardfragen (▶ Kasten 8) erhalten, über die sie sich Gedanken machen sollen. In ein bis zwei Sitzungen, die 30 bis 60 Minuten dauern, werden diese Fragen dann besprochen, wobei die Freiheit besteht, auch andere Fragen zu berücksichtigen, die für den Patienten von persönlicher Bedeutung sind. Der therapeutische Dialog wird auf Band aufgenommen und innerhalb von wenigen Tagen von einem Assistenten in einen narrativen Text transformiert, den der Therapeut anschließend editiert. Beim Editieren werden überflüssige Wörter entfernt, die chronologische Reihenfolge von Ereignissen wird korrigiert, und Sätze werden markiert, die den Lesern Leid zufügen könnten und daher noch einmal mit dem Patienten besprochen werden müssen. Außerdem wird ein Satz formuliert, der ein angemessenes Textende darstellen könnte (z.B. »Das Leben war gut«, »Ich wünsche meiner Familie Gottes Segen«). Dieses editierte Dokument wird dem Patienten vorgelesen, und Änderungen werden besprochen bzw. eingearbeitet. Am Schluss steht ein Dokument, das dem Patienten in mehrfacher Kopie überreicht wird und an Angehörige und Freunde weitergegeben werden kann.

> **Kasten 8: Standardfragen in der Würdetherapie (nach Chochinov et al. 2005)**
> — Erzählen Sie mir ein wenig über Ihre Lebensgeschichte; besonders die Teile, an die Sie sich am besten erinnern oder die Sie für die wichtigsten halten.
> — Gibt es bestimmte Dinge, die Ihre Familie über Sie erfahren oder an die sie sich erinnern soll?
> — Was sind Ihre wichtigsten Errungenschaften, worauf sind Sie am meisten stolz?
> — Gibt es bestimmte Dinge, die Sie Ihren Angehörigen gerne noch sagen möchten, erstmals oder noch einmal?
> — Was sind Ihre Hoffnungen und Träume für Ihre Angehörigen?
> — Was haben Sie über das Leben gelernt, das Sie anderen mitgeben möchten? Welche Ratschläge möchten Sie gerne weitergeben?
> — Möchten Sie Worte oder sogar Anweisungen an Ihre Familie weitergeben, die diesen helfen, sich auf die Zukunft vorzubereiten?
> — Gibt es noch andere Dinge, die Sie in dieses bleibende Dokument einschließen möchten?

In einer ersten, unkontrollierten Evaluationsstudie zeigte sich, dass das Ausmaß an Leiden und Depressivität signifikant reduziert werden konnte, nicht aber Angst, Hoffnungslosigkeit und Suizidalität (Chochinov et al. 2005). In einer randomisierten kontrollierten Studie wurde die Würdetherapie mit der Standardpflege und einer klientenzentrierten Pflege verglichen (Chochinov et al. 2011). Die Patienten veränderten sich in allen drei Gruppen zwar nicht hinsichtlich ihrer psychischen Symptomatik, doch im Hinblick auf die Verbesserung ihrer Lebensqualität und ihr Würdeempfinden sowie auf das Ausmaß, in dem die Familienangehörigen die Intervention als hilfreich empfanden, schnitt die Würdetherapie signifikant besser ab.

Während ein wichtiger Aspekt der Würdetherapie ist, den Angehörigen ein Dokument zu überreichen und damit eine Botschaft zu übermitteln, zielt der Kurzzeit-Lebensrückblick von Ando et al. (2010) primär darauf ab, dass der Patient selbst sein Leben Revue passieren lässt und bewertet. Die Rahmenbedingungen sind dieselben: zwei Sitzungen à 30 bis 60 Minuten. Die Fragen für die erste Sitzung sind ähnlich wie bei der Würdetherapie (▶ Kasten 9). Nach der Sitzung gestaltet der Therapeut aus den Antworten ein einfaches Album, indem er passende Fotos und Zeichnungen aus Büchern oder Zeitschriften hinzufügt, um dem

Dokument mehr Schönheit und Nachhaltigkeit zu verleihen. In der zweiten Sitzung können noch Anpassungen vorgenommen werden. Außerdem demonstriert der Therapeut dem Patienten, dass sein Selbst von der Vergangenheit bis zur Gegenwart eine unzerstörbare Einheit gewesen ist und wie er zu einem akzeptierbaren Abschluss seines Lebens kommen kann. In einer randomisierten kontrollierten Studie konnten durch diese Intervention Depressivität, Angst und weitere Variablen im Vergleich zur Kontrollgruppe (zwei unterstützende Gespräche) signifikant verbessert werden.

Kasten 9: Standardfragen des Kurzzeit-Lebensrückblicks (nach Ando et al. 2010)

- Was ist das Wichtigste in Ihrem Leben, und warum?
- Was sind die lebhaftesten oder prägendsten Erinnerungen in Ihrem Leben?
- Welches Ereignis oder welche Person prägte Sie am meisten?
- Was ist die wichtigste Rolle, die Sie in Ihrem Leben gespielt haben?
- Was war der stolzeste Moment in Ihrem Leben?
- Gibt es etwas, das Ihre Familie über Sie wissen sollte?
- Gibt es Dinge, die Sie ihnen erzählen wollen oder die sie in Erinnerung behalten sollen?
- Welche Ratschläge oder Worte der Orientierung haben Sie für die wichtigen Menschen in Ihrem Leben oder für die jüngere Generation?

Literatur

Aghanwa, H. S., & Erhabor, G. E. (1998). Demographic/socioeconomic factors in mental disorders associated with tuberculosis in southwest Nigeria. *Journal of Psychosomatic Research, 45*, 353–360.

Akechi, T., Okuyama, T., Sugawara, Y., Nakano, T., Shima, Y., & Uchitomi, Y. (2004). Major depression, adjustment disorders, and post-traumatic stress disorder in terminally ill cancer patients: Associated and predicative factors. *Journal of Clinical Oncology, 22*, 1957–1965.

Ando, M., Tsuda, A., & Moorey, S. (2006). Preliminary study of reminiscence therapy on depression and self-esteem in cancer patients. *Psychological Reports, 98*, 339–346.

Ando, M., Morita, T., Akechi, T., & Okamoto, T. (2010). Efficacy of short-term life-review on the spiritual well-being of terminally ill cancer patients. *Journal of Pain and Symptom Management, 39*, 993–1002.

Angermeyer, M. C., Kilian, R., Wilms, H. U., & Wittmund, B. (2006). Quality of life of spouses of mentally ill people. *International Journal of Social Psychiatry, 52*, 278–285.

Bengel, J., & Hubert, S. (2009). *Anpassungsstörung und Akute Belastungsreaktion*. Göttingen: Hogrefe.

Biermann-Ratjen, E.-M., & Eckert, J. (2001). *Manual zur gesprächspsychotherapeutischen Behandlung von Anpassungsstörungen*. Unveröffentlichtes Manual.

Cho, S. (2008). Effects of logo-autobiography program on meaning in life and mental health in the wives of alcoholics. *Asian Nursing Research, 2*, 129–139.

Chochinov, H. M., Hack, T., Hassard, T., Kristjanson, L. J., McClement, S., & Harlos, M. (2005). Dignity Therapy: A novel psychotherapeutic intervention for patients near the end of life. *Journal of Clinical Oncology, 23*, 5520–5525.

Chochinov, H. M., Kristjanson, L. J., Breitbart, W., McClement, S., Hack, T. F., Hassard, T., et al. (2011). Effect of dignity therapy on distress and end-of-life experience in terminally ill patients: A randomised controlled trial. *Lancet Oncology, 12*, 753–762.

Davis, M. C. (2004). Life review therapy as an intervention to manage depression and enhance life satisfaction in individuals with right hemisphere cerebral vascular accidents. *Issues in Mental Health Nursing, 25*, 503–515.

Eckert, J. (1996). Gesprächspsychotherapie. In C. Reimer, J. Eckert, M. Hautzinger & E. Wilke (Hrsg.), *Psychotherapie. Ein Lehrbuch für Ärzte und Psychologen* (S. 233–288). Berlin: Springer.

Erikson, E. H. (1966). *Identität und Lebenszyklus*. Frankfurt a.M.: Suhrkamp.

Erlen, J. A., Mellors, M. P., Sereika, S. M., & Cook, C. (2001). The use of life review to enhance quality of life of people living with AIDS: A feasibility study. *Quality of Life Research, 10*, 453–464.

Forstmeier, S., & Maercker, A. (2008). *Probleme des Alterns* (Reihe »Fortschritte der Psychotherapie«). Göttingen: Hogrefe.

Frankl, V. E. (1998). *Logotherapie und Existenzanalyse* (3. Aufl.). Weinheim: Beltz.

Hackett, M. L., Yapa, C., Parag, V., & Anderson, C. S. (2005). Frequency of depression after stroke: A systematic review of observational studies. *Stroke, 36*, 1330–1340.

Haight, B. K., & Haight, B. S. (2007). *The handbook of structured life review*. Baltimore: Health Professions Press.

Haight, B. K., Michel, Y. & Hendrix, S. (1998). Life review: Preventing despair in newly relocated nursing home residents short- and long-term effects. *International Journal of Aging and Human Development, 47*, 119–142.

Literatur

Hankin, B. L., & Abela, J. R. Z. (Hrsg.). (2005). *Development of psychopathology : a vulnerability-stress perspective*. Thousand Oaks, CA: Sage.

Hautzinger, M. (1997). *Kognitive Verhaltenstherapie bei Depressionen* (4. Aufl.). Weinheim: Psychologie Verlags Union.

Hemenover, S. H. (2003). The good, the bad, and the healthy: Impacts of emotional disclosure of trauma on resilient self-concept and psychological distress. *Personality and Social Psychology Bulletin, 29*, 1236–1244.

Hilton, E. (2002). The meaning of stroke in elderly women. *Journal of Gerontological Nursing Research, 28*, 19–26.

Hjern, A., Lindblad, F., & Vinnerljung, B. (2002). Suicide, psychiatric illness, and social maladjustment in inter-country adoptees in Sweden: a cohort study. *Lancet, 360*, 443–448.

Hoffmann, N., & Hofmann, B. (2008). *Anpassungsstörungen und Lebenskrise: Material für Therapie, Beratung und Selbsthilfe*. Weinheim: Beltz PVU.

Horowitz, M. J. (2001). *Stress Response Syndromes* (4. Aufl.). Lanham, MD: Jason Aronson.

Hurcom, C., Copello, A., & Orford, J. (2000). The family and alcohol: Effects of excessive drinking and conceptualizations of spouses over recent decades. *Substance Use & Misuse, 35*, 473–502.

Jopp, D., & Smith, J. (2006). Resources and life-management strategies as determinants of successful aging: On the protective effect of selection, optimization, and compensation. *Psychology and Aging, 21*, 253–265.

Laireiter, A. R., Fuchs, M., & Pichler, M. E. (2007). Negative soziale Unterstützung bei der Bewältigung von Lebensbelastungen: Eine konzeptuelle und empirische Analyse. *Zeitschrift für Gesundheitspsychologie, 15*, 43–56.

Lattschar, B., & Wiemann, I. (2008). *Mädchen und Jungen entdecken ihre Geschichte. Grundlagen und Praxis der Biografiearbeit*. Weinheim: Juventa.

Lung, F. W., Lee, F. Y., & Shu, B. C. (2006). The premorbid personality in military students with adjustment disorder. *Military Psychology, 18*, 77–88.

Luszczynska, A., Gutiérrez-Doña, B., & Schwarzer, R. (2005). General self-efficacy in various domains of human functioning: Evidence from five countries. *International Journal of Psychology, 40*, 80–89.

Maercker, A. (2007). Posttraumatische Belastungsstörungen. In B. Strauß (Hrsg.), *Lehrbuch Psychotherapie* (Bd. 1, S. 581–610). Göttingen: Hogrefe.

Maercker, A., Einsle, F., & Köllner, V. (2007). Adjustment disorders as stress response syndromes: A new diagnostic concept and its first exploration in a medical sample. *Psychopathology, 40*, 135–146.

Neimeyer, R. A. (2010). The life imprint. In H. Rosenthal (Hrsg.), *Favorite counseling and therapy homework assignments* (überarb. Aufl.). New York: Routledge.

Park, C. L. (2006). Exploring relations among religiousness, meaning, and adjustment to lifetime and current stressful encounters in later life. *Anxiety, Stress and Coping: An International Journal, 19*, 33–45.

Peeters, M. C. W., Buunk, B. P., & Schaufeli, W. B. (1995). A micro-analysis exploration of the cognitive appraisal of daily stressful events at work: The role of controllability. *Anxiety, Stress and Coping: An International Journal, 8*, 127–139.

Prigerson, H. G., Horowitz, M. J., Jacobs, S. C., Parkes, C. M., Aslan, M., Goodkin, K., et al. (2009). Prolonged grief disorder: Psychometric validation of criteria proposed for DSM-V and ICD-11. *PloS Medicine, 6*, e1000121.

Reschke, K., Kusel, A., Teichmann, K., & Hallensleben, R. (2011). *TAPS: Therapieprogramm für Anpassungsstörungen*. Aachen: Shaker.

Rybarczyk, B., & Auerbach, S. M. (1990). Reminiscence interviews as stress management interventions for older patients undergoing surgery. *The Gerontologist, 30*, 522–528.

Rybarczyk, B., & Bellg, A. (1997). *Listening to life stories: A new approach to stress intervention in health care*. New York: Springer.

Rybarczyk, B., Auerbach, S., Jorn, M. L., Lofland, K. R., & Perlman, M. I. (1993). Using volunteers and reminiscence to help older adults to cope with an invasive medical procedure: A follow-up study. *Behavior, Health & Aging, 3*, 147–162.

Spiegel, D. (1993). *Living beyond limits*. New York: Ballantine Books.

Strain, J. J., Smith, G. C., Hammer, J. S., McKenzie, D. P., Blumenfield, M., Muskin, P., et al. (1998). Adjustment disorder: A multisite study of its utilization and interventions in the consultation-liaison psychiatry setting. *General Hospital Psychiatry, 20*, 139–149.

Surtees, P. G., Wainwright, N. W., & Khaw, K. T. (2006). Resilience, misfortune, and mortality: Evidence that sense of coherence is a marker of social stress adaptive capacity. *Journal of Psychosomatic Research, 61*, 221–227.

Wiemann, I. (2011). Biografiearbeit mit Adoptiv- und Pflegekindern. In C. Hölzle & I. Jansen (Hrsg.), *Ressourcenorientierte Biografiearbeit: Grundlagen, Zielgruppen, kreative Methoden* (2. Aufl.). Wiesbaden: VS Verlag.

Znoj, H. J. (2004). *Komplizierte Trauer*. Göttingen: Hogrefe.

Lebensrückblicksinterventionen bei Depression

Christine Szkudlarek-Althaus und Katja Werheid

6.1 Indikation von Lebensrückblicksinterventionen bei Depression – 108

6.2 Wirksamkeitsnachweise bei Depression – 110
6.2.1 Wirksamkeitsstudien – 110
6.2.2 Spezifische Aspekte der Wirksamkeit – 111

6.3 Einsatz von Lebensrückblicksinterventionen im Therapieverlauf – 112

6.4 Mögliche Schwierigkeiten und Lösungsstrategien – 115

6.5 Fallbeispiel – 116

Literatur – 118

Depressionen zählen zu den häufigsten psychischen Erkrankungen im Erwachsenenalter. In diesem Kapitel gehen wir zunächst auf Fragen der Indikation ein: Für welche Personen eignen sich Lebensrückblicksinterventionen (LRI), und aus welchen Gründen eignen sich LRI speziell für die Behandlung von Depressionen und depressiven Symptomen? Danach geben wir einen Überblick über bisherige Forschungsbefunde zur Wirksamkeit dieser Interventionsform bei Depression. Die folgenden Unterkapitel befassen sich mit Fragen zum praktischen Einsatz von Lebensrückblicksinterventionen. Zu welchem Zeitpunkt im Verlauf einer antidepressiven Psychotherapie sollten sie eingesetzt werden? Welche therapeutischen Ziele können damit verfolgt werden? Welche Schwierigkeiten können auftreten? Abschließend werden diese Aspekte anhand eines Fallbeispiels illustriert.

6.1 Indikation von Lebensrückblicksinterventionen bei Depression

Affektive Erkrankungen, und hierbei insbesondere die Major Depression, stellen mit einem Lebenszeitrisiko von 15 bis 20% (Kessler et al. 2005) eine sowohl im sozioökonomischen als auch im psychotherapeutischen Kontext hoch relevante Störungsgruppe dar. Das heute weithin akzeptierte bio-psycho-soziale Modell depressiver Erkrankungen postuliert, neben einer neurobiologischen Disposition und kritischen Lebensereignissen, eine aufgrund individueller lebensgeschichtlicher Erfahrungen entstandene negative Grundeinstellung als einen wichtigen Faktor für die Entstehung und Aufrechterhaltung einer Depression. Die gezielte Betrachtung der Lebensgeschichte bietet daher ein großes therapeutisches Potenzial zur Ableitung eines individuellen Modells der Störungsentstehung und auch einen Ansatzpunkt für Veränderungen. Ein weiterer wichtiger Aspekt ist, dass Depressionen häufig mit anderen psychischen Störungen einhergehen, vor allem mit Angst-, Persönlichkeits- und Zwangsstörungen. Komorbide Störungen sind häufig an der Aufrechterhaltung, respektive Chronifizierung von Depressionen beteiligt. Lebensrückblicksinterventionen können hier zu einer lebensgeschichtlichen Einordnung funktionaler Zusammenhänge beitragen.

Bei Betrachtung der aktuell verfügbaren Literatur wird deutlich, dass Lebensrückblicksinterventionen bisher vorwiegend bei älteren Patienten mit depressiven Störungen verwendet wurden (vgl. ▶ Kap. 3). Angesichts der wachsenden Zahl junger Patienten, die unter Depressionen leiden (Kessler et al. 2003), und der Tatsache, dass es bisher noch keine empirischen Befunde zu Altersunterschieden in Bezug auf die Wirksamkeit dieser Techniken gibt, spricht aus unserer Sicht nichts dagegen, ihren Einsatz in der antidepressiven Psychotherapie nicht nur auf ältere Patienten zu beschränken.

Psychotherapeutische Behandlungsverfahren gleich welcher Natur können durch den Einsatz von Therapietechniken, die die Selbstreflexion fördern, eine große Bereicherung erfahren. In diesem Rahmen scheint die Anwendung einer LRI bei Depression ein enormes Potenzial zu bergen. Unter der Voraussetzung der grundsätzlichen Bereitschaft, sich mit zuweilen schmerzhaften, in der Vergangenheit liegenden Ereignissen auseinanderzusetzen, einer hinreichend guten Introspektionsfähigkeit sowie einer vertrauensvollen Patient-Therapeut-Beziehung kann eine LRI prinzipiell bei allen depressiven Patienten angewendet werden. Allerdings sind angesichts der häufig mit Depression einhergehenden komorbiden Störungen im therapeutischen Kontext einige Besonderheiten hinsichtlich des Zeitpunktes und vor allem hinsichtlich der therapeutischen Beziehungsgestaltung zu beachten, auf die weiter unten näher eingegangen wird. Besonders bereichernd erscheint die Anwendung von Lebensrückblicksinterventionen bei Patienten, die biografische Bezüge zu ihrer aktuellen Symptomatik bereits in Erwägung ziehen, beispielsweise den Tod einer nahestehenden Person als Ausgangspunkt ihrer Depression erkennen und verstehen möchten, welchen Einfluss dies in Zusammenhang mit früheren Ereignissen auf die jetzige Lebenssituation hat. Eine LRI erweist sich erfahrungsgemäß dann als besonders fruchtbare Technik, wenn Lebensbilanz und Sinnfindung bei einem Patienten dominierende Themen darstellen, respektive sich während des Behandlungsverlaufs als wichtige Anliegen herausstellen.

Generell haben Lebensrückblicksinterventionen den – nicht nur bei Depressionen zum Tragen kommenden – Vorteil, dass sie dem Patienten durch die gemeinsame Betrachtung seiner Lebensgeschichte Wertschätzung und Interesse signalisieren. Dies schafft zum einen Vertrauen in die therapeutische Beziehung, und zum anderen ermöglicht es den Therapeuten, individuelle Faktoren der Entstehung und Aufrechterhaltung der Störung sowie lebensgeschichtliche Ressourcen zu explorieren. Neben diesen allgemeinen Vorteilen (s. auch ▶ Kap. 1 u. 2) existieren aus unserer Sicht auch einige störungsbezogene Vorteile.

Depressionen sind in besonderem Maße durch *selbstabwertende Gedanken* als Reaktion auf alltägliche Ereignisse (»daily hassles«) gekennzeichnet. Diese Selbstabwertungen können sich entweder auf den Leistungsbereich beziehen (z.B.: »Ich bin nichts wert, weil ich meine Aufgabe nicht perfekt erledigt habe«) oder auf den interpersonalen Bereich (z.B.: »Ich bin nichts wert, weil eine mir wichtige Person mir nicht die erwartete Aufmerksamkeit schenkt«). Gemäß kognitiv-verhaltenstherapeutischen Ätiologiemodellen entstehen diese depressionstypischen »Schemata« im Rahmen der individuellen Lerngeschichte (Beck et al. 1992). Gemäß tiefenpsychologischen Modellen resultieren sie aus dem depressiven Grundkonflikt, einem aus unsicheren frühen Bindungen entstandenen niedrigen Selbstwertgefühl, das zu einem hohen Bedürfnis nach Zuwendung und zu leichter Enttäusch- und Kränkbarkeit führt (vgl. Rudolf 2008). Gleich welchem Therapieansatz man folgt: Werden in der Depression die negative Sicht des Selbst und der anderen sowie eine pessimistische Zukunftsperspektive zum Leitmotiv, dann werden mitunter weit zurückliegende biografische Misserfolgserlebnisse in aktuellen Lebenssituationen immer wieder reinszeniert. Patienten berichten häufig, dass sich auch bei geringfügigen negativen Alltagserlebnissen stets »der gleiche Film abspielt«, meist eine bedrückende Retrospektive in Schwarz-Weiß. Diese Prozesse können auch bei ganz oder teilweise remittierter Depression als Nährboden für das Aufkeimen depressiver Episoden angesehen werden und sollten vor allem unter rückfallprophylaktischen Gesichtspunkten berücksichtigt werden. Mittels Lebensrückblicksinterventionen können sie der Selbstreflexion sowie einer anschließenden Realitätsprüfung zugänglich gemacht werden.

Auch das depressionstypische Auftreten von *Schuldgefühlen* ist mit Ereignissen und Handlungen verbunden, die in der Vergangenheit liegen. Durch Lebensrückblicksinterventionen können sie in die aktuelle Therapiesituation hereingeholt werden. Beispielsweise kann der Therapeut den Patienten ermuntern, noch einmal zur Ursprungssituation der vermeintlichen Schuldentstehung in der Biografie zurückzugehen und diese aus seiner damaligen Perspektive zu rekonstruieren. Dies fördert bei den Betroffenen die Einsicht in vielschichtige Lebenskonstellationen und eingeschränkte Handlungsoptionen, beispielsweise aufgrund mangelnder Erfahrung im jungen Alter. Hierdurch kann der Patient zu einer entlastenden Reinterpretation der »Schuldfrage« kommen.

Generalisierende negative Schlussfolgerungen sind ein weiteres depressionstypisches Merkmal, das sich häufig auch auf die eigene Biografie bezieht. Die Patienten betrachten ihr Leben oder lange Abschnitte daraus wie durch eine schwarze Brille, die wenig zwischen positiven und negativen Lebensereignissen differenziert. Da sie aus der negativ bewerteten Vergangenheit auf die Zukunft schlussfolgern, geraten sie immer weiter in die Depression hinein oder erhalten sie aufrecht. Eine LRI ermöglicht eine geleitete Rückschau auf das eigene Leben, wobei der Blickwinkel auch auf angenehme Lebensereignisse gelenkt und die generalisierende, negative Bewertung des Patienten einer kritischen Überprüfung unterzogen werden kann.

Häufig erwähnen Patienten im Zuge einer LRI Aktivitäten und Interessen, denen sie in früheren Lebensphasen nachgegangen sind, von denen sie sich jedoch inzwischen zurückgezogen haben. Die *depressionstypische Rückzugstendenz* zieht in verhaltenstherapeutischer Terminologie einen massiven, depressiogenen Verstärkerverlust nach sich. Aus tiefenpsychologischer Perspektive stellt sie eine unreife, maladaptive Bewältigung des depressiven Grundkonflikts dar, aus humanistischer Perspektive steht sie der Selbstverwirklichung entgegen. Gleich welchen Ansatz man verfolgt, Lebensrückblicksinterventionen geben dem Therapeuten einen Anlass, unbefangen nachzufragen, was aus vormals so bedeutsamen, positiv besetzten Aktivitäten und Interessen geworden ist. Hieraus ergeben sich hervorragende Ansatzpunkte für Einsichten in frühere Bewältigungsversuche sowie für Verhaltensveränderungen.

> **Kasten 1: Lebensrückblick bei depressiven Patienten: Störungsspezifische Vorteile**
> Bei Depression eignen sich Lebensrückblicksinterventionen vor allem zur
> — Reflexion der lebensgeschichtlichen Entstehung selbstabwertender Gedanken,
> — Relativierung von Schuldgefühlen,
> — Überprüfung negativer Generalisierungen,
> — Exploration von Ressourcen.

6.2 Wirksamkeitsnachweise bei Depression

Der Lebensrückblick hat im Vergleich zu anderen psychotherapeutischen Interventionen eine Reihe von Vorteilen bei der Depressionsbehandlung. So macht die Tatsache, dass Patienten für eine LRI keine neuen Fertigkeiten lernen müssen (vgl. Watt u. Cappeliez 2000), diese Interventionsform besonders geeignet für die Behandlung von Patienten, für die Psychotherapie ungewohnt ist. Sie können, angeleitet durch die Fragen des Therapeuten, direkt aktiv in den therapeutischen Prozess einsteigen und eine Expertenrolle übernehmen, die dem negativen, depressiven Selbstbild entgegenwirkt. Daher können einzelne Therapieeinheiten zum Lebensrückblick im Rahmen einer längeren Therapie zum Einstieg in neue Therapiephasen genutzt werden (vgl. ▶ Abschn. 6.3).

Die meisten strukturierten Interventionsprogramme, die speziell auf den Lebensrückblick abzielen, sind relativ kurz und umfassen maximal zehn bis zwölf Sitzungen. Außer an dem erwähnten raschen Einstieg liegt dies daran, dass die Themen klar umgrenzt und intuitiv gut erfassbar sind und dass die Abfolge der Sitzungen thematisch oder chronologisch gut strukturierbar ist. Solche standardisierten Programme werden häufiger im Klinikkontext als in ambulanten Praxen verwendet.

Im ambulanten Setting werden mehr oder weniger strukturierte Lebensrückblicksinterventionen meist als Teil eines übergreifenden Therapieplans eingesetzt. Weite Verbreitung und Akzeptanz finden sie hier auch deshalb, weil sie in den verschiedenen psychotherapeutischen Verfahren jeweils unterschiedliche, den therapeutischen Prozess fördernde Funktionen übernehmen. In der psychodynamischen und psychoanalytischen Therapie nimmt der Lebensrückblick zur Exploration der inneren Konflikte in früheren Lebensphasen naturgemäß eine wichtige Rolle ein. In Fokal- und Kurzzeittherapien mit älteren Menschen, bei denen zu einer aktiveren Rolle der Therapeuten geraten wird, werden auch stärker strukturierte LRI-Techniken verwendet (Radebold 1997). Im Rahmen humanistischer Therapieansätze dienen Lebensrückblicksinterventionen der Aktualisierung des Selbst. Beim Rückblick auf das eigene Leben können Erinnerungen aktualisiert und in ein neues Selbstkonzept integriert werden. Gemäß dem humanistischen Ansatz dient dies dem Ziel eines kongruenten, das gesamte Leben einbeziehenden Selbstkonzepts (Linster 1994). In der Verhaltenstherapie dienen Lebensrückblicksinterventionen vor allem der Exploration der Lerngeschichte und der handlungsleitenden Kognitionen sowie der Identifikation individueller Verstärker und Ressourcen für Aktivitätsaufbau und Rückfallprophylaxe (vgl. ▶ Kap. 2 u. ▶ Abschn. 6.3).

6.2.1 Wirksamkeitsstudien

Die Wirksamkeit von Lebensrückblicksinterventionen in Bezug auf die Reduktion depressiver Symptome wurde bereits in einer Reihe von Studien geprüft. Es wurden nur umschriebene LRI-Programme geprüft, die entweder chronologisch – nach dem Modell von Haight u. Webster (1995; vgl. auch ▶ Kap. 8) – oder thematisch – anhand von Lebensaufgaben – strukturiert waren. Die Studien bezogen sich ausnahmslos auf Depression im Alter, bei altersassoziierten chronischen Erkrankungen (Schlaganfälle, leichtgradige Alzheimerkrankheit) oder bei körperlichen Erkrankungen mit möglicher oder definitiver Todesfolge (Krebs, HIV-Infektion; vgl. ▶ Kap. 3). Dementsprechend fokussierten die beiden bislang vorliegenden Metaanalysen auf die Frage der Wirksamkeit von Lebensrückblicksinterventionen bei Depressionen im Alter. Bohlmeijer et al. (2003) identifizierte 20 randomisiert-kontrollierte Studien, davon 15 mit befriedigender Qualität im Sinne der Autoren, d.h. mit ausreichender Fallzahl und Drop-out-Raten von unter 30%. Studienübergreifend ergab sich für Interventionsprogramme, die auf Erinnerungsarbeit und Lebensrückblickstherapien fokussierten, mit .84 eine hohe, mit Pharmakotherapie und, nach Auffassung der Autoren, mit anderen psychotherapeutischen Verfahren vergleichbare Effektgröße. In diese Metaanalyse gingen allerdings auch Studien ein, in denen nicht Depressivität das Wirksamkeitskriterium war, sondern andere Merkmale wie beispielsweise Lebensqualität.

In einer aktuellen Metaanalyse von Peng et al. (2009), die die Wirksamkeit verschiedener Psychotherapieverfahren bei Altersdepression verglich, wurden strengere Kriterien angelegt. Hier wurden nur Studien aufgenommen, bei denen Depressivität Outcome-Kriterium war und die LRI gegen eine Placebotherapie testeten. Peng und Kollegen kamen auf Basis dieser ausgewählten Studien (Arean et al. 1993; Serrano et al. 2004; Wang et al. 2005; Mastel-Smith et al. 2007) zu dem Ergebnis, dass Lebensrückblicksinterventionen depressive Symptome signifikant reduzieren. Die mittlere Effektstärke betrug .64 und unterschied sich nicht signifikant von der für kognitive Verhaltenstherapie.

In beide Metaanalysen gingen allerdings Studien ein, deren Teilnehmer subklinische Symptome zeigten, wie von Bohlmeijer et al. (2003) selbst kritisch angemerkt wurde. Dies mag insofern erklärbar sein, als der Fokus auf Altersdepressionen lag, denen eine Dominanz leichter und mittelgradiger Symptomausprägung zugeschrieben wird (Laidlaw 2001). Im Kontext des vorliegenden Kapitels erscheinen jedoch eher Studien relevant, deren Teilnehmer bei Behandlungsbeginn unter einer depressiven Störung litten. ◘ Tab. 6.1 zeigt eine Übersicht dieser Studien, deren Effektstärken numerisch etwas höher ausfallen als der Mittelwert von .84 in der Metaanalyse von Bohlmeijer et al. (2003).

6.2.2 Spezifische Aspekte der Wirksamkeit

Zur differenziellen Wirksamkeit verschiedener Typen von Lebensrückblicksinterventionen bei depressiver Symptomatik liegen nur wenige Befunde vor. Basierend auf der Hypothese von Haight (1992) und Watt u. Cappeliez (2000), dass strukturierte Lebensrückblicksinterventionen bei der Reduktion von depressiven Symptomen effektiver seien als der unstrukturierte Lebensrückblick, verglichen Bohlmeijer et al. (2003) die Effekte von 13 Erinnerungsarbeits- und neun Lebensrückblickstherapiestudien, fanden jedoch keine Unterschiede. Auch in der erwähnten Einzelstudie von Watt u. Cappeliez (2000; ◘ Tab. 6.1), in der Lebensrückblicksinterventionen mit eher sinnstiftendem und solche mit eher problemlösungsorientiertem Fokus verglichen wurden, ergaben sich keine Unterschiede in der Wirksamkeit. In der aktuellen Metaanalyse von Pinquart u. Forstmeier (▶ Kap. 3) wurde dagegen ein signifikanter Unterschied in der Wirksamkeit gefunden, wobei sich strukturierte Formen des Lebensrückblicks als effektiver erwiesen als unstrukturierte Formen.

In der Studie von Watt u. Cappeliez (2000) wurden auch die Effekte von Lebensrückblicksinterventionen mit denen kognitiver, verhaltensbezogener oder psychodynamischer Psychotherapie verglichen. Allgemein liegen die Effektstärken pharmakologischer wie psychotherapeutischer Interventionen bei Depression im Alter im Bereich .7 (Thompson et al. 1987) und sind damit vergleichbar mit den Ergebnissen der oben erwähnten Metaanalysen mit ähnlichen Einschlusskriterien. Allerdings können diese Ergebnisse in Lebensrückblicksinterventionen mit weniger Sitzungen – durchschnittlich zwölf – erreicht werden (Scogin u. McElreath 1994).

Vor dem Hintergrund der erwähnten geringen Anzahl von Sitzungen und der kurzen Dauer der Interventionen ergibt sich die Frage nach der Stabilität der erzielten Effekte. Insbesondere bei dezidiert auf den Rückblick zugeschnittenen Therapieprogrammen, die keine Rückfallprävention und keine Auseinandersetzung mit aktuellen oder in die Aktualität hineinspielenden inneren Konflikten beinhalten, ergibt sich die Frage, ob die depressive

Tab. 6.1 Studien zur Wirksamkeit von LRI bei Depression. Auswahlkriterien: randomisiert-kontrolliertes Design; nur Patienten mit klinisch relevanter depressiver Symptomatik; n >= 10 pro Arm, Drop-out-Rate dokumentiert und unter 50%

Studie	Stichprobe	Design	Intervention	Ergebnis Prä/Post x Gruppe [Effektstärke]
Arean et al. 1993	Late Life Depression 75 Patienten, Alter > 55 J. Einschluss: GDS >10; BDI > 20; diagnostisches Interview	Dreiarmig: LRI; Problemlösen; Wartegruppe	12 wöchentliche Gruppensitzungen, thematische Struktur anhand von Eriksons Lebensaufgaben	LRI vs. WG: Reduktion in BDI, HAMD, GDS signifikant [1.07] LRI vs. PL: HAMD und GDS weniger reduziert, BDI gleich
Goncalves et al. 2006	Late Life Depression 22 Patienten, Alter > 65 J. Einschluss: GDS 15 > 4	Zweiarmig: LRI; Wartegruppe	4 Einzelsitzungen in 2 Wochen, chronologische Struktur/Lebensphasen (childhood, adolescence, adulthood, summary) mit je 14 Fragen (nach Haight u. Webster 1995)	LRI vs. WG: Reduktion in GDS-15 signifikant [.64]
Serrano et al. 2004	Late Life Depression 43 Patienten, Alter > 65 J. Einschluss: CES-D > 16; MMSE > 28	Zweiarmig: Lebensrückblick; Sozialkontakte	4 Einzelsitzungen in 2 Wochen, chronologische Struktur/Lebensphasen (childhood, adolescence, adulthood, summary) mit je 14 Fragen (nach Haight u. Webster 1995)	LRI vs. WG: CES-D signifikant niedriger; Anteil klinisch relevanter Depressionen fiel um die Hälfte [1.46]
Watt u. Cappeliez 2000	26 Patienten, im Mittel 66,8 J., 45% Frauen, mittelschwer bis schwer depressiv Einschluss: GDS-15 > 4	Dreiarmig: LRI mit Fokus integrativ (Lebenssinn); instrumentell (Problemlösen); Sozialkontakte	6 wöchentliche Sitzungen mit thematischer Struktur (nach Birren u. Deutchman 1991)	Übergang von klinischer zu nicht klinisch relevanter Symptomatik signifikant häufiger in beiden Reminiszenzgruppen vs. WG; keine Veränderung bei Kontrollen [1.00]
Mittlere Effektstärke:				[1.04]

Symptomatik nach Ende der Therapie zurückkehrt. Mehrere Studien beinhalten daher Follow-up-Untersuchungen nach einem therapiefreien Intervall. Bei Hanaoka u. Okamura (2004) zeigte sich die Verminderung der depressiven Symptomatik in der LRI-Gruppe gegenüber Placebobehandlung vor allem im 3-Monats-Follow-up. Bereits bei der mittelgradig bis schwer depressiven Stichprobe in der Studie von Arean et al. (1993) war eine stabile Depressionsreduktion im 3-Monats-Follow-up berichtet worden. Sie wurde bestätigt und erweitert durch neuere Studien, die stabile Effekte drei und sechs Monate nach Ende der LRI berichteten (Watt u. Cappeliez 2000; Westerhof et al. 2010). Über längere Zeiträume liegen keine Befunde vor.

6.3 Einsatz von Lebensrückblicksinterventionen im Therapieverlauf

In der psychotherapeutischen Praxis hat sich die Durchführung einer LRI sowohl zu Beginn der Therapie, als Teil der Hauptinterventionsphase, als auch in der Schlussphase einer Therapie als nützlich

Tab. 6.2 Einsatz von Lebensrückblicksinterventionen im Therapieverlauf

Anfangsphase	Hauptteil	Abschlussphase
Entwicklung eines individuellen Störungskonzepts, das Veränderungen ermöglicht	Aktivierung von Ressourcen zur Veränderung	Sinnfindung und Rückfallprophylaxe
Lebenslinie – Prädisposition – Auslöser – Aufrechterhaltung – Sozialisierung/kritische Lebensereignisse Identifizieren interaktioneller Teufelskreise	Suche nach und Wiederaufnahme von früheren, »verloren gegangenen« positiven Aktivitäten Selbstabwertende Gedanken: Entlarvung »innerer Kritiker«	Förderung von Dankbarkeit, Lebenszielplanung – Werte – Akzeptanz – Kohärenz

erwiesen (vgl. ◘ Tab. 6.2). Wir sind der Auffassung, dass diese globale Dreiteilung des Therapieverlaufs und auch die Vorzüge von Lebensrückblicksinterventionen in diesen Phasen schulenübergreifend gültig sind. Aufgrund der Spezialisierung der Autorinnen werden im Folgenden jedoch eher Erfahrungen aus der Verhaltenstherapie berichtet.

- **Beginn der Therapie**

Zu Beginn der Therapie ist die Auseinandersetzung mit dem individuellen Störungsmodell der Patienten besonders wichtig. Sie schließt die Thematisierung prädisponierender, auslösender und aufrechterhaltender Faktoren ein und hilft dem Patienten zu verstehen, dass seine Handlungen, Gedanken und Gefühle zum Teil auf aktuellen Stressoren, zum Teil aber auch auf weit zurückliegenden Erfahrungen basieren. Dies erhöht seine Bereitschaft zur Veränderung, die für den Erfolg der Therapie unerlässlich ist. Die Methode der LRI kann für die Erarbeitung aller Facetten des funktionalen Bedingungsmodells – genetisch-neurobiologische, soziale und psychologische Faktoren – genutzt werden.

Im Rahmen der biografischen Anamnese lassen sich die wichtigsten »Meilensteine« der individuellen Entwicklung in einer für Patienten wie für Therapeuten sehr übersichtlichen und zeitökonomischen Weise anhand einer Lebenslinie darstellen. Besonders die gemeinsame Suche nach prädisponierenden (z.B. genetischen), potenziell depressionsauslösenden (kritisches Lebensereignis) sowie aufrechterhaltenden (u.a. verzerrte, unflexible Denkmuster) Faktoren stellt eine enorm fruchtbare Basis für die Erstellung des individuellen Krankheitsmodells dar. Hierfür wird der Patient gebeten, entweder auf einem Blatt Papier oder einem Flipchart in einer frei wählbaren Art und Weise eine Lebenslinie unter dem Motto »Wie ich wurde, was ich heute bin – wichtige Meilensteine meiner Entwicklung« darzustellen. In den meisten Fällen entscheiden sich Patienten, dies in Form eines Zeitstrahls zu veranschaulichen.

Um die Informationsgewinnung zu maximieren, empfiehlt es sich insbesondere bei depressiven Patienten, die Linie als »Amplitude«, also als Gradmesser der jeweiligen Stimmung, darzustellen. Ein Ausschlag nach oben würde dann eine positive Stimmung, ein Ausschlag nach unten ein Stimmungstief verdeutlichen. Ergänzend ist es wichtig und sinnvoll, zu den berichteten Ereignissen auch die entsprechenden Emotionen und beteiligten Bezugspersonen zu visualisieren, Wichtiges festzuhalten und die Erinnerungen des Patienten durch Nachfragen anzuregen. Besonders rasch werden unter dem Gesichtspunkt des Zwischenmenschlichen auch interaktionelle Teufelskreise bzw. sich selbst erfüllende Prophezeiungen aufgedeckt. Durch ihre biografische »Einbettung« können sie als möglicher Grundstein späterer maladaptiver Interaktionen verstanden werden und damit zum Verständnis depressiogener Faktoren beitragen und in das Störungsmodell der Patienten integriert werden. In abgewandelter, aber bisweilen sehr eindrücklicher Art kann die Linie auch mit einem

Wollfaden auf dem Boden dargestellt werden, wobei Steine von unterschiedlicher Farbe, Größe und Textur als »Meilensteine« bedeutsame Lebensereignisse markieren.

- **Hauptteil**

Im Hauptteil der Therapie können die bei der Exploration gewonnenen lebensgeschichtlichen Informationen für konkrete aktuelle Veränderungen genutzt werden. Beispielsweise werden früher als angenehm empfundene Aktivitäten wie Sport, Musik oder der Umgang mit wichtigen Bezugspersonen wiederentdeckt und in die Tagesstruktur eingebunden, oder frühere Kommunikationssituationen werden im Rollenspiel zur Entwicklung alternativer Handlungsstrategien genutzt. Bisweilen fällt es Patienten schwer, im Hier und Jetzt als angenehm empfundene Tätigkeiten zu entdecken. Hier kann es von Nutzen sein, eine Therapiesitzung einer humorvollen Retrospektive unter einem bestimmten Motto zu widmen, das auf typische Schulaufsatzthemen wie »Mein schönstes Ferienerlebnis«, »Mein Kindheitstraum«, oder «Mein Lieblingsstar« anspielt. Die positiv gefärbten Erinnerungen und die vom Therapeuten durch weitergehende Fragen explorierten damit verbundenen Interessen oder Präferenzen können danach als Fundgrube genutzt werden. Manche Patienten, denen auch aufgrund depressionstypischer kognitiver Einschränkungen der Transfer auf Freizeitaktivitäten in der Gegenwart schwerfällt, profitieren sehr von geleiteten Nachfragen, die in die Gegenwart oder Zukunft weisen, z.B.: »Hören Sie diese Art Musik heute noch?« oder »Hat Ihr Berufswunsch etwas mit diesem Kindheitstraum zu tun?«

Nicht nur positive Erinnerungen, sondern auch negative Schemata oder – je nach Therapieausrichtung in stärker personalisierter Form – »innere Kritiker« (Elliott u. Elliott 2000) oder das durch Introjektion entstandene »Über-Ich« (Rudolf 2008) können in dieser Phase durch Lebensrückblicksinterventionen aktualisiert werden. Sie lassen sich in der Regel gut durch die Frage nach Lieblingsredewendungen und -sprichwörtern der Eltern explorieren, die während der Kindheit und Jugend verinnerlicht und »ungefiltert« in das Erwachsenenalter übernommen wurden. Aussprüche, Kindheitserfahrungen und »Erziehungsleitsätze« der Eltern (z.B.: »Wenn du beim Doktor nicht artig bist, hab ich dich nicht mehr lieb«) werden gesammelt, und die darin nahegelegte damalige – und meist heute vergleichbare – Bewältigungsstrategie kann problematisiert werden. Auch hierbei kann im Sinne der oben erwähnten Reinterpretation der Vergangenheit gemeinsam entdeckt werden, dass erworbene Strategien im Umgang mit elterlichen Anforderungen in Kindertagen durchaus nachvollziehbar waren, jedoch im Hinblick auf die persönliche Weiterentwicklung und ein erweitertes Ressourcenspektrum im Erwachsenenalter aktuell eher schaden. Dieser »Brückenschlag« von der Kindheit in die aktuelle Lebenssituation soll dem Patienten zeigen, dass sein damaliges Verhalten (psycho-)logisch erklärbar ist. Es wird damit zugleich entpathologisiert und als kontextgebunden, d.h. prinzipiell veränderbar, reinterpretiert. Der Patient kann ermuntert werden, in aktuellen Situationen auch seine aktuellen Bewältigungsoptionen auszuschöpfen.

- **Abschlussphase**

Auch in der abschließenden Therapiephase sind Lebensrückblicksinterventionen wertvolle, Sinn und Kohärenz stiftende Therapiebausteine. Im Fokus der Betrachtung stehen die Rückfallprophylaxe, die Umsetzung erreichter Veränderungen im Selbstmanagement sowie die Bilanzierung des Therapieprozesses und ein Ausblick in die Zukunft.

Um die erreichte Verbesserung der Stimmung als positive Bewertung aus Patientenperspektive zu »verankern«, lohnt es sich, auf die im bisherigen Therapieverlauf erworbenen Fähigkeiten im Umgang mit schwierigen Situationen zurückzublicken. Aber auch die Erinnerung an lang zurückliegende, gut gemeisterte Lebensumstände kann das Gefühl von Selbstwirksamkeit und eine positive Sicht auf die Zukunft untermauern. Im »Notfallkoffer« der Patienten haben auch bewährte historische Instrumente ihren Platz.

Ein optimistischerer Blick in die Zukunft ist, so paradox dies klingen mag, mit einem konstruktiven Umgang mit Vergangenem verknüpft. Gerade am Ende einer Psychotherapie kann eine erneute, jedoch unter einem anderen Blickwinkel als zu Beginn der Therapie durchgeführte Rückschau eine Kohärenz stiftende, Sicherheit und Zuversicht fördernde Intervention darstellen. Als ein Beispiel hierfür sei eine Übung zur rückblickenden Dankbarkeit genannt. Ähnlich wie Interventionen zum Thema »Vergebung« (Kämmerer 2011) ermöglicht der Fokus auf »Dankbarkeit« den Blick auf positiv verlaufene Lebensepisoden und kann somit zur Konsolidierung eines durch die Therapie veränderten, positiveren Denkstils dienen. Häufig stößt die Frage, wofür der Patient dankbar ist, bei diesem erst einmal auf Überraschung und teilweise auch auf Abneigung. Aufgrund soziokultureller wie auch individueller Prägung sind viele Patienten es nicht gewöhnt, Dankbarkeit offen zu kommunizieren, insbesondere wenn es um eigene Kompetenzen und Talente geht (»Eigenlob stinkt«). Es kann daher günstig sein, die Patienten zu ermutigen, zunächst für sich allein, beispielsweise als Hausaufgabe, und erst danach im therapeutischen Gespräch »Quellen der Dankbarkeit« zu suchen. Mögliche Leitfragen wären hierbei, für welche Eigenschaften oder Fähigkeiten die Patienten dankbar sind, welche Erlebnisse sie stark gemacht haben und vor welchen sie bewahrt worden sind und welchen Personen gegenüber sie Dankbarkeit empfinden.

In der Praxis hat sich gezeigt, dass Menschen insbesondere dann bereit sind, dysfunktionale Verhaltensweisen zu modifizieren, wenn ein hoher Leidensdruck besteht, wenn der Patient ein Gefühl von Selbstwirksamkeit hat sowie ein Ziel, für das sich aus seiner Sicht die stets angstbesetzte Veränderung lohnt. Fehlt eine solche Zielvorstellung, drohen Veränderungen »ins Leere« zu laufen. Die Ableitung von Werten aus bisherigen Erfahrungen anhand der Frage »Was war/ist mir wichtig, wofür habe ich eine Leidenschaft?« bildet somit einen Brückenschlag zwischen Vergangenheit und Zukunft. Sie fördert das Gefühl von Kohärenz und vermittelt einen »roten Faden«, an dem sich auch in der Abschlussphase der Therapie die Zukunftspläne des Patienten orientieren können.

6.4 Mögliche Schwierigkeiten und Lösungsstrategien

Persönlichkeitsstörungen oder ausgeprägte Persönlichkeitsakzentuierungen gehen häufig mit affektiven Störungen einher (Hautzinger u. Meyer 2002). Verstanden als »Beziehungsstörungen« (vgl. Sachse 2010), die sich gegenüber dem Therapeuten in Form von »Beziehungstests« widerspiegeln, stellen sie den therapeutischen Prozess vor besondere Herausforderungen. Insbesondere Patienten mit narzisstischen Störungen können erst nach einer vergleichsweise langen Zeit des Beziehungsaufbaus Vertrauen in die therapeutische Allianz entwickeln. Erst allmählich sind sie bereit, sich einer Beobachtung dysfunktionaler Handlungsmechanismen oder gar veränderungsorientierten Interventionen zu öffnen. Hierzu zählt auch die Rückschau auf das eigene Leben. Wenn der Patient noch allzu sehr darauf bedacht ist, sein Gesicht zu wahren, um sich vor Unsicherheit und daraus resultierenden aversiven Gefühlen zu schützen, sind auch Lebensrückblicksinterventionen nur begrenzt therapeutisch wirksam. Oft wird die Schilderung der Biografie dann zu einer schlichten Aneinanderreihung von Gedächtnisinhalten ohne nennenswerte emotionale Beteiligung, und auch auf gezielte Nachfragen wird nicht eingegangen. Unter diesen Umständen sollte der Therapeut durch komplementäre Beziehungsgestaltung zunächst genügend Vertrauen schaffen, damit der Patient nicht fürchten muss, durch die Offenbarung eigener Schwächen in Misskredit zu fallen. Häufig ist der Vertrauenszuwachs auch daran erkennbar, dass Patienten von sich aus beginnen, Ereignisse aus ihrer Biografie nachdenklich oder ironisch darzustellen oder in Vergleichen mit anderen zu relativieren.

Bei *chronifizierten Erkrankungsverläufen* besteht die Gefahr, durch Lebensrückblicksinterventionen depressive Verstimmungen zu triggern. Dies liegt zum einen daran, dass die bereits eingangs erwähnte negative Sicht auf das Selbst, die Zukunft und die anderen (► Abschn. 6.1) bei diesen Patienten teilweise über Jahrzehnte persistiert und somit hoch überlernt ist, und zum anderen daran, dass eine Depression, die bereits im Jugendalter begonnen hat, und ihre sozialen und ökonomischen Folgen sich so auswirken können, dass unbeschwerte Sozialkontakte oder freudige Ereignisse im Erwachsenenalter schwer aufzuspüren sind. Wird bei einer LRI auf negative Ereignisse zurückgegriffen, so forciert dies unter Umständen dysfunktionale Schemata und damit auch die depressive Verstimmung. Hier kann es günstig sein, den Zeitraum, auf den zurückgeblickt wird, sorgfältig auszuwählen, beispielsweise eine Phase aufzugreifen, die der Patient spontan als gute Phase geschildert hat. Zumindest auf eine »Ausgewogenheit« der Betrachtung kann der Therapeut hinweisen, z.B. durch das humorvolle Einnehmen der Rolle eines Schiedsrichters, der darauf achtet, dass nach dem »Fairnessprinzip« sowohl negative als auch positive Ereignisse Beachtung finden. Auch Annäherungen wie nebenbei erwähnte biografische »Hoffnungsschimmer« können hierbei aufgegriffen werden.

Depressionen wirken sich nachweislich auf *kognitive Fähigkeiten* der Patienten aus (Beblo u. Lautenbacher 2006). Die Rückschau auf das eigene Leben stellt nicht nur in emotionaler, sondern auch in kognitiver Hinsicht eine herausfordernde Aufgabe dar. Schwer depressive Patienten sind im akuten Zustand häufig mnestisch eingeschränkt und befinden sich zudem in einem Zustand subjektiver Überforderung. In diesem Fall sollten Lebensrückblicksinterventionen erst nach einer Phase der Stimmungsstabilisierung (beispielsweise mittels der verhaltenstherapeutischen Technik des Aufbaus angenehmer Aktivitäten) eingesetzt werden, ggf. einhergehend mit einer geeigneten medikamentösen Unterstützung. Auch neurologische und neurodegenerative Erkrankungen wie Epilepsien oder Demenzsyndrome können eine korrekte Einordnung von Erlebnissen erschweren. In diesen Fällen sollte bei der Rückschau darauf hingewiesen werden, dass nicht die »historische Korrektheit« bzw. die genaue Angabe von Jahreszahl, eigenem Alter oder Lebensphase entscheidend ist, sondern die Qualität und subjektive Stimmigkeit der Erinnerung (▶ Kap. 8).

Bisweilen kommt es vor, dass Patienten *aktiv vermeiden*, auf ihr bisheriges Leben zurückzublicken. Dies kann verschiedene Ursachen haben. Abgesehen von den bereits genannten Faktoren, die zu Misserfolgsvermeidungstendenzen führen können, kann das potenzielle Wiedererleben traumatischer Erfahrungen so aversiv und bedrohlich für den Betroffenen sein, dass ein Abruf durch dissoziative Verarbeitungsmechanismen »blockiert« wird. Diese starke Vermeidungstendenz bezüglich der »schmerzhaften Konfrontation« mit kritischen Lebensereignissen kann mit entsprechenden »Distanzierungstechniken« entgegengewirkt werden.

Eine sehr kreative, in der Expositionsbehandlung der PTBS häufig eingesetzte Form stellt die Betrachtung des entsprechenden Ereignisses über einen »Fernseher« dar. Hierzu kann man die Umrisse eines TV-Geräts auf ein Flipchart zeichnen und den Patienten bitten, mit einer Fernbedienung in der Hand davor Platz zu nehmen. Es folgt die Anleitung zum gedanklichen Wiedererleben der Situation mit der Möglichkeit, sich den Ablauf dabei szenisch im Fernsehen »anzusehen«. Dabei hat der Patient die Option, den Film jederzeit anzuhalten, vor- oder zurückzuspulen. Tatsächlich fällt es Patienten auf diese Weise oft deutlich leichter, schmerzhafte Erinnerungen wieder »hervorzurufen«. Wenn es sich tatsächlich um eine bislang unerkannte PTBS handelt, sollte der Behandlungsplan darauf abgestimmt werden (▶ Kap. 7). Ungeachtet der möglichen Beweggründe ist es wichtig, äußerst sensibel und nicht wertend auf »Blockaden« einzugehen und eine LRI unter Umständen auf einen späteren, passenderen Zeitpunkt zu verschieben.

Kasten 2: Mögliche Gründe für Probleme bei der Durchführung einer LRI
Schwierigkeiten bei der Durchführung von Lebensrückblicksinterventionen bei depressiven Patienten können auftreten bei
- Komorbidität mit Persönlichkeitsstörungen,
- chronifizierten Erkrankungsverläufen,
- kognitiven Defiziten, insbesondere Gedächtnisstörungen,
- früheren traumatischen Lebensereignissen.

6.5 Fallbeispiel

Frau M. suchte aufgrund einer bereits seit ca. zehn Monaten andauernden, sich sukzessive verschlechternden depressiven Verstimmung verhaltenstherapeutische Hilfe. Im Rahmen der ersten therapeutischen Sitzungen wurde anhand der biografischen Anamnese rasch ersichtlich, dass die Patientin negative Ereignisse in verschiedenen Phasen ihres Lebens als »Ursprung« ihrer Erkrankung ansah.

Somit bot sich im Sinne der Herausarbeitung eines individuell plausiblen Störungsmodells die Durchführung einer LRI an. Frau M. wurde gebeten, anhand eines semistrukturierten Interviews wichtige »Meilensteine« ihres Lebens, »die Sie zu dem Menschen gemacht haben, der Sie heute sind«, zu beschreiben. Bei der Exploration wurde darauf geachtet, dass autobiografisch zentrale Ereignisse, wie Einschulung, Schulabschluss und die erste romantische Beziehung, angesprochen wurden. Anhand der Schilderungen konnte mit der Patientin ein Modell der Störungsentstehung entwickelt werden, aus dem nachfolgend erste Veränderungsansätze abgeleitet wurden.

Die Patientin stammte aus einem gutbürgerlichen Elternhaus, in dem vor allem Leistung zählte. Aufgrund des großen beruflichen Engagements beider Elternteile war die Patientin bereits seit frühester Kindheit auf sich allein gestellt und angesichts des ausgesprochen starken Leistungsmotivs der Eltern angehalten, schulische Höchstleistungen zu erbringen. Nur gute Noten wurden belohnt, nicht aber Erfolge in anderen Lebensbereichen. Unterstützung in Situationen der Überforderung und Angst blieb aus. Die Patientin tröstete sich mit vermehrtem Essen, was eine deutliche Gewichtszunahme zu Beginn der Pubertät zur Folge hatte. Allerdings sah sie sich nun in einem weiteren Teufelskreis gefangen: Hänseleien von Mitschülern führten zu Frustration und Selbstzweifeln, die – zur kurzfristigen Wiederherstellung der Zufriedenheit – weitere Essattacken nach sich zogen. In der Therapie wurden die folgenden dysfunktionalen Schemata herausgearbeitet:

— »Nur wenn ich 100% Leistung abliefere, bin ich als Mensch wertvoll.«
— »Ich bin weniger attraktiv und weniger klug als andere Menschen.«
— »Ich habe kein Recht, auch mal mir selbst etwas Gutes zu tun.«

Therapeutische Hypothese zur Störungsentstehung war, dass die Depression auf dem Nährboden einer emotional »unterkühlten« Eltern-Kind-Beziehung und des darauf beruhenden Unvermögens, selbstfürsorglich mit sich umzugehen, entstanden war. Durch den ständigen Versuch, über perfektionistische Leistungserbringung ein Mindestmaß an Anerkennung zu erfahren, war die Patientin in einen Zustand enormer körperlicher Erschöpfung geraten. Die daraus folgenden selbstabwertenden Gedanken (»Noch nicht mal arbeiten kannst du!«) verminderten das fragile Selbstbewusstsein der Patientin weiter und forcierten einen depressiven Zustand, gekennzeichnet von Antriebslosigkeit, Hoffnungslosigkeit und sekundären Symptomen wie Schlafstörungen und Appetitveränderungen.

Nach der Vermittlung ergänzender psychoedukativer Informationen wurden mit der Patientin erste Therapieschritte abgeleitet. So war zu Beginn vor allem eine Stabilisierung, auch unter Zuhilfenahme von Medikamenten, angezeigt. Nach tagesstrukturierenden Maßnahmen erfolgte eine Hinwendung zu selbstwertbezogenen Fragestellungen. Die zuvor identifizierten dysfunktionalen Überzeugungen und Teufelskreise dienten als Grundlage für klassische Methoden der kognitiven Umstrukturierung. Die zentrale Grundüberzeugung »Nur wenn ich 100% gebe, bin ich wertvoll« wurde im Dialog auf ihre Folgen sowie auf ihre Realitätsangemessenheit überprüft. Hierzu wurden erstens emotionale und verhaltensbezogene Konsequenzen dieser Annahme exploriert (»Ich muss immer an den Rand meiner Leistungsfähigkeit gehen, ansonsten fühle ich mich nicht wertgeschätzt. Das laugt mich völlig aus!«). Zweitens wurde die Patientin unter Anregung eines Perspektivwechsels (»Halten Sie z.B. Ihre beste Freundin auch nur dann für liebenswert, wenn sie immer alles perfekt im Griff hat?«) bzw. der Reflexion zweier unterschiedlicher Maßstäbe (Selbst: unnachgiebig und streng; andere: wohlwollend und nachsichtig) dazu ermuntert, festgefahrene Denkmuster durch alternative Gedanken (»Meine Kinder finden mich dann ganz toll, wenn ich Zeit mit ihnen verbringe und abends nicht völlig fertig ins Bett falle«) zu bereichern. Drittens wurden anhand der realen Erfahrung der Patientin Belege gesammelt und gegenübergestellt, die für bzw. gegen die Annahme sprachen, nur bei perfekter Leistung Anerkennung von anderen zu bekommen. In einem abschließenden Schritt folgte dann die Überprüfung des Effekts erarbeiteter alternativer Handlungen auf das emotionale und körperliche Befinden der Patientin in konkreten Verhaltensexperimenten (z.B. bewusst Aufgaben einmal nicht perfekt erledigen und die eigene Reaktion sowie die der Mitmenschen beobachten). In Ansätzen konnte damit eine Relativierung hinderlicher Kognitionen erreicht werden.

Ein weiterer Fokus lag, vor allem auch unter rückfallprophylaktischen Gesichtspunkten, auf dem Aufbau von selbstfürsorglichem Verhalten, Selbstwert und Selbstakzeptanz. Hierbei wurde erneut auf die »Meilenstein-Übung« zurückgegriffen, diesmal jedoch unter einem anderen Blickwinkel. So wurde mit der Patientin ein ressourcenorientierter Lebensrückblick unternommen. Ausgehend von einer Imagination des Selbst als Kind oder Jugendliche in einem Augenblick, mit dem besondere Freude verbunden war, wurde die Patientin angeregt, sich in diesen Zustand und vor allem in das damit verbundene positive Gefühl hineinzuversetzen (Kast 2011). Als einen Moment ausdrücklichen Wohlbefindens beschrieb die Patientin das Zeichnen der Landschaft, die sie beim Hinausschauen aus dem Kinderzimmerfenster gesehen habe. All die Sorgen und Ängste konnten dabei für einen Augenblick in den Hintergrund treten und Platz für Ruhe und Freude schaffen. Im Anschluss an diese Vorstellungsübung wurde im Sinne einer Selbstreflexion ein Bezug zur derzeitigen Lebensphase hergestellt. Im Sinne eines »emotionalen Brückenschlags« wurde Frau M. gebeten zu überlegen, ob es eine Beziehung zwischen der vorgestellten Emotion und ihren momentanen Gefühlen gebe, und wenn ja, welche. Hier zeigte sich, dass die Patientin aufgrund ihrer massiv pessimistisch »eingefärbten« Lebenssicht große Mühe hatte, positive Aspekte ihres gegenwärtigen Lebens zu elaborieren. Allerdings schien allein das »Wachrufen« einer längst verloren geglaubten positiven Erfahrung die Patientin zu ermuntern, dieses Gefühl durch Wiederaufnahme des Aquarellmalens erneut zu erleben.

Diese Übung sollte der Patientin die Möglichkeit geben, verloren geglaubte positive Gefühle neu für sich zu entdecken und der eigenen, von traurigen Erfahrungen dominierten Kindheit und Jugend einen – wenn auch begrenzten – positiven Sinn zu geben. Nicht zuletzt eröffnet diese Methode auch die Chance, sinnstiftende Aktivitäten für das weitere Leben zu finden und Hoffnung zu schöpfen.

Literatur

Arean, P. A., Perri, M. G., Nezu, A. M., Schein, R. L., Christopher, F., & Joseph, T. X. (1993). Comparative effectiveness of social problem-solving therapy and reminiscence therapy as treatments for depression in older adults. *Consulting and Clinical Psychology, 61*, 1003–1010.

Beblo, T., & Lautenbacher, S. (2006). *Neuropsychologie der Depression*. Reihe Fortschritte der Neuropsychologie. Göttingen: Hogrefe.

Beck A. T., Rush, A. J., Shaw, B. F., & Emery, G. (1992). *Kognitive Therapie der Depression* (3. Aufl.). Weinheim: Psychologie Verlags Union.

Birren, J. E., & Deutchman, D. E. (1991). *Guiding autobiography groups for older adults: Exploring the fabric of life*. Baltimore: Johns Hopkins University Press.

Bohlmeijer, E., Smit, F., & Cuijpers, P. (2003). Effects of reminiscence and life review on late-life depression: A meta-analysis. *International Journal of Geriatric Psychiatry, 18*, 1088–1094.

Elliott, J., & Elliott, K. (2000). *Disarming your inner critic*. Lafayette, LA: Anthetics Institute Press.

Goncalves, D. C., Albuquerque, P. B., & Paul, C. (2006). Life review with older women: An intervention to reduce depression and improve autobiographical memory. *Aging and Experimental Research, 21*, 369–371.

Haight, B. K. (1992). Long-term effects of a structured life review process. *Journal of Gerontology, 47*, 312–315.

Haight, B. K., & Webster, J. D. (Hrsg.). (1995). *The art and science of reminiscing: Theory, research, methods, and applications*. Washington: Taylor & Francis.

Hanaoka, H., & Okamura, H. (2004). Study on effects of life review activities on the quality of life of the elderly: A randomized controlled trial. *Psychotherapy and Psychosomatics, 73*, 302–311.

Hautzinger, M., & Meyer, T. D. (2002). *Diagnostik Affektiver Störungen*. Göttingen: Hogrefe.

Kämmerer, A. (2011). Vergeben. In R. Frank (Hrsg.), *Therapieziel Wohlbefinden* (2. Aufl., S. 137–248). Berlin: Springer.

Kast, V. (2011). Freuden-Biografie: Die Freuden der Kindheit wieder erleben. In R. Frank (Hrsg.), *Therapieziel Wohlbefinden* (2. Aufl., S. 129–140). Berlin: Springer.

Kessler, R. C., Berglund, P., Demler, O., Jin, R., Koretz, D., Merikangas, K. R., Rush, A. J., Walters, E. E., Wang, P. S., & National Comorbidity Survey Replication (2003). The epidemiology of major depressive disorder: Results from the National Comorbidity Survey Replication (NCS-R). *JAMA, 289*, 3095–3105.

Kessler, R. C., Chiu, W. T., Demler, O., Merikangas, K. R., & Walters, E. E. (2005). Prevalence, severity, and comorbidity of 12-month DSM-IV disorders in the National Comorbidity Survey Replication. *Archives of General Psychiatry, 62*, 617–627.

Laidlaw, K. (2001). An empirical review of cognitive therapy for late life depression: Does research evidence suggest adaptations are necessary for cognitive therapy with older adults? *Clinical Psychology Psychotherapy, 8*, 1–14.

Linster, H. W. (1994). Behandlungskonzepte der Gesprächspsychotherapie. In H. Radebold & R. D. Hirsch (Hrsg.), *Altern und Psychotherapie* (S. 73–83). Bern: Huber.

Mastel-Smith, B. A., McFarlane, J., Sierpina, M., Malecha, A., & Haile, B. (2007). Improving depressive symptoms in community-dwelling older adults: A psychosocial intervention using life review and writing. *Journal of Gerontological Nursing, 33*, 13–19.

Peng, X. D., Huang, C. Q., Chen, L. J., & Lu, Z. C. (2009). Cognitive behavioral therapy and reminiscence techniques for the treatment of depression in the elderly: A systematic review. *Journal of Internal Medicine Research, 37*, 975–982.

Radebold, H. (1997). Psychoanalyse und Altern. Zwei einander Fremde beginnen den Dialog. In H. Radebold (Hrsg), *Altern und Psychoanalyse* (Psychoanalytische Blätter Bd. 6, S. 5–20). Göttingen: Vandenhoek & Ruprecht.

Rudolf, G. (2008). Der depressive Grundkonflikt und seine Verarbeitungen. In R. Henningsen (Hrsg.), *Psychotherapeutische Medizin und Psychosomatik* (S. 117–137). Stuttgart: Thieme.

Sachse, R. (2010). *Persönlichkeitsstörungen verstehen*. Bonn: Psychiatrie-Verlag.

Scogin, F., & McElreath, L. (1994). Efficacy of psychosocial treatments for geriatric depression: A quantitative review. *Journal of Consulting and Clinical Psychology, 62*, 69–74.

Serrano, J. P., Latorre, J. M., Gatz, M., & Montanes, J. (2004). Life review therapy using autobiographical retrieval practice for older adults with depressive symptomatology. *Psychology and Aging, 19*, 270–277.

Thompson, L. W., Gallagher, D., & Breckenridge, J. S. (1987). Comparative effectiveness of psychotherapies for depressed elders. *Journal of Consulting and Clinical Psychology, 55*, 385–390.

Wang, J. J., Hsu, Y. C., & Cheng, S. F. (2005). The effects of reminiscence in promoting mental health of Taiwanese elderly. *International Journal of Nursing Studies, 42*, 31–36.

Watt, L. M., & Cappeliez, P. (2000). Integrative and instrumental reminiscence therapies for depression in older adults: Intervention strategies and treatment effectiveness. *Aging and Mental Health, 4*, 166–177.

Westerhof, G. J., Bohlmeijer, E. T., van Beljouw, I. M., & Pot, A. M. (2010). Improvement in personal meaning mediates the effects of a life review intervention on depressive symptoms in a randomized controlled trial. *Gerontologist, 50*, 541–549.

Lebensrückblickstherapie bei Traumafolgestörungen

Christine Knaevelsrud, Philipp Kuwert und Maria Böttche

7.1 Autobiografisches Gedächtnis und das Selbst – 122

7.2 Gedächtnisphänomene bei PTBS-Patienten – 123
7.2.1 Traumaerinnerungen – 123
7.2.2 Nichttraumatische Erinnerungen bei Traumatisierten – 125
7.2.3 Kurzzusammenfassung – 127

7.3 Lebensrückblick und biografische Therapieansätze – 127

7.4 Fallbeispiel – 130

7.5 Praktische Erfahrungen mit der ITT – 133

7.6 Fazit – 134

Literatur – 135

Seit einigen Jahren werden Lebensrückblicksinterventionen in der Behandlung von Traumafolgestörungen eingesetzt. Dabei stehen die Integration des Traumas in die Lebensgeschichte und der Aspekt des Zeugnisablegens im Vordergrund. Um im späteren Verlauf die Bedeutung und die Wirkweise der Lebensrückblickstherapie bei Traumafolgestörungen besser einordnen zu können, werden in den folgenden Abschnitten die Auswirkungen eines Traumas auf das autobiografische Gedächtnis näher erläutert. Dazu ist es notwendig, als Erstes den Begriff des autobiografischen Gedächtnisses einzuführen. Anschließend werden spezifische Gedächtnisphänomene bei PTBS-Patienten erläutert, um darauf aufbauend die Anwendung verschiedener narrativ-biografischer Ansätze vorzustellen. Die Wirkweise und die Bedeutung der Lebensrücksblickstherapie wird abschließend für die Integrative Testimonial Therapie (ITT, Knaevelsrud et al. 2009, 2011) anhand einer PTBS-Kasuistik aufgezeigt.

Nach Traumatisierungen kommt es bei einer substanziellen Gruppe von Überlebenden zur Ausbildung einer Traumafolgestörung. Die posttraumatische Belastungsstörung (PTBS) stellt hierbei eine der häufigsten psychischen Folgestörungen dar, deren Symptomatik durch drei Beschwerdekomplexe mit den Symptombereichen Wiedererleben, Vermeidung/Entfremdung und vegetative Übererregung in den Klassifikationssystemen klar umschrieben ist (DSM-IV, Saß et al. 2003; ICD-10, Dilling et al. 2005). Eine der zentralen Auswirkungen, die durch das Erleben des Traumas und durch die Entwicklung bzw. das Vorhandensein der PTBS entstehen, betrifft die Enkodierung und das Abrufen autobiografischer Erinnerungen. Die gestörte Gedächtniskonsolidierung nach traumatischen Erfahrungen kann zu einer Fragmentierung des traumatischen Narrativs und in der Folge zu einer fehlenden Verortung und Vergeschichtlichung der traumatischen Situation führen und gilt als ein zentraler aufrechterhaltender Faktor.

In den vergangenen Jahren wurden für junge und erwachsene PTBS-Patienten effiziente Behandlungsansätze entwickelt und überprüft (u.a. Bisson u. Andrew 2007). Dabei stellt die kognitive Verhaltenstherapie, im Besonderen die Methoden der traumafokussierten Exposition und der kognitiven Umstrukturierung, die Methode der Wahl dar. Im Kontext von Menschenrechtsverletzungen und Mehrfachtraumatisierungen haben sich des Weiteren in den letzten Jahren narrative Ansätze zur Behandlung von Traumafolgestörungen etabliert, welche die Biografiearbeit bzw. den Lebensrückblick als wirksame Therapiekomponente beinhalten. Dabei stehen die Integration des Traumas in die Lebensgeschichte und der Aspekt des Zeugnisablegens im Vordergrund.

Lebensrückblicksinterventionen rücken in jüngster Vergangenheit auch als Therapieansatz speziell bei der Behandlung älterer PTBS-Betroffener in den Fokus der Aufmerksamkeit. In der Psychogerontologie finden diese Interventionen bereits ihre Anwendung (Haight u. Webster 1995) und konnten für die Behandlung von Depressionen ihre Wirksamkeit nachweisen (Bohlmeijer et al. 2003). Speziell für diese Alterskohorte, die bereits aufgrund des Alters eine hohe Traumaprävalenz aufweist (u.a. Spitzer et al. 2008), ist ein Organisieren einzelner Lebensabschnitte und ein Bilanzieren des gesamten Lebens von besonderer Bedeutung.

7.1 Autobiografisches Gedächtnis und das Selbst

Das autobiografische Gedächtnis wird häufig dem episodischen Gedächtnis zugeordnet, wobei beide oftmals als kongruent angesehen werden (Tulving 2005). Dabei beinhaltet das autobiografische Gedächtnis Episoden der eigenen Lebensgeschichte, die von großer Bedeutung für das Individuum sind und den Kontext für das episodische Gedächtnis bilden. Das autobiografische Gedächtnis enthält somit eine Repräsentation des eigenen Selbst und der Lebensgeschichte sowie Aufzeichnungen über aktuelle Erfahrungen. Damit ermöglicht es die Orientierung in der Welt, die Ausbildung einer Identität und das Weiterverfolgen eigener Ziele (Conway 2005).

Das autobiografische Gedächtnis speichert Informationen über Episoden auf drei verschiedenen Ebenen, die sich durch ihre Spezifität und die Detailtreue der gespeicherten Erinnerungen unterscheiden (Conway u. Pleydell-Pearce 2000).

Die allgemeinste Ebene ist die der *Lebensperiode*, die thematisches Wissen über allgemeine Eckdaten eines Lebensabschnitts sowie zeitliches Wissen über die Dauer des Abschnitts beinhaltet (z.B.: »Ich habe ein halbes Jahr in Spanien gelebt«). Auf der mittleren Ebene werden *allgemeine Ereignisse* gespeichert. Diese Ereignisse stellen bereits spezifischere, jedoch noch immer abstrakte Zusammenfassungen (z.B. »Ich bin mit der U-Bahn gefahren, um zur Arbeit zu kommen«) sowie Erinnerungen an »erste Male« (z.B. erster Kuss) dar. Die Ebene des *ereignisspezifischen Wissens* ist charakterisiert durch Details und spezifische Bilder sowie oftmals durch eine Vielzahl visueller Informationen (z.B.: »In unserem Südseeurlaub bin ich in kristallblauem Wasser Schnorcheln gewesen und habe dabei Korallenriffe entdeckt«).

Tab. 7.1 Gedächtnisphänomene bei PTBS

	Traumaerinnerungen	Nichttraumatische Erinnerungen
Intentionaler Abruf	Fragmentierung, Desorganisation	Reduzierte Erinnerungsspezifität
Unwillentlicher Abruf	Wiedererleben (Intrusionen)	Verknüpfung zu traumatischen Inhalten

rungen abgespeichert werden (Berntsen 2001). In Tab. 7.1 sind diese charakteristischen Gedächtnisphänomene hinsichtlich des autobiografischen Erinnerns bei PTBS zusammengefasst.

7.2 Gedächtnisphänomene bei PTBS-Patienten

Das Erleben eines traumatischen Ereignisses und die daraus resultierende Entwicklung einer PTBS haben eine Veränderung zentraler Gedächtnisinhalte zur Folge. Kognitive Prozesse (u.a. peritraumatische Dissoziation) während des Traumas führen zu einer Beeinträchtigung im Enkodieren und Integrieren der traumatischen Inhalte in das autobiografische Gedächtnis (z.B. van der Kolk u. Fisler 1995). Als Folge dessen kommt es bezüglich der Erinnerungen an das Trauma auf der einen Seite zu einem *erleichterten unwillentlich unkontrollierten Abruf* (Brewin et al. 1996; Ehlers u. Clark 2000) und auf der anderen Seite zu einem *erschwerten willentlich kontrollierten Abruf* bzw. zu *fragmentierten desorganisierten* Erinnerungen (s. Review, McNally 2003). Im Vergleich zu Gesunden zeigen sich pathologische Veränderungen in den Gedächtnisstrukturen von PTBS-Patienten auch hinsichtlich nichttraumatischer Erinnerungen in Form einer *reduzierten Erinnerungsspezifität* bei intentionalem Abruf (Williams et al. 2007). Beim unwillentlichen Abruf nichttraumatischer Erinnerungen zeigen erste Studien, dass hier durchaus eine Verknüpfung zu Traumaerinnerungen besteht, was dafür sprechen würde, dass Traumaerinnerungen nicht ausschließlich isoliert von anderen Erinne-

7.2.1 Traumaerinnerungen

Empirisch validierte kognitive Modelle geben eine Erklärung für die Entstehung und Aufrechterhaltung dysfunktionaler traumatischer Erinnerungen von PTBS-Patienten (duales Repräsentationsmodell, Brewin 2003; integratives kognitives Störungsmodell, Ehlers u. Clark 2000). Aus diesen Modellen lassen sich Annahmen ableiten, welche die Auswirkungen von Traumatisierungen auf das autobiografische Gedächtnis (hier spezifisch auf die Traumaerinnerungen) erklären. Diese sollen nachfolgend in Hinblick auf die Art des Abrufs (intentional und unwillentlich) näher beschrieben werden.

> **Kasten 1: Duales Repräsentationsmodell (Brewin** 2003)
> Das Modell, das von den Annahmen Tulvings zum episodischen Gedächtnis (Tulving 2001) und zur Speicherung, Konsolidierung und zum Abruf von Lebensereignissen ausgeht, beinhaltet zwei Systeme zur Verarbeitung traumatischer Ereignisse:
> 1. Das *verbal zugängliche System* (»verbally accessible memory«, VAM), welches dem deklarativen Gedächtnis entspricht, integriert die Erinnerungen an das Trauma in andere autobiografische Gedächtnisin-

halte und ermöglicht so einen bewussten Zugang und damit auch die Kommunizierbarkeit der Erlebnisse. Ist eine adäquate Enkodierung des Traumas nicht möglich, werden Informationen wie Geräusche, Emotionen, Körperreaktionen oder visuelle Erinnerungen im
2. *situativ zugänglichen System* (»situationally accessible memory«, SAM) gespeichert, das dem nondeklarativen Gedächtnis entspricht. Eine Integration in andere autobiografische Gedächtnisinhalte findet hier nicht statt, sodass die zeitliche und räumliche Einordnung der Erinnerungen nicht gegeben ist. Durch interne und/oder externe Schlüsselreize können Erinnerungen unwillkürlich aus dem SAM getriggert werden.

Kasten 2: Integratives kognitives Störungsmodell (Ehlers u. Clark 2000)
Das Modell von Ehlers u. Clark (2000) geht davon aus, dass es zwei Arten des Abrufs autobiografischer Informationen gibt:
1. den Abruf höherer Ordnung, basierend auf Bedeutung, sowie
2. einen Abruf, der direkt durch assoziierte Stimuli getriggert ist.

Durch eine schlecht elaborierte und inadäquate Speicherung der Traumaerinnerungen in das autobiografische Gedächtnis kommt es zu einer unzureichenden Verknüpfung der Erinnerungen an einzelne Traumainhalte an sich sowie der Traumaerinnerungen mit nichttraumatischen autobiografischen Informationen. Diese fehlenden Verknüpfungen resultieren beim intentionalen Abruf in einer Fragmentierung der Erinnerungen. Beim unwillentlichen Abruf wird hierdurch ein »Hier-und-Jetzt«-Gefühl erzeugt, das losgelöst von korrigierenden Informationen wahrgenommen wird. Das Modell postuliert noch weitere auf die Gedächtnisstrukturen wirkende Mechanismen (u.a. Warnsignalhypothese, perzeptuelles Priming),

die in ihrer Gesamtheit die Spezifität dieses Modells für die Erklärung der Entstehung und Aufrechterhaltung der PTBS im Vergleich zu Phobien oder Depression nach Traumata zeigen (Ehring et al. 2008).

- **Intentionaler Abruf: Fragmentierung, Desorganisation**

Ausgehend von den von Ehlers u. Clark (2000) beschriebenen unzureichenden bzw. fehlenden Verknüpfungen zwischen den traumatischen Erinnerungen, ist eine kohärente Wiedergabe des Traumas beim intentionalen Abruf schwer bis gar nicht möglich (Ehlers et al. 2004; Foa et al. 1995; s. Review, McNally 2003). Folge dieser dysfunktionalen Enkodierung ist eine Fragmentierung (Sprünge, Wiederholungen, Desorganisation) der Erinnerungen (u.a. Engelhard et al. 2003; Halligan et al. 2003; Lyttle et al. 2010).

Der Grad der Fragmentierung des Traumanarrativs scheint dabei von der zeitlichen Nähe zu sog. Hot Spots, d.h. besonders belastenden Momenten, abhängig zu sein, die später als Intrusionen wiedererlebt werden (Ehlers u. Clark 2000; Foa u. Rothbaum 1998). So konnte gezeigt werden, dass Teile des Narrativs ähnlich wie nichttraumatische Inhalte durchaus gut erinnert werden können, sofern diese zeitlich von den »Hot Spots« entfernt lagen (Hellawell u. Brewin 2002). Traumainhalte, die in zeitlicher Nähe zu intrusiven Erinnerungen (»Flashbacks«) stehen, sollten daher besonders stark fragmentiert und desorganisiert sein (Ehlers et al. 2004).

Kritiker dieser Fragmentierungshypothese konstatieren zum einen, dass das fehlerhafte Enkodieren keine spezifische Gedächtnisveränderung bei PTBS sei, da Erinnerungen immer lediglich Rekonstruktionen und keine exakten Wiedergaben sind. Daher sei eine Fragmentierung eher als ein natürlicher Vorgang anzusehen (McNally 2003). Zum anderen gibt es Studien, die das Vorhandensein von klaren und strukturierten Erinnerungen zeigen (Porter u. Birt 2001).

Demgegenüber stehen Ergebnisse, laut denen das Vorhandensein von fragmentierten Erinnerungen eine spätere PTBS-Diagnose vorhersagte

(Halligan et al. 2002; Murray et al. 2002). Ebenso korrelierte die Fragmentierung mit der Schwere der Symptome in Querschnittstudien (Amir et al. 1998) und Längsschnittstudien (Halligan et al. 2003). Bis dato gibt es jedoch keine Studien, die einen Zusammenhang zwischen Genesung und einer Verbesserung in der Struktur des Narrrativs zeigen (Halligan et al. 2003; Jones et al. 2007).

- **Unwillentlicher Abruf: Wiedererleben (Intrusionen)**

Der Symptomkomplex des Wiedererlebens stellt das charakteristische Merkmal der PTBS dar (Horowitz 1976). Er äußert sich in sog. Flashbacks, in denen Betroffene nicht zwischen dem bereits vergangenen Trauma und der Gegenwart differenzieren können (»Hier-und-Jetzt«-Gefühl), in Albträumen, in sich wiederholenden und belastenden intrusiven Bildern oder anderen sensorischen Eindrücken des Traumas (APA 2000; NICE 2005). Visuelle Sensationen sowie sensorische Eindrücke (körperliche, Geräusche, Geruch, Geschmack) sind am häufigsten Inhalt der Intrusionen, wobei sensorische Erinnerungen nur dann berichtet wurden, wenn visuelle Eindrücke zum Zeitpunkt des Beginns des Traumas nicht vorhanden waren (z.B. Dunkelheit, Angriff von hinten). Gedanken bilden hingegen nur einen sehr marginalen Teil der intrusiven Erinnerungen (Ehlers et al. 2002; Ehlers u. Steil 1995; Hackmann et al. 2004). Hierbei ist festzuhalten, dass die gedanklichen intrusiven Erinnerungen zu unterscheiden sind von anderen intrusiv erlebten Kognitionen, die eine bewertende Komponente bezüglich des Traumas beinhalten (Ehlers u. Clark 2000; Joseph et al. 1997). Diese negative Interpretation der Ereignisse bzw. der erlebten Intrusionen führt zu einem Gefühl der ständigen Bedrohung und damit zu Entfremdung und sozialer Isolation, resultierend in dem Gefühl einer verwehrten positiven Zukunft (Mayou et al. 2002; Michael et al. 2005).

Dabei scheinen sich Intrusionen in ihrer Intensität und im Grad der Verknüpfung im autobiografischen Gedächtnis von »normalen« unwillentlichen Erinnerungen zu unterscheiden (Ehlers u. Clark 2000; Joseph et al. 1997; Kleim u. Ehlers 2008; Peace u. Porter 2004). PTBS-Patienten beschreiben die ungewollten Erinnerungen, die ein starkes »Hier-und-Jetzt«-Gefühl erzeugen, als besonders lebendig, überwältigend und belastend. Hinsichtlich der Verknüpfung mit anderen autobiografischen Gedächtnisinhalten zeigte sich, dass PTBS-Patienten Traumaerinnerungen, die als intrusiv erlebt werden, inadäquat in das autobiografische Gedächtnis integrieren und somit auch unzureichend mit anderen Informationen verknüpfen (Brewin 2003; Ehlers u Clark 2000). Diese unzureichende Verknüpfung konnte auch für posttraumatisch gemachte Erfahrungen aufgezeigt werden (Kleim u. Ehlers 2008; Michael et al. 2005). PTBS-Patienten scheinen während der Intrusionen unfähig zu sein, posttraumatische Informationen (nichttraumatische Erfahrungen) abzurufen, die ursprüngliche Eindrücke korrigieren (Ehlers u. Clark 2000; Koriat et al. 2000). Informationen, die Befürchtungen über den Verlust des Lebens und der Unversehrtheit beinhalten (»Ich werde mein Bein verlieren«, »Meine Tochter stirbt«), scheinen von nachfolgenden Informationen losgelöst zu sein. Die Gedanken und Emotionen werden daher während der Intrusionen mit der gleichen Intensität wiedererlebt wie während des eigentlichen traumatischen Erlebnisses, auch wenn die Befürchtungen nicht eingetreten sind (d.h. das Bein nicht amputiert werden musste und die Tochter überlebt hat).

Wie bereits erwähnt, sind Intrusionen zum Großteil Erinnerungen an Reize, die den Beginn des Traumas oder den Zeitpunkt signalisieren, der in enger zeitlicher Nähe zum belastendsten Moment des Traumas steht, und können daher als eine Art Warnsignal verstanden werden, durch dessen Auftreten eine erneute mögliche Gefahr angezeigt werden soll (Ehlers et al. 2002; Hackmann et al. 2004; Holmes et al. 2005). Intrusionen entstehen somit aufgrund assoziativer Lernprozesse, bei denen die Trigger zeitlich mit dem belastendsten Moment gekoppelt sind. Diese Verknüpfung geschieht explizit wie implizit, sodass nicht notwendigerweise ein bewusster Zugang zu den Triggern bestehen muss.

7.2.2 Nichttraumatische Erinnerungen bei Traumatisierten

Die Auswirkungen von Traumatisierungen, die mit der Entwicklung einer PTBS einhergehen, haben nicht nur Einfluss auf Traumaerinnerungen. Auch der Abruf nichttraumatischer Erinnerungen (intentional und unwillentlich) aus dem autobiografischen Gedächtnis weist Besonderheiten auf, die in den folgenden zwei Abschnitten behandelt werden sollen.

- **Intentionaler Abruf: Reduzierte Erinnerungsspezifität**

Schwierigkeiten beim willentlichen Abruf konnten bei PTBS-Patienten auch für nichttraumatische autobiografische Gedächtnisinhalte festgestellt werden. Dies zeigt sich durch eine reduzierte Erinnerungsspezifität (»overgeneralised memory«, OGM), in deren Folge lediglich allgemeine Erinnerungen abgerufen werden können anstelle spezifischer Ereignisse (s. Metaanalyse: Williams et al. 2007). Dabei ist das Vorliegen einer PTBS und nicht allein das Erleben eines Traumas ausschlaggebend für das Vorhandensein einer reduzierten Erinnerungsspezifität (Harvey et al. 1998; Kleim u. Ehlers 2008; Moore u. Zoellner 2007; Schönfeld et al. 2007). Dieser Zusammenhang kann moderiert werden durch qualitative Aspekte des Traumas (Schwere und Art) sowie durch die Bewältigungsmechanismen des Individuums. Auch geringere Bildung und höheres Alter scheinen einen Einfluss auf eine reduzierte Erinnerungsspezifität zu haben (Arntz et al. 2002; Boelen et al. 2010).

Ein defizitärer Abruf autobiografischer Erinnerungen könnte PTBS-Patienten daran hindern, positive und ressourcenorientierte Erfahrungen aus dem Leben vor dem Trauma adäquat zu erinnern (Ehlers et al. 2000). Zu den Folgen gehört das Verharren in der Zeit des Traumas sowie eine eingeschränkte Fähigkeit, sich die eigene Zukunft vorzustellen (Williams et al. 1996). Jedoch ist momentan nicht geklärt, ob es Unterschiede in der Reduktion der Erinnerungsspezifität im Abruf unterschiedlich emotional bewerteter autobiografischer Gedächtnisinhalte gibt. So gibt es Hinweise darauf, dass eine geringere Spezifität beim Abruf von Erinnerungen in Bezug auf bestimmte gegebene positive Hinweisreize besteht (Harvey et al. 1998). Dem gegenüber steht die Annahme, dass OGM eher mit negativen als mit positiven bzw. neutralen Hinweisreizen einhergeht (Jones et al. 1999) bzw. keine Unterschiede bestehen (Kleim u. Ehlers 2008).

Der Mechanismus, der dem Zusammenhang zwischen OGM und PTBS zugrunde liegt, ist momentan noch unklar. Hauptsächlich werden drei Theorien für eine Erklärung herangezogen (1. Affekt-Regulations-Hypothese, Hauer et al. 2006; 2. Executive-control-Hypothese; 3. Capture-and-rumination-Hypothese, Williams et al. 2006). Sicher scheint hingegen, dass die reduzierte Erinnerungsspezifität von nichttraumatischen autobiografischen Erfahrungen ein Charakteristikum der PTBS ist. Nur im Kontext von Depressionen bei Traumaüberlebenden (Kuyken u. Brewin 1995; Peeters et al. 2002), nicht aber bei anderen Angststörungen gab es einen Zusammenhang mit OGM (Williams et al. 2007).

- **Unwillentlicher Abruf: Verknüpfung zu traumatischen Erinnerungen**

Aufgrund der elaborierten Enkodierung nichttraumatischer Inhalte ins autobiografische Gedächtnis geht man davon aus, dass es hier zu keiner Überflutung mit solchen Erinnerungen kommt, die wie Intrusionen als belastend empfunden werden (Conway u. Pleydell-Pearce 2000). Im Vergleich zu traumatischen Erinnerungen werden nichttraumatische Erinnerungen als weniger lebendig wahrgenommen. Ebenso haben sie einen geringeren Einfluss auf die aktuelle Stimmung und gehen weniger mit physischen Reaktionen einher. Des Weiteren werden sie positiver bewertet und seltener als Flashbacks wahrgenommen (Berntsen 2001).

Es konnte gezeigt werden, dass es beim unwillentlichen Abruf nichttraumatischer Erinnerungen durchaus eine Verknüpfung zu Traumainhalten geben kann. Dies hat zur Folge, dass sich der Affekt ohne Bewusstwerdung der traumatischen Inhalte ändert. Traumaerinnerungen scheinen von daher nicht isoliert von anderen persönlichen Erinnerungen zu sein, sofern diese nichttraumatischen Erinnerungen signifikante Merkmale aufweisen (Berntsen 2001). Individuelle Wichtigkeit, negative emotionale Valenz und zeitliche Kontiguität stellen hier ausschlaggebende Merkmale für eine Verknüpfung dar. Diese Verbindung wird durch sog. Referenzpunkte erklärt, die im autobiografischen Wissen durch hoch emotionale und für die Person wichtige Ereignisse entstehen. Diese Referenzpunkte aus (positiven und negativen) nichttraumatischen

Erinnerungen ermöglichen eine Zuordnung von Bedeutung bzw. eine Einordnung anderer, weniger bedeutender Erfahrungen (Pillemer 1998; Rubin u. Kozin 1984). Diese Ergebnisse scheinen im ersten Moment nicht vereinbar mit den Modellen von Ehlers u. Clark (2000) bzw. Brewin (2003), die eine solche Verknüpfung nicht annehmen. Jedoch sind Trigger von traumatischen Erinnerungen bzw. Intrusionen häufig implizit gespeichert, und nichttraumatische unwillentliche Erinnerungen können somit durchaus auch traumaassoziierte Inhalte erzeugen.

7.2.3 Kurzzusammenfassung

Zusammenfassend ist festzustellen, dass Konsequenzen von Traumatisierungen für das autobiografische Gedächtnis sowohl bezüglich des Abrufs (intentional/willkürlich vs. unwillkürlich) als auch bezüglich des Inhalts (Traumaerinnerungen vs. nichttraumatische Erinnerungen) auftreten.

Die fehlende bzw. inadäquate Integration der traumatischen Erinnerungen in das autobiografische Gedächtnis führt bei PTBS-Patienten dazu, dass Erinnerungen unkontrolliert und unbeabsichtigt als Intrusionen ins Bewusstsein gelangen. Während des intrusiven Erlebens des Traumas ist es jedoch nicht möglich, sich Erfahrungen, die nach dem Trauma gemacht wurden, zu vergegenwärtigen. Befürchtungen und Gedanken während des Traumas können daher beim Wiedererleben nicht revidiert werden.

Beeinträchtigungen aufgrund des Traumas sind aber nicht nur bezüglich der Erinnerungen von traumatischen Erlebnissen bei PTBS-Patienten auszumachen. Das Phänomen der reduzierten Erinnerungsspezifität resultiert in einer generalisiert zusammengefassten Erinnerung nichttraumatischer Lebensereignisse (Harvey et al. 1998; McNally et al. 1994). Eine weitere Besonderheit beim unwillentlichen Abruf scheint die Verknüpfung von nichttraumatischen Inhalten mit traumarelevanten Inhalten zu sein. Durch Referenzpunkte im autobiografischen Gedächtnis scheinen traumarelevante Inhalte getriggert zu werden. Diese spezifischen nichttraumatischen Inhalte unterscheiden sich jedoch durch ihre individuelle Wichtigkeit, ihre negative emotionale Valenz und ihre zeitliche Kontiguität von anderen autobiografischen Erinnerungen, die eine solche Verknüpfung nicht herstellen können. Resultat dieser Verknüpfung ist eine negative körperliche bzw. emotionale Reaktion auf nichttraumatische Erinnerungen und somit eine mögliche Veränderung des Affekts ohne bewusste Assoziation zum Trauma.

7.3 Lebensrückblick und biografische Therapieansätze

Das autobiografische Gedächtnis ist also nicht nur Grundlage der menschlichen Identität, sondern reflektiert und prägt gleichzeitig das affektive Erleben und die Einordnung emotionaler Erfahrungen. Das bedeutet, dass als Folge des Traumas überdauernde und sich wiederholende emotionale Muster und Verhaltensweisen entstehen, die häufig nicht als solche erkannt bzw. modifiziert werden können. Das Trauma bildet so einen Fremdkörper, der nicht in die eigene Biografie integriert werden kann (Neuner et al. 2008). Es überschattet und prägt das Leben und führt zu einer Einengung der autobiografischen Erinnerung auf das traumatische Ereignis. Die Lebensrückblickstherapie zielt darauf ab, diesen Prozess zu revidieren: Durch das nochmalige und adaptive Enkodieren der fragmentierten Traumaerinnerung entsteht eine narrative Struktur. Ziel ist es, traumabezogene Informationen aus dem SAM-System mit assoziierten Informationen aus dem VAM-System zu verknüpfen, um dadurch den unwillentlichen, unkontrollierten Abruf traumatischer Erinnerungen (Intrusionen) zu reduzieren. Der Lebensrückblick bei Traumafolgestörungen geht allerdings über eine reine Traumafokussierung – wie bei herkömmlichen Expositionstherapien – hinaus. Ein weiteres Ziel des Lebensrückblicks ist es, einen adäquater gewichteten Blick auf die Gesamtbiografie zu erarbeiten, mit der Anerkennung der traumatischen Erfahrung als *ein* wichtiges Lebensereignis. Zentraler Fokus ist hier die Rekonstruktion von wichtigen Lebenserfahrungen, d.h. der therapeutisch angeleitete Prozess des chronologischen Erinnerns, Organisierens und Bewertens der Lebensphasen. Dies wiederum soll die eingeschränkte Erinnerungsspezifität bezüglich nicht-traumatischer Inhalte verbessern.

Die Lebensrückblickstherapie für ältere Patienten mit PTBS wurde bereits 2002 in einer Reihe von Fallstudien von Maercker vorgestellt. Traumabedingte Gedächtnisstörungen können einen adaptiven und gesunden Lebensrückblick, der eine zentrale Aufgabe der späten Lebensphase darstellt, maßgeblich beeinträchtigen (Maercker 2002). Eine erfolgreiche Bewältigung dieser Entwicklungsaufgaben für einen befriedigenden Lebensrückblick im Alter beinhaltet u.a. die Fähigkeit zum Trauern um Verluste, Sinngebung und die Akzeptanz der eigenen Vergangenheit (auch des Traumas). Gerade für traumatisierte Ältere ist das Bilden von Kohärenz und Integration wichtig, jedoch gleichzeitig eine schwer zu bewältigende Aufgabe. Eine ausgeglichene und differenzierte Lebensbilanz bei älteren Menschen mit PTBS kann also von der Überschattung des Lebens durch das traumatische Ereignis beeinträchtigt werden. Das wesentliche Ziel der Lebensrückblickstherapie besteht also darin, früheren Lebensabschnitten eine veränderte Bedeutung beizumessen, sodass die negativen traumabezogenen Erinnerungen nicht die positiven Erinnerungen dominieren. In der Therapie soll eine Zuordnung positiver und negativer Erlebnisse zu den jeweiligen Lebensperioden erfolgen, um einen bewussten Zugriff auf diese Erinnerungen zu ermöglichen. Zudem wird das Trauma prozessiert, sodass eine erzählbare Geschichte entsteht und das Trauma in die eigene Lebensgeschichte integriert wird. Verstärkt werden dabei Bewältigungserfolge und Sinnfindungsprozesse, durch die eine neue Sichtweise auf das Trauma möglich wird. In jeder Sitzung wird eine Lebensphase, angefangen mit der Kindheit, besprochen.

Ein konzeptuell ähnlicher Ansatz für jüngere Menschen ist die Narrative Expositionstherapie (NET; Neuner et al. 2004). Die Narrative Expositionstherapie gilt zwar nicht als Lebensrückblickansatz im engeren Sinne, aufgrund ihrer stark biografischen Ausrichtung und ihres spezifischen Fokus auf die PTBS gibt es aber starke Überschneidungen mit dem Lebensrückblick, weshalb sie ausführlicher dargestellt werden soll. Die NET bezieht sich auf die Testimony-Therapie (Cienfuegos u. Monelli 1983), eine Zeugnistherapie, die ursprünglich entwickelt wurde, um Menschenrechtsverletzungen zu dokumentieren, die im Rahmen der Pinochet-Diktatur in Chile begangen wurden. Unterstützt durch einen Therapeuten, formuliert der Patient ein schriftliches Narrativ über eine spezifische Lebensspanne, wobei ein besonderes Gewicht auf die traumatischen Erlebnisse gelegt wird. In mehreren Sitzungen werden die Berichte aufgenommen, detailliert niedergeschrieben, ergänzt und vervollständigt. Aus den zunächst fragmentierten und teilweise inkohärenten Berichten über die traumatischen Erlebnisse entsteht so ein in sich stimmiges, chronologisches Narrativ. Zum Abschluss der Therapie unterschreiben der Betroffene und der Therapeut das Dokument. Wenn der Patient dies wünscht, wird es im Anschluss einer Menschenrechtsorganisation zur Verfügung gestellt, um so das erfahrene Unrecht zu dokumentieren. Neuner et al. (2004) erweiterten diesen Ansatz um eine biografische Komponente und die traumafokussierte Exposition. Die NET wurde ursprünglich vor allem für den Einsatz bei schwer und mehrfach traumatisierten Traumaüberlebenden (vor allem Bürgerkriegsüberlebende und Folteropfer) entwickelt. Das Ziel der NET ist die Rekonstruktion des autobiografischen Gedächtnisses bezüglich der traumatischen Ereignisse im Kontext der Lebensgeschichte. Es wird also nicht wie bei den üblichen Expositionsverfahren nur das schlimmste Ereignis, sondern die gesamte Lebensgeschichte mit multiplen Traumata aufgearbeitet und schriftlich festgehalten. Sowohl belastende als auch angenehme Schlüsselmomente werden betrachtet, damit der Betroffene die Entwicklung seiner Persönlichkeit sowie (posttraumatische) automatisierte Verhaltensmuster versteht. Durch den Prozess der Narration bzw. der Exposition soll eine Verbindung zwischen »heißen« und »kalten« Gedächtnisinhalten hergestellt werden (Neuner et al. 2009). Anders als beim Lebensrückblick ist die Biografie nicht in zentrale Lebensphasen eingeteilt, sondern orientiert sich an einer Lebenslinie. Entlang eines Seils, das symbolisch für die Lebenslinie des Patienten steht, platziert dieser unterschiedlich große Blumen und Steine als Symbole für positive und negative prägende Erlebnisse. In den folgenden Sitzungen berichtet der Patient detailliert über diese Schlüsselereignisse. Traumatische Lebensereignisse werden in Expositionssitzungen intensiv bearbeitet. Der Therapeut nimmt eine begleitende, strukturierende und unterstützende Haltung ein. Alle Sitzungen werden vom Therapeuten schriftlich festgehalten und vom Patienten korrigiert. Letztlich entsteht eine schriftliche Dokumentation der Lebensgeschichte, die zum Abschluss von Therapeut und Patient unterschrieben wird und analog zur Testimony-Therapie an Menschenrechtsorganisationen weitergeleitet werden kann (Neuner et al. 2009). In mehreren randomisierten kontrollierten Studien zeigte sich dieses Verfahren als wirksam und anwendbar in unterschiedlichen kulturellen Kontexten und Stichproben (Robjant u. Fazel 2010).

- **Integrative Testimonial Therapie (ITT)**

Aufbauend auf den Fallstudien von Maercker (2002) und der Narrativen Expositionstherapie, wurde die Integrative Testimonial Therapie (ITT; Knaevelsrud et al. 2009, 2011) entwickelt (www.lebenstagebuch.de). Die ITT ist eine internetgestützte Schreibtherapie, die biografische Ansätze mit denen der Zeugnistherapie kombiniert und zusätzlich auf traumabezogene dysfunktionale Kognitionen fokussiert. Ähnlich wie in der Narrativen Expositionstherapie geht es einerseits um eine raumzeitliche Verortung der traumatischen Erlebnisse in der frühen Vergangenheit durch eine chronologische Rekonstruktion der Lebensgeschichte. Darüber hinaus werden persistierende dysfunktionale Kognitionen explizit bearbeitet. Ein wichtiger therapeutischer Aspekt ist, neben der biografischen Aufarbeitung der traumatischen Erfahrung, das Dokumentieren und Niederschreiben des Erlebten. Das schriftliche Festhalten des Erlebten erlaubt zum einen eine Strukturierung und Distanzierung und hat zum anderen auch das Potenzial eines Vermächtnisses. In Anlehnung an die Testimony-Therapie (Cienfuegos u. Monelli 1983) und die Narrative Expositionstherapie (Neuner et al. 2004) findet der Aspekt der Zeugenschaft auch bei der Integrativen Testimonial Therapie explizite Berücksichtigung. Patienten erhalten die Möglichkeit, am Ende der Therapie ihre Lebensgeschichte und die Traumaberichte auszudrucken, und können entscheiden, ob sie diese mit ihren Angehörigen teilen wollen oder Zeitzeugenprojekten zur Verfügung stellen möchten.

Ziel der ITT ist also die Einordnung der traumatischen Erinnerungen in das autobiografische Gedächtnis, um problematische Interpretationen und Bewertungen der traumatischen Erfahrungen und ihrer Konsequenzen zu modifizieren.

Diese Therapieform, die als Schreibtherapie über das Internet oder über den konventionellen Postweg angeboten wird, ist strukturell (Schreibdauer, Rückmeldefrequenz, Umfang) an das Internettherapiekonzept von Interapy (Lange et al. 2003) angelehnt. Über einen Behandlungszeitraum von sechs Wochen schreiben Patienten insgesamt elf Texte zu jeweils zuvor vereinbarten Terminen. Jede Schreibsitzung dauert 45 Minuten. Innerhalb von 24 Stunden erhalten die Patienten von ihrem Therapeuten Rückmeldung zu ihren Texten und Instruktionen für die folgenden Texte. Die Behandlung ist in drei Phasen unterteilt:

1. Die ressourcenorientierte biografische Rekonstruktion der Lebensgeschichte bildet die Grundlage des Behandlungsangebots.
2. Die Konfrontation mit dem belastendsten Ereignis (bzw. den belastendsten Ereignissen) wird in die biografische Rekonstruktion integriert, stellt aber ein eigenständiges Behandlungsmodul dar.
3. Abgeschlossen wird die Therapie mit einer Kurzintervention zur kognitiven Neubewertung (◘ Abb. 7.1).

In insgesamt sieben Texten werden die einzelnen Lebensphasen betrachtet und chronologisch niedergeschrieben. Allen Schreibanleitungen ist eine Aufstellung charakteristischer Lebensereignisse und -erfahrungen, die mit den verschiedenen Lebensphasen einhergehen (z.B. Kindergarten, Schule, Abschluss, eigene Familie) bzw. historisch mit der entsprechenden Lebensphase verbunden waren (z.B. Weimarer Republik, Nationalsozialismus, Gründung BRD/DDR, Bau der Mauer und Teilung Deutschlands, 68er-Generation, Fall der Mauer, Wiedervereinigung), beigefügt.

Dieser Aspekt ist, wie einführend beschrieben, ein zentraler Faktor, um einerseits die gefühlte Unmittelbarkeit des Traumas zu modifizieren und andererseits durch die biografische Einordnung den emotionalen Fokus auf das Trauma (»Nach dem Trauma war mein Leben vorbei«) zu reduzie-

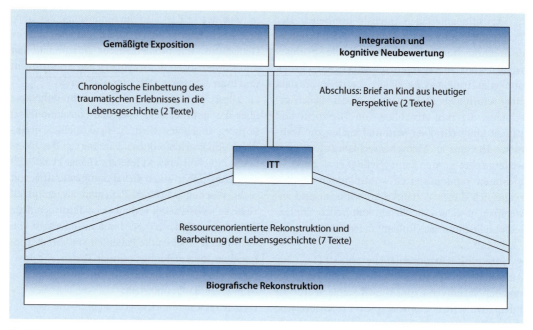

Abb. 7.1 Schema zum Ablauf der ITT

ren. Dafür ist es hilfreich, Ressourcen und Fähigkeiten prä- und posttraumatischer Lebensphasen herauszuarbeiten und insbesondere darauf zu fokussieren, mithilfe welcher dieser Fähigkeiten die traumatische Erfahrung bisher bewältigt werden konnte. Fragen wie
— Gibt es etwas, auf das Sie in dieser Lebensphase besonders stolz sind?
— Was haben Sie in dieser Lebensphase gelernt/erfahren?
— Welche Fähigkeiten haben Sie entwickelt?
— Gab es wichtige Bezugspersonen/Vorbilder (neben Familie z.B. auch Nachbarn, Lehrer etc.)?

sollen dem Patienten bei der Herausarbeitung unterstützen. Vor allem bei Lebensrückblicksinterventionen im fortgeschrittenen Alter gilt es darüber hinaus auch dem Bedürfnis nach einem kohärenten Rückblick und Sinnfindung Rechnung zu tragen.

Bevor die Lebensphase beschrieben wird, in der das Trauma stattgefunden hat, widmen die Patienten dem traumatischen Ereignis zwei Texte. In diesen beiden Texten wird das Erlebte mit allen sensorischen Details, körperlichen und emotionalen Reaktionen beschrieben, mit dem Ziel der Habituation. In der abschließenden Phase, der kognitiven Neubewertung, verfassen die Patienten einen Brief aus heutiger Sicht an das Kind, das sie zum Zeitpunkt der traumatischen Erfahrung waren. Negative Überzeugungen und Selbstvorwürfe als Folge des traumatischen Ereignisses stellen sich häufig als zentrale handlungsweisende Schemata heraus. Mithilfe der Erarbeitung und Bewusstwerdung eigener Fähigkeiten und Kompetenzen werden persistierende dysfunktionale Kognitionen in dieser Phase explizit infrage gestellt.

7.4 Fallbeispiel

Herr Jansen, 1935 geboren, meldet sich aufgrund von Schlaflosigkeit, Albträumen und wiederkehrenden Bildern von Kriegsszenen bei seinem Hausarzt. Im Alter von acht Jahren erlebte er einen Bombenangriff in seiner Heimatstadt mit. Einschneidend war der Abschied von seinem Vater mit neun Jahren. Erst nach einigen Jahren erfuhren er und seine Mutter, dass sein Vater von der SS erschossen wurde.

7.4 · Fallbeispiel

Herr Jansen lebte nach dem Krieg mit seiner Mutter in Westdeutschland und erlangte hier einen akademischen Abschluss. Im Laufe seines Lebens hatte er unterschiedliche Arbeitsstellen und war beruflich sehr erfolgreich. Er lebt heute mit seiner jetzigen Frau zusammen. Bisher hat Herr Jansen keinerlei psychologische Unterstützung in Anspruch genommen. Im Folgenden werden exemplarisch Auszüge aus den von Herrn Jansen verfassten Texten wiedergegeben. Zunächst Auszüge aus seinem Expositionstext:

» Am 14. Februar 1945 musste – sollte – mein Vater wieder an die Front. Ich erinnere mich, dass ich auf einem Stuhl saß, mein Vater sich von meiner Mutter verabschiedete, mich in den Arm nahm und sagte: »Du bist jetzt verantwortlich für die Mutti. Pass schön auf sie auf.« Dann ging er, und wir winkten ihm nach. Er fuhr mit dem letzten Zug aus Hannover. Danach fuhren keine Züge mehr. «

» … Mein Vater wollte weitere Opfer vermeiden. Die SS wollte aber die Stadt verteidigen und erschoss ihn und zwei weitere Offiziere wegen Wehrkraftzersetzung … Unser Haus stand an einer Durchgangsstraße. Nach dem Krieg kamen reihenweise amerikanische LKW mit deutschen Kriegsgefangenen vorbei. Oft glaubte ich meinen Vater zu sehen. Einige winkten uns zu, und ich sah immer meinen Vater. Die Hoffnung war vergebens. «

» … Im Herbst kam dann die Nachricht, dass er nicht mehr lebt. Für mich brach eine Welt zusammen. Es kam ein Päckchen mit der Post mit einigen wenigen Sachen. Man hatte meinem Vater vor dem Erschießen noch die Möglichkeit gegeben, eine Abschiedskarte an uns zu schreiben mit den Worten: »Liebe Frau und mein lieber Junge, wenn Ihr diese Zeilen bekommt, bin ich nicht mehr. Ich grüße und küsse Euch zum letzten Mal. Grüß Mutter und Vater!!« Es war die schlimmste Nachricht, die ich je erhielt! Ich kann meine Gefühle nicht konkret in Worte fassen. Ich habe wohl viel geweint. «

» … Bis zu meinem – ich denke – 14. Lebensjahr sagte ich oft zu erwachsenen Männern »Papa«. Ich war der Einzige aus dem Verwandtenkreis, der keinen Vater mehr hatte. «

In beiden Expositionstexten beschreibt Herr Jansen für ihn beängstigende, aufwühlende und schmerzhafte Details im Zusammenhang mit dem Verlust des Vaters, die ihn auch in seiner weiteren Biografie sehr stark beschäftigt und belastet haben. In seinem Anschreiben an die Therapeutin wird die Anstrengung deutlich, die mit der Niederschrift dieser Erlebnisse einhergeht. Auch den Kontakt zur Therapeutin und das langsam entstehende Vertrauen, das für das Einlassen auf die therapeutische Beziehung notwendig ist, thematisiert er:

» Das Schreiben hat mich doch ziemlich aufgewühlt, und mir kamen fast nur negative Gedanken in mein Bewusstsein … Ich breite mein Leben vor Ihnen aus. Meine Vergangenheit, meine Probleme damit und die Schwierigkeit, damit umzugehen, kennt in diesem Umfang nur meine Frau (meine jetzige Frau). Aufgrund Ihrer Rückmeldungen habe ich Vertrauen zu Ihnen und werde weiterschreiben. «

Nachdem Herr Jansen den Verlust des Vaters beschrieben hat, setzt er die Niederschrift seiner Biografie fort. Dabei erhält er biografische bzw. historische Anhaltspunkte zu den einzelnen Lebensphasen, die ihm helfen sollen, sein Leben zu erinnern und die Ereignisse in seine Lebensgeschichte einzuordnen. Immer deutlicher wird, wie stark der Verlust des Vaters und der Auftrag, den dieser ihm hinterlassen hat, Herrn Jansens weiteres Leben und seine Beziehung sowohl zur Mutter als auch zu Partnerinnen geprägt haben. Durch die chronologische und schriftliche Auseinandersetzung mit seiner Biografie wurde dieses wiederkehrende Muster als handlungsleitendes Schema für den Patienten selbst deutlich erkennbar. Aus der Instruktion der Therapeutin:

» In den kommenden Wochen geht es darum, Ihre Biografie anhand einzelner Lebensphasen zu rekonstruieren. Das Ziel dieser Arbeit ist, die teilweise bruchstückhaften Erinnerungen und Ihre traumatischen Erfahrungen zu verarbeiten und in Ihre Biografie einbetten zu können. Das traumatische Erlebnis in Ihrer Kindheit begleitet Sie nun durch Ihre folgenden Lebensjahre, vielleicht nicht immer bewusst. Beim Beschreiben des nächsten und der folgenden Lebensabschnitte bis zum heutigen Tag bemerken Sie jetzt vielleicht, in welchen Situationen dieses belastende Ereignis präsent war. Wenn Ihnen solche Gedanken in den Sinn kommen, dann schreiben Sie diese zu den jeweiligen Lebensereignissen nieder. Nehmen Sie sich vor dem Schreiben wieder ein paar Minuten Zeit, um sich auf die damalige Lebensphase zu konzentrieren. Was haben Sie in dieser Zeit erlebt? Wie haben Sie sich gefühlt? An welche Erlebnisse erinnern Sie sich gerne zurück? Achten Sie darauf, dass Sie die ganze Lebensphase beschreiben.

Auch hier kann es hilfreich sein, die Erinnerungen durch »kleine Helfer« wie Bilder oder Fotos zu aktivieren. Schreiben Sie die Texte in der Ich-Form, und versuchen Sie weiterhin, die chronologische Reihenfolge der Erlebnisse zu beachten. Wenn Sie dabei Schwierigkeiten haben, setzen Sie sich nicht unter Druck, sondern notieren Sie die Erinnerungen so, wie sie Ihnen in den Kopf kommen … «

Es folgen Auszüge aus der ressourcenorientierten biografischen Aufarbeitung von Herrn Jansen:

» Es macht mir immer große Mühe, mich an die Kindheit zu erinnern. Es geht mir viel durch den Kopf, und es fallen mir immer nur Fragmente ein, wobei es mir schwerfällt, diese zusammenhängend in Worte zu fassen … So fällt mir immer wieder ein, wie ich am Fenster stand, als die Kriegsgefangenen auf LKW an unserem Haus vorbeifuhren. Mein größter Wunsch war immer, dass ich meinen Vater erkenne. Ich habe ihn häufig gesehen. «

» … Das Warten wurde immer unerträglicher. Zum Leidwesen meiner Mutter und vor allen Dingen zu meinem eigenen Kummer wurde ich zum Bettnässer. Ich bekam fast jeden Tag Vorwürfe und Schimpfe mit der Drohung, sie – meine Mutter – würde es allen erzählen. Gedanken machen, woher das wohl kommen mag? Fehlanzeige! So etwas macht kein Dreizehnjähriger … Ich hatte Angst vor dem Schlafengehen und versuchte oft krampfhaft, nicht einzuschlafen. Die Strafe folgte am nächsten Tag. Oftmals subtil, denn meine Mutter sprach nicht mit mir. Sie war beleidigt. «

» … Mein Vater hatte ein Fahrrad. Ich weiß noch, dass er mich manchmal mitnahm. Sonntags durfte ich mit meinem Vater auf der Couch Mittagsschlaf halten. Das hat mir auch Freude bereitet. Auf den Sonntag habe ich mich immer gefreut. «

» … Ich hatte, wie alle anderen, Angst. Zu Weihnachten hatte ich ein Geschütz geschenkt bekommen. Das stellte ich immer in die Fensterbank, damit es die Flugzeuge abschießen sollte. «

» … Man hat mir noch einmal vorgeschlagen, die Schule zu wechseln, aber meine Mutter wollte das nicht … Die Angst um meinen Vater bestimmte mein Leben. Ich wusste, dass mein Vater mich aufs Gymnasium schicken würde. Wenn er doch bloß bald zu Hause wäre. «

Durch den Versuch, die einzelnen Bilder zu beschreiben, entsteht zunehmend ein kohärenteres und chronologisches Ganzes. Verhaltensmuster, geprägt durch die Gestaltung der Beziehung zur Mutter, zeigen sich in der weiteren Biografie deutlich im Kontakt zu den Partnerinnen:

» Nach der Scheidung hatte ich Freundinnen. Meine Mutter hat keine akzeptiert. Sie war, so denke ich, immer nur eifersüchtig. Sie klagte dann über Herzschmerzen und wollte nicht mehr leben. Sie drohte einige Male, sich umzubringen. Sie hat sich Gott sei Dank nicht umgebracht. «

» … Heute weiß ich, dass ich mich wieder verantwortlich fühlte und helfen wollte. «

» … Es wurde immer mehr Geld ausgegeben, als zur Verfügung stand, und ich verdiente nicht schlecht. Unser Konto war permanent überzogen. Ich war darüber sehr unglücklich, aber ich konnte mich nicht wehren. Meine Frau sprach oft von Scheidung, aber das kam für mich nicht infrage. Ich dachte dabei an meine Tochter, an der ich sehr hing. «

> … Meine Mutter wohnte inzwischen in Köln. Sie bewohnte dort meine alte Wohnung. Sie verstand sich nicht mit meiner Frau. Ich war hin- und hergerissen zwischen beiden Frauen … Ich brauche nicht weiter zu erwähnen, wie disharmonisch die Stimmung oft war! Ich bekam einen Hörsturz, hatte oft Migräne, besonders am Wochenende. «

> … Ich sagte einmal zu meiner Frau: »Ich komme erst zur Ruhe, wenn meine Mutter nicht mehr lebt!« Dieser Satz kam spontan, und ich habe mich darüber erschreckt. Sofort meldete sich wieder das schlechte Gewissen, »Sie hat doch immer alles für mich getan«, »Ich bin undankbar« usw. «

Nach Abschluss der biografischen Ausarbeitung ist das Ziel der abschließenden Behandlungsphase die kognitive Neubewertung der kindlichen Gefühle, Bedürfnisse und Wünsche. Hierbei soll der gesamte biografische Kontext einbezogen und die Überlebensleistung anerkannt werden. Instruktion der Therapeutin:

> Um Ihre Gedanken und Gefühle, wie Schuld und Hilflosigkeit, besser einordnen zu können, geht es in Ihren beiden abschließenden Texten darum, einen Brief zu schreiben, in dem Sie Ihre Kindheit aus einer anderen Perspektive betrachten … «

Es folgt ein Auszug aus dem Abschlussbrief von Herrn Jansen:

> Mein lieber Junge,
> Du hattest eine Kindheit, an die Du nur oder fast nur negative Erinnerungen hast.
> Du hast Heute auch positive Erfahrungen gemacht. Einschneidend für Dein Leben war der Verlust Deines Vaters, der Dir sicher eine bessere und sicherere Kinder- und Jugendzeit ermöglicht hätte. Du hättest einen Menschen gehabt, an dem Du Dich hättest aufrichten können. Wo Du Selbstsicherheit und Selbstwertgefühl entwickelt hättest. Heute weißt Du, wie wichtig für ein Kind der Vater ist. Der Abschied seinerzeit von Deinem Vater hat Dein Leben geprägt. Du hast Dich meistens hinten angestellt. Dein Verantwortungsgefühl beschränkte sich nicht nur auf die Mutter, sondern erstreckte sich auf alle Menschen, mit denen Du zu tun hattest. Wenn Du aus Deinem Verständnis heraus für bestimmte Menschen nicht genug getan oder gesorgt hättest, meldete sich sofort das schlechte Gewissen. Du hast für andere Menschen das getan, was Du tun konntest und tun musstest. Dein Verantwortungsbewusstsein und das oft schlechte Gewissen haben Dir das Leben schwer gemacht. Du hattest früher und auch jetzt das Recht auf ein glückliches und erfülltes Leben. Nimm es in Anspruch!!!

Heute bin ich dankbar, dass ich in meinem Leben alles, wirklich alles überstanden habe, auch wenn ich meine Gesundheit dabei ruiniert habe. Heute fühle ich eine Freiheit in mir, die ich vorher nie verspürte. Nicht zuletzt ist das ein Verdienst meiner Frau. Sie lässt mir alle Freiheiten. Die letzten zehn Jahre waren die schönsten in meinem Leben, aber ich werde versuchen, die schönen, d.h. besseren Erinnerungen in meinem früheren Leben entsprechend zu bewerten. Heute weiß ich, das Leben kann sehr schön sein. Ich kann es teilen mit einem geliebten Menschen. «

7.5 Praktische Erfahrungen mit der ITT

Umgang mit dem Medium Internet Die Kommunikation per E-Mail wurde, ähnlich wie in bisherigen Studien, durchgehend als sehr positiv bewertet. Die Möglichkeit, geografisch unabhängig eine Traumatherapie mit dem speziellen Schwerpunkt »weltkriegsassoziierte Traumatisierungen« zu erhalten, war für viele Patienten essenziell, da aufgrund des hohen Alters lange Fahrtwege für viele Patienten nicht mehr zu realisieren waren. Die Benutzung des Internets bzw. des Therapieportals stellte nur selten ein Hindernis dar. Ein Großteil der Patienten war bereits zu Anfang der Therapie sehr internetaffin. Einige Patienten sind jedoch mit der Schreibtherapie ihre ersten Schritte im Internet gegangen. Hier konnte durch Telefonkontakte oder durch ein ausführlicheres Erläutern der Funktionsweise in allen Fällen geholfen werden, sodass die Kommunikation nicht beeinträchtigt wurde.

Beziehungsgestaltung Bereits nach den ersten Kontakten entstand in den meisten Fällen eine enge Beziehung zwischen Therapeut und Patient, die oftmals auch nach Abschluss der Therapie bestehen blieb. Dies zeigen u.a. E-Mails und Briefe von Patienten, die sich auch Jahre nach Therapieabschluss melden und über ihr Leben und die Veränderungen nach der Therapie berichten. Insgesamt wurde das Therapieangebot von den Patienten mit großem Interesse und hoher Akzeptanz aufgenommen. Ein ganz geringer Teil der Patienten hat die Therapie vorzeitig beendet. Gründe für einen Therapieabbruch waren in den meisten Fällen aktuelle schwere Erkrankungen und familiäre Probleme.

Nach der Therapie Erste vorläufige Ergebnisse weisen auf eine hohe Wirksamkeit der ITT hin. Bereits nach sechs Wochen stellte sich eine signifikante Verbesserung der PTBS-Symptomatik ein, die auf ein Trauma zurückzuführen ist, das 65 Jahre zurückliegt.

Durch die Teilnahme an der ITT hat sich auch die Haltung bezüglich der Inanspruchnahme eines ambulanten Therapieangebots deutlich verändert. So konnten sich deutlich mehr als die Hälfte der Patienten vorstellen, bei zusätzlichem Unterstützungsbedarf auch einen ambulanten Psychotherapeuten aufzusuchen.

7.6 Fazit

Lebensrückblicksinterventionen in Kombination mit Konfrontationen und kognitiver Umstrukturierung eignen sich speziell für die Behandlung posttraumatischer Belastungsstörungen bei älteren Menschen mit frühkindlichen Traumatisierungen. Dabei fokussieren die Therapiekomponenten besonders auf die dysfunktionalen Gedächtnisphänomene der PTBS. Durch die aktive Aufarbeitung der Biografie wird dem PTBS-spezifischen Gedächtnisphänomen der reduzierten Erinnerungsspezifität Rechnung getragen. Dazu sollte zu Beginn eine Strukturierungsform der Biografie gewählt werden. Dies können Lebensphasen sein (wie bei der ITT) oder Schlüsselereignisse (wie bei der NET), anhand deren der Lebensrückblick erarbeitet wird. Durch diese Strukturierung wird der Tendenz entgegengewirkt, nicht traumabezogene Erinnerungen eher oberflächlich und allgemein zu erinnern. Wichtig ist hierbei eine ausgewogene Fokussierung auf belastende und entlastende, positive Erlebnisse und Erfahrungen.

Ein weiteres wichtiges Ziel der Biografiearbeit ist die Einordnung des Traumas in das gesamte Lebenskonzept sowie ein tieferes Verständnis der Belastungsentwicklung vor dem damaligen biografischen Hintergrund (Kindheit, Jugend etc.).

Essenziell ist allerdings, dass es über die biografische Arbeit hinaus eine traumafokussierte Komponente (Exposition) gibt. Die Rekonstruktion der traumatischen Erinnerung im Rahmen einer Exposition ist auch beim Lebensrückblick ein notwendiger Prozess und bildet die Voraussetzung für ein kohärentes Traumanarrativ, das biografisch integrierbar ist. Hierbei reicht das narrative Wiedergeben nicht aus. Ein emotionales Wiedererleben und eine emotionale Aktivierung müssen stattfinden, um eine korrigierende Erfahrung (»Das Trauma ist in der Vergangenheit. Ich bin nicht mehr bedroht«) zu ermöglichen. Durch die Exposition gelingt es den Patienten, traumatische Erinnerungen willentlich und kohärent abzurufen. Bezogen auf die Theorie von Brewin (2003) findet hier demnach ein Transfer von vormals unwillentlichen, nicht verbalisierbaren Erinnerungen statt, die nun in einem verbalisierbaren und aktiv abrufbaren Gedächtnissystem (VAM) verankert sind. Im Anschluss an die Biografiearbeit sollte eine Zusammenfassung und idealerweise auch eine Neubewertung der Ereignisse und ihrer Konsequenzen angestoßen werden. Wie wird das Leben nun betrachtet? Hat sich an der ursprünglichen Einschätzung etwas geändert? Gibt es neue Erkenntnisse?

Die Integrative Testimonial Therapie, die sich speziell an ältere Menschen richtet, die in der Kindheit traumatisiert wurden, zielt durch den Brief an das damalige traumatisierte Kind unmittelbar auf die Neubewertung aus der aktuellen, distanzierten Perspektive und fokussiert ebenso auf eine Zukunft »nach dem Trauma«.

Lebensrückblicksinterventionen und narrative Verfahren berücksichtigen die genannten Aspekte der spezifischen Gedächtnisstörungen als Folge der PTBS und führen nicht nur zur Reduktion der posttraumatischen Belastungssymptomatik, sondern auch zu einem höheren Maß an Kohärenz und Selbstwirksamkeit (Knaevelsrud et al., submitted).

Literatur

American Psychiatric Association (APA). (2000). *Diagnostic and statistical manual of mental disorders* (4., rev. Aufl.). Washington, DC: American Psychiatric Association.

Amir, N., Stafford, J., Freshman, M. S., & Foa, E. B. (1998). Relationship between trauma narratives and trauma pathology. *Journal of Traumatic Stress, 11(2),* 385–392.

Arntz, A., Meeren, M., & Wessel, I. (2002). No evidence for overgeneral memories in borderline personality disorder. *Behaviour Research and Therapy, 40,* 1063–1068.

Berntsen, D. (2001). Involuntary memories of emotional events: Do memories of traumas and extremely happy events differ? *Applied Cognitive Psychology, 15,* 135–158.

Bisson, J., & Andrew, M. (2007). Psychological treatment of post-traumatic stress disorder (PTSD). *The Cochrane Database of Systematic Review,* Issue 3.

Brewin, C. R. (2003). *Posttraumatic stress disorder: Malady or myth?* New Haven: Yale University Press.

Brewin, C. R., Dalgleish, T., & Joseph, S. (1996). A dual representation theory of posttraumatic stress disorder. *Psychological Review, 103,* 670–686.

Boelen, P. A., Huntjens, R. J. C., van Deursen, D. S., & Van Den Hout, M. A. (2010). Autobiografical memory specificity and symptoms of complicated grief, depression, and posttraumatic stress disorder following loss. *Journal of Behavior Therapy and Experimental Psychiatry, 41(4),* 331–337.

Bohlmeijer, E., Smit, F., & Cuijpers, P. (2003). Effects of reminiscence and life review on late-life depression: A meta-analysis. *International Journal of Geriatric Psychiatry, 18(12),* 1088–1094.

Cienfuegos, A. J., & Monelli, C. (1983). The testimony of political repression as a therapeutic instrument. *American Journal of Orthopsychiatry, 53,* 43–53.

Conway, M. A. (2005). Memory and the self. *Journal of Memory and Language, 53(4),* 594–628.

Conway, M. A., & Pleydell-Pearce, C. W. (2000). The construction of autobiographical memories in the self-memory system. *Psychological Review, 107(2),* 261–288.

Dilling, H., Mombour, W., & Schmidt, M. H. (2005). *Internationale Klassifikation psychischer Störungen. ICD-10 Kapitel V (F). Klinisch-diagnostische Leitlinien* (5., durchges. u. erg. Aufl.). Bern: Huber.

Ehlers, A., & Clark, D. M. (2000). A cognitive model of posttraumatic stress disorder. *Behaviour Research and Therapy, 38(4),* 319–345.

Ehlers, A., & Steil, R. (1995). Maintenance of intrusive memories in posttraumatic stress disorder: A cognitive approach. *Behavioural and Cognitive Psychotherapy, 23,* 217–249.

Ehlers, A., Maercker, A., & Boos, A. (2000). Predictors of chronic PTSD following political imprisonment: The role of mental defeat, alienation, and perceived permanent change. *Journal of Abnormal Psychology, 109,* 45–55.

Ehlers, A., Hackmann, A., Steil, R., Clohessy, S., Wenninger, K., & Winter, H. (2002). The nature of intrusive memories after trauma: The warning signal hypothesis. *Behaviour Research and Therapy, 40,* 995–1002.

Ehlers, A., Hackmann, A., & Michael, T. (2004). Intrusive reexperiencing in posttraumatic stress disorder: Phenomenology, theory, and therapy. *Memory, 12,* 403–415.

Ehring, T., Ehlers, A., & Glucksmann, E. (2008). Do cognitive models help in predicting the severity of posttraumatic stress disorder, phobia, and depression after motor vehicle accidents? A prospective longitudinal study. *Journal of Consulting and Clinical Psychology, 76,* 219–230.

Engelhard, I. M., Van Den Hout, M. A., Kindt, M., Arntz, A., & Schouten, E. (2003). Peritraumatic dissociation and posttraumatic stress after pregnancy loss: A prospective study. *Behaviour Research and Therapy, 41,* 67–78.

Foa, E. B., & Rothbaum, B. O. (1998). *Treating the trauma of rape: Cognitive behavioral therapy for PTSD.* New York: Guilford.

Foa, E. B., Molnar, C., & Cashman, L. C. (1995). Change in rape narratives during exposure therapy for posttraumatic stress disorder. *Journal of Traumatic Stress, 8(4),* 675–690.

Hackmann, A., Ehlers, A., Speckens, A., & Clark, D. M. (2004). Characteristics and content of intrusive memories in PTSD and their changes in treatment. *Journal of Traumatic Stress, 17(3),* 231–240.

Haight, B. K., & Webster, J. D. (1995). *The art and science of reminiscence: Theory, research, methods and application.* Washington, DC: Taylor & Francis.

Halligan, S. L., Clark, D. M., & Ehlers, A. (2002). Cognitive processing, memory, and the development of PTSD symptoms: Two experimental analogue studies. *Journal of Behavior Therapy and Experimental Psychiatry, 33,* 73–89.

Halligan, S. L., Michael, T., Clark, D. M., & Ehlers, A. (2003). Posttraumatic stress disorder following assault: The role of cognitive processing, trauma memory, and appraisals. *Journal of Consulting and Clinical Psychology, 71(3),* 419–431.

Harvey, A. G., Bryant, R. A., & Dang, S. T. (1998). Autobiographical memory in acute stress disorder. *Journal of Consulting and Clinical Psychology, 66,* 500–506.

Hauer, B. J. A., Wessel, I., & Merckelbach, H. (2006). Intrusions, avoidance and overgeneral memory in a non-clinical sample. *Clinical Psychology and Psychotherapy, 13,* 264–268.

Hellawell, S. J., & Brewin, C. R. (2002). A comparison of flashbacks and ordinary autobiographical memories of trauma: Cognitive resources and behavioural observations. *Behaviour Research and Therapy, 40,* 1139–1152.

Holmes, E. A., Grey, N., & Young, K. A. D. (2005). Intrusive images and »hotspots« of trauma memories in posttraumatic stress disorder: An exploratory investigation of emotions and cognitive themes. *Journal of Behavior Therapy and Experimental Psychiatry, 36(1),* 3–17.

Horowitz, M. J. (1976). *Stress response syndromes.* New York: Aronson.

Jones, B., Heard, H., Startup, M., Swales, M., Williams, J. M. G., & Jones, R. S. P. (1999). Autobiographical memory and dissociation in borderline personality disorder. *Psychological Medicine, 29,* 1397–1404.

Jones, C., Harvey, A. G., & Brewin, C. R. (2007). The organisation and content of trauma memories in survivors of road traffic accidents. *Behaviour Research and Therapy, 45,* 151–162.

Joseph, S., Williams, R., & Yule, W. (1997). *Understanding posttraumatic stress. A psychosocial perspective on PTSD and treatment.* Chichester, UK: Wiley.

Kleim, B., & Ehlers, A. (2008). Reduced autobiographical memory specificity predicts depression and posttraumatic stress disorder after recent trauma. *Journal of Consulting and Clinical Psychology, 76(2),* 231–242.

Knaevelsrud, C., Böttche, M., & Kuwert, P. (2009). Long-term effects of civilian war trauma: Epidemiological, sociological and psychotherapeutic aspects. Abstract, 11th European Conference on Traumatic Stress, Oslo, Norway.

Knaevelsrud, C., Böttche, M., & Kuwert, P. (2011). Integrative Testimonial Therapie (ITT): Eine biographisch narrative Schreibtherapie zur Behandlung von posttraumatischen Belastungsstörungen bei ehemaligen Kriegskindern. *Psychotherapie im Alter, 1(8),* 27–41.

Knaevelsrud, C., Böttche, M., Freyberger, H. J., Renneberg, B., & Kuwert, P. (submitted). Integrative Testimonial Therapy (ITT) – a therapist-assisted internet-based writing therapy for traumatized child survivors of the 2nd World War with PTSD.

Kolk, B. A. Van Der (1994). The body keeps the score: Memory and the emerging psychobiology of post traumatic stress. *Harvard Review of Psychiatry, 1,* 253–265.

Kolk, B. A. Van Der, & Fisler, R. (1995). Dissociation and the fragmentary nature of traumatic memories: Overview and exploratory study. *Journal of Traumatic Stress, 8,* 505–525.

Koriat, A., Goldsmith, M., & Pansky, A. (2000). Toward a psychology of memory accuracy. *Annual Review of Psychology, 51,* 481–538.

Kuyken, W., & Brewin, C. R. (1995). Autobiographical memory functioning in depression and reports of early abuse. *Journal of Abnormal Psychology, 104,* 585–591.

Lange, A., Rietdijk, D., Hudcovicova, M., van de Ven, J. P., Schrieken, B., & Emmelkamp, P. M. (2003). Interapy: A controlled randomized trial of the standardized treatment of posttraumatic stress through the Internet. *Journal of Consulting and Clinical Psychology, 71(5),* 901–909.

Lyttle, N., Dorahy, H. D., & Huntjens, R. J. C. (2010). Conceptual and perceptual priming and dissociation in chronic posttraumatic stress disorder. Journal of Abnormal Psychology, 119(4), 777–790.

Maercker, A. (2002). Posttraumatische Belastungsstörungen und komplizierte Trauer. Lebensrückblicks- und andere Interventionen. In A. Maercker (Hrsg.), *Alterspsychotherapie und klinische Gerontopsychologie* (S. 245–282). Berlin: Springer.

Mayou, R. A., Ehlers, A., & Bryant, B. (2002). Posttraumatic stress disorder after motor vehicle accidents: 3-year follow-up of a prospective longitudinal study. *Behaviour Research and Therapy, 40,* 665–675.

McNally, R. J. (2003). *Remembering trauma.* Cambridge, MA: Harvard University Press.

McNally, R. J., Litz, B. T., Prassas, A., Shin, L. M., & Weathers, F. W. (1994). Emotional priming of autobiographical memory in posttraumatic stress disorder. *Cognition & Emotion, 8,* 351–367.

Michael, T., Ehlers, A., & Halligan, S. L. (2005). Enhanced priming for trauma-related material in posttraumatic stress disorder. *Emotion, 5,* 103–112

Moore, S. A., & Zoellner, L. A. (2007). Overgeneral autobiographical memory and traumatic events: An evaluative review. *Psychological Bulletin, 133(3),* 419–437.

Murray, J., Ehlers, A., & Mayou, R. A. (2002). Dissociation and posttraumatic stress disorder: Two prospective studies of motor vehicle accident survivors. *British Journal of Psychiatry, 180,* 363–368.

National Institute for Clinical Excellence (NICE). (2005). *Posttraumatic stress disorder (PTSD): The management of PTSD in adults and children in primary and secondary care.* Guideline No. 26. London: The Royal College of Psychiatrists & The British Psychological Society.

Neuner, F., Schauer, M., Karunakara, U., Klaschik, C., & Elbert, T. (2004). A comparison of narrative exposure therapy, supportive counseling and psychoeducation for treating posttraumatic stress disorder in an African refugee settlement. *Journal of Consulting and Clinical Psychology, 72(4),* 579–587.

Neuner, F., Catani, C., Ruf, M., Schauer, E., Schauer, M., & Elbert, T. (2008). Narrative exposure therapy for the treatment of child and adolescent war victims: From neurobiology to field intervention. *Child and Adolescent Psychiatric Clinics of North America, 17,* 641–664.

Neuner, F., Schauer, M., & Elbert, T. (2009). Narrative Exposition und andere narrative Verfahren. In A. Maercker (Hrsg.), *Handbuch der posttraumatischen Belastungsstörungen* (S. 302–318). Heidelberg: Springer.

Peace, K. A., & Porter, S. (2004). A longitudinal investigation of the reliability of memories for trauma and other emotional experiences. *Applied Cognitive Psychology, 18,* 1143–1159.

Peeters, F., Wessel, I., Merckelbach, H., & Boon-Vermeeren, M. (2002). Autobiographical memory specificity and the course of major depressive disorder. *Comprehensive Psychiatry, 43,* 344–350.

Pillemer, D. B. (1998). *Momentous events, vivid memories.* Cambridge, MA: Harvard University Press.

Porter, S., & Birt, A. R. (2001). Is traumatic memory special? A comparison of traumatic memory characteristics with memory for other emotional life experiences. *Applied Cognitive Psychology, 15,* 101–117.

Robjant, K., & Fazel, M. (2010) The emerging evidence for narrative exposure therapy: A review. *Clinical Psychology Review, 30(8),* 1030–1039.

Rubin, D. C., & Kozin, M. (1984). Vivid memories. *Cognition, 16,* 81–95.

Saß, H., Wittchen, H.-U., & Zaudig, M. (2003). *Diagnostisches und Statistisches Manual Psychischer Störungen (DSM-IV-TR)*. Göttingen: Hogrefe.

Schönfeld, S., Ehlers, A., Böllinghaus, I., & Rief, W. (2007). Overgeneral memory and suppression of trauma memories in posttraumatic stress disorder. *Memory, 15*, 339–352.

Spitzer, C., Barnow, S., Völzke, H., John, U., Freyberger, H. J., & Grabe, H. J. (2008). Trauma and posttraumatic stress disorder in the elderly: Findings from a German community study. *Journal of Clinical Psychiatry, 69*, 693–700.

Tulving, E. (2001). Episodic memory and common sense: How far apart? In A. Baddeley, M. Conway & J. Aggleton (Hrsg.), *Episodic memory. New directions in research* (S. 269–287). Oxford: Oxford University Press.

Tulving, E. (2005). Episodic memory: from mind to brain. *Annual review of Psychology, 53*, 1–25.

Williams, J. M. G., Ellis, N. C., Tyers, C., Healey, H., Rose, G. & MacLeod, A. K. (1996). The specificity of autobiographical memory and imageability of the future. *Memory & Cognition, 24*, 116–125.

Williams, J. M. G., Chan, S., Crane, C., Barnhofer, T., Eade, J., & Healy H. (2006). Retrieval of autobiographical memories: The mechanisms and consequences of truncated search. *Cognition and Emotion, 20*, 351–382.

Williams, J. M.G., Barnhofer, T., Crane, C., Hermans, D., Raes, F., Watkins, E., & Dalgleish, T. (2007). Autobiographical memory specificity and emotional disorder. *Psychological Bulletin, 133*, 122–148.

Strukturierter Lebensrückblick für Menschen mit Demenz

Barbara K. Haight und Barrett S. Haight

8.1 Die Anfänge des strukturierten Lebensrückblicks – 140

8.2 Der Ablauf des strukturierten Lebensrückblicks – 141

8.3 Hauptmerkmale des strukturierten Lebensrückblicks – 142

8.4 Die Rollen des Patienten und des Therapeuten – 144

8.5 Lebensrückblick mit Demenzkranken – 145
8.5.1 Erinnerungsarbeit: Projekte für Menschen mit Demenz – 146
8.5.2 Modifikation des strukturierten Lebensrückblicks für Demenzkranke – 146
8.5.3 Forschung zum strukturierten Lebensrückblick mit Demenzpatienten – 148

8.6 Umgang mit speziellen Herausforderungen bei Demenzpatienten – 148
8.6.1 Umgang mit Wiederholungen beim Lebensrückblick – 148
8.6.2 Umgang mit Ängsten und Frustrationen während des Lebensrückblicks – 149
8.6.3 Umgang mit dem Mangel an Erinnerungen – 150
8.6.4 Durchführung der Integrationssitzungen – 151
8.6.5 Weitere Besonderheiten beim Lebensrückblick mit Demenzkranken – 151
8.6.6 Die Rolle der Angehörigen – 152

8.7 Zusammenfassung – 152

8.8 Anhang: Lebensrückblickbogen (Life Review Form) – 153

Literatur – 156

In diesem Kapitel werden die theoretischen Grundlagen des Lebensrückblicks diskutiert, die einzigartigen Charakteristika eines strukturierten Lebensrückblicks hervorgehoben und die Unterschiede zwischen einfacher Erinnerungsarbeit (Reminiszenz) und Lebensrückblick (Life Review) betrachtet. Vor der Anwendung des strukturierten Lebensrückblicks bei Menschen mit Demenz ist es wichtig, die Herkunft dieser therapeutischen Technik zu verstehen. Daher beschreiben wir zunächst, wie der Ablauf des strukturierten Lebensrückblicks im Laufe der Zeit entwickelt wurde, gefolgt von dem veränderten Vorgehen, wie wir es seit vielen Jahren praktizieren (Haight u. Webster 1995). Daten aus ausgewählten Forschungsprojekten sollen potenzielle Änderungen in der Lebensrückblicksdurchführung aufzeigen, um den Behandlungsprozess für Demenzkranke zu erleichtern. Wir empfehlen, Bilder und Hinweisreize als Hilfsmittel zu benutzen, um damit sowohl den Lebensrückblick als auch das Gestalten eines individuellen Lebensgeschichtenbuchs zu fördern. Dieses Buch, das während des strukturierten Lebensrückblicks erstellt wird, ist ein greifbares und nützliches Endprodukt, das für den Demenzkranken auch nach Abschluss des Lebensrückblicks wichtig bleibt.

8.1 Die Anfänge des strukturierten Lebensrückblicks

Der Psychiater Dr. Robert Butler entwickelte den strukturierten Lebensrückblick 1963 aus einer Beschreibung von Reminiszenz als Lebensrückblicksphänomen, als er mit älteren Menschen arbeitete. Er beschrieb Reminiszenz und Rückschauhalten als einen »natürlich vorkommenden universellen mentalen Prozess, der durch die schrittweise Rückkehr von vergangenen Erfahrungen und ungelösten Konflikten in das Bewusstsein charakterisiert ist« (Butler 1963, S. 66). Butlers wegweisende Arbeit initiierte allgemein eine neue Sichtweise in Bezug auf Reminiszenz. Vor seiner Publikation von 1963 wurde das Verweilen in der Vergangenheit oft als Zeichen von Senilität und abnehmendem Lebensbezug aufgefasst. Butler hingegen betrachtete Reminiszenz und Lebensrückblick mit professioneller Aufmerksamkeit, was auch andere dazu zwang, beides positiver zu betrachten. In der Folge begannen viele von uns diese Prozesse bei älteren Menschen zu studieren und als therapeutische Interventionen anzuwenden.

Eine Frau – nennen wir sie »Marie« – stellte mir den Lebensrückblicksprozess indirekt vor, als ich noch Studentin war. Absolventen der Krankenpflegeausbildung mussten sich in der Gemeinde eigene Patienten suchen, die ihnen erlaubten, eine Gesundheitserhebung und eine körperliche Untersuchung als Teil des Kurses durchzuführen. Marie lebte allein in einem Hochhaus und empfing wöchentlich jemanden, der Besorgungen für sie erledigte. Obwohl sie der Teilnahme zustimmte, ignorierte sie meine Bemühungen, die Erhebung abzuschließen. Stattdessen wollte sie über ihre Kindheit, ihre Spielkameraden, ihre erste Stelle, Heirat, Scheidung, Krankheit und ihren zweiten Ehemann reden, der vor Kurzem gestorben war. Ich versuchte eine gute Zuhörerin zu sein und ermutigte sie mit Fragen zu ihrem Leben und ihrer Krankheitsgeschichte. Viele Treffen später hatte Marie ihr gesamtes Leben erinnert. Sie betrauerte ihre Verluste unter Tränen und Lachen und wirkte als Folge des Prozesses glücklicher. Während sie ihr Leben durchging, veränderte sie sich allmählich von einer mürrischen, ungekämmten, zurückgezogen lebenden Frau zu einem aufgeschlossenen Individuum, das an der Umgebung und den Menschen um es herum interessiert war.

Sie stellte wieder eine Verbindung zu ihrer Schwester her, zu der sie schon vor langer Zeit den Kontakt verloren hatte. Sie entwickelte einen optimistischeren Blick in die Zukunft und schloss Freundschaften. Mein weiser Professor akzeptierte meine Unfähigkeit, die Kursanforderungen zur körperlichen Einschätzung von Marie zu erfüllen, und meinte: »Warum? Sie muss einfach einen Lebensrückblick machen.« Fasziniert begann ich mein eigenes Studium des Lebensrückblicks.

Butlers ursprüngliche Beschreibungen von Reminiszenz und Lebensrückblick umschreiben genau den Prozess, dem sich Marie im Grunde allein unterzogen hat. Ansonsten gab es in den 1970er-Jahren nur sehr wenig Literatur über Erinnerungsarbeit oder Lebensrückblick. In den veröffentlichten Manuskripten wurde kein Prozess vollständig beschrieben, die Resultate waren gemischt, und die Methoden blieben unklar. Manchmal fragten Forscher die Teilnehmer, an wie viel sie sich erinnerten, und korrelierten diese Antworten mit Ergebnissen auf einer Wohlbefindensskala. Diese sollte messen, wie glücklich die Teilnehmer waren – in der Annahme, dass Erinnerungsarbeit einen glücklicher mache. Diese frühen Berichte aus der verfügbaren Literatur zeigten auf, dass man für eine Erinnerungsarbeit, die als untersuchbare Intervention ernst zu nehmen ist, die Erinnerungsabschnitte detaillierter und klarer beschreiben musste, um die Prozesse verständlich, vergleichbar und replizierbar zu machen.

In den letzten zehn Jahren haben Forscher bessere Erklärungen für diese Prozesse geliefert (Cappieliez et al. 2008) und die vorhandene Literatur einer kritischen Durchsicht unterzogen (Bohlmeijer et al. 2003). Es besteht noch immer die Notwendigkeit größerer Studien mit Kontrollgruppen und einer vollständigen Beschreibung des Prozesses, damit andere ihn replizieren können (vgl. ▶ Kap. 3). Außerdem ist es nach wie vor notwendig, zu verstehen, welche Variablen welche Ergebnisse bewirken, um unsere Interventionen verfeinern und therapeutisch wirksamer machen zu können. Zur Anwendung benötigen Praktiker evidenzbasierte Interventionen und klare Anweisungen. All diese Anforderungen trugen zur Entwicklung einer gut replizierbaren Intervention bei, die sich klar und einfach einsetzen lässt: der strukturierte Lebensrückblick.

8.2 Der Ablauf des strukturierten Lebensrückblicks

Erik H. Eriksons acht Entwicklungsaufgaben (1950) bilden die Gesamtstruktur des Lebensrückblicks (Erikson 1950; ▶ Kap. 1). Das Entwicklungsmodell besteht aus acht Phasen, die in der Kindheit beginnen und durch das Erwachsenenalter hindurch fortschreiten. Aus der Beschreibung von Eriksons Entwicklungsmodell wurden Inhalte für die Interviewfragen gebildet, die durch den Lebensrückblick führen. Die Entwicklungsfragen wurden auf vier Treffen aufgeteilt: Kindheit, Familie und Zuhause, Adoleszenz und Erwachsenenalter. Die letzten beiden Treffen wurden dem wiederholten Betrachten, Gewichten, Bewerten und Integrieren der Lebensereignisse gewidmet. Auf diese Weise begannen die Interviewten ihr Leben zu bewerten. Sie wurden gefragt, was sie hätten anders machen können oder ob sie akzeptierten, was sie getan hatten. In dieser Evaluation fügten die Interviewten ihre Lebensereignisse zusammen, um so zu Integrität zu gelangen, die Erikson als »das gelebte Leben akzeptieren« beschrieb.

Wird im Alter keine Integrität erreicht, führt dies beim Individuum möglicherweise zu Verzweiflung, dem gegenteiligen und negativen Endergebnis des eigenen Lebens. Verzweiflung wird als Gefühl von Hoffnungslosigkeit und Traurigkeit beschrieben und mag heute bei vielen depressiven älteren Menschen in der therapeutischen Praxis vorhanden sein. Verzweiflung begleitet auch häufig die Diagnose Demenz. Wenn diese depressiven Menschen die mentalen und physischen Verluste wahrnehmen, die ihre Krankheit begleiten, nimmt die Verzweiflung oft zu.

Die operationalisierte Definition des strukturierten Lebensrückblicks besteht in einer Folge von sechs einstündigen Treffen, bei denen die Interviewpartner ermutigt werden, ihr gesamtes Leben vom Anfang bis zur Gegenwart zu erinnern, geführt von einem geschulten therapeutischen Zuhörer. Das erste und das letzte Treffen dienen der Einführung, dem Abschluss und Tests, während die mittleren Treffen die Phasen des individuellen Lebens fokussieren, geleitet von Fragen des Lebensrückblickbogens (Life Review Form, s. Anhang ▶ Abschn. 8.8). Der Lebensrückblickbogen ist als Fragenfolge angelegt, die dem Therapeuten, der den Lebensrückblick durchführt, als handlicher Leitfaden dient. Er hilft ihm, beim Thema zu bleiben und strukturiert Eriksons Phasen zu folgen. Er wurde ursprünglich aus Fragevorschlägen zweier unveröffentlichter Dissertationen entwickelt und im Laufe der Zeit zum Teil auf der Grundlage von Beiträgen der Befragten selbst sowie mithilfe von Rückmeldungen vieler Therapeuten überarbeitet und angepasst.

Einige Befragten hatten den Eindruck, ihr Lebensrückblick sei unvollständig, weil wir nicht nach einem Thema oder einer Erfahrung gefragt hatten, das oder die für sie von großer Bedeutung war. Ein älterer Herr beispielsweise war homosexuell, hatte dieses Thema jedoch nie zuvor mit jemandem diskutiert, da die während seiner jüngeren Jahre herrschenden sozialen Normen ein offenes Sprechen über Sexualität nicht erlaubten. In seiner Jugend betrachtete er seine Homosexualität als etwas, was versteckt werden musste. Als der Interviewpartner den Lebensrückblick eröffnete, spürte er eine große Erleichterung, weil er endlich über die Auswirkungen seiner Homosexualität auf sein Leben reden konnte; doch es war für ihn nicht einfach, das Thema anzusprechen. Er schlug vor, Fragen zum Lebensrückblick hinzuzufügen, die es älteren Menschen einfacher machen würden, über ihre Sexualität zu reden. Mit seiner Beratung ergänzten wir zu jeder Phase des Lebensrückblickbogens Fragen, die es den Befragten erleichtern, das Thema Sexualität anzusprechen, ohne dass dies auf andere anstößig oder unpassend wirkt. Eine solche Frage zur Kindheit war »Haben Sie es genossen, ein Junge oder ein Mädchen zu sein?« Diese Frage ermöglicht eine Vielfalt von Gesprächslinien in Bezug auf die eigene Kindheit und kann als Einstieg zu einem Gespräch über die sexuelle Orientierung dienen. Heute könnten wir direktere Fragen zur Sexualität hinzufügen.

Die Fragen des Lebensrückblickbogens stellen lediglich einen Leitfaden dar und sollten nicht als strikte Vorgaben, sondern als empfohlene Sondierungsfragen verstanden werden, um die Befragten beim Durchschreiten ihres Lebens zu unterstützen und so viele Entwicklungsbereiche zu besprechen wie möglich. Die Fragevorschläge können vor allem für unerfahrene therapeutische Zuhörer sehr hilfreich sein, die bei ihrem ersten Lebensrückblick nervös sind und einen Leitfaden benötigen. Die meisten erfahrenen Praktiker benutzen die Fragen, um die Interviewpartner durch Eriksons Entwicklungsphasen (▶ Kap. 1) zu führen, verlassen sich ansonsten jedoch auf ihr eigenes Urteil, wenn es um die Entscheidung geht, welche Themen ausgeweitet werden sollten. Der geübte Interviewer plant und selektiert einige relevante und für seinen jeweiligen Interviewpartner geeignete Fragen, um diese dann an die Inhalte der Sitzung anzupassen.

Es ist wichtig, dass die Interviewpartner den Lebensrückblick durchführen können, wie es ihrem individuellen Leben und ihren Bedürfnissen gemäß ist, mit Ausnahme der zusammenfassenden und evaluierenden Fragen am Ende. Diese werden auf das fünfte und sechste Treffen aufgeteilt und ermutigen die Befragten, ihr individuelles, besonderes Leben zusammenfassend zu betrachten und zu bewerten. Wir betrachten diese Lebensbewertung durch die Teilnehmer als denjenigen Teil des strukturierten Prozesses, der die größte therapeutische Wirkung hat. Da die Fragen der letzten beiden Treffen eine Zusammenfassung und Evaluation anregen, sollten möglichst viele dieser Fragen gestellt werden, bis die Themen ausgeschöpft sind. Die Bewertungsfragen sind auch bei Demenzkranken wirksam, da ihre Beantwortung eher Meinungen und Gefühle verlangt als bloße Ereignisse und Fakten. Dies erleichtert es Menschen mit eingeschränktem Gedächtnis, in ihren Antworten mitzugehen.

Therapeuten, die erstmals einen Lebensrückblick anleiten und detailliertere Anweisungen benötigen, finden die neueste und vollständige Version des Lebensrückblickfragebogens mit spezifischen Instruktionen zur Durchführung im *Handbook of structured life review* (Haight u. Haight 2007). Der Lebensrückblickfragebogen wurde bereits mehrfach veröffentlicht, u.a. in Haight et al. (1995) und Gibson (2004). Er ist im Anhang zu diesem Kapitel vollständig abgedruckt (▶ Abschn. 8.8).

8.3 Hauptmerkmale des strukturierten Lebensrückblicks

Während wir mit Erinnerungsarbeit und dem strukturierten Lebensrückblick arbeiteten und zunehmend therapeutische Resultate feststellen konnten, fiel uns häufig auf, dass andere Forscher keine ähnlich signifikanten Ergebnisse veröffentlichten. Daraus ergab sich die Notwendigkeit, die Unterschiede zwischen unserer Methodologie und anderen Formen der Erinnerungsarbeit zu identifizieren. In einem Forschungsprojekt verglichen wir unsere Methode mit anderen Formen (Haight u. Dias 1992). Wir ermittelten bestimmte Elemente des Vorgehens, die den strukturierten Lebensrückblick therapeutisch wirksam machten und als Hauptmerkmale auch eine Erklärung für die unterschiedlichen Therapieergebnisse bieten konnten. Diese besonderen Merkmale waren: Bewertung,

Struktur, Zeitaufwand und Individualität (Eins-zu-eins-Interaktion). Zwar verwendeten auch andere Forscher einige dieser Elemente, doch wir wenden alle vier bewusst und konsistent an. Als wir die Elemente, die unsere Vorgehensweise von anderen unterschieden, identifiziert hatten, konnten wir die Hauptmerkmale unserer Methode formulieren, erklären und andere in deren Anwendung schulen.

Bewertung Das erste Merkmal, die Bewertung, ist das wichtigste therapeutische Element des strukturierten Lebensrückblicks. Bewertung bedeutet in unserem Prozess, dass die Befragten wirklich über ihre Lebensgeschichte und ihre Lebensentscheidungen nachdenken und sie untersuchen. Anschließend werden sie gebeten, die Wirkung, die ihre Lebensgeschichte auf sie persönlich hat, zu bewerten. Viele Befragte sprachen darüber, wie bestimmte Entscheidungen ihr Leben gelenkt oder verändert hatten und ob sie gut oder schlecht waren. Bewertung wird durch die Fragen des fünften und sechsten Treffens initiiert, wobei so viele Fragen wie möglich gestellt werden sollten. Diese beiden Treffen führen tatsächlich zu einer Zusammenfassung und Bewertung des Lebens und ermöglichen damit eine Integration und die Akzeptanz des gelebten Lebens.

Struktur Das nächste identifizierte Merkmal ist die Struktur des Lebensrückblicks. Die besondere Struktur spielt eine Rolle, weil wir so das gesamte Leben mit einem festen, standardisierten Ablauf abdecken können. Statt sich nach dem Zufallsprinzip an Erlebnisse zu erinnern, haben die Interviewten mit dem strukturierten Lebensrückblick die Möglichkeit, sich systematisch zu erinnern, um Ereignisse oder Entscheidungen in ihrem Leben zu erkennen, die ihnen möglicherweise Unbehagen verursacht haben oder die einer Bewertung oder Versöhnung bedürfen.

Für manche Befragten ist dies schwierig, weil sie es vorziehen würden, störende Erlebnisse aus der Vergangenheit zu übergehen oder bei erfreulicheren Abschnitten zu verweilen. Gemäß Butlers Definition muss der Lebensrückblick vergangene Erfahrungen und ungelöste Konflikte genau betrachten; traurige Zeiten müssen ebenso erinnert und durchgearbeitet werden wie glückliche. Obwohl nicht alle Fragen streng behandelt werden müssen, ist es wichtig, der empfohlenen Struktur zu folgen und die Befragten auf systematische Weise durch ihr Leben zu begleiten, um zu gewährleisten, dass alle Entwicklungsphasen von Erikson abgedeckt werden. Die Interviewten neigen beim Erinnern dazu, zwischen Lebensabschnitten hin- und herzuspringen; wir folgen ihrer Erzählung dann zunächst, um sie anschließend zur nächsten Entwicklungsphase zu bringen. Zwar sollten alle Phasen behandelt werden, jedoch muss dies nicht zwingend sequenziell geschehen. Mit der Zeit entdeckten wir, dass die Struktur den Schlüssel darstellt, älteren Menschen – insbesondere solchen mit Demenz – zu helfen, in einer geordneteren Art und Weise zu denken, sich deutlicher zu erinnern und auf die Akzeptanz ihres Lebens hinzuarbeiten.

Zeit Das Element Zeit ist ebenfalls ein wichtiges Konzept des strukturierten Lebensrückblicks. Es ist möglich, sich über fünf oder 50 Minuten zu erinnern und dies als angenehm zu empfinden, nicht aber, in einer kurzen Erinnerungsarbeitsintervention ein ganzes Leben abzudecken. Daher erlaubt die Qualität und Quantität der für den strukturierten Lebensrückblick vorgeschlagenen Zeit, auf das gesamte Leben zurückzublicken, was die therapeutischen Effekte erhöht. Die Geschichte eines ganzen Lebens braucht Zeit zur Entfaltung, zum Erkunden von Entscheidungen und um festzustellen, wie man sich mit vergangenen, als schwierig erlebten Erfahrungen fühlt. Die aufgewendete Zeit ist auch wesentlich für den Aufbau einer vertrauensvollen therapeutischen Beziehung zwischen Zuhörer und Befragtem, in der sich der oder die Befragte sicher genug fühlt, um innerste Gedanken zu teilen, auch solche, die der Versöhnung bedürfen. In einer unserer Studien mit Menschen, die erst vor Kurzem in ein Pflegeheim umgezogen waren, mussten zunächst die traurigen Folgen dieser Veränderung des Lebensstils zu Gehör gebracht werden, bevor die Befragten überhaupt an einen Lebensrückblick denken konnten. Für jedes Treffen wird ungefähr eine Stunde veranschlagt, was gewöhnlich optimal ist, obwohl man immer auch physische und psychische Unterschiede berücksichtigen und sich entsprechend anpassen muss. Bei der Arbeit mit dementen Menschen erwies sich eine Stunde häufig als zu lang für die Konzentration der Interviewten. Also passten wir die Sitzungsdauer an und führten zwei halbstündige Treffen pro Woche durch.

Eins-zu-eins-Interaktion Das vierte wichtige und besonders charakteristische Element des strukturierten Lebensrückblicks ist die Notwendigkeit, ihn auf individueller Basis, d.h. in einer Eins-zu-eins-Konstellation zwischen Befragtem und therapeutischem Zuhörer durchzuführen. Diese dyadische Anordnung sorgt für Ungestörtheit und Vertraulichkeit und erlaubt dem Befragten, auch intime oder peinliche Erinnerungen mitzuteilen und bestimmte Ereignisse oder Bereiche vielleicht zum ersten Mal überhaupt zu erkunden und sich mit ihnen auszusöhnen. In dieser persönlichen und intimen Anordnung bildet sich zwischen dem Erzählenden und dem Zuhörer leichter ein Bündnis, das zu dem für einen erfolgreichen Lebensrückblick erforderlichen Vertrauensniveau beiträgt. Die Befragten genießen die volle Aufmerksamkeit des therapeutischen Zuhörers und können die gesamte Zeit darauf verwenden, über sich zu sprechen. Eine 85-jährige suizidale Befragte äußerte am Ende ihres Rückblicks: »Sie sind die erste Freundin, die ich je hatte.«

Dies bedeutet nicht, dass Erinnerungsarbeit in Gruppen nicht wirkungsvoll wäre, sondern dass wirklich sensible Bereiche am leichtesten mit einem Zuhörer geteilt werden können, zu dem man Vertrauen hat, was besonders in kollektiven Wohnformen wichtig ist. Obwohl die Eins-zu-eins-Struktur den Gruppeneffekt ausschließt, ermöglicht sie eine vertiefte Bewertung durch den Interviewten und eine im Gruppensetting nicht zu erreichende Privatheit. Diese individuelle Form der Intervention ist auch in der Arbeit mit Demenzkranken von Vorteil. Es gibt weniger Geräusche und andere Ablenkungen, und die Befragten scheinen weniger verwirrt, weil sich ein Zuhörer ganz auf sie konzentriert.

8.4 Die Rollen des Patienten und des Therapeuten

Weitere Aspekte des Lebensrückblicks sind wesentlich für die Durchführung eines guten Lebensrückblicksprozesses. Beispielsweise muss man sich der *Rollen* der beiden am Prozess Beteiligten (Patient/Therapeut bzw. Befragter/Zuhörer) bewusst sein. In dieser Beziehung sind es die Patienten, die zurückschauen und ihre Lebenserfahrungen mitteilen. Die Patienten wechseln und begegnen dem Therapeuten als sehr verschiedene Menschen mit unterschiedlichen Leben, die auf unterschiedliche Weise erinnert werden. Ein Patient tendiert z.B. dazu, über äußere und unpersönliche Ereignisse zu sprechen statt über seine persönliche Vergangenheit. Ein anderer mag ein regelrechter Geschichtenerzähler sein, während ein dritter sich generell beim Reden oder unter Menschen unwohl fühlt. Da es so viele Arten von Patienten gibt, wie es Menschen gibt, müssen solche Unterschiede früh erkannt und respektiert werden.

Ein wichtiges Merkmal, das den Lebensrückblick von anderen Erinnerungsinterventionen und Psychotherapie unterscheidet, ist, dass eher der Patient als der Therapeut das Gespräch *kontrolliert*. Er entscheidet, ob vom Therapeuten vorgebrachte Sondierungsfragen erörtert oder übergangen werden, obwohl der Therapeut dem Lebensrückblickbogen folgt und die dort vorgeschlagenen Fragen stellt. Der Patient kann der Antwort immer ausweichen, indem er sagt: »Ich möchte darüber nicht sprechen«, und der Zuhörer sollte diesen Wunsch respektieren. Die wahre Macht liegt in dieser Hinsicht beim Patienten, und dieser muss mit Achtung und Takt behandelt werden, selbst wenn seine Weigerung, ein Thema zu besprechen, weniger therapeutisch sein mag als eine gründliche Diskussion (Dunn et al. 2002).

Der Therapeut als zweites Mitglied der Dyade sollte eine mitfühlende, sensible Person sein, die den Lebensrückblick dem vorgeschlagenen Ablauf gemäß durchführt und Feedback gibt. Der sachkundige Therapeut leitet den Prozess des strukturierten Lebensrückblicks mithilfe der Fragen des Lebensrückblickbogens, um den Patienten auf seinem Weg zu begleiten, während er aufmerksam zuhört und angemessen reagiert. Das aufmerksame und »mitgehende« Zuhören spielt die Schlüsselrolle, während der Therapeut zugleich Interviewtechniken wie Wiederholung, Neubewertung und Zusammenfassung anwendet, um eine therapeutische Intervention zu erleichtern. Erfolgreiche Therapeuten haben Beratungsfertigkeiten wie aufmerksames Zuhören, offene Fragen, Paraphrasieren, Reflexion von Gefühlen und Zusammenfassen trainiert (vgl. Ivy 1971).

Einige zusätzliche Überlegungen sollten bei der Anwendung des strukturierten Lebensrückblicks beachtet werden. Der erste Aspekt ist *Vertraulichkeit*. Der Therapeut muss dem Patienten Vertraulichkeit zusichern, damit dieser sich sicher genug fühlt, um über Themen und Erlebnisse zu sprechen, die er nie zuvor besprochen hat, bei denen er Scham empfindet oder in anderer Hinsicht empfindlich ist. Vielleicht möchten Patienten einige ihrer Gedanken oder Teile ihrer familiären Vergangenheit für sich behalten. Das ist ihr Recht. Oft haben diejenigen, die die schwierigsten Themen in einem Lebensrückblick durcharbeiten, den größten therapeutischen Gewinn. Durch die Zusicherung von Vertraulichkeit sollen sich Patienten an einem sicheren Ort fühlen und in einer für sie angenehmen Weise über ihre Vergangenheit reden können.

Auch wenn es im Hinblick auf den Aspekt der Vertraulichkeit kontraproduktiv klingen mag, sollte der Therapeut während der Sitzungen ein Aufnahmegerät verwenden, um jeden Patienten individuell begleiten und die kommenden Treffen vorbereiten zu können. Dies gilt besonders, wenn der Therapeut mit mehreren Patienten Lebensrückblicke durchführt. Der Zweck der Aufnahme muss dem Patienten selbstverständlich erklärt werden, und dieser muss eine Einverständniserklärung unterschreiben. Falls der Patient nicht einwilligt, wird der Lebensrückblick ohne Aufnahme fortgeführt. Die Aufnahmen müssen nach Beendigung der Intervention gelöscht werden, oder es muss eine schriftliche Erlaubnis für das Aufbewahren und die anonyme wissenschaftliche Beforschung der Bänder eingeholt werden. Bei korrekter Anwendung bricht die Tonaufnahme das Prinzip der Vertraulichkeit nicht.

Eine andere Überlegung ist, dass Therapeuten einer *Supervisionsgruppe* angehören sollten. Dies ist hilfreich, um Einsicht in den eigenen Prozess zu gewinnen. Eine Kollegengruppe kann Unterstützung geben, wenn der Therapeut einen Lebensrückblick als aufwühlend erlebt oder feststeckt. Supervision wird besonders wichtig in der Arbeit mit Demenzpatienten, da der Therapeut davon profitiert, wie jemand anderes ein ähnliches Problem gelöst hat oder mit einem Problemverhalten eines Patienten umgegangen ist. Die Gruppe kann auch Rat zur therapeutischen Technik geben, besonders, wenn die Möglichkeit besteht, Aufnahmen der Sitzungen anzuhören.

Nicht zuletzt sollte der Lebensrückblick nach Möglichkeit mit Fremden und nicht mit Freunden oder Verwandten durchgeführt werden. Während sie die Methode lernen, würden viele zukünftige therapeutische Zuhörer am liebsten sofort einen strukturierten Lebensrückblick mit der eigenen Großmutter oder einem Elternteil durchführen. Der Prozess ist für Familienmitglieder weniger therapeutisch, weil sie voraussichtlich nicht bereit sind, alle intimen Einzelheiten ihres Lebens mit einem anderen Familienmitglied zu besprechen. Der Zuhörer könnte davon profitieren, eine kleine Familiengeschichte zu hören, doch das ist nicht die Absicht des Rückblicks. Der Patient erreicht mehr durch einen Lebensrückblick, bei dem ein Fremder zuhört, oder indem er an einer einfachen Erinnerungsarbeit oder einem Familiengeschichtsprojekt mit einem Verwandten teilnimmt.

8.5 Lebensrückblick mit Demenzkranken

Das übergeordnete Ziel dieses Kapitels ist die Anwendung des strukturierten Lebensrückblicks bei Personen mit Demenz. Es lassen sich bisher nur wenige Publikationen zu diesem Thema finden, jedoch gibt es eine zunehmende Zahl an Publikationen, die sich mit der Anwendung der Erinnerungsarbeit auf diese Zielgruppe befassen. Der folgende Abschnitt beschreibt ausgewählte Erinnerungsarbeitsprojekte, die für Demenzkranke entworfen wurden. Anschließend werden einzelne Verhaltensweisen Demenzkranker angesprochen, die sich direkt auf die Vermittlung von Erinnerungsarbeit und strukturiertem Lebensrückblick auswirken. Die Diskussion wird nur streifen, was über Demenz bekannt ist und die besonderen Probleme behandeln, die zum Erfolg eines Lebensrückblicks beitragen oder diesen schmälern.

8.5.1 Erinnerungsarbeit: Projekte für Menschen mit Demenz

Gibson (1994) war eine der Ersten, die Erinnerungsarbeit bei Demenzkranken anwendete. Sie beschreibt, wie die Welt kognitiv beeinträchtigter Menschen immer mehr zusammenschrumpft, wenn deren Fähigkeiten nachlassen und die Abhängigkeit von anderen wächst. Ihrer Ansicht nach bietet Erinnerungsarbeit eine Möglichkeit, die verschwindende Welt festzuhalten, indem Personen mit Demenz ermutigt werden, sich zu erinnern, ihre Vergangenheit mit anderen zu teilen und ihre Selbstwahrnehmung zu verbessern.

Nomura (2002) führte in Japan Evaluationsforschung mit Demenzpatienten in Erinnerungsarbeitsgruppen durch. Sie unterschied die Demenztypen Alzheimer und vaskuläre Demenz und stellte fest, dass die Gruppe mit vaskulärer Demenz mehr signifikante kognitive Gewinne verzeichnete als diejenige mit Alzheimerdemenz. Ihre Studie regte andere Forscher an, ihre Diagnosen zu klären, diese als Variablen bei der Analyse von Interventionsergebnissen zu benutzen und die Gründe für eine Verbesserung bei einem Teilnehmer klar zu identifizieren.

In den Vereinigten Staaten wurde Burnside (1995) bekannt für ihre Erinnerungsarbeit in Demenz- und Alzheimergruppen. Sie war eine der ersten, die den Einsatz von Requisiten, z.B. Bilder und Antiquitäten, sowie die Verwendung historischer Themen, z.B. die Ereignisse des Zweiten Weltkriegs, empfahl, um Erinnerungsvorgänge anzuregen. Besonders wenn wir den Lebensrückblick mit Demenzpatienten durchführten, fanden auch wir den Einsatz von Requisiten und Bildern sehr hilfreich. Im Laufe der Zeit gestaltete Schweitzer (Schweitzer u. Bruce 2008) viele Erinnerungsarbeitsprojekte für Menschen mit Demenz und richtete in London und ganz Europa Zentren für Erinnerungsarbeit ein, die heute stark frequentiert werden. Obwohl Erinnerungsarbeit eine weltweit häufig angewandte Intervention bei Demenzpatienten zu sein scheint, überprüften Woods et al. (2005) ihre Wirkung in Publikationen der Cochrane-Datenbank und kamen zu dem Schluss, dass die Ergebnisse noch nicht bewiesen, wie effektiv Reminiszenz bei Menschen mit kognitiver Beeinträchtigung oder Demenz sei.

Neueste Projekte zu Erinnerungsarbeit und Demenz sind interessant und eher technischer Natur. So richtete eine Forschergruppe ein ferngesteuertes System ein, das das tägliche Leben von zu Hause lebenden Demenzkranken mit einem Reminiszenzvideo und einer Gesprächsmethode unterstützt, um Verhaltensstörungen zu verhindern und Entspannung zu fördern (Kuwahara et al. 2010). Ihre noch nicht eindeutigen, aber vielversprechenden Ergebnisse veranlassten sie zur weiteren Erforschung der Intervention. Astell et al. (2010) berichteten über den Wert von Fotografien in einem computerbasierten Erinnerungsprojekt. Dabei dienten Fotos insofern als Gedächtnisstützen und Erinnerungsstimuli, als Narrative um die Bilder herum konstruiert werden konnten. Selbst allgemeine, dem Erinnernden unbekannte und nicht auf ihn bezogene Fotos führten zu Narrativen, die schließlich persönlich wurden. Dies fanden wir auch in unserer Arbeit mit dem Lebensrückblick bestätigt. Auf diese Weise kann das in der Reminiszenzarbeit erlangte Wissen auch die Arbeit mit dem Lebensrückblick beeinflussen.

8.5.2 Modifikation des strukturierten Lebensrückblicks für Demenzkranke

Die bisherige Erinnerungsarbeitsliteratur weist auf die Notwendigkeit hin, den üblichen strukturierten Lebensrückblick für die Arbeit Demenzkranken zu modifizieren. Beispielsweise hilft die Verwendung von Bildern und Requisiten dem Demenzpatienten, sich zu erinnern und Verbindungen zur Vergangenheit herzustellen. Solche visuellen Hilfen werden im Rahmen eines strukturierten Lebensrückblicks mit Demenzpatienten einen ähnlichen Effekt haben. Die Fotos sollten authentische Szenen aus der Familie oder dem Heimatort zeigen. Forscher stellten fest, dass Bilder, die den Patienten an die Vergangenheit erinnern, auch unpersönlich sein dürfen, also z.B. alltägliche Szenen aus der Jugendzeit zeigen können. Dies ist vor allem für die Arbeit mit Patienten wichtig, bei denen kein persönliches Familienalbum vorhanden ist. Für diese

Situationen sollte der Therapeut mögliche Fotos und Requisiten zur Hand haben (▶ Kap. 11). Auch Videos haben sich bei der Reminiszenzarbeit als gute Ergänzung erwiesen und können auch für den Lebensrückblick hilfreich sein.

Zur Anpassung an die individuelle Beeinträchtigung sollte der strukturierte Lebensrückblick in individueller Form durchgeführt werden. Demenzbedingte Verhaltensänderungen beeinflussen die Art und Weise, wie die jeweilige Person auf einen strukturierten Lebensrückblick reagiert, und vermischen sich mit den normalen physischen und psychischen Problemen des Alterns. Da die Veränderungen bei jeder Person anders verlaufen, muss der Therapeut die Defizite jedes Einzelnen erkennen und den Lebensrückblickbogen entsprechend anpassen.

Menschen mit Demenz erleben gewöhnlich eine Abnahme der kognitiven Funktionen, die ihre Fähigkeit zur Problemverarbeitung und -lösung behindert. Sie haben Schwierigkeiten, ihre Erinnerungen und Lebensereignisse ohne Hilfe einzuschätzen und zu integrieren. Der Therapeut kann bei der Verarbeitung helfen, indem er Fragen aus dem Evaluationsteil des Lebensrückblickbogens stellt, z.B.: »Was war die schwierigste Zeit in Ihrem Leben?« und »Wie fühlten Sie sich dabei?« Es ist für Menschen mit Demenz wichtig, Probleme aus der Vergangenheit zu lösen, solange noch einige ihrer kognitiven Funktionen erhalten sind. Wer noch ungelöste Probleme im Leben hat und außerdem an einer fortschreitenden Demenzerkrankung leidet, kann im Laufe der Zeit mehr Problemverhalten zeigen, wenn diese Schwierigkeiten im Lebensrückblick nicht identifiziert und ausgesöhnt werden.

Viele schwierige Demenzpatienten, die auf den Fluren umherlaufen und für Unruhe sorgen, sind Menschen mit ungelösten Konflikten aus der Vergangenheit, die sie aufgrund ihrer Unfähigkeit zur Problemverarbeitung und -lösung nicht mehr klären können. Sie mögen nach jemandem oder etwas suchen, den oder das sie verloren glauben, oder versuchen, eine nie vollendete Aufgabe zu beenden. Sie sind nicht in der Lage, ihre Bedürfnisse auszudrücken, und diese Unfähigkeit kommt zu ihrer Enttäuschung hinzu. Wenn sie in einem frühen Krankheitsstadium die Möglichkeit erhalten, einige bedrückende Erlebnisse mit einem Therapeuten durchzusprechen, können Demenzkranke manche alten Probleme klären und einen gewissen Frieden erreichen, der sie durch die Krankheit hindurch begleiten kann.

Menschen mit Demenz verlieren zuerst ihre neuesten Erinnerungen, aber behalten starke und klare Erinnerungen aus der fernsten Vergangenheit, besonders aus ihrer frühen Kindheit und Familiengeschichte. In der strukturierten Form des Lebensrückblicks werden die Patienten zuerst nach ihrer Kindheit gefragt, an die sie sich normalerweise relativ gut erinnern können. Weil sie vollständig teilhaben und ihre klarsten Kindheitserinnerungen teilen können, erleben Demenzpatienten sich zu Beginn des strukturierten Lebensrückblicks häufig als erfolgreich. Diese erste erfolgreiche Begegnung bestimmt die Atmosphäre der weiteren Treffen und hilft den Patienten, sich mit sich selbst gut zu fühlen. Sie genießen den Prozess und die Möglichkeit, wieder bedeutungsvolle Gespräche zu führen, und fühlen sich dazu ermutigt, sich auf die Fortsetzung des Lebensrückblicks und das Wiedersehen mit dem Therapeuten zu freuen.

Demenz ist normalerweise eine fortschreitende Erkrankung mit Gedächtnisverlust sowie einem im Verlauf zunehmenden Verlust kognitiver Funktionen. Von einem strukturierten Lebensrückblick profitieren daher vor allem Patienten in den Anfangsstadien der Krankheit. In dieser Phase können sie die mit ihren Erinnerungen verbundene Bedeutung noch kognitiv verarbeiten und Probleme mit Unterstützung noch lösen. Wenn die Krankheit fortschreitet, müssen sich Therapeuten der zunehmenden Behinderungen bewusst sein und bereit sein, dem Patienten bei der Kompensation zu helfen. Wenn sich das Gedächtnis des Patienten verschlechtert, sollte der Therapeut z.B. Vormittagstermine ansetzen, da Personen mit Demenz gewöhnlich morgens in ausgeruhtem Zustand ein besseres Erinnerungsvermögen haben. Die wöchentlichen Sitzungen können auch auf jeweils zwei halbe Stunden verteilt werden, wenn der Therapeut eine rasche Ermüdbarkeit des Patienten beobachtet. Solche Anpassungen mit gesundem Menschenverstand vergrößern die Zugangsmöglichkeiten des Patienten zu seinem Gedächtnis und erleichtern den Lebensrückblick.

Der präzise Aufbau und die Struktur dieser Form des Lebensrückblicks sind für die Arbeit mit Demenzkranken sehr hilfreich. Therapeuten, die bereits erfolgreich Erinnerungsarbeit mit Demenzkranken durchgeführt haben, mögen die Struktur zunächst für ein zusätzliches Hindernis halten. Doch der strukturierte Lebensrückblick kommt gerade durch seinen festen Ablauf zu seinen besonderen, positiven Ergebnissen. Die bloße Reihenfolge der Fragen veranlasst Demenzpatienten, methodischer zu denken. Von ihnen wird selten verlangt, sich an logischen Denkprozessen zu beteiligen. Mit der Zeit geraten sie aus der Übung, und die Krankheit unterhöhlt ihre mentalen Fähigkeiten. Sie kümmern sich nicht um kohärente Abfolgen und werden in Konversationen oft von anderen ignoriert. Durch den geringeren Einsatz noch vorhandener Fähigkeiten verringern sich die Fähigkeiten des logischen Denkens bei vielen weiter. Im strukturierten Lebensrückblick wird der Patient von der frühen Kindheit bis in die Gegenwart geführt, und seine Erinnerungen sowie ihr Abruf können auf diese geregelte Weise jede Woche voranschreiten. Dies fördert das systematische Denken, besonders, wenn der Therapeut zu Beginn einer Sitzung die letzte Sitzung noch einmal zusammenfasst. Daher gelangt man zu positiven Ergebnissen, obwohl das strukturierte Vorgehen mehr Anstrengung verlangt.

8.5.3 Forschung zum strukturierten Lebensrückblick mit Demenzpatienten

In Nordirland wurde eine Pilotstudie durchgeführt, um zu untersuchen, ob Menschen mit Demenz in der Lage sind, am strukturierten Lebensrückblick teilzunehmen. Zwei Kollegen, die entweder Erfahrungen mit der Erinnerungsarbeit bei Demenz oder Erfahrungen mit Lebensrückblicksinterventionen hatten, leiteten die Pilotstudie in Langzeitpflegeeinrichtungen für Demenzkranke und wandten dabei die oben vorgeschlagene Struktur an. Als Outcome-Maß wurde das Mini Mental State Exam (MMSE; Folstein et al. 1975) anstelle eines bloßen Einstufungs- oder Screeninginstruments eingesetzt, um den fortschreitenden kognitiven Abbau in der Experimental- und der Kontrollgruppe zu vergleichen. Die Teilnehmer des strukturierten Lebensrückblicks verbesserten sich im MMSE signifikant, während sich die Kontrollgruppe verschlechterte. Verbesserungen im MMSE sind vermutlich auf die mit dem strukturierten Lebensrückblick einhergehende Übung im logischen Denken zurückzuführen. Der chronologisch strukturierte Fokus des Abrufs veranlasste die Teilnehmer, ihre Erinnerungen vor der nächsten Sitzung zu organisieren und zu wiederholen (Haight et al. 2006).

8.6 Umgang mit speziellen Herausforderungen bei Demenzpatienten

8.6.1 Umgang mit Wiederholungen beim Lebensrückblick

Menschen mit Demenz neigen dazu, sich zu wiederholen, manchmal erinnern sie dieselbe Geschichte bei jeder Sitzung mit dem Therapeuten. Dieselbe Geschichte wieder und wieder zu erzählen kann für den Patienten gut sein und sollte daher ermutigt werden. Patienten neigen besonders zur Wiederholung derselben Erinnerung, wenn irgendetwas an ihr sie umtreibt. Auf ihre Weise versuchen sie möglicherweise, in ihrem Geist etwas richtigzustellen. Wiederholung kann in allen Lebensrückblicksituationen verbreitet sein, abhängig von den Problemen des Patienten, kommt jedoch besonders häufig bei Demenzpatienten vor. Auch wenn der Grund für den Therapeuten nicht offensichtlich ist, sollte er das wiederholte Erzählen einer Geschichte ermutigen, selbst wenn er müde ist, immer wieder dasselbe zu hören. Menschen mit Demenz könnten auf diese Weise versuchen, eine Erinnerung oder ein Problem durchzuarbeiten, was sie aufgrund ihrer kognitiven Defizite nicht alleine schaffen. Ein Patient kann in einem Problem feststizen, das er nicht lösen kann, und Wiederholung ist dann seine Art und Weise, damit umzugehen.

Wiederholung führt oft zu einer Katharsis, einer Reinigung und Befreiung aufgestauter Emotionen, die für den Patienten wohltuend ist. Um dies zu erreichen, sollte der Therapeut ihn ermutigen, die Geschichte so lange zu wiederholen, bis der Patient gelangweilt oder befriedigt ist und den Wunsch anzeigt, weiterzugehen. Ungeachtet des Grunds für die Abnahme der Wiederholung scheint das Thema den Patienten nicht länger zu beschäftigen, sodass er den Lebensrückblick häufig fortsetzen kann.

Ein sehr gutes Beispiel für ein solches Wiederholungsverhalten mit anschließender Katharsis erlebten wir bei einer Lebensrückblicksintervention in Japan. Wir trafen einen älteren Herrn mit fortgeschrittener Demenz, der in der Familie seiner Tochter lebte. Er war ein ruhiger und höflicher alter Mann, zeigte jedoch eine merkwürdige Verhaltensweise, die seine Familie wirklich störte: Er stahl wiederholt Essen und hortete es in seinem Schlafzimmer. Als er seinen Lebensrückblick begann, sprach er von Hunger im Zweiten Weltkrieg und in der Nachkriegszeit. Er war das älteste Kind und musste die gesamte Familie mit Essen versorgen, weil sein Vater gestorben war. Da er kein Geld hatte, fischte, jagte und stahl er, was er finden konnte, um seine Familie zu ernähren. Damals war er immer hungrig. Er hasste es, dass seine Tochter nun Blumen statt Obst und Gemüse anpflanzte. Während der ersten drei Treffen kreiste er um das Thema Essen. Der Therapeut wies auf die bei jedem Treffen von der Tochter servierten Erfrischungen hin, auf den Überfluss von Lebensmitteln in den Läden und in seinem Haus und auf die Tatsache, dass der Patient inzwischen genug Geld hatte, um zusätzliche Lebensmittel zu kaufen. Während des vierten Treffens begann der alte Herr von seiner früheren Arbeit und seiner Familie zu erzählen. Er lachte mit uns und schien viel weniger beunruhigt. Er hatte aufgehört, über Essen zu sprechen, und bewegte sich im Lebensrückblick weiter. Er genoss es besonders, sein Lebensrückblickbuch mit vielen Bildern sowohl von Lebensmitteln als auch von seiner Familie zu gestalten. Noch wichtiger war, dass er aufhörte, Essen zu stehlen und in seinem Schlafzimmer zu horten. Das Erinnern und die Beweise für den Nahrungsüberfluss überzeugten ihn schließlich davon, dass er nicht mehr hungern musste. So konnte er seine alten Probleme vergessen und über glücklichere Zeiten reden.

8.6.2 Umgang mit Ängsten und Frustrationen während des Lebensrückblicks

Demenz verursacht viele Momente von Angst und Unbehagen bei stark Betroffenen. Häufig ist die Angst durch den Verlust des topografischen Gedächtnisses bedingt. Ohne dieses Gedächtnis für Orte ist jeder Raum, den sie betreten, für die Betroffenen ein fremder und unbekannter Ort, nichts scheint vertraut. Demenzkranke wissen oft nicht, wo sie sind. Sie erschrecken leicht und sind ängstlich. So wie sie Orte vergessen, können sie auch Gesichter vergessen. Es ist möglich, dass sie nicht realisieren, dass die Person, die sie pflegt, ein Verwandter ist, selbst wenn es sich um ihren Ehepartner oder ihr Kind handelt. Es kann sein, dass sie ihren Therapeuten nicht erkennen, auch nicht wenn er jede Woche kommt, sodass dieser sich veranlasst sieht, sich erneut vorzustellen und über die vergangenen Treffen zu sprechen, bis der Patient sich zu erinnern beginnt. Wenn der Patient aufgebracht oder ängstlich scheint, kann der Therapeut ihn beruhigen, indem er ihn an vertraute Dinge erinnert, z.B. an die ersten bereits abgerufenen Erinnerungen oder Familienbilder aus einer früheren Sitzung.

Bilder und andere Requisiten sind sehr hilfreiche Gegenstände, die beim Lebensrückblick das Gedächtnis des Patienten schärfen können. Sie sind auch eine große Hilfe für den Zuhörer. Menschen mit Demenz sollten alte Bilder und Fotos anschauen, allerdings sind sie häufig nicht in der Lage, Personen, Objekte oder Szenen zu benennen oder einzuordnen, was sie sehr frustriert. Oft liegt der Name einer Person dem Patienten »auf der Zunge«, doch er ist nicht fähig, ihn abzurufen, und deshalb vielleicht aufgebracht. Die Krankheit wird oft von Frustration begleitet, weil die Patienten wissen, dass sie früher über Fertigkeiten verfügten, die sie nun nicht mehr haben. In solchen Situationen kann die Frage nach einem Namen oder danach, ob der Patient sich an die abgebildete Person erinnert, bedrohlich sein. Obwohl die Patienten wissen, dass sie die Antwort kennen sollten, können sie sie nicht vorbringen. In diesem Fall kann der Zuhörer über das Bild reden, und vielleicht taucht währenddessen der Name der abgebildeten Person zusammen mit anderen Erinnerungen im Gedächtnis des Patienten auf. Zum Beispiel könnte der Therapeut das Bild hochhalten und die Kleidung der abgebildeten Person bewundern. Wenn der Patient sich erinnert, wird er weitere Tatsachen hinzufügen. Wenn nicht, geht der Therapeut zu einem anderen Bild über. Später kann er ein Familienmitglied bitten, die Person auf dem Bild zu identifizieren, und es in der nächsten Rückblicksitzung verwenden, wobei er den Namen der abgebildeten Person eigens erwähnt.

8.6.3 Umgang mit dem Mangel an Erinnerungen

Haben Patienten ein Krankheitsstadium erreicht, in dem sie nur noch wenige Erinnerungen abrufen können, kann der Therapeut mit Fotos und Requisiten aus der Vergangenheit des Patienten häufig zusätzliche Erinnerungen anregen. Diese Stimuli können wiederum für ein Erinnerungsbuch verwendet werden, das der Patient nach Abschluss des Lebensrückblicks behalten kann. Das Erinnerungsbuch wird zu seinem – vom Therapeuten während der Rückblicksitzungen gestalteten – Lebensgeschichtenbuch, es stellt das Ergebnis einer Zusammenarbeit von Patient und Therapeut dar. Der Therapeut sammelt und verwendet Bilder, um dem Patienten das Erinnern zu erleichtern oder um eine vergangene Sitzung abzurufen. Anschließend werden die Äußerungen des Patienten zu diesen Bildern festgehalten. Beispielsweise betrachtet der Zuhörer ein Bild der Mutter des Patienten, das dieser auswählt, und sagt vielleicht: »Schauen Sie, ihr schönes Lächeln!« Beim Zuhören oder später schreibt der Therapeut die Worte des Patienten auf, und das Bild mit den dazugehörigen Worten des Patienten kann zu einer Seite des Lebensgeschichtenbuchs werden.

Der Therapeut hat eine weitere wichtige Aufgabe, wenn er ein Lebensgeschichtenbuch gestaltet: (Familien-)Fotos zu finden, die die Erinnerungen des Patienten reflektieren. Hat die Familie früher viel fotografiert, wissen die Angehörigen in der Regel, wo die Bilder zu finden sind, und genießen es vielleicht, sie hervorzuholen und zwischen den therapeutischen Sitzungen zusammen mit dem Patienten anzuschauen. Manche Familien besitzen nur wenige oder keine Fotos. In diesem Fall muss der Therapeut dem Patienten noch sorgfältiger zuhören, wenn dieser über die Vergangenheit spricht. Da greifbare und bedeutungsvolle Details besonders wichtig sind, sucht der Therapeut allgemeine Fotos oder Bilder, die mit den Erzählungen des Patienten übereinstimmen.

Am Ende und vor Beginn der nächsten Sitzung sollte der Therapeut versuchen, die Geschichte des Tages mit Bildern aus Zeitschriften oder neuen Fotografien anzureichern. Wenn sich der Heimatort des Patienten nicht sehr verändert hat, kann der Therapeut z.B. Fotos der Kirche oder der Schule nehmen. Geeignet sind auch Abbildungen aus Magazinen, die Erinnerungen des Patienten nachbilden könnten, oder der Therapeut zeichnet selbst. Wenn der Patient z.B. Geschwister erwähnt, kann der Therapeut eine Collage mit entsprechenden Figuren aus Zeitschriften zusammenstellen und den Patienten fragen, ob ihn das Bild an seine Herkunftsfamilie erinnert. Der Therapeut kann auch Fotos von Objekten in der Wohnung des Patienten oder deren Umgebung aufnehmen, die für diesen bedeutungsvoll sind, z.B. eine Urkunde, die dieser zur Pensionierung erhalten hat. Das Foto der Urkunde kann eine Geschichte aus dem Arbeitsleben des Patienten auslösen und Teil des Lebensgeschichtenbuchs werden.

Günstig ist es, jede Sitzung mit einem Überblick über das letzte Treffen zu beginnen, um dem Patienten die Möglichkeit zu geben, dem, was der Therapeut gehört zu haben meint, zuzustimmen oder aber zu widersprechen. Die vergangene Stunde anzuschauen kann den Patienten an früher Gesagtes erinnern und bildet einen Ausgangspunkt für den Übergang zur anstehenden Sitzung. Natürlich kann es sein, dass sich Patienten aufgrund ihrer Demenz gar nicht an die letzte Stunde erinnern können. Darauf sollte sich der Therapeut entsprechend einstellen, indem er den Patienten nach den vergangenen Treffen fragt. Dieser wöchentliche Rückblick ist auch der perfekte Zeitpunkt, um neue Bilder anzuschauen und vom Patienten die Rückversicherung zu erhalten, dass die Bilder den zuvor beschriebenen Lebensabschnitt oder bestimmte Ereignisse wiedergeben.

Während der strukturierte Lebensrückblick weiterläuft, erstellt der Therapeut das Lebensgeschichtenbuch mit dem und für den Patienten. Dieser Prozess hilft dem Patienten, sein Leben besser einzuschätzen und zu integrieren. Der Patient setzt die Vergangenheit gewissermaßen zusammen, genießt, was gut war, und verwirft das Schlechte. Das Gute wird zum Inhalt des Lebensgeschichtenbuchs. Patienten mit schwindenden mentalen Kapazitäten erleichtert das Erstellen des Buchs die Bewertung ihres Lebens. Der Prozess gleicht einem Zusammensetzen von Teilen zu einem Ganzen. Der Patient trägt die Inhalte des Buchs – Bilder und Beschriftungen – selbst zusammen. Der Therapeut hat noch mindestens eine Rückblicksitzung, in der das Buch gemeinsam angeschaut wird, um sicherzustellen, dass die Worte und Bilder des Patienten auch diejenigen sind, an die dieser sich erinnern möchte. Fehler korrigiert der Therapeut und lässt sich diese Korrekturen dann vom Patienten bestätigen. Im Verlauf der letzten Sitzung überreicht der Therapeut dem Patienten das endgültige Buch. Oft sind die Patienten ungeheuer stolz auf ihr Buch. Viele schauen es täglich an und können sich dabei wieder an Teile der Vergangenheit erinnern. Das Buch stabilisiert sie und gibt ihnen Orientierung in der Realität ihrer Vergangenheit und in ihrem Selbst.

8.6.4 Durchführung der Integrationssitzungen

Die Arbeit am Lebensgeschichtenbuch wird um die vierte Sitzung herum intensiver, wenn der Patient nicht in der Lage ist, Fragen zum Erwachsenenalter zu beantworten. Dann geht der Therapeut zur Zusammenfassung und Bewertung über. Wenn die Befragten weniger auf die Fragen reagieren und beharrliches Fragen Ängstlichkeit zu verursachen scheint, sollte der Zuhörer die Fragen zum Erwachsenenleben mit Fragen aus den Zusammenfassungs- und Bewertungsteilen des Lebensrückblickbogen mischen, um den Prozess weniger bedrohlich und für den Patienten förderlich zu gestalten. Die Fragen des Schlussteils können für diesen einfacher zu beantworten sein, da keine spezifischen Informationen über die Vergangenheit verlangt werden, sondern mehrheitlich nach Meinungen und Gefühlen gefragt wird. Menschen mit Demenz können sich häufig an ihre glücklichsten Momente und traurigsten Zeiten erinnern, da damit normalerweise signifikante und bedeutungsvolle Erinnerungen verknüpft sind. Beispielsweise kann der Zuhörer auf ein vorher ausgewähltes Familienfoto zeigen und sagen: »Sie scheinen sehr stolz auf Ihre Familie zu sein.« An diese Feststellung können Patienten nahtlos Erinnerungen an ihre stolzesten Momente anschließen und ihre Lebensereignisse zu integrieren beginnen. Sie können auch andere und neue Erinnerungen hervorbringen, wenn neue Verbindungen hergestellt werden. Traurige Zeiten sind ebenso wichtig, da die Patienten die Erinnerung daran nutzen können, um den Verlust von Menschen oder Misserfolgserlebnisse der Vergangenheit zu betrauern, und so vielleicht vergangene Probleme, die sie belasten, aufzulösen vermögen. Mithilfe eines solchen Prozesses können Demenzkranke auf das Erreichen von Integrität hinarbeiten.

8.6.5 Weitere Besonderheiten beim Lebensrückblick mit Demenzkranken

Bei der Durchführung des Lebensrückblicks mit Demenzpatienten sollte der Therapeut folgende Aspekte im Auge haben:
- Personen mit Demenz ermüden leicht, daher soll der Zuhörer bzw. Therapeut sie das Tempo bestimmen lassen.
- Der Zuhörer sollte die Frage »Können Sie sich erinnern?« vermeiden. Da Demenzpatienten fürchten, Fehler zu machen, werden sie vorsichtig und können solch eine Frage als bedrohlich empfinden.
- Der Zuhörer sollte sich an die Struktur des Lebensrückblicks halten, wie schwierig es auch werden mag. Die therapeutischen Effekte eines strukturierteren Denkens wiegen die scheinbare Mühe auf.
- Was immer ein Demenzkranker erzählt, ist seine Wahrheit, so wie er sie erinnert oder erinnern möchte; diese Wahrheit sollte im Lebensgeschichtenbuch sichtbar werden, auch

wenn Angehörige vielleicht nicht einverstanden sind und die Interpretation korrigieren wollen.
- Die Befragten sollen nur Erinnerungen einbeziehen, die sie öffentlich machen möchten. Sie können auf die Vertraulichkeit ihres Lebensrückblicks verzichten, wenn der Wunsch, ihr Buch mitsamt den persönlichen Erinnerungen anderen zu zeigen, größer ist als das Bedürfnis, ihre Lebensgeschichte für sich zu behalten. Für gewöhnlich ist der Inhalt des Buches nicht privat und enthält keine Gesprächsinhalte, die der Befragte vertraulich behandelt wissen wollte.

Das Lebensgeschichtenbuch sollte ein schlichtes, dünnes Buch sein. Die Bildlegenden sollten in großen schwarzen Druckbuchstaben angebracht werden und die Formulierungen des Patienten enthalten. Ist das Buch fertiggestellt, sollten Patient und Therapeut es gemeinsam anschauen und auf Wunsch des Patienten korrigieren, bis dieser sich mit dem Inhalt einverstanden erklärt. Oft schauen Patienten ihr Buch mehrmals täglich an und freuen sich sehr daran. Die darin festgehaltenen Erinnerungen liefern ihnen ein visuelles Instrument, das ihnen hilft, sich daran zu erinnern, wer sie waren und sind. Das Buch hilft ihnen auch, mit anderen zu kommunizieren, und erdet sie in ihrem eigenen Leben, was Gefühle von Sicherheit und Zufriedenheit bewirkt. Wenn der Befragte an einen unvertrauten Ort, z.B. in ein Pflegeheim, umziehen muss, kann das Buch dem Pflegepersonal ein Bild davon vermitteln, wer diese Person war und ist. Nicht zuletzt kann es für den Patienten, der sich in seiner neuen Umgebung vielleicht ängstigt, zum Beruhigungsmittel werden. Das Buch ist vertraut und bringt Trost. Einige Familien berichteten uns, dass sie dem Patienten das Lebensgeschichtenbuch ins Krankenhaus geschickt und dass die Pflegenden es nach der Operation verwendet hätten, um dem Patienten die Orientierung zu erleichtern.

8.6.6 Die Rolle der Angehörigen

Selbst wenn die Familie eines Patienten am Lebensgeschichtenbuch beteiligt ist, sollte der Therapeut die Eins-zu-eins-Lebensrückblicksitzungen mit dem Patienten fortsetzen, um die Vertraulichkeit zu wahren. Er muss außerdem sicherstellen, dass der Inhalt der endgültigen Buchfassung dem entspricht, was der Patient möchte und äußert. Dies ist keine leichte Aufgabe, weil die Angehörigen die Geschichte vielleicht so erzählen wollen, wie sie sie sehen. Sie haben ein besseres Gedächtnis, sind daran gewöhnt, verantwortlich zu sein, und liefern Bilder und Requisiten. Oft wissen sie mehr über die an Demenz erkrankte Person als diese selbst. Das Wissen der Familie stellt eine gute Ergänzung des Lebensrückblicks dar, und die Angehörigen erinnern den Patienten oft an vergessene Ereignisse und Personen. Dennoch sollte der Lebensrückblick selbst aus Vertraulichkeitsgründen mit dem Patienten allein durchgeführt werden, und das endgültige Buch sollte auch dann den vom Patienten gewählten Inhalt enthalten, wenn die Angehörigen ihn für falsch erklären.

Das Gestalten des Lebensgeschichtenbuchs hat trotzdem sowohl auf den Patienten als auch auf die ihn Pflegenden eine therapeutische Wirkung. Sie erinnern sich zwischen den Lebensrückblicksitzungen oft gemeinsam beim Betrachten der Bilder an die Vergangenheit. Das Zurückdenken kann für fröhliche Momente, ja sogar für Spaß sorgen und dient als neues Medium der Kommunikation, das Pflegende und Patient benutzen können. Die Lebensrückblicktreffen dienen als Katalysator für das gemeinsame Zurückdenken der Familienmitglieder zwischen den Sitzungen, wenn die Familie sich durch das Suchen von Requisiten und Bildern für den Therapeuten auf das nächste Treffen vorbereitet. Die Suche nach greifbaren Erinnerungen hilft den Angehörigen und dem Patienten, die Verbindung zueinander zu stärken und die Gesellschaft des anderen wieder zu genießen.

8.7 Zusammenfassung

Dieses Kapitel erklärte zunächst die Herkunft und Entwicklung des strukturierten Lebensrückblicks, basierend auf den Arbeiten von Butler (1963), Erikson (1950) und Haight u. Haight (2007), um dem Leser das Verständnis des Hintergrunds und der Entwicklung des ursprünglichen Lebensrückblicks zu erleichtern, bevor die für die Durchführung des

Prozesses mit Demenzkranken notwendigen Anpassungen aufgezeigt werden konnten. Daher beschrieben wir die besonderen Charakteristika, die diesen Lebensrückblick von anderen Formen der Reminiszenz und des Rückblicks unterscheidet. Indem wir die Rollen in der erforderlichen Therapeut-Patient-Dyade erläuterten, erklärten wir zugleich den Ausführungsprozess. Anschließend wurden die notwendigen Anpassungen für einen erfolgreichen Lebensrückblick bei Menschen mit Demenz erörtert. Das Verständnis einiger erwartbarer Verhaltensänderungen, die für Demenzkranke typisch sind und den Rückblickprozess beeinträchtigen, ist die erste Anforderung an einen therapeutischen Zuhörer, der mit Demenzpatienten arbeitet. Anschließend wurden Möglichkeiten zur Anpassung des strukturierten Lebensrückblicks vorgestellt, die diesem erwartbaren Verhalten Rechnung tragen. Außerdem enthielt das Kapitel Hinweise zur Gestaltung eines Lebensgeschichtenbuchs als gemeinsames Projekt von Interviewer und Interviewpartner und als Endprodukt des gesamten Prozesses. Dabei wird mit Bildern und Requisiten gearbeitet, um beim Interviewpartner Rückblicksprozesse auszulösen. Das so entstandene Buch wird dem Patienten als Erinnerungsstück übergeben. Es kann als Orientierungshilfe verwendet werden und wird von vielen Patienten sehr geschätzt und in Ehren gehalten.

8.8 Anhang: Lebensrückblickbogen (Life Review Form)

(Abdruck aus Haight u. Haight. *The handbook of structured life review*. Baltimore: Health Professions Press 2007, mit freundlicher Genehmigung der Health Professions Press. Übersetzt von Simon Forstmeier.)

Das wichtigste Ziel des Lebensrückblicks ist, sicherzustellen, dass die Patienten über alle Phasen ihres Lebens sprechen, von der frühen Kindheit bis zur Gegenwart. Dieser Lebensrückblickbogen besteht aus vorgeschlagenen Fragen, die den Therapeuten durch diese Phasen leiten. Die fett gedruckten Fragen fokussieren speziell die wichtigen Aspekte der Lebensphasen (Erikson'sche Phasen).

Das Ziel des ersten Treffens ist, den Lebensrückblick vorzubereiten. Geben Sie dem Patienten eine Kopie des Lebensrückblickbogens, und weisen Sie ihn auf die verschiedenen Fragen hin, aber beginnen Sie erst beim zweiten Treffen, diesen Bogen zu verwenden.

Ihr zweites Treffen beginnt mit dem eigentlichen Lebensrückblicksprozess und dreht sich um die frühe Kindheit. Empfehlenswert ist, mit der ersten Frage auf diesem Bogen zu beginnen. Dann folgen Sie der Führung des Patienten; denken Sie daran, genau zuzuhören und auf den Patienten zu reagieren. Sie müssen nicht alle Fragen stellen. Die meisten sind eigentlich Hinweise und Vorschläge, um Ihnen zu helfen, den Patienten ins Reden zu bringen, seine Erinnerungen weiter anzuregen und mit ihm in einen Dialog zu treten. Vor jedem Treffen wählen Sie am besten einige Fragen aus, die Sie dem Patienten auf jeden Fall stellen möchten.

- **Treffen 2: Frühe Kindheit**
- **Was ist die allerfrüheste Erinnerung in Ihrem Leben? Gehen Sie so weit zurück wie möglich.**
- An welche anderen Dinge erinnern Sie sich aus der Zeit, als Sie noch sehr jung waren?
- Wie war Ihr Leben als Kind für Sie?
- Wie waren Ihre Eltern? Was waren ihre Schwächen, was ihre Stärken?
- Hatten Sie Geschwister? Erzählen Sie mir, wie jedes Ihrer Geschwister war.
- Starb jemand, dem Sie nahestanden, während Ihrer Kindheit?
- Ging jemand, dem Sie nahestanden, weg?
- **Haben Sie sich als Kind umsorgt gefühlt?**
- Hatten Sie irgendwelche Unfälle oder Krankheiten?
- Erinnern Sie sich daran, in der Kindheit mal in einer sehr gefährlichen Situation gewesen zu sein?
- **Nahmen Sie eine Erwachsenenrolle ein, oder spielten Sie, ein Erwachsener zu sein? Waren Sie ein Kind, das andere geführt hat, oder eher eines, das anderen gefolgt ist?**
- Hatten Sie vor irgendeinem Erwachsenen Angst?
- Haben Sie etwas verloren oder wurde etwas zerstört, das Ihnen wichtig war?

- Hatten Sie Freunde und Spielkameraden in der Kindheit? Hatten Sie einen besten Freund/eine beste Freundin?
- Spielte die Kirche oder eine Kirchengemeinde eine größere Rolle in Ihrem Leben als Kind?
- **Wurde Ihnen die Möglichkeit gegeben, eigene Entscheidungen zu treffen? Welche Dinge haben Sie unabhängig von anderen und selbstständig gemacht?**

- **Treffen 2 u. 3: Familie und Zuhause**

Die Fragen zur Familie und zum Zuhause decken einen großen Teil der möglichen Kindheitserinnerungen ab. Dieser Abschnitt hilft dem Patienten auch, die Beziehungen aus der Kindheit zu explorieren. Die folgenden Fragen sollten beim zweiten Treffen (Kindheit) und beim dritten Treffen (Jugend) verwendet werden, da sich die Erinnerung und Bewertung der Kindheit und Jugend fortsetzt.

- **Wie war Ihr Leben als ein älteres Kind?**
- Wie kamen Ihre Eltern miteinander aus?
- Wie kamen die anderen Familienangehörigen bei Ihnen zu Hause miteinander aus?
- Wie war die Atmosphäre in Ihrem Zuhause?
- Gab es ausreichend Essen und andere lebensnotwendige Dinge in Ihrer Familie?
- Wurden Sie als Kind bestraft? Wofür? Wer hat bei Ihnen zu Hause hauptsächlich bestraft? Wer war der Chef in der Familie?
- Haben Sie sich als Kind umsorgt und geliebt gefühlt?
- **Erzählen Sie mir von Projekten, die Sie als Kind begonnen haben.**
- Wenn Sie etwas von Ihren Eltern (oder einer Bezugsperson) haben wollten, wie sind Sie dabei vorgegangen?
- **Haben Sie als Kind jemals Schuld- oder Schamgefühle gehabt?**
- Welche Art von Menschen haben Ihre Eltern am meisten gemocht? Welche am wenigsten?
- Zu wem in der Familie hatten Sie die engste Beziehung?
- Wem in der Familie waren Sie am ähnlichsten? In welcher Hinsicht?
- Hatten Sie irgendwelche unangenehmen Erfahrungen als Kind?
- Erzählen Sie mir mehr über Ihre erweiterte Familie: Onkel, Tanten, Großeltern, Cousinen/Cousins.

- **Treffen 3: Spätere Kindheit – Jugend**

Beim dritten Treffen führt der Therapeut den Patienten zur späteren Kindheit und Jugend, nachdem er sichergestellt hat, dass der Patient seine Erinnerungen an die frühe Kindheit erschöpfend besprochen hat. Denken Sie daran, »Gefühlsfragen« einzufügen, z.B. »Was empfinden Sie dabei?« oder »Was bedeutete das für Sie?«, um eine genaue Bewertung positiver und negativer Ereignisse durch den Patienten zu initiieren. Wie gesagt, diese Fragen sind nur Vorschläge und müssen nicht alle gestellt werden.

- **Fühlten Sie sich als Heranwachsender gut angeleitet?**
- Wenn Sie über sich selbst und Ihr Leben als Jugendlicher nachdenken, was ist die erste Sache, an die Sie sich erinnern können?
- **Haben Sie sich als Jugendlicher wohl in Ihrer Haut gefühlt?**
- Welche anderen Dinge sind Ihnen besonders im Gedächtnis aus Ihrem Leben als Jugendlicher?
- Wer waren die wichtigen Menschen für Sie? Erzählen Sie mir über sie (Eltern, Brüder, Schwestern, Freunde, Lehrer).
- Zu wem hatten Sie eine besonders enge Beziehung? Wen haben Sie bewundert? Wem wollten Sie am meisten ähnlich sein?
- Gab es Cliquen oder besondere Gruppen? Waren Sie in einer?
- Haben Sie Gottesdienste und Jugendgruppen besucht?
- Sind Sie gerne in die Schule gegangen?
- **Hatten Sie das Gefühl, in der Schule oder in Gruppen dazuzugehören?**
- Haben Sie während Ihrer Jugend gearbeitet?
- Haben Sie irgendwelche schwierigen Lebensumstände in Ihrer Jugend erlebt?
- **Haben Sie an sportlichen oder anderen schulischen Freizeitaktivitäten teilgenommen?**
- **Haben Sie diese schulischen Freizeitaktivitäten gemocht? Warum?**
- Erinnern Sie sich daran, dass Sie sich alleingelassen oder fallengelassen gefühlt haben

oder dass Sie nicht genug Liebe oder Fürsorge erhalten haben?
- Was sind die angenehmen Erinnerungen an Ihre Jugend?
- **Waren Sie gut in der Schule? Haben Sie viel für die Schule gelernt? Warum?/Warum nicht?**
- Wenn Sie versuchen, alle Dinge zu berücksichtigen, würden Sie sagen, Sie waren als Jugendlicher glücklich oder unglücklich?
- **Erinnern Sie sich noch, wie es war, als Sie sich zum ersten Mal zu einer anderen Person hingezogen fühlten?**
- Wie haben Sie sich in Bezug auf sexuelle Aktivitäten und Ihre eigene sexuelle Identität gefühlt?

- **Treffen 4: Junges Erwachsenenalter**

Beginnen Sie das vierte Treffen mit: »Jetzt möchte ich mit Ihnen über Ihr Leben als Erwachsener reden. Beginnen wir mit Ihren 20ern. Was waren die wichtigsten Ereignisse in Ihrem Leben als junger Erwachsener?« Der Therapeut sollte die Fragen nach Bedarf verwenden, denn die oberste Regel ist, zuzuhören und auf das Gehörte zu reagieren.
- **Haben Sie als Erwachsener das gemacht, was man normalerweise im Leben macht?**
- Wie war Ihr Leben in Ihren 20ern und 30ern?
- **Glauben Sie, Sie waren eine verantwortungsbewusste Person?**
- Welche Art von Mensch waren Sie? Was haben Sie genossen?
- Erzählen Sie mir von Ihrer Arbeit. Mochten Sie Ihre Arbeit? Konnten Sie mit dem, was Sie verdient haben, Ihren Lebensunterhalt bestreiten? Haben Sie hart gearbeitet in dieser Zeit? Wurden Sie geschätzt?
- **Waren Sie mit Ihren Entscheidungen zufrieden?**
- Hatten Sie genügend Geld?
- Hatten Sie wichtige Beziehungen zu anderen Menschen? Welche Beziehung war am allerwichtigsten für Sie?
- Haben Sie geheiratet? Falls ja: Wie war Ihr Mann/Ihre Frau? Falls nein: Warum nicht?
- Denken Sie, dass Ehen mit der Zeit besser werden, oder glauben Sie, dass sie schlechter werden?

- **Haben Sie Kinder bekommen? Erzählen Sie mir von ihnen.**
- **Welche wichtigen Entscheidungen haben Sie während dieser Zeit getroffen?**
- Würden Sie zusammenfassend sagen, dass Sie eine glückliche oder dass Sie eine unglückliche Ehe hatten?

- **Treffen 5: Späteres Erwachsenenalter**

Während Sie fortfahren, Fragen zum Erwachsenenalter zu stellen, erinnern Sie sich daran, dass Sie der Führung des Patienten folgen und nur angemessene Fragen stellen sollten. Der Patient sollte ermutigt werden, über bedeutsame Interessen zu sprechen und größere Lebensentscheidungen zu bewerten. Verwenden Sie Interviewtechniken und Beratungsfertigkeiten wie Empathie, Anerkennung von Errungenschaften, Umdeutung von Enttäuschungen und aktives Zuhören.
- Gibt es irgendetwas, was Sie bezüglich Ihrer Ehe noch hinzufügen möchten?
- **Wenn Sie Ihr gesamtes Leben überblicken, welche Beziehung sticht als die wichtigste heraus?**
- Erzählen Sie mir (mehr) über Ihre Kinder. Wie fühlten Sie sich in der Rolle des Vaters/der Mutter?
- Würden Sie sich als eine spirituelle oder gläubige Person bezeichnen?
- Erzählen Sie mir von Ihren Freundschaften und Beziehungen.
- War sexuelle Intimität für Sie wichtig?
- Haben Sie Hobbys oder andere wichtige Interessen?
- **Denken Sie, Sie haben der nächsten Generation auf irgendeine Weise geholfen?**
- Welchen bedeutenden Herausforderungen oder Schwierigkeiten sind Sie in Ihrem Erwachsenenleben begegnet?
  - Ist jemand Nahestehendes gestorben? Oder weggegangen?
  - Waren Sie jemals krank? Oder hatten einen Unfall?
  - Sind Sie oft umgezogen? Oder haben Sie die Arbeitsstelle gewechselt?
  - Haben Sie sich jemals allein oder verlassen gefühlt?
  - Haben Sie sich jemals in Not gefühlt?

- Haben Sie noch irgendeine andere Erinnerung, über die Sie reden möchten?
- Welche Weisheit(en) möchten Sie gerne an die nächste Generation weitergeben?

- **Treffen 6: Zusammenfassung und Bewertung**

Sie sollten nach Möglichkeit *alle* Fragen dieses Teils in dieser und der nächsten Sitzung stellen. Dabei können die für Treffen 6 vorgesehenen Fragen auch bei Treffen 7 gestellt werden und umgekehrt, solange sie alle gestellt werden. Diese Fragen bringen den Patienten dazu, sein Leben als Ganzes anzuschauen und zu bewerten. Bewertung ist der Schlüssel zu Versöhnung und Akzeptanz, und Akzeptanz ist der Schlüssel, um Integrität zu erreichen.

- **Wenn Sie Ihr Leben als Ganzes betrachten, welche Art von Leben hatten Sie Ihrer Meinung nach?**
- Wenn alles gleich bleiben würde, würden Sie Ihr Leben dann gerne noch einmal leben?
- Wenn Sie Ihr Leben noch einmal Leben würden, was würden Sie ändern? Was würden Sie so lassen, wie es ist?
- **Wir haben nun einige Sitzungen lang über Ihr Leben geredet. Jetzt lassen Sie uns Ihre allgemeinen Gefühle und Meinungen zu Ihrem Leben besprechen. Was waren Ihrer Meinung nach die drei größten Befriedigungen in Ihrem Leben? Warum waren diese Dinge oder Erlebnisse so befriedigend?**
- Jeder Mensch erlebt Enttäuschungen. Was waren die Hauptenttäuschungen in Ihrem Leben?
- Was war die größte Schwierigkeit, mit der Sie in Ihrem Leben konfrontiert waren? Bitte beschreiben Sie sie.
- Was war Ihre glücklichste Lebensphase? Was daran machte sie zur glücklichsten Lebensphase? Warum ist Ihr Leben jetzt weniger glücklich?
- Was war die unglücklichste Lebensphase? Ist Ihr Leben jetzt glücklicher? Warum?
- Was war der stolzeste Moment in Ihrem Leben?

- **Treffen 7: Bewertung und Integration**

Treffen 7 ist eine Fortsetzung von Treffen 6. Indem dem Patienten zwei Wochen für den Bewertungs- und Integrationsprozess gegeben wird, wird sichergestellt, dass genügend Zeit vorhanden ist, um alle Fragen dieses Teils zu stellen. Außerdem beginnen Sie mit einem Blick in die Zukunft.

- Wenn Sie Ihr ganzes Leben lang gleich alt bleiben könnten, welches Alter würden Sie wählen? Warum?
- Was denken Sie, was Sie in Ihrem Leben erreicht haben? Mehr, als Sie sich erhofft hatten, oder weniger?
- **Haben Sie Ihr Leben so gelebt, wie Sie es sich erhofft hatten?**
- Lassen Sie uns über Sie reden, wie Sie jetzt sind. Was sind die besten Dinge an dem Alter, in dem Sie jetzt sind?
- Was sind die schlechtesten Dinge an dem Alter, in dem Sie jetzt sind?
- Was ist Ihnen heute/aktuell in Ihrem Leben am wichtigsten?
- Was wünschen Sie sich für die Zukunft, wenn Sie älter werden?
- Vor welchen zukünftigen Dingen fürchten Sie sich, wenn Sie älter werden?
- **Sind Sie mit Ihren Lebensentscheidungen zufrieden?**
- Was möchten Sie für sich persönlich, wenn Sie in die Zukunft blicken?
- Hat Ihnen dieser Lebensrückblick gefallen?
- Haben Sie irgendwelche Kommentare oder Vorschläge?

- **Treffen 8: Ende und Ergebnis**

Beim achten Treffen geht es um den Abschluss des Lebensrückblicks und die Beurteilung seines Ergebnisses für den Patienten. Im *Handbook of structured life review* (Haight u. Haight 2007) werden nähere Angaben zu dieser Sitzung gemacht.

Literatur

Astell, A., Ellis, M. Alm, N. Dye, R., & Gowans, G. (2010). Stimulating people with dementia to reminisce using personal and generic photographs. *International Journal of Computers in Healthcare, 1*, 177–198.

Bohlmeijer, E, Smit, P, & Cuijpers, P. (2003). Effects of reminiscence and life review on late-life depression: A meta analysis. *International Journal of Geriatric Psychiatry, 18*, 1088–1094.

Burnside, I. (1995). Themes and props: Adjuncts to reminiscence therapy groups. In B. Haight & J. Webster (Hrsg.), *The art & science of reminiscing* (S. 151–163). Washington DC: Taylor & Francis.

Butler, R. (1963). The life review: An interpretation of reminiscence in the aged. *Psychiatry, 26*, 65–76.

Cappeliez, P., Guinson, M., & Robitaille, A. (2008). Functions of reminiscence and emotional regulation among older adults. *Journal of Aging Studies, 22*, 266–272.

Dunn, P. Haight, B., & Hendrix, S. (2002). Power dynamics in the interpersonal life review dyad. *The Journal of Geriatric Psychiatry, 35*, 77–94.

Erikson, E. (1950). *Childhood and society*. New York: Norton.

Folstein, M. F., Folstein, S., & McHugh, P. R. (1975). A practical method for grading the cognitive state of patients for clinicians. *Journal of Psychiatric Research, 12*, 189–198.

Gibson, F. (1994). Reaching People with dementia through reminiscence work. In P. Schweitzer (Hrsg.), *Reminiscence in dementia care* (S. 73–80). England: Age Exchange.

Gibson, F. (2004). *The past in the present*. Baltimore, MD: Health Professions Press.

Haight, B., & Dias, J. (1992). Examining the key variables in selected reminiscing modalities. *International Journal of Psychogeriatrics, 4*, 279–290.

Haight, B., & Haight, B. (2007). *The handbook of structured life review*. Baltimore, MD: Health Professions Press.

Haight, B., & Webster, J. (Hrsg.). (1995). The art and science of reminiscing: Theory, research, methods, and applications. Washington, DC: Taylor & Francis.

Haight, B., Coleman, P., & Lord, K. (1995). The linchpins of a successful life review: structure, evaluation, and individuality. In B. Haight & J. Webster (Hrsg.), *The art and science of reminiscing* (S. 179–192). Washington, DC: Taylor & Francis.

Haight, B., Gibson F., & Michel, Y. (2006). The Northern Ireland Life Review/Life Story Book Project for people with dementia. *Alzheimer's & Dementia: Journal of the Alzheimer's Association, 2*, 56–58.

Ivy, A. (1971). *Microcounseling: Innovations in interview training*. Springfield, IL: Thomas.

Kuwahara, N., Yasuda, K., Tetsuani, N., & Kazunari, M. (2010). Remote assistance for people with dementia at home using reminiscence systems and a schedule prompter. *International Journal of Computers in Healthcare, 1*, 126–143.

Nomura, T. (2002). Evaluative research on reminiscence groups for people with dementia. In J. Webster & B. Haight (Hrsg.), *Critical advances in reminiscence work* (S. 289–300). New York: Springer.

Schweitzer, P., & Bruce, E. (2008). *Remembering yesterday, caring today, reminiscence in dementia care: A guide to good practice*. London: Jessica Kingsley.

Woods, B., Spector, A., Jones, C., Orrell, M., & Davies, S. (2005). Reminiscence therapy for dementia. *Cochrane Database of systematic reviews, 2*. CD001120. DOI: 10.1002/146518589.CD001120.pub2.

Spezifische Techniken

Kapitel 9 **Lebensrückblick als Modul eines Computerprogramms – 159**
Barbara Preschl

Kapitel 10 **Lebensrückblick für ältere Erwachsene: Ein gruppentherapeutischer Ansatz – 169**
Anne M. Pot und Iris Asch

Kapitel 11 **Techniken der Visualisierung und Verbalisierung – 185**
Wolfgang Jänicke und Simon Forstmeier

Lebensrückblick als Modul eines Computerprogramms

Barbara Preschl

9.1		**Einsatz Neuer Medien in Lebensrücklicksinterventionen und Biografiearbeit – 162**
9.1.1		Einsatz bei älteren Menschen und Menschen mit kognitiven Einschränkungen – 163
9.1.2		CIRCA: Erinnerungsanker für Menschen mit kognitiven Einschränkungen – 163
9.2		**Das Butler-System – 164**
9.2.1		Leitidee der deutschen Version – 164
9.2.2		Module – 165
9.2.3		Einsatz des Butler-Systems im therapeutischen Setting – 166
9.2.4		Wirksamkeitsstudie – 168
		Literatur – 169

Das folgende Kapitel stellt Möglichkeiten des Lebensrückblicks unter Einsatz von Informationstechnologien (IT) oder Neuen Medien, z.B. Internet, E-Mail, Software, Virtual Reality etc., vor. Dies soll vor allem anhand eines Programms zur Depressionsbehandlung veranschaulicht werden. An diesem Beispiel soll ein konkreter Einblick in den Ablauf einer softwarebasierten Intervention geben werden, für die ein eigenes Therapiemanual entwickelt wurde. Im Mittelpunkt stehen die verwendeten Computermodule zum therapeutischen Lebensrückblick insbesondere bei älteren Menschen, weil hierzu die meisten Angebote entwickelt wurden. Auf andere IT-basierte Methoden wird hingewiesen.

9.1 Einsatz Neuer Medien in Lebensrückblicksinterventionen und Biografiearbeit

Immer häufiger und sehr erfolgreich werden in der psychotherapeutischen Beratung und Behandlung verschiedenster psychischer Störungen die sog. Neuen Medien eingesetzt, sodass sich ein neuer Begriff herausgebildet hat: E-Mental Health (»E« für »electronic«). E-Mental-Health ist ein Teilgebiet des rasch wachsenden Bereichs der E-Health. Kunstbegriffe wie E-Health, Telemedizin, Online-Health, Cybermedizin oder Health 2.0 sind noch immer vor allem Modewörter und nicht gut definiert. Sie wurden eingeführt, um zu signalisieren, dass aus der Konvergenz von Internet und (medizinischer) Therapie etwas Neues entstanden war, verbunden sowohl mit Chancen als auch mit Risiken für alle Akteure. Zu den Chancen gehören eine leichtere Erreichbarkeit für alle (Niederschwelligkeit) sowie die mögliche Zeiteffizienz. Zu den Risiken gehören der Missbrauch von vertraulichen Informationen und technikbezogene Illusionen wie die, dass alles Technische an sich schon besser ist. Bei der teilweise rasanten Entwicklung von E-(Mental-)Health-Angeboten zeigte sich zudem häufig ein kurzlebiger Aktionismus: Ständig wurden neue Programme entwickelt, die dann aber nicht in einen Dauereinsatz überführt wurden. Diese »Projektitis« kam auch zustande, weil die Gesundheitsindustrie und Forschungsförderungsagenturen zwar Neuentwicklungen großzügig fördern, nicht aber deren Überführung in den diagnostischen oder therapeutischen Routineeinsatz. Im Folgenden soll eine Übersicht geben werden, wie Neue Medien in der Biografiearbeit mit gesunden Menschen oder im therapeutischen Rahmen als Interventionen sinnvoll eingesetzt werden können.

Barak und Kollegen (Barak et al. 2008, 2009) teilen die Neuen Medien mit Therapiebezug ein in:
- webseiten- oder internetbasierte Interventionen,
- Onlineberatung oder -therapie,
- therapeutische Software, die über das Internet bereitgestellt wird,
- weitere Onlineaktivitäten, beispielsweise als Ergänzung zu einer konventionellen sog. Face-to-face-Therapie.

Webseiten Hier werden im Internet technische Mittel zur Verfügung gestellt, um eine therapeutische Intervention durchzuführen. Die etablierte englischsprachige Webseite www.lifebio.com z.B. gehört zu den Angeboten, in denen es um den Lebensrückblick geht (daneben gibt es weitere, durch Privatinitiativen entstandene Programme, in der Schweiz z.B. www.altersarbeit.ch). Sie ist ein niederschwelliges Angebot, das Nutzern eine Plattform zur Verfügung stellt, um ihre persönliche Lebensgeschichte ohne Anleitung durch einen Therapeuten oder einen Experten aufzuschreiben und mit multimedialen Hilfsmitteln darzustellen (Troy 2006). Die Aufzeichnung der Lebensgeschichte geschieht mithilfe eines Frageleitfadens. Als Teilnehmer stellt man sich vor, beschreibt, wer man ist, die eigene Persönlichkeit, was man erreicht hat, welche Etappen im bisherigen Leben wichtig waren etc. Dazu kommt die Möglichkeit, das eigene Leben anhand von Fragen wie: »Welche Bedeutung hatte mein bisheriges Leben für mich?« zu reflektieren. Ein Teil bezieht sich auf den Ausblick auf die Zukunft. Außerdem kann man die eigene Biografie anderen, z.B. den Angehörigen, zugänglich machen. Es gibt auch einen Interviewleitfaden, um z.B. Angehörigen Fragen zu stellen und aus den gewonnenen Informationen deren Lebensgeschichte zu rekonstruieren (so kann etwa ein Enkel die Lebensgeschichte seiner Großeltern aufschreiben). Ein anhand der Anleitung verfasster Text kann durch Fotos ergänzt werden. Am Ende wird automatisch eine PDF-Datei erstellt, die ausgedruckt werden kann.

Onlineberatung oder -therapie Die Kapitel zu Interventionen bei Depressionen und Traumafolgen in diesem Buch (▶ Kap. 6 u. 7) erwähnen die therapeutischen Möglichkeiten im Internet. Ausführlich wird in ▶ Kap. 7 die Integrative Testimonal Therapy (Knaevelsrud et al. 2009, 2010) vorgestellt. Der therapeutische Lebensrückblick wird in einem neuen Onlinetherapieprogramm bei Depression eingesetzt (Wagner u. Maercker, in Vorb.; Urben u. Maercker 2011).

Therapeutische Software Hier geht es um spezifische, mit viel technologischem Aufwand entwickelte Programme. Das sog. Butler-System, das in den nachfolgenden Abschnitten ausführlich vorgestellt wird, gehört dazu. Es ist multimodal und beinhaltet u.a. ein Lebensrückblickmodul (»Lebenstagebuch«) und Virtual-Reality-Module (»virtuelle Spaziergänge«).

Ergänzende Onlineaktivitäten Hierher gehören traditionelle Therapien, die für bestimmte Zeitabschnitte oder aber parallel zur Therapie E-Health- oder Onlinemöglichkeiten nutzen. In der Therapie der posttraumatischen Belastungsstörung hat ein niederländisches Team (van den Steen 2010) ein virtuelles Gedächtnisrekonstruktionsprogramm entwickelt. Dabei wird mit virtuellen Elementen gearbeitet, um ehemaligen Soldaten zu helfen, traumatische Erlebnisse bei einem Kriegseinsatz zu verarbeiten. Der Patient bekommt zu einem geeigneten Zeitpunkt in der Therapie die Möglichkeit, seine eigene virtuelle 3-D-Welt zu kreieren, Fotos und Texte sowie Landkarten zu integrieren und diese auf einer Zeitachse seiner früheren Erlebnisse einzuordnen. Der Patient hat auch die Möglichkeit, neben den belastenden Erinnerungen positive Materialien einzufügen, wie beispielsweise Fotos von Kameraden, die in einem nicht mit dem Trauma zusammenhängenden Moment aufgenommen wurden.

9.1.1 Einsatz bei älteren Menschen und Menschen mit kognitiven Einschränkungen

Generell gibt es inzwischen genügend Belege, die zeigen, dass E-Mental-Health-Interventionen auch bei älteren Menschen sehr wirkungsvoll sein können (Preschl et al. 2011). Dieser Bereich wird auch zunehmend mehr beforscht, und es finden sich vielversprechende Studienergebnisse. Allerdings sind E-Mental-Health-Interventionen bei Älteren immer noch ein relativ junges Anwendungsgebiet. Neue Methoden und Programme entstehen in rascher Folge, sodass es kaum möglich ist, einen Überblick über die Angebote zu geben, da dieser ständig aktualisiert werden müsste. Wenn wissenschaftliche Studien durchgeführt werden, ist ihre methodische Qualität sehr unterschiedlich, z.B. gibt es nur wenige randomisierte Kontrollgruppenstudien. Weitere Forschung ist daher notwendig, um die Vorteile und Risiken dieser Interventionsform zu untersuchen.

9.1.2 CIRCA: Erinnerungsanker für Menschen mit kognitiven Einschränkungen

Der Einsatz Neuer Medien in der Arbeit mit autobiografischen Erinnerungen kann auch bei Menschen mit kognitiven Einschränkungen oder demenzkranken Personen sehr hilfreich sein, indem Erinnerungen durch technische Hilfsmittel konserviert und als Hilfsmittel zur Alltagsbewältigung zur Verfügung gestellt werden. Das Projekt CIRCA (www.computing.dundee.ac.uk/projects/circa/) zielt primär darauf, die Kommunikation demenzkranker Menschen mit ihren Angehörigen zu erleichtern, die häufig aufgrund des Kurzzeitgedächtnisverlustes eingeschränkt ist (Alm et al. 2009). Zum Einsatz kommen hier individuelle Erinnerungsgegenstände und -hilfsmittel, wie z.B. Videos, Musik oder Fotos, um Erinnerungen aus dem Langzeitgedächtnis zu evozieren. Via Touchscreentechnologie können demenzkranke Menschen am PC auf ihre Erinnerungen zugreifen. So können Erzählungen und Gespräche (z.B. mit Angehörigen) angeregt werden.

Es können auch sog. multimediale Biografien speziell für Menschen mit kognitiver Beeinträchtigung erstellt werden (Smith et al. 2009). Dabei haben Menschen, die an einer leichten kognitiven Beeinträchtigung oder an der Alzheimerkrankheit leiden, die Möglichkeit, ihre Lebensgeschichte aufzuschreiben und Familienfotos, kurze Filme oder Audiobotschaften sowie Musik zu integrieren. Auf diese Weise bietet das Programm eine Möglichkeit, sein eigenes Leben im Rückblick zu betrachten und auch mit Familienmitgliedern darüber zu kommunizieren. Zusammen mit ihren Angehörigen wählen die Betroffenen Themen aus, die sie ins Programm integrieren möchten (z.B. Kindheit, Reisen, Ausbildung usw.). Anschließend kann man seine Lebensgeschichte entweder chronologisch aufbauen oder nur über einige wenige Themen berichten. Diese Themen werden dann in einzelnen Kapiteln beschrieben und im Programm so angeordnet, dass man sie jederzeit wieder abrufen und ansehen kann.

Ob sich solche Programme weiter verbreiten werden, hängt von verschiedenen Faktoren ab (z.B. von der Finanzierung durch die Krankenkassen bzw. das Gesundheitssystem).

9.2 Das Butler-System

Das Butler-System ist ein multimoduläres Interventionsprogramm, das speziell für eine ältere Zielgruppe entwickelt wurde. Es wurde »Butler« genannt, weil es an das in früheren Zeiten für wenige Privilegierte verfügbare Dienstpersonal erinnern soll – heute sind aufgrund der technischen Möglichkeiten »Butlerdienste« für alle verfügbar. Das Programm enthält therapeutische Module gegen Depression und Angst sowie Module zur Förderung der sozialen Fertigkeiten, die auch zum Austausch von autobiografischen Erinnerungen oder aktuellen Erlebnissen genutzt werden können. Das Programm wurde von einem Projektteam, bestehend aus Psychologen und Technikern, an der Universität Valencia, der Technischen Universität Valencia sowie der Universität Jaume in Castellon, Spanien, entwickelt (Botella et al. 2009) und von einer gemeinsamen Arbeitsgruppe an den genannten spanischen Universitäten und der Universität Zürich ins Deutsche übersetzt. An der Universität Zürich werden derzeit zwei Depressionsmodule dieses Programms als Ergänzung zu einer Lebensrückblicksintervention in einem herkömmlichen Face-to-face-Setting eingesetzt. Da das Programm eine Reihe interessanter Möglichkeiten für den Einsatz im Alltag älterer Menschen (z.B. in Seniorenwohnheimen) oder in Kliniken bietet, soll es hier ausführlicher vorgestellt werden. Das Programm kann vielfältig eingesetzt werden, um Erinnerungen oder aktuelle Erlebnisse entweder individuell zu verarbeiten oder mit anderen zu teilen. Es enthält therapeutische und nichttherapeutische (d.h. alltagsbezogene) Module.

9.2.1 Leitidee der deutschen Version

In der deutschen Version und der zugehörigen Studie (Preschl et al. 2012) liegt der Fokus auf dem Lebensrückblickmodul und den Stimmungsinduktionsmodulen. Inhaltliche Begründung findet diese Auswahl in der Wirksamkeit des Lebensrückblicks (▶ Kap. 3) sowie im Nachweis positiver Wirkungen softwarebasierter Stimmungsinduktion (Banos et al. 2004, 2005; Riva et al. 2007). Beide Module interagieren miteinander, indem die Stimmungsinduktion positive Erinnerungen und Gefühlszustände evoziert. Die sog. »virtual environments« (VE) sind ein Medium, über das sehr effektiv spezifische emotionale Zustände (Freude, Angst, Ärger etc.) evoziert werden können (Riva et al. 2007). Ob in den VE auch wirklich emotionale Reaktionen auftreten, zeigt die Messung von psychophysiologischen Parametern wie der Herzrate (Pugnetti et al. 2001). Es hat sich gezeigt, dass VE wirkungsvoll zur Behandlung von psychischen Störungen eingesetzt werden können (Alcaniz et al. 2003).

Serrano et al. (2004) konnten beispielsweise zeigen, dass sich ein spezifisches Training des autobiografischen Gedächtnisses mit Schwerpunkt auf positiven Erinnerungen im Rahmen einer strukturierten Lebensrückblicksintervention bei älteren Menschen positiv – im Sinne eines Rückgangs depressiver Symptome – auswirken kann. Da die Lebensrückblicksintervention auf dem Berichten (meist positiver wie negativer) autobiografischer Erinnerungen beruht, gibt es einen engen Zusammenhang zwischen Lebensrückblicksintervention und autobiografischem Gedächtnis. Menschen mit psychischen Störungen, insbesondere Menschen mit Depression, ist es oft nahezu unmöglich, spezifische Ereignisse zu erinnern. Winthorpe u. Rabbit (1988) untersuchten auch Altersunterschiede in Bezug auf das autobiografische Gedächtnis und kamen zu dem Schluss, dass ältere Menschen besondere Schwierigkeiten damit haben, spezifische autobiografische Erinnerungen zu produzieren. Somit liegt die Vermutung nahe, dass insbesondere ältere *depressive* Menschen Schwierigkeiten haben, spezifische Inhalte von Erinnerungen wiederzugeben. Vor diesem Hintergrund ist der Befund von Serrano und Kollegen, dass ein Training des autobiografischen Gedächtnisses für positive Erinnerungen zum Rückgang depressiver Symptome führen kann, sehr interessant. Dieser Gedanke wurde daher auch in das Konzept des Therapiemanuals aufgenommen, das an der Universität Zürich eingesetzt wird.

9.2.2 Module

Das Butler-System ist in drei Plattformen sowie drei Anwendungsgebiete unterteilt (Botella et al. 2009). Zu den Plattformen zählen Zugänge für Fachpersonen (z.B. Psychotherapeuten), User (Klienten bzw. Patienten) sowie externe Personen (z.B. Angehörige). Die User haben die Möglichkeit, auf Module der im Folgenden näher beschriebenen Anwendungsgebiete zuzugreifen und mit Fachpersonen wie externen Personen in Verbindung zu treten bzw. Informationen (wie Texte, Fotos oder Musik) über das Internet oder Stand-alone-Computerplattformen auszutauschen. Fachpersonen können auf Inhalte von therapeutischen Modulen zugreifen und mit den Usern, die ihnen zugeteilt werden, in Kontakt treten oder Module gemeinsam in einem herkömmlichen Setting mit den Patienten bearbeiten. Externe Personen können nur solche Informationen mit den Usern teilen, für die diese ihnen eine Berechtigung oder Einladung erteilen.

Zu den Anwendungsgebieten des Butler-Programms zählen Diagnose-, Therapie- und soziale Interaktionsmodule (Botella et al. 2009). Die Diagnosemodule enthalten strukturierte Fragen, die sich an DSM-IV-Kriterien orientieren. Enthalten sind ebenfalls zwei klinische Fragebögen: die Geriatrische Depressionsskala (GDS, dt. Version: Gauggel u. Birkner 1998) und das State-Trait-Angst-Inventar (STAI, dt. Version: Laux et al. 1981).

Weiter bietet das Butler-System seinen Anwendern verschiedene Kommunikationsmöglichkeiten via Internet (Botella et al. 2009). Alle Ausführungen werden von einem persönlichen »Butler«, d.h. einer kleinen Figur (Icon), die wie ein Butler aussieht, begleitet. Dieser erklärt den Benutzern jeden Schritt auf möglichst anschauliche Weise. Die Benutzeroberfläche ist entsprechend den im Alter auftretenden sensorischen und kognitiven Schwierigkeiten gestaltet: große Schrift, einfaches und übersichtliches Design, Interaktion mit dem System via Touchscreen und eine Tastatur mit großen Tasten.

Allgemeines Ziel der Kommunikationsmodule im Butler-System ist es, älteren Menschen ein sich selbst erklärendes Programm zu bieten, mit dessen Hilfe sie Neue Medien ohne Mühe nutzen können. Barrieren zwischen jüngerer und älterer Generation sollen auf diese Weise verringert werden, ebenso geografische Distanzen zu Familienmitgliedern oder Freunden. Des Weiteren haben die älteren Nutzer die Möglichkeit, andere Butler-Nutzer kennenzulernen. Eine Kommunikation über das Internet kann vor allem auch in Anbetracht der zunehmend eingeschränkten Mobilität älterer Personen von großem Nutzen sein. Allgemein soll durch die Nutzung des Systems das soziale Wohlbefinden gesteigert werden. Weiter können aktuelle Erlebnisse und autobiografische Erinnerungen sowohl mit Angehörigen als auch mit anderen Nutzern geteilt und ausgetauscht werden.

Der Nutzer hat auch die Möglichkeit, Fotos, Musik und andere persönliche Erinnerungen in einem Ordner zu sammeln und zu verwalten. Dieses Modul nennt sich »Meine Erinnerungen«. Diese Erinnerungen können jederzeit vom Nutzer angesehen oder auch mit anderen Nutzern, wie z.B. Angehörigen, geteilt werden. So kann etwa ein Enkel seinem Großvater ein Bild zukommen lassen, das dieser dann bei sich ablegt. Solche Erinnerungen können auch innerhalb des Programms für andere Module genutzt werden, z.B. in das persönliche

Lebensbuch eingebunden werden, auf das nun kurz eingegangen werden soll.

Lebensbuch Das sog. Lebensbuch ist ein Modul, in dem ein – am Computer simuliertes – Buch angeboten wird, das mit Texten, Musik (MP3-Dateien) und Bildern individuell gestaltet werden kann (Botella et al. 2009). Der Anwender kann Teile des Buchs oder das ganze Buch für andere sichtbar machen. Somit stellt das Lebensbuch ein Forum dar, in dem kollektive und individuelle (autobiografische) Erinnerungen geteilt und ausgetauscht werden können. Das Lebensbuch kann, wie unten beschrieben, in einer Interaktion zwischen Therapeut und Patient auch für therapeutische Zwecke genutzt werden. Es bietet die Option, eine Intervention auf der Grundlage des Lebensrückblicks und autobiografischer Erinnerungen durchzuführen. Der Nutzer ist in diesem Fall ein Patient, beispielsweise ein Depressionspatient, der durch die Arbeit mit dem Lebensbuch die Möglichkeit erhält, mit positiven Erinnerungen zu arbeiten. So kann beispielsweise ein besonders schöner Moment aus einer bestimmten Lebensphase, z.B. eine Examensfeier, schriftlich festgehalten werden. Der Patient wird aufgefordert, die Situation detailreich und mit emotionalem Gehalt wiederzugeben, und hat auch die Möglichkeit, ggf. mit Unterstützung des Therapeuten, Fotos oder Musikbeispiele einzufügen (Analogfotos können eingescannt, Musik kann im MP3-Format hochgeladen werden).

Virtuelle Spaziergänge Das detailreiche Erinnern an positive Situationen ist gerade für depressive Personen oft schwierig, da es in einer negativen Grundstimmung oft kaum möglich ist, diese überhaupt zu evozieren. Ein weiteres Modul im Butler-Programm, die sog. virtuellen Spaziergänge, kann hier Hilfestellung bieten. Darin werden drei Übungen angeboten, die darauf abzielen, eine depressive oder ängstliche Stimmung zu verbessern (Botella et al. 2009). Die virtuelle Umgebung ermöglicht Spaziergänge in einer simulierten Landschaft mit Wiesen, Bäumen, einem See und einem Bach mit Brücke. Der Nutzer kann wählen, welchen Weg er »gehen« möchte, ob er irgendwo verweilen und die Umgebung auf sich wirken lassen oder eine der angebotenen Aufgaben durchführen möchte.

Das System bietet therapeutische Übungen an, in denen der Anwender lernt, seine Gefühle in eine positive Richtung zu verändern, sog. Stimmungsinduktionsaufgaben (»mood induction«), die der Nutzer entweder allein oder gemeinsam mit einer anderen Person, z.B. unter Anleitung eines Therapeuten, durchführen kann. Das Modul enthält auch eine autobiografische Übung, die den Anwender anleitet, eine positive Erinnerung hervorzuholen und diese detailreich zu beschreiben. Personen, die hier besondere Schwierigkeiten haben, können diese Übung auch als Einstieg in die Arbeit mit dem Lebensbuch durchführen.

Die oben erwähnte Arbeitsgruppe aus Spanien, die das Butler-Programm entwickelt hat, hat in Pilotstudien die Benutzerfreundlichkeit, die Akzeptanz und die Zufriedenheit der älteren Nutzer mit dem Programm untersucht (Botella et al. 2009). Die Ergebnisse zeigten, dass eine Nutzung des Butler-Systems zu einer Steigerung positiver und zur Reduktion negativer Emotionen führte. Weiter waren die Nutzer sehr zufrieden mit dem System, bewerteten es positiv und berichteten wenige Schwierigkeiten in der Anwendung.

9.2.3 Einsatz des Butler-Systems im therapeutischen Setting

Das deutschsprachige Züricher Butler-Therapiemanual (Preschl et al. 2010) fokussiert auf den Lebensrückblick und die Induktion positiver Stimmung. Spezifische positive Erinnerungen können durch entsprechende Fragen evoziert werden. Fragt man z.B. eher allgemein: »Wie war Ihre Kindheit?«, werden insbesondere ältere depressive Menschen auch sehr allgemein antworten, z.B.: »Ich hatte keine gute Kindheit« oder »Meine Kindheit war schlecht.« Fragt man detailliert nach positiven Erlebnissen, z.B. »Erinnern Sie sich denn an eine sehr schöne Situation aus Ihrer Kindheit, z.B. ein Weihnachtsfest oder eine Geburtstagsfeier, oder an ein Erlebnis mit einer Person, die Ihnen sehr nahestand?«, fällt es depressiven älteren Menschen leichter, auch entsprechend detailliert zu antworten.

Wichtig im Rahmen einer Lebensrückblicksintervention ist auch die Integration negativer Erfahrungen in das eigene Lebenskonzept sowie eine Neubewertung negativer Erlebnisse (Haight u. Haight 2007; Maercker 2002). So können schwierige Lebenssituationen, wie sie bei vielen Menschen über die Jahre auftreten, sehr negativ bewertet werden (»Warum ist mir das alles passiert?«), aber auch z.B. so wahrgenommen werden: »Mein Leben war sehr hart, ich habe viele schlimme Dinge erlebt, aber es war sinnvoll, ich konnte vielen Menschen helfen. Ich bin stolz auf mich, dass ich vieles so gut bewältigt habe. Meine Kinder sehen mich als großes Vorbild.«

In diesem Therapiemanual werden beide Teile jeder Sitzung, der Gesprächspart sowie der Computerpart, näher beschrieben und in Anlehnung an Haight u. Haight (2007; s. auch ▶ Kap. 8) auch gezielte Empfehlungen für die Gesprächsführung gegeben, die sich an den jeweiligen Therapeuten richten, außerdem Anweisungen in Bezug auf die Struktur und den Ablauf des Settings.

Zählt man die Treffen, die der psychologischen Abklärung dienen, hinzu, werden an der Universität Zürich derzeit acht Treffen mit den Studienteilnehmern durchgeführt. Die eigentliche Intervention besteht aus sechs Sitzungen, die im Folgenden näher beschrieben werden. Der Gesprächspart der Intervention ist durch spezifische Fragen strukturiert. Auch für den Computerpart gibt es eine strukturierte Anleitung, die teils vom Therapeuten gegeben wird und teils in das Computerprogramm integriert ist.

In der ersten Sitzung wird der Patient gebeten, wichtige Stationen seines Lebens zu skizzieren. Das kann je nach individueller Präferenz im Rahmen eines Gesprächs stattfinden oder durch Aufzeichnen wichtiger positiver wie negativer Erlebnisse auf einer Lebenslinie. Diese Einteilung, die der Patient selbst vornimmt, dient auch als Leitfaden für die kommenden Sitzungen, in denen wichtige Stationen im Leben des Studienteilnehmers aufgegriffen werden.

Weiter werden dem Klienten in der ersten Sitzung die Fragen ausgehändigt, die im Rahmen der Intervention gestellt werden. Wie bei Lebensrückblicksinterventionen üblich (Haight u. Haight, ▶ Kap. 8), beziehen sich diese strukturierten Fragen auf die einzelnen Lebensphasen (Kindheit, Jugend und Erwachsenenalter). Am Ende gibt es eine zusammenfassende Bewertung. Zu allen Zeitpunkten wird in der Intervention auch ein Bezug zur Gegenwart und zur Zukunft hergestellt. Fragt man den Patienten beispielsweise in der Sitzung zur Kindheit nach seiner Herkunftsfamilie, kann sich ein Gespräch über die Beziehung zu einem Bruder oder einer Schwester ergeben, die auch aktuell relevant sein kann (etwa weil sie sich verändert hat) und damit auch für die Zukunft Bedeutung besitzt, wenn der Patient beispielsweise Unterstützung im Umgang mit einem Beziehungskonflikt sucht. Im Rahmen der Intervention wird (vor allem in Anlehnung an Haight u. Haight 2007; ▶ Kap. 8) auf spezifische negative wie positive Situationen eingegangen. Das strukturierte Fragenprotokoll dient als Leitfaden. Der Patient wird aufgefordert, sich auch zu Hause mit diesen Fragen auseinanderzusetzen und für die gemeinsamen Sitzungen Fragen auszuwählen. Diese Fragen sind Anregungen, die dem Klienten helfen sollen, sich an möglichst viele Facetten seines Lebens zu erinnern. Keinesfalls müssen alle Fragen beachtet werden, und es kann auch individuell etwas ergänzt oder abgeändert werden. Mit der Frage nach den Hobbys des Patienten beispielsweise kann auf zweierlei Art umgegangen werden. Belastet den älter werdenden Patienten z.B., dass er bestimmte Hobbys nicht mehr ausüben kann, kann der Therapeut ihn durch gezieltes Nachfragen anregen, mehr über diese Herausforderung zu berichten, z.B.: »Ich möchte Sie gern dazu einladen, mir mehr über die Schwierigkeiten zu berichten, die Sie daran hindern, dieses Hobby auszuüben, das Sie als Ihren Lebensinhalt bezeichnen. Sie erzählen mir, das Leben würde für Sie keinen Sinn mehr machen, wenn Sie dieses Hobby nicht mehr ausüben können.«

In einem therapeutischen Gespräch wird diese spezifische negative Situation nun näher analysiert und nach Copingstrategien gesucht. Gelingt es dem Patienten, einen Ersatz für dieses Hobby oder einen anderen Umgang mit seinen diesbezüglichen Schwierigkeiten zu finden, können die vielen positiven Erinnerungen und Erfahrungen mit diesem Hobby auch eine Ressource darstellen. Der Therapeut könnte die Frage nach den Hobbys auch so umformulieren: »Sie sagen, die schönen Erinnerungen, die Sie mit der Ausübung dieses Hobbys verbinden, halten Sie am Leben, und Sie haben auch immer noch Kontakt zu den Menschen, die Sie in diesem Rahmen kennengelernt haben. Ich finde es sehr schön, dass Sie diese Personen auch weiterhin treffen und sich am sozialen Leben in Ihrem Sportclub beteiligen. Es freut mich, dass Sie sich bereit erklärt haben, administrative Aufgaben in diesem Club zu übernehmen. Ich würde Sie dazu einladen, eine schöne Situation, die Sie erlebt haben, als Sie das Hobby noch aktiv ausgeübt haben, am Computer aufzuschreiben. Sie haben auch einige Fotos mitgebracht – möchten Sie eines auswählen und diesen Moment beschreiben?«

Der Inhalt, der im persönlichen Gespräch oder im Rahmen der Computerübungen besprochen wird, richtet sich also nach der persönlichen Relevanz für den Patienten. Ausdrücklich wird festgehalten, dass nur Erlebnisse besprochen werden, über die der Patient auch sprechen will. Das strukturierte Fragenprotokoll enthält auch eine Anregung für die Arbeit am Computer. Im obigen Beispiel wurde beschrieben, auf welche Weise man den Patienten motivieren kann, eine schöne Situation aufzuschreiben. Im Gegensatz zum Gesprächspart der Sitzung, in dem sowohl negative wie positive Erlebnisse berichtet werden können, sollen am Computer die positiven herausgefiltert werden, um anschließend mit ihnen zu arbeiten. Der Patient wird aufgefordert, eine schöne Situation aus der Lebensphase, die gerade besprochen wird, auszuwählen und detailliert zu beschreiben. Das kann wie im obigen Beispiel ein persönliches Hobby sein, ein Erlebnis mit einem geliebten Menschen, wie die Geburt eines Kindes oder die eigene Hochzeit, oder ein schöner Ausflug, eine tolle Reise etc. Das Computermodul bietet eine Plattform, um diese Informationen anschaulich darzustellen und »spielerisch« zu verarbeiten. Wie oben erwähnt, fällt es depressiven Menschen meist schwer, sich an konkrete Situationen, insbesondere an konkrete *positive* Situationen, zu erinnern. Der Computer kann hier Hilfestellung geben. Am Schluss erhält der Patient eine Art »Produkt«, das als ein Beweis dafür dient, dass man tatsächlich auch Positives erlebt und positive Erfahrungen in seinem Leben gemacht hat. Die Patienten werden zudem gebeten, Fotos mitzubringen, die dann eingescannt werden können. Es ist auch möglich, Musik zu integrieren. Auf diese Weise entsteht ein kleines Lebensbuch mit positiven Erinnerungen, das später ausgedruckt und mit nach Hause genommen werden kann. Patient und Therapeut arbeiten jeweils am Ende der Stunde gemeinsam einige Minuten am Computer, d.h., der Patient arbeitet nicht selbstständig, z.B. über das Internet von zu Hause aus. Es wird keine internetbasierte Intervention durchgeführt. Der Computer wird als Ergänzung zum herkömmlichen therapeutischen Setting eingesetzt.

Im Laufe der Kurzzeitintervention werden nun für jede Lebensphase – von der Kindheit über die Jugend bis zum Erwachsenenalter – verschiedene Situationen und Erlebnisse herausgegriffen, die der Patient als wichtig erachtet. Ziel der Intervention ist es, zu einem abgerundeten Bild des eigenen Lebens zu gelangen (Kohärenz), schwierige Erlebnisse ins eigene Leben zu integrieren und positiven wieder mehr Gewicht zu geben. Am Ende der Sitzungen wird im Rahmen einer zusammenfassenden Bewertung des Lebens an diesem Zusammenfügen der einzelnen Stationen und Erlebnisse gearbeitet, sodass der Patient ein kohärentes Bild von seinem Leben gewinnen kann. Er hat nun die Möglichkeit, noch offene Themen abzurunden. Weiter wird ein starker Bezug zur Gegenwart hergestellt und ein Ausblick in die Zukunft unternommen.

9.2.4 Wirksamkeitsstudie

Das Butler-System wurde an der Universität Zürich eingesetzt, um die oben beschriebene kombinierte Interventionsform zur Depressionsbehandlung (herkömmliches Face-to-face-Setting mit ergänzendem Einsatz der oben beschriebenen Computermodule) zu untersuchen (Preschl et al. 2012). Hauptfokus der Wirksamkeitsstudie ist die Depression, d.h., es wird untersucht, ob diese Form der Intervention wirksam ist im Sinne eines Rückgangs depressiver Symptome (gemessen mit dem Beck Depression Inventory, BDI-II; Beck et al. 1996).

Die Studienteilnehmer waren mindestens 65 Jahre alt und litten an leichter bis mittelschwerer Depression. Die Intervention erstreckte sich über einen Zeitraum von sechs Wochen und fand einmal wöchentlich in ambulant durchgeführten Therapiestunden statt. Beides, sowohl die therapeutischen Gespräche als auch die anschließenden Computerübungen, erfolgten im Einzelsetting face-to-face in ca. 75- bis 90-minütigen Treffen. Erste Ergebnisse zeigen, dass die depressive Symptomatik der Klienten des Butler-Therapieprogramms im Vergleich zur Kontrollgruppe deutlich zurückgegangen ist und dass diese Wirkung über drei Monate nach Behandlungsende anhielt (Preschl et al. 2012).

Literatur

Alcaniz, M., Botella, C., Banos, R., Perpina, C., Rey, B., Lozano, J. A., et al. (2003). Internet-based telehealth system for the treatment of agoraphobia. *Cyberpsychology & Behavior, 6*, 355–358.

Alm, N., Astell, A., Gowans, G., Dye, R., Ellis, M., Vaughan, P., et al. (2009). Engaging multimedia leisure for people with dementia. *Gerontechnology, 8*, 236–246.

Banos, R. M., Botella, C., Alcaniz, M., Liano, V., Guerrero, B., & Rey, B. (2004). Immersion and emotion: their impact on the sense of presence. *CyberPsychology & Behavior, 7*, 734–741.

Banos, R. M., Botella, C., Guerrero, B., Liano, V., Alcaniz, M., & Rey, B. (2005). The third pole of the sense of presence: Comparing virtual and imagery spaces. *PsychNology Journal, 3*, 90–100.

Barak, A., Hen, L., Boniel-Nissim, M., & Shapira, N. A. (2008). A comprehensive review and a meta-analysis of the effectiveness of internet-based psychotherapeutic interventions. *Journal of Technology in Human Services, 26*, 109–160.

Barak, A., Klein, B., & Proudfoot, J. G. (2009). Defining internet-supported therapeutic interventions. *Annals of Behavioral Medicine, 38*, 4–17.

Beck, A. T., Steer, R. A., & Brown, G. K. (1996). *Manual for the Beck Depression Inventory-II*. San Antonio: TX: Psychological Corporation.

Botella, C., Etchemendy, E., Castilla, D., Banos, R. M., Garcia-Palacios, A., Quero, S., et al. (2009). An e-health system for the elderly (Butler Project): a pilot study on acceptance and satisfaction. *CyberPsychology & Behavior, 12*, 255–262.

Gauggel, S., & Birkner, B. (1998). Diagnostik depressiver Störungen bei älteren Menschen: Eine Übersicht über die Entwicklung und Evaluation der Geriatric Depression Scale (GDS). *Zeitschrift für Gerontopsychologie und -psychiatrie, 11*, 159–171.

Haight, B. K., & Haight, B. S. (2007). *The handbook of structured life review*. Baltimore: Health Professional Press, Inc.

Knaevelsrud, C., Böttche, M., & Kuwert, P. (2009). *Mental health support for silversurfer: ITT – a treatment approach for traumatized children of WWII*. Paper presented at the First International E-Mental Health Summit 2009, Amsterdam.

Knaevelsrud, C., Böttche, M., & Kuwert, P. (2010). *Internetgestütztes biographisches Schreiben für kriegstraumatisierte Ältere: Eine randomisiert-kontrollierte Studie*. Paper presented at the 28. Symposium der Fachgruppe Klinische Psychologie und Psychotherapie der DGP, Mainz.

Laux, L., Glanzmann, P., Schaffner, P., & Spielberger, C. D. (1981). *Das State-Trait-Angstinventar*. Weinheim: Beltz Test.

Maercker, A. (2002). Life-review technique in the treatment of PTSD in elderly patients: rationale and three single case studies. *Journal of Clinical Geropsychology, 8*, 239–249.

Preschl, B., Wagner, B., Forstmeier, S., & Maercker, A. (2010). *Depressionsbehandlung für ältere Menschen mit ergänzendem Einsatz spezifischer Computermodule*. Paper presented at the 28. Symposium der Fachgruppe Klinische Psychologie und Psychotherapie der DGP, Mainz.

Preschl, B., Wagner, B., Forstmeier, S., & Maercker, A. (2011). E-health interventions for depression, anxiety disorders, dementia and other disorders in older adults: A review. *Journal of CyberTherapy & Rehabilitation 4(3)*, 371–385.

Preschl, B., Maercker, A., Wagner, B., Forstmeier, S., Banos, R., Alcaniz, M., Castilla, D., & Botella, C. (2012). Life-review intervention with computer supplements for depression in the elderly: A randomized controlled trial (submitted for publication).

Pugnetti, L., Meehan, M., & Mendozzi, L. (2001). Psychophysiological correlates of virtual reality: A review. *Presence-Teleoperators and Virtual Environments, 10*, 384–400.

Riva, G., Mantovani, F., Capideville, C. S., Preziosa, A., Morganti, F., Villani, D., et al. (2007). Affective interactions using virtual reality: The link between presence and emotions. *CyberPsychology & Behavior, 10*, 45–54.

Serrano, J. P., Latorre, J. M., Gratz, M., & Montanes, J. (2004). Life review therapy using autobiographical retrieval practice for older adults with depressive symptomatology. *Psychology & Aging, 19*, 270–277.

Smith, K. L., Crete-Nishihata, M., Damianakis, T., Baecker, R. M., & Marziali, E. (2009). Multimedia biographies: A reminiscence and social stimulus tool for persons with cognitive impairment. *Journal of Technology in Human Services, 27*, 287–306.

Steen, M. Van Den, Brinkman, W. P., Vermetten, E., & Neerincx, M. (2010). Multi-modal memory restructuring for patients suffering from combat-related PTSD: a pilot study. *Studies in Health Technology & Informatics, 154*, 208–213.

Troy, D. (2006). Using the internet to record a life story. *Activities, Adaption & Aging, 30(1)*.

Urben, M., & Maercker, A. (2011). Psychotherapie über das Internet – wie geht das? *Ars Medici, 24*, 1034–1037.

Wagner, B., & Maercker, A. (in Vorb.). Online vs. face-to-face cognitive-behavioural therapy for depression: A randomized controlled trial.

Winthorpe, C., & Rabbit, P. A. (1988). *Working memory capacity, IQ, age, and the ability to recount autobiographical events*. Chichester: Wiley.

Lebensrückblick für ältere Erwachsene: Ein gruppentherapeutischer Ansatz

Anne Margriet Pot und Iris van Asch

10.1 Erinnerungsarbeit und Lebensrückblick in der Gruppe – 172

10.2 Überblick über das Gruppenprogramm »Auf der Suche nach Sinn« – 173

10.3 Beschreibung der Sitzungen – 174
10.3.1 »Mein Name« – 175
10.3.2 »Gerüche aus der Vergangenheit« – 175
10.3.3 »Häuser, in denen ich gelebt habe« – 176
10.3.4 »Meine Ressourcen erkennen« – 176
10.3.5 »Hände« – 177
10.3.6 »Fotos« – 178
10.3.7 »Freundschaft« – 178
10.3.8 »Ausgleichen positiver und negativer Gedanken und Gefühle« – 179
10.3.9 »Wendepunkte« – 179
10.3.10 »Wünsche und Sehnsüchte« – 180
10.3.11 »Die Zukunft in mir« – 180
10.3.12 »Identität« – 180

10.4 Effektivität des Interventionsprogramms »Auf der Suche nach Sinn« – 181
10.4.1 Effektivität der Originalversion für ältere Erwachsene ab 55 Jahren – 181
10.4.2 Effektivität der adaptierten Version für ältere Erwachsene in Wohn- und Pflegeheimen – 182
10.4.3 Effektivität der adaptierten Version für ältere Erwachsene mit chronischen psychischen Leiden – 183

10.5 Schlussfolgerung – 184

10.6 Anhang: Gedicht »Alte Hände« (»Oude handen«) – 185

Literatur – 185

Erinnerungsarbeit und Lebensrückblickstherapie sind inzwischen eine feste Größe in der Interventionslandschaft für die Zielpopulation der psychisch belasteten älteren Erwachsenen. Die empirischen Überprüfungen der Effektivität (s. auch ▶ Kap. 3 u. Bohlmeijer et al. 2007) und die Beschreibung der therapeutischen Vorgehensweise fokussieren in den meisten Fällen jedoch auf die Durchführung der Intervention im Einzelsetting. Das vorliegende Kapitel ist ein Versuch, die spezifischen Vorteile der Erinnerungsarbeit und des Lebensrückblicks im gruppentherapeutischen Setting hervorzuheben. Dabei soll erstens anhand eines ausgewählten Therapiemanuals erläutert werden, wie die konkrete therapeutische Vorgehensweise aussehen kann, und zweitens der aktuelle Stand der empirischen Überprüfung dieses Behandlungsansatzes zusammengefasst werden.

10.1 Erinnerungsarbeit und Lebensrückblick in der Gruppe

Die Tradition der Erinnerungsarbeit im Gruppensetting ist älter als die der Erinnerungsarbeit im Einzelsetting. Erste unstrukturierte Gruppeninterventionen hatten zum Ziel, dass ältere Menschen Erinnerungen aktivieren und austauschen (z.B. Perrotta u. Meacham 1981). Später wurden auch strukturierte Varianten der Erinnerungsarbeit eingesetzt. Die Teilnehmer sollten befähigt werden, das eigene Leben systematisch neu zu bewerten, Konflikte zu lösen und Ressourcen wiederzuentdecken. Dieses strukturierte Vorgehen wurde sowohl im Gruppen- als auch im Einzelsetting eingesetzt (z.B. Haight 1988).

Ca. zwei Drittel der Studien, die in die in ▶ Kap. 3 berichtete Metaanalyse eingegangen sind, beziehen sich auf Erinnerungsarbeit oder Lebensrückblicksinterventionen in kleinen Gruppen. Dies allein macht deutlich, dass das Gruppensetting auch heute noch einen hohen Stellenwert bei Lebensrückblicksinterventionen einnimmt. Vertreter der strukturierten Variante nehmen an, dass das Einzelsetting die psychische Gesundheit besser fördert, weil Patienten im Gruppensetting weniger bereit seien, über schmerzhafte Lebensereignisse und ungelöste biografische Konflikte zu sprechen (z.B. Haight u. Haight 2007). Anderseits bietet das Gruppensetting auch Vorteile. So sind Gruppen besonders gut geeignet, um soziale Beziehungen zu fördern, weil Interaktionen zwischen Gruppenmitgliedern möglich sind. Solche Interaktionen, die Feedback zu Erzähltem geben können, bieten neben der Introspektion einen weiteren Zugangsweg zu einem Verstehen des eigenen Erlebens und Verhaltens. Zudem können Gruppen ökonomisch sinnvoll sein und Behandlungskosten sparen.

Wie in ▶ Kap. 3 beschrieben, unterschieden sich die Effektstärken hinsichtlich Depressivität und Wohlbefinden nicht signifikant zwischen beiden Bedingungen, wenn auch die Effektstärke im Einzelsetting etwas größer ist. Aus der Praxis sind Lebensrückblicksgruppen sowohl für depressive oder demente Patienten (▶ Kap. 6 u. 8) als auch für Kinder und Jugendliche (▶ Kap. 2 u. 5) nicht mehr wegzudenken.

Basierend auf dem Reminiszenzmodell von Cappeliez et al. (2005; s. auch ▶ Kap. 1) wurde im Jahr 2003 ein niederländisches Lebensrückblicksprogramm zur Anwendung im Gruppensetting entwickelt. In diesem Interventionsansatz werden zwei empirisch gestützte Strategien verfolgt: Erstens hat es sich als gewinnbringend erwiesen, andere Behandlungsansätze in Lebensrückblickstherapien zu integrieren (Bohlmeijer et al. 2005, 2007; Watt u. Cappeliez 2000). Aus diesem Grund kombiniert das Programm »Auf der Suche nach Sinn« klassische Lebensrückblicksinterventionen mit kreativen Elementen aus der Kunsttherapie. Zweitens legt das Gruppenprogramm das Hauptaugenmerk auf die Aktivierung *positiver* Erinnerungen (Serrano et al. 2004), weil es aufgrund vorliegender Forschung als gesichert gelten darf, dass es depressiven Personen schwerfällt, auf diese Gedächtnisinhalte zuzugreifen (Kuyken u. Brewin 1995; Williams u. Scott 1988).

Ursprünglich wurde das hier vorgestellte Gruppenprogramm für ältere Erwachsene entwickelt, die keine Pflege- oder Gesundheitsdienste in Anspruch nehmen (Franssen u. Bohlmeijer 2003). Mittlerweile gibt es jedoch zwei an bestimmte Zielgruppen angepasste Versionen des Therapiemanuals: eine für ältere Erwachsene, die in Wohn- oder Pflegeheimen wohnen (van Asch et al. 2011b), und eine zweite Version für ältere Erwachsene mit chronischen psychischen Störungen (Willemse et al. 2009).

Das Ziel des Kurses für Personen in Langzeitpflegeeinrichtungen oder Wohnheimen ist – wie in der ursprünglichen Version – die Verringerung der Depressivität der Teilnehmer. Veränderungsfokus der Manualversion für Personen mit chronischen psychischen Leiden ist eher die Verbesserung der allgemeinen Lebensqualität als die Verringerung der depressiven Symptomatik. Die Interventionen für diese Patientengruppe sollen die Teilnehmer befähigen, ihre Aufmerksamkeit auf Aspekte ihres Lebens zu richten, die nicht durch ihre Krankheit bestimmt sind. Diese besonders schwer betroffenen Personen leiden häufig in einem äußerst hohen Maße unter den altersbedingten Veränderungen und starken somatischen Einschränkungen (Depla et al. 2005). Eine Erklärung hierfür könnte der Umstand sein, dass ihre Lebensgeschichten von multiplen negativen Ereignissen gekennzeichnet sind, weshalb sie mit Verbitterung auf die Vergangenheit zurückblicken. Deswegen scheint ein Lebensrückblick gerade mit diesen Personen sehr sinnvoll, um ihnen einen Weg aufzuzeigen, Kohärenz und Bedeutung in ihrer eigenen Biografie wiederzufinden (Cohler u. Beehler 1996). So bestehen die zentralen Ziele von Erinnerungsarbeit – unabhängig von der spezifischen Zielgruppe – in der Aussöhnung mit der eigenen Geschichte und im Erleben von Sinnhaftigkeit im eigenen Werdegang (Butler 1963; Watt u. Cappeliez 2000; Wong 1995).

10.2 Überblick über das Gruppenprogramm »Auf der Suche nach Sinn«

Das gruppentherapeutische Programm »Auf der Suche nach Sinn« stellt eine Integration von Lebensrückblickstherapie und Erinnerungsarbeit dar. Das Behandlungsrational beruht auf der Annahme, dass die Art, wie ältere Menschen ihr Leben Revue passieren lassen – ihr sog. Erinnerungsstil – sich darauf auswirkt, wie gut sie eine depressive Symptomatik bewältigen können, und dass sich dieser Erinnerungsstil mithilfe von gezielten psychotherapeutischen Interventionen nachhaltig verändern lässt (Franssen u. Bohlmeijer 2003). Die Interventionen und die Struktur des Gruppenprogramms fördern gezielt die Suche nach positiven autobiografischen Erinnerungen und nach Ressourcen aktivierenden, vermeintlich vergessenen Details der eigenen Lebensgeschichte. Unter der Prämisse, dass jeder Mensch grundsätzlich auf seine positiven Erinnerungen zugreifen kann, gehen wir davon aus, dass die Aktivierung derselben – ohne negative Erinnerungen auszublenden – das Selbstbewusstsein stärkt und der Grundstein ist für ein ausgeglichenes und positives Befinden.

Das Therapieprogramm folgt einer klaren Struktur: Der erste Teil fokussiert in erster Linie auf die Suche nach Erinnerungen, die für die eigene Lebensgeschichte von Bedeutung sind. Im weiteren Verlauf der Gruppensitzungen verschiebt sich der inhaltliche Fokus graduell in Richtung Gegenwart und Zukunft. Roter Faden des gesamten Therapieprogramms sind die in jeder Sitzung ständig alternierenden Kernelemente Erinnerung, Dialog und kreativer Ausdruck. In den einzelnen Sitzungen werden jeweils unterschiedliche Themen vertieft (vgl. den Überblick im ▶ Kasten), wobei der Therapeutin (nachfolgend wird alternierend generisches Femininum und generisches Maskulinum verwendet) die wichtige Rolle zufällt, die Sitzungen gut zu strukturieren und somit durch die prozessuale Befriedigung der Kontroll- und Sicherheitsbedürfnisse der einzelnen Teilnehmer optimale Voraussetzungen dafür zu schaffen, dass diese sich öffnen und bestmöglich von den Interventionen profitieren können. Des Weiteren ist es beim Fokussieren bestimmter autobiografischer Passagen eine zentrale therapeutische Aufgabe, ein wertschätzendes Reframing vorzunehmen. Ein Lebensrückblick birgt zwar einerseits eine große Chance zur Verbesserung der Lebensqualität, ist aber andererseits unserer Erfahrung nach für viele Betroffene, die in der zweiten Hälfte ihres Lebens stehen, auch ein potenziell bedrohliches Unterfangen, da sie sich mit der Tatsache konfrontiert sehen, dass viele Entscheidungen unumkehrbar sind. Hier sollte die Therapeutin bzw. der Therapeut die Gruppenteilnehmer darin bestärken, dass sie unter den gegebenen Umständen die beste Entscheidung getroffen haben.

> **Das Gruppenprogramm »Auf der Suche nach Sinn«: Die Themen der zwölf Sitzungen**
> 1. Mein Name
> 2. Gerüche aus der Vergangenheit
> 3. Häuser, in denen ich gelebt habe
> 4. Meine Ressourcen erkennen
> 5. Hände
> 6. Fotos
> 7. Freundschaft
> 8. Ausgleichen positiver und negativer Gedanken und Gefühle
> 9. Wendepunkte
> 10. Wünsche und Sehnsüchte
> 11. Die Zukunft in mir
> 12. Identität

Sensorische Übungen nehmen im Therapieprogramm eine zentrale Stellung ein, da Bilder, Fotos, Geruchs- und Geschmackseindrücke sich in besonderer Weise dazu eignen, Erinnerungen zum Leben zu erwecken. Nicht selten fühlen sich die Beteiligten dabei leibhaftig in eine bestimmte Phase oder an einen bestimmten bedeutungsvollen Ort ihres Lebens zurückversetzt. So plastische Aussagen wie »Ich habe sogar das Rauschen des Wassers gehört«, »Ich habe mich selbst durch die Zimmer des Hauses gehen sehen« oder »Ich habe ganz deutlich die Atmosphäre dieser Zeit damals gespürt« sind sehr typisch. Neben der Verbalisierung kommt als einer weiteren Form des Ausdrucks von Erinnerungen der kreativen Auseinandersetzung mit dem Thema eine gleichberechtigte Bedeutung zu. Dabei werden die Teilnehmer dazu angeregt, ihre Erinnerungen in Form von Collagen, Bildern oder Zeichnungen auszudrücken. Als besonders wertvoll hat es sich dabei erwiesen, diesen Prozess nicht als Reproduktion von Fakten anzusehen, sondern als Rekonstruktion subjektiver Bedeutungen (Bluck u. Levine 1998). Dabei bieten bildhafte Darstellungen, nicht zuletzt durch die vielen metaphorischen Bezüge, häufig einen sehr emotionalen und individuellen Zugang zu autobiografischen Erinnerungen.

Den Bedürfnissen von älteren Menschen mit psychischen Störungen und Menschen in Langzeitpflegeeinrichtungen wurde insofern Rechnung getragen, als dass – im Vergleich zum ursprünglichen Manual – die Länge der Sitzungen reduziert, die Anzahl der Teilnehmer pro Gruppe verringert und einige Aufgaben vereinfacht wurden. Des Weiteren wurde das Erarbeiten von Inhalten in individuellen Kleingruppen und das Durchführen von Hausaufgaben als nicht praktikabel erachtet. Stattdessen enthält die adaptierte Version des Manuals eine Anleitung für Therapeutinnen bezüglich Rekrutierung und Motivation der oben erwähnten Zielgruppen sowie zum Umgang mit spezifischen zielgruppenrelevanten Problemen, beispielsweise zur Anpassung der Übungen an körperliche Erkrankungen.

Die Gruppen bestehen üblicherweise aus acht Teilnehmern und werden von zwei Therapeuten geleitet; im Idealfall von einer Psychotherapeutin und einem Kunsttherapeuten, die beide eine insgesamt dreitägige Schulung zur Durchführung der Gruppentherapie erhalten haben. Die Therapeuten sollten beide während aller Sitzungen anwesend sein, wobei die Aufgaben so verteilt werden sollten, dass die Psychotherapeutin schwerpunktmäßig verbale Interventionen durchführt und der Kunsttherapeut die kreativen Aufgaben anleitet.

10.3 Beschreibung der Sitzungen

Die zwölf Sitzungen sind alle ähnlich strukturiert und enthalten Elemente des sensorischen Erinnerns, des verbalen Erfahrungsaustauschs und des kreativen Arbeitens. Jede Sitzung fokussiert auf einen bestimmten lebensgeschichtlich relevanten Aspekt, und es werden explizit Verknüpfungen zwischen vergangenen Erfahrungen und der Gegenwart hergestellt (▶ Kasten). Die Teilnehmer werden z.B. durch Tipps zur vertiefenden Lektüre zur Reflexion und Vertiefung des Bearbeiteten angeregt. Gedichte werden vorgelesen, die eine Beziehung zum Thema haben (z.B. das Gedicht »Alte Hände« im Anhang, ▶ Abschn. 10.6). Aufgrund der Erfahrungen aus der Pilotstudie (Bohlmeijer et al. 2005) wurden drei Sitzungen des ursprünglichen Manuals modifiziert oder ersetzt, weil sie gemäß den Rückmeldungen der Teilnehmer zu wenig Möglichkeit zum verbalen Austausch boten. Als zusätzliches Element wurden auf Anregung der Teilnehmer Problemlösestrategien in das Programm integriert. Diese werden in der vierten, achten und zwölften Sitzung trainiert.

Dabei soll das Zurückerinnern mit allen fünf Sinnen die Teilnehmer dazu anregen, möglichst lebhafte und emotional bedeutsame Erinnerungen zu produzieren; die kreativen Elemente sollen eine den verbalen Arbeitsmodus ergänzende Ausdrucksform sein.

Um die Kursinhalte zu illustrieren, wird nachfolgend das konkrete Vorgehen für alle Sitzungen kurz beschrieben. Für detailliertere Angaben zur Durchführung verweisen wir auf die drei Versionen des Manuals, die auf Niederländisch vorliegen: die Originalversion von Franssen u. Bohlmeijer (2003), die Version für ältere Erwachsene mit chronischen psychischen Beschwerden (Raaijmakers et al. 2007) und die Version für Menschen in Langzeitpflegeeinrichtungen (van Asch et al. 2011b).

10.3.1 »Mein Name«

Die erste Sitzung fokussiert auf den Namen jedes Teilnehmers als den symbolischen Ausgangspunkt seiner individuellen Lebensgeschichte. Dabei wird sowohl auf die Bedeutung als auch auf die Generationen überspannende Geschichte des Namens eingegangen. So lernen die Teilnehmer der Gruppe einander kennen und stellen Verbindungen zwischen ihrem Namen und ihrer Identität her. Dabei werden Leitfragen wie »Was sagt der Name einer Person über diese Person aus?« reflektiert. Zusätzlich werden in der ersten Sitzung die Gruppenregeln in Form von Dos und Don'ts besprochen.

In einer ersten Übung werden die Teilnehmer gebeten, Assoziationen zu ihrem eigenen Namen in ungeordneter Reihenfolge schriftlich festzuhalten. Der Therapeut kann hierbei Anregungen geben, indem er beispielsweise fragt, ob sich die Teilnehmer der Bedeutung ihres Namens bewusst sind, ob sie wissen, nach wem sie benannt sind, ob sie mit ihrem Namen zufrieden sind und ob ihr Name eine individuelle Geschichte hat (z.B. Änderungen, Spitznamen). Bücher mit Namensbedeutungen liegen zum Nachschlagen auf dem Tisch in der Mitte.

Im nächsten Schritt stellen sich die Teilnehmer der Gruppe vor, indem sie erzählen, was sie über ihren Namen wissen, und die positivsten Assoziationen zu ihrem Namen mit den anderen teilen. Zusätzlich berichtet jeder über seine persönliche Motivation zur Teilnahme an der Gruppe. Als Hausaufgabe lesen die Teilnehmer einen Text aus dem Patientenmanual, der vertiefend auf die Themen Namensgeschichte und Namensbedeutung eingeht. Nachfolgend ein kurzes Zitat aus diesem Text:

> » Vornamen sind wichtig und vielleicht die persönlichsten Geschenke, die Eltern ihren Kindern machen können. Unser Name markiert den Ausgangspunkt unseres Lebens. Die wenigsten Leute sind der Ansicht, ihr Name habe keine Bedeutung. Durch den Vornamen unterscheiden wir uns von anderen (Franssen u. Bohlmeijer 2003, S. 64). «

Die Teilnehmer werden gebeten, alle neuen Einsichten, Ideen oder Assoziationen, die für sie in Verbindung mit ihrem Namen von Bedeutung sind, zu notieren.

10.3.2 »Gerüche aus der Vergangenheit«

Die zweite Sitzung hat zum Ziel, mittels Gerüchen frühe lebensgeschichtliche Erinnerungen wachzurufen. In einem ersten Schritt beschreiben die Teilnehmerinnen eine Erinnerung aus ihrer Kindheit. In einem psychoedukativen Exkurs erklärt die Therapeutin, wie sich episodische Gedächtnisinhalte meist rekonstruieren lassen: Zunächst erinnern wir uns an einzelne Bilder. Wenn wir diese Bilder miteinander verknüpfen, ergibt sich eine bewegte Szene, und schließlich setzt sich vor unserem inneren Auge ein ganzer Film zusammen. Um eigene frühe Erinnerungen zu generieren, zitiert die Therapeutin einige Kindheitserinnerungen aus der Literatur. Im nächsten Schritt versuchen die Teilnehmerinnen, sich an ihre frühesten Erinnerungen heranzutasten. Nachdem sie sie niedergeschrieben haben, tauschen sie sich in Kleingruppen darüber aus. Anschließend wird die »Geruchsübung« durchgeführt: Auf dem Tisch in der Mitte stehen zehn blickdichte Behälter, die beim Öffnen jeweils einen individuellen Geruch verströmen: Kaffee, Zimt, Seife, Waschmittel aus der Zeit, als die Teilnehmerinnen jung waren, Essig, Shampoo, Parfum, Alkohol usw. Die Therapeutin liest eine kurze Einführung vor:

> Sich an etwas zu erinnern ist nicht immer ein bewusster Prozess. Häufig kommen Erinnerungen ganz ungefragt; ein Ort, eine Stimme, ein Geruch, ein Name. All diese Dinge können Erinnerungen sehr lebendig machen … Häufig werden Erinnerungen durch bestimmte Schlüsselreize ausgelöst: ein Bild, ein Geruch, ein Geräusch. Ich lade Sie ein, Ihren Geruchssinn zu benutzen, um in die Tiefen der Vergangenheit einzutauchen und einen Schatz der Erinnerung zu bergen (Franssen u. Bohlmeijer 2003, S. 72). «

Daraufhin riechen die Teilnehmerinnen nacheinander an den nummerierten Behältern und versuchen die Gerüche zu benennen und ihre Assoziationen dazu schriftlich festzuhalten. Sie werden gebeten, mindestens drei Dinge zu jedem Geruch aufzuschreiben.

Im nächsten Schritt werden die Assoziationen wiederum in Kleingruppen miteinander geteilt. Die Therapeutin erläutert anhand des Patientinnenmanuals:

> Clustering ist eine Methode, Dinge in mehreren Teilschritten zu Papier zu bringen: Der Prozess beginnt mit einer Assoziationsphase. Hierbei werden Wörter, Sätze oder Erinnerungsfragmente unstrukturiert gesammelt. Nachdem Sie eine Reihe von Assoziationen zu dem Geruch niedergeschrieben haben, wählen Sie bitte eine Erinnerung aus, über die Sie gerne schreiben würden. Manche der erinnerten Wörter und Sätze kommen in Ihrem Text vielleicht wieder vor, manche nicht (Franssen u. Bohlmeijer 2003, S. 76). «

Die Therapeutinnen sind den Teilnehmerinnen behilflich, indem sie Leitfragen formulieren wie »Mögen Sie diesen Geruch? An was erinnert Sie der Geruch? Welche Bilder entstehen vor Ihrem inneren Auge, wenn Sie darüber nachdenken?« Wenn das Cluster fertig ist, schreiben die Teilnehmerinnen eine kurze Episode zu diesem spezifischen Geruch in Form einer Kurzgeschichte. Zum Abschluss der Sitzung werden die einzelnen Geschichten vorgelesen. Als Hausaufgabe schreiben die Teilnehmerinnen eine neue Geschichte nach dem gleichen Muster über einen anderen Geruch.

10.3.3 »Häuser, in denen ich gelebt habe«

Die dritte Sitzung legt das Hauptaugenmerk auf die Häuser, in denen die Gruppenteilnehmer im Laufe ihres Lebens gewohnt und gelebt haben. Nachdem jeder Teilnehmer zunächst eine Liste mit allen Wohnorten seiner Vergangenheit angefertigt hat, wählt er eine Adresse aus, und der Therapeut leitet eine Imaginationsübung an:

> Schließen Sie die Augen, und versuchen Sie sich vorzustellen, wo genau das Haus, an das Sie denken, steht. Ist es ein Stadt- oder ein Landhaus? Wie sieht die Umgebung des Hauses aus? Gibt es dort Bäume, Läden, Wiesen, Plätze? Schlendern Sie langsam durch die Umgebung, und nehmen Sie sich Zeit, alles genau anzuschauen. Was kommt Ihnen besonders bekannt vor? Jetzt gehen Sie langsam auf das Haus zu (Franssen u. Bohlmeijer 2003, S. 88). «

Nach dieser Übung werden alle dazu aufgefordert, das Haus – oder zumindest einen Teil davon – zu zeichnen, die Zeichnungen wiederum in Kleingruppen zu besprechen und eine mit dem Haus verbundene erinnerte Episode mit den anderen zu teilen. Im Plenum leiten die Therapeuten anschließend eine ergebnisoffene Diskussion über die persönliche Bedeutung von Wohnorten und Häusern an und schließen, indem sie wiederum einige literarische Beispiele dafür zitieren, wie bewohnte Häuser erinnert werden können.

10.3.4 »Meine Ressourcen erkennen«

Die vierte Sitzung soll persönliche Ressourcen aktivieren und Problemlösestrategien vermitteln. Dabei werden wichtige aktuelle Ziele und Werte der Teilnehmerinnen eruiert und explizit gemacht. Der thematische Einstieg erfolgt über die Frage der Therapeutin, ob es im Leben der Teilnehmerinnen

positive Aktivitäten gibt, denen sie weiterhin nachgehen möchten, und welche positiven Aktivitäten innerhalb der letzten Woche durchgeführt wurden (von mindestens dreien soll berichtet werden). Die Therapeutinnen orientieren ihre Fragetechnik dabei an der EAR-Methode:
- **E**licit (Auslösen): Lösen Sie eine Reaktion aus.
- **A**mplify (Intensivieren): Intensivieren Sie den positiven Gehalt für die Gesprächspartnerin, indem Sie nach Details fragen (wer, wie, was, wo?).
- **R**einforce (Verstärken): Verstärken Sie die persönliche Bedeutung des Gesagten, indem Sie der Gesprächspartnerin ein Kompliment dazu machen.

Im nächsten Schritt hat jede Teilnehmerin ca. 10 Minuten Zeit, um sich der folgenden Aufgabenstellung zu widmen: »Denken Sie an eine Zeit in Ihrem Leben, die wirklich schwierig für Sie war. Versuchen Sie die folgenden Fragen für sich zu beantworten:
- Was hat mir damals geholfen, mit dieser Situation umzugehen?
- Wenn jemand Ihren Partner/Ihre Partnerin oder Ihren besten Freund/Ihre beste Freundin fragen würde, was Sie damals selbst dazu beigetragen haben, wieder auf die Füße zu kommen, was würden diese Personen dann antworten?
- Welche der hilfreichen Strategien oder Fertigkeiten, die Sie damals angewendet haben, können Sie jetzt in Ihrer aktuellen Situation nutzen?«

Die Ergebnisse der Übung werden kurz im Plenum diskutiert.

Als Nächstes wird eine kurze »Grübelstopp-Übung« durchgeführt, die zum Ziel hat, den Teilnehmerinnen Strategien im Umgang mit sich verselbstständigenden Grübeleien über die Vergangenheit oder Gegenwart beizubringen. Nach dem Durchführen der Übung in der Gruppe wird sie erneut in Paaren eingeübt.

Den Abschluss der Sitzung bildet die »Drei-Fragen-Übung«, die das komplette Annäherungssystem der Teilnehmerinnen aktivieren und stärken soll: »Denken Sie an die folgenden drei Fragen:

- Was habe ich gestern getan, das mich zufrieden gemacht hat?
- Hat gestern jemand anderes etwas getan, das ein gutes Gefühl in mir ausgelöst hat, und wie habe ich darauf reagiert?
- Gab es gestern irgendetwas anderes, das mir geholfen hat, mich wohl in meiner Haut zu fühlen?«

Die Antworten werden innerhalb der Gruppe ausgetauscht und diskutiert. Als Hausaufgabe soll täglich sowohl die »Grübelstopp-Übung« als auch die »Drei-Fragen-Übung« durchgeführt werden.

10.3.5 »Hände«

Zentrale Themen der Sitzung »Hände« sind der Beruf und andere Tätigkeiten im Leben der Teilnehmer. Hände fungieren dabei als Metapher für Arbeitsmühen, Pflege, Unterstützung, Hilfe, Strafe etc. Nach dem Besprechen der Hausaufgabe macht jeder mit Wasserfarbe einen Abdruck seiner beiden Hände auf zwei unterschiedliche Papierunterlagen. Zunächst schreiben die Teilnehmer nieder, was diese Hand in ihrem Leben schon alles getan und wozu sie ihnen gedient hat. Dabei stellt der Therapeut Impulsfragen wie:
- Was war Ihr Beruf?
- Was können Ihre Hände besonders gut?
- Welche Erinnerungen kommen Ihnen in den Sinn, wenn Sie an Ihren Beruf denken?

Anschließend werden die individuellen Assoziationen und Erinnerungen zu zweit diskutiert.

Im nächsten Schritt verteilen die Therapeuten Bilder von Händen, bei denen die Handfläche ausgespart ist. Sie erklären, was eine »Handtellergeschichte« ist: eine Geschichte, die so kurz, so prägnant und greifbar ist, dass sie auf ihren Handteller passt. Mithilfe der zuvor niedergeschriebenen Erinnerungen denkt sich jeder Teilnehmer eine »Handtellergeschichte« aus und schreibt einen zentralen Satz daraus auf die ausgesparte Handfläche auf dem Bild, das er vor sich hat. Um die Erinnerungen zusätzlich zu vertiefen, werden die Teilnehmer angeleitet, ein sog. Elfchen – ein kurzes Gedicht aus elf Wörtern, die sich nach bestimmten

Regeln auf fünf Zeilen verteilen – über ihre Hände zu schreiben. Die Sitzung schließt mit dem Vorlesen einiger in der Gruppe entstandener Gedichte und dem Austausch der individuellen Erfahrungen mit dem Gruppenprozess. Als Hausaufgabe sollen die Teilnehmer weitere Gedichte oder Kurzgeschichten, ähnlich denen, die sie in der Sitzung geschrieben haben, verfassen. Zusätzlich soll jeder zur nächsten Sitzung einige Fotos mitbringen, auf denen Menschen zu sehen sind, die für ihr Leben bedeutsam waren oder sind.

10.3.6 »Fotos«

In der sechsten Sitzung nutzen die Gruppenteilnehmerinnen ihre mitgebrachten Fotos, um sich an bestimmte Personen, die für ihr Leben bedeutsam waren, zurückzuerinnern. Zum Einstieg fragt die Therapeutin: »Wie haben Sie sich gefühlt, als Sie die Fotos für die heutige Sitzung auswählten? Was war Ihnen bei der Auswahl wichtig? War es einfach oder schwierig, eine Auswahl zu treffen?« In Kleingruppen werden die Fotos angeschaut und die Erfahrungen bei der Auswahl der Bilder ausgetauscht.

Die Therapeutinnen ermuntern die Teilnehmerinnen nun, ein Foto auszuwählen und sich näher damit zu beschäftigen, bitten sie aber gleichzeitig, bei der Auswahl zu bedenken, dass das Wachrufen von Erinnerungen an die abgebildete Person sehr konfrontativ und emotional verlaufen kann. Wenn jede ein Bild gewählt hat, schreiben die Teilnehmerinnen nach einer kurzen Erläuterung durch die Therapeutinnen drei Bildbeschreibungen zu ihrem Bild: Zunächst nehmen sie eine möglichst deskriptive Haltung ein und beschreiben die auf dem Foto zu sehenden Details möglichst neutral. In einem Zwischenschritt werden persönliche Gedanken, Assoziationen oder Erinnerungen zu dem Bild in Wort- oder Satzform niedergeschrieben. Dann versetzen sich die Teilnehmerinnen in die Perspektive einer unbeteiligten Dritten und versuchen, das Bild aus deren Sicht zu interpretieren und offene Fragen dazu zu formulieren. Anschließend stellen sie sich vor, eine Videokamera zu sein, und bewerten das Bild aus dieser sachlichen Perspektive heraus (was sieht, hört und denkt die Kamera?). Die Erfahrungen werden in Kleingruppen und abschließend im Plenum ausgetauscht. Als Hausaufgabe sollen die Teilnehmerinnen sich die Zeit nehmen, unter Zuhilfenahme ihrer Bildbeschreibungen ein Porträt der Person auf dem Foto zu zeichnen oder zu malen.

10.3.7 »Freundschaft«

Thema der siebten Sitzung sind Freundschaften und ihre Bedeutung für das Leben der Teilnehmer. Um unterschiedliche Perspektiven und Herangehensweisen an das Thema anzuregen, lesen die Therapeuten zu Beginn einige literarische Zitate aus dem Therapiemanual vor. In einer ersten Übung verschaffen sich die Teilnehmer einen Überblick über die Freundschaften in ihrem Leben, indem sie eine Liste mit allen Freunden anfertigen und zu jedem Namen notieren, in welcher Periode ihres Lebens diese Person besonders wichtig war und wie lange die Freundschaft gedauert hat beziehungsweise ob sie weiterhin Bestand hat. In Dreiergruppen tauschen sich die Teilnehmer anschließend über die Bedeutung ihrer Freundschaften aus und orientieren sich dabei an den folgenden Leitfragen der Therapeuten:
- Was haben Sie mit Ihren Freunden geteilt?
- Was haben Sie zusammen erlebt?
- Wie hat sich die Freundschaft über die Jahre verändert?
- Wie ist sie geendet?

Um die Erinnerung zu vertiefen, wählen die Teilnehmerinnen nun wieder eine Freundin oder einen Freund aus und schreiben in Einzelarbeit auf, welche Eigenschaften dieser Person sie besonders bemerkenswert finden, welche Erlebnisse sie miteinander geteilt haben oder was sie dieser Person immer schon einmal sagen wollten.

Die nächste Vertiefung des Themas besteht in der Anfertigung eines Porträts der ausgewählten Person oder einer Collage, die spezielle Aspekte dieser Freundschaft aufgreift. Die kreativen Produkte werden anschließend miteinander besprochen. Als Hausaufgabe wird die Collage bzw. das Porträt fertiggestellt.

10.3.8 »Ausgleichen positiver und negativer Gedanken und Gefühle«

Nachdem die Hausaufgabe besprochen ist, wird das zentrale Thema der achten Sitzung eingeführt: persönliche Ressourcen wahrnehmen, indem ein ausgeglichenes Verhältnis positiver und negativer Gedanken und Gefühle angestrebt wird. Die Therapeutinnen geben eine entsprechende Anleitung aus dem Manual:

» Stellen Sie sich vor, Ihr Kind, Ihr Enkelkind oder Ihre gute Freundin/Ihr guter Freund wird von einem Verlag gebeten, seine bzw. ihre positiven Lebenserfahrungen in Form von persönlichen Memoiren aufzuschreiben. Diese Person möchte natürlich auch etwas über Sie schreiben. Über Sie in der Rolle der Mutter/des Vaters, des Großelternteils, des Freundes oder der Freundin und über die spezielle Beziehung, die Sie beide zueinander hatten. Wenn Sie sich wünschen dürften, worüber diese Person, die Sie gut kennt, schreibt, wie sähe Ihr Wunsch aus? Welche positiven Aspekte Ihrer Person könnten in diesen Memoiren in dem Kapitel über Sie stehen? Wie möchten Sie von dieser Person erinnert werden? (Franssen u. Bohlmeijer 2003, S. 131). «

Nach 10 Minuten werden die schriftlich festgehaltenen Antworten auf diese Fragen ausgetauscht und diskutiert.
    In einem nächsten Schritt wird reihum jeder Teilnehmerin von den anderen ein Kompliment gemacht, das die Therapeutin auf ein Flipchart schreibt. Direkt im Anschluss wird die aktuelle Befindlichkeit der Teilnehmerinnen mit einem Rating von 0 bis 10 erfragt, um den Einfluss der Ressourcenaktivierung unmittelbar spürbar zu machen. Zum Schluss regt die Therapeutin die Gruppe dazu an, die folgenden Fragen zum Wohlbefinden miteinander zu diskutieren (Franssen u. Bohlmeijer 2003, S. 131):

— Was unterscheidet Ihr Rating von einem Nullrating?
— Was hat zu Ihrem Wohlbefinden positiv beigetragen?
— Was haben Sie selbst dazu beigetragen, dieses Wohlbefinden zu erreichen?

10.3.9 »Wendepunkte«

In der neunten Sitzung, die das Thema »Wendepunkte« hat, fokussieren die Teilnehmer die Momente ihres Lebens, in denen sie wichtige Entscheidungen getroffen haben oder sie mit einschneidenden Veränderungen zurechtkommen mussten. Nachdem über die vorherige Sitzung reflektiert wurde, führen die Therapeuten in das Thema ein:

» Jeder kann die persönlichen Wendepunkte in seinem Leben ausmachen. Wenn wir auf unser Leben zurückschauen, stechen besondere Momente hervor, die große Veränderungen eingeleitet haben. Manche fühlen sich an wie Meilensteine oder Etappenziele, so wie der Schulabschluss oder ein Umzug. Für andere passt vielleicht eher das Bild einer Weggabelung, an der man stand und eine wichtige Entscheidung getroffen hat. Im Rückblick gehen uns vielleicht Gedanken durch den Kopf wie: Was wäre wohl passiert, wenn ich mich anders entschieden hätte? Diese Wendepunkte können mit einem Mal das ganze Leben verändern, wie z.B. die Geburt eines Kindes oder der Verlust eines geliebten Menschen, sie können aber auch auf ganz leisen Sohlen daherkommen, und ihr Einfluss kann sich erst allmählich bemerkbar machen, wie z.B. bei einem Buch, das einem viel bedeutet hat, oder dem ersten selbst verdienten Geld (Franssen u. Bohlmeijer 2003, S. 133). «

Die Teilnehmer visualisieren ihren Lebensweg anhand einer Zeitleiste, auf der sie die wichtigen Wendepunkte in ihrem Leben einzeichnen (► Kap. 11). In Kleingruppen tauschen sie sich über ihre persönlichen Weggabelungen und Meilensteine aus, wobei die Therapeuten dazu auffordern, das Hauptaugenmerk auf positive Veränderungen zu legen. Solch ein positiver Wendepunkt wird im nächsten Schritt ausgewählt, und die Teilnehmer versuchen in einer angeleiteten Imaginationsübung, die Erinnerung an diese Lebensphase möglichst greifbar zu machen. Die so aktivierten Erinnerungen werden kreativ in Form eines Gemäldes zu Papier gebracht. Abschließend berichtet jeder Teilnehmer, wie es für ihn war, dem Thema auf diese Weise Ausdruck zu verleihen, und erklärt den anderen, wie der persönliche Wendepunkt in seinem Gemälde dargestellt ist.

Als Hausaufgabe widmen sich die Teilnehmer dem persönlichen Wendepunkt mittels der im Verlauf des Kurses schon häufiger verwendeten Cluster-Methode: Ausgehend von ihren verschriftlichten Assoziationen zu dem Ereignis oder der Lebensphase schreiben sie eine Kurzgeschichte oder ein Gedicht, das den gleichen Titel trägt wie ihr Gemälde.

10.3.10 »Wünsche und Sehnsüchte«

Während der zehnten Sitzung wird der Fokus der Aufmerksamkeit weg von der Vergangenheit und auf die Zukunft gelenkt: Die Teilnehmerinnen sollen einen Zugang finden zu ihren positiven und hilfreichen Wünschen für die Zeit, die vor ihnen liegt. Zu Beginn der Sitzung erhält jede Teilnehmerin drei Bilder, die unterschiedliche Brücken zeigen, mit der Aufforderung, nach den eigenen Vorlieben eine der Brücken auszuwählen. Die Therapeutinnen leiten die Teilnehmerinnen in einer Imaginationsübung an, sich vorzustellen, auf der Brücke zu stehen, die die Verbindung zwischen ihrer Vergangenheit und ihrer Zukunft verkörpert. Der Weg, der sie bis zu der Brücke geführt hat, ist ihr bisheriger Lebensweg, der Blick ist in die Zukunft gerichtet. Ausgehend von dieser Übung wird eine Kleingruppenübung eingeleitet, bei der über die Leitfragen diskutiert und das Ergebnis des Austauschs schriftlich festgehalten werden soll:
— Welche Träume würden Sie sich am liebsten noch erfüllen?
— Wie können Sie Pläne schmieden, die Sie befähigen, Ihre Träume Realität werden zu lassen?
— Welche Unterstützung brauchen Sie, um diese Pläne umzusetzen?

In einer weiteren Imaginationsübung versetzt sich jede Teilnehmerin an einen Zeitpunkt, der fünf Jahre in der Zukunft liegt. Anschließend spielt die Gruppe ihr eigenes Wiederbegegnungstreffen in fünf Jahren. Dabei gehen alle im Raum herum und unterhalten sich über ihr aktuelles Leben und darüber, was in der Zwischenzeit alles passiert ist. In der Nachbesprechung dieses Rollenspiels tauschen die Teilnehmerinnen sich darüber aus, wie sie die Übung erlebt haben. Als Hausaufgabe schreibt jede Teilnehmerin einen Brief an die Gruppe, in der sie dieselbe Perspektive einnimmt wie im Rollenspiel. Sie beschreibt ihr »aktuelles« Leben in fünf Jahren mit dem Fokus auf den Aspekten, die ihr besonders wichtig erscheinen: soziale Kontakte, Aktivitäten, Gelerntes etc. Aus jedem Brief soll ein kurzer Ausschnitt ausgewählt und zu Beginn der nächsten Sitzung vorgelesen werden.

10.3.11 »Die Zukunft in mir«

Die Sitzung »Die Zukunft in mir« ist die letzte, die Problemlösestrategien vermittelt und über die gesamte Dauer die Ziele und Pläne der Teilnehmer für die Zukunft fokussiert. Zunächst berichten alle über die Erfahrung, die sie beim Schreiben des Briefs an die Gruppe (▶ Abschn. 10.3.10) gemacht haben. Anschließend wählt jeder eine Passage aus seinem Brief aus, die er der Gruppe vorlesen möchte. Der Rest der Sitzung wird damit verbracht, lösungsorientiert gemeinsam unter therapeutischer Anleitung zu überlegen, wie die Teilnehmer ihre Ziele und Pläne in die Tat umsetzen könnten.

10.3.12 »Identität«

Die letzte Sitzung des Gruppentherapieprogramms »Auf der Suche nach Sinn« dient der Reflexion des Erarbeiteten und dem Ausblick auf die Zukunft. Den Einstieg bildet ein Selbstporträt, das die Teilnehmerinnen mit einer Ausdrucksform ihrer Wahl (Collage, Gemälde, Gedicht) anfertigen und der Gruppe vorstellen. Anschließend wird über das komplette Gruppenprogramm reflektiert, wobei die Therapeutinnen zunächst die Kursinhalte kurz resümieren, um Gedächtnisinhalte zu aktivieren. In der Folge diskutieren die Teilnehmerinnen jeweils zu zweit das Erarbeitete und orientieren sich dabei an den folgenden Leitfragen:
— Warum haben Sie am Programm teilgenommen?
— Hat das Gruppentherapieprogramm Ihre Erwartungen erfüllt?

- In welcher Hinsicht war es für Sie hilfreich, sich so genau über Ihr Leben Gedanken zu machen?
- Wie geht es für Sie jetzt weiter?
- Können Sie irgendetwas aus dem Gruppenprogramm in ihren Alltag integrieren?

In der Abschiedsrunde erklärt jede Teilnehmerin, welche der Erkenntnisse, die sie aus dem Kurs gezogen hat, für sie die wichtigste ist. Wenn Zeit ist, werden zusätzlich noch einmal die Erwartungen der Teilnehmerinnen an die Zukunft miteinander besprochen.

10.4 Effektivität des Interventionsprogramms »Auf der Suche nach Sinn«

10.4.1 Effektivität der Originalversion für ältere Erwachsene ab 55 Jahren

» Im Programm werden negative Lebensereignisse nicht ausgeblendet, aber die schönen Seiten der eigenen Biografie zu neuem Leben erweckt. Ich mochte den Kurs, denn er hat mich berührt. Es war eine große Erleichterung, auch die negativen Gefühle ausdrücken zu dürfen. Ich habe den Eindruck, dass dadurch alles besser fließt. «

Die Effektivität der Gruppenintervention »Auf der Suche nach Sinn« wurde an einer Gruppe von Erwachsenen überprüft, die älter als 55 Jahre waren, unabhängig (ohne regelmäßige Inanspruchnahme von Pflege- oder Gesundheitsdiensten) lebten und unter depressiven Symptomen litten. 171 Personen nahmen an der Interventionsstudie teil, von denen 83 an dem Kurs teilnahmen, während 88 einer Kontrollgruppe zugeteilt wurden, die eine minimale Intervention erhielt: Ihnen wurde der zwanzigminütige Film *Die Kunst des Alterns* vorgespielt. Sowohl die Interventions- als auch die Kontrollgruppe wurden von elf regionalen psychotherapeutischen Ambulanzen angeboten. Ungefähr drei Viertel der Teilnehmer waren Frauen, weswegen hier nachfolgend das generische Femininum verwendet wird. Das Alter der Teilnehmerinnen variierte stark: die jüngste Teilnehmerin war 51, die älteste 90 Jahre alt. Der Mittelwert lag bei 64 Jahren. In der Studie konnte ein signifikanter Wirkungsunterschied zugunsten der Interventionsgruppe – verglichen mit der Kontrollgruppe – festgestellt werden (Effektstärke *Cohen's d* = 0.58, p < 0.01). Die Depressivität der Kursteilnehmerinnen ließ nach (Pot et al. 2010). Diese Symptomverbesserung war nicht nur kurzfristig, sondern zeigte sich auch noch sechs Monate nach Abschluss der Intervention. Die Effekte waren vergleichbar mit denen anderer Formen von Psychotherapie bei Depression im Alter (Bohlmeijer et al. 2003; Cuijpers et al. 2007).

Ein ähnlicher Effekt konnte auch für die Angstsymptomatik der Teilnehmerinnen gefunden werden. Die Reduktion war hier jedoch weniger stark und nicht gruppenspezifisch (d = 0.09, p = 0.57). Das bedeutet, dass die Ängstlichkeit sowohl bei den Teilnehmerinnen der Interventionsgruppe als auch bei der Kontrollgruppe gleichermaßen nachließ. Bezüglich anderer Erfolgsmaße (Lebensführung, Lebensqualität und Reminiszenzstil) konnten keine Effekte gefunden werden.

Bei genauerer Betrachtung zeigte sich, dass das Gruppentherapieprogramm »Auf der Suche nach Sinn« besonders effektiv für zwei Untergruppen von Teilnehmern war: Erstens sprachen Frauen besser als Männer auf die Intervention an ($d_{\text{Männer}}$ = 0.17, d_{Frauen} = 0.67, p = 0.01). Dies könnte am Kursinhalt liegen. Gerade die kreativen Komponenten könnten bei Frauen eventuell mehr Anklang finden. So reagierten auch mehr Frauen als Männer auf unsere Rekrutierungsbemühungen. Die Intervention scheint von Frauen also als attraktiver wahrgenommen zu werden. Die zweite Subgruppe, die in besonderem Maße von der Intervention profitieren konnte, waren jene Teilnehmerinnen, die stärker durch depressive Symptome beeinträchtigt waren. Konkret zeigt sich dies darin, dass Teilnehmerinnen, die einen etablierten Schwellenwert auf der Center for Epidemiological Studies Depression Scale (dt.: Allgemeine Depressionsskala), einem Standardfragebogen zur Erhebung der Depressivität, überschritten, eine stärkere Reduktion ihrer Symptomatik erlebten als jene, die unter dem Schwellenwert lagen ($d_{\text{CESD}<16}$ = −0.12, $d_{\text{CESD}\geq16}$ = 0.77, p < 0.01). Dies entspricht der Natur des Programms. Die Interventionen sind besonders zugeschnitten auf Personen, die einen erhöhten Leidensdruck durch ihre depressive Symptomatik haben.

Dass sich die Erinnerungsstile der Teilnehmerinnen nicht verändert haben, ist bemerkenswert, konnten wir doch in unserer bisherigen Forschung (Korte et al. 2011) zeigen, dass der Erinnerungsstil »Wiederaufleben der Verbitterung« mit Depressivität zusammenhängt. Eine Erklärung könnte sein, dass der von uns verwendete Fragebogen zur Erhebung der Erinnerungsstile, die Reminiscence Function Scale, das Zielkonstrukt eher als zeitüberdauernde Persönlichkeitseigenschaft (»trait«) misst denn als einen veränderungssensitiven psychischen Zustand (»state«). In einer früheren Studie konnte nämlich nachgewiesen werden, dass Menschen mit bestimmten Persönlichkeitseigenschaften mit höherer Wahrscheinlichkeit spezifische Erinnerungsstile zeigen (Cappeliez u. O'Rourke 2002).

10.4.2 Effektivität der adaptierten Version für ältere Erwachsene in Wohn- und Pflegeheimen

» Mein Sohn sagt, mir geht es seit dem Kurs besser, ich bin positiver. Ich denke, das ist auch der Fall. Aber warum, das weiß ich nicht. «

Die Effektivität der adaptierten Version des Interventionsprogramms »Auf der Suche nach Sinn« wurde in vier Pflegeheimen und vier Wohnheimen für ältere Erwachsene überprüft (van Asch et al. 2011a). Um die Arbeitsweise im Kurs an die besonderen Bedürfnisse der Zielgruppe anzupassen, wurde zunächst eine Pilotstudie durchgeführt, bei der es nur eine Interventionsgruppe gab, jedoch keine Kontrollgruppe. Nachfolgend werden die in dieser Studie gefundenen Prä-Post-Effekte beschrieben: Es nahmen insgesamt 42 Personen teil, von denen wiederum etwa drei Viertel (77 %) weiblich waren. Das Alter der Teilnehmerinnen betrug im Mittel 83 Jahre, wobei die Jüngste 53 und die Älteste 95 Jahre alt war. Die Depressivität der Teilnehmerinnen nahm im Prä-Post-Vergleich deutlich ab. In besonderem Maße konnte die Untergruppe der Personen profitieren, die unter einer klinisch relevanten depressiven Symptomatik litten (gemessen durch die Geriatrische Depressionsskala; $d = -0.57$, $p < 0.01$), und die Subgruppe der Ältesten in der Studie (> 84 Jahre; $d = -0.71$, $p = 0.01$). Bemerkenswert an dieser Studie ist die Tatsache, dass die Lebenszufriedenheit aller Teilnehmerinnen, gemessen mit der Philadelphia Geriatric Center Morale Scale (PGCMS), sich im Durchschnitt stark signifikant verbesserte ($d = 0.46$, $p < 0.01$), was sich auch in einer Verbesserung auf den Subskalen Agitation ($d = 0.33$, $p = 0.03$), Einstellung zum Altern ($d = 0.38$, $p < 0.01$) und Lebenszufriedenheit ($d = 0.42$, $p < 0.01$) dieses Fragebogens zeigte. Die Veränderung des selbstberichteten Gesundheitszustands wies lediglich einen nicht signifikanten Trend ($d = 0.20$, $p = 0.18$) in Richtung Verbesserung auf.

Qualitative Interviews mit den Studienteilnehmerinnen zeichneten ein noch differenzierteres Bild der Veränderung: Viele Teilnehmerinnen gaben an, sie hätten die Gruppensitzungen als lebhaft erlebt, und bedauerten, dass der Kurs vorüber sei. In besonderem Maße wurde die Aufmerksamkeit, die jeder Teilnehmerin zuteilwurde, wertgeschätzt. Einige berichteten von direkten Stimmungsverbesserungen durch den Kurs, andere gaben an, sie fühlten sich zwar besser, seien sich aber im Unklaren über die Gründe dafür. Es könnte sein, dass Letztere ihre Aufmerksamkeit vor allem auf die Bereiche ihres Lebens richteten, die sich nicht verändert hatten. Im Großen und Ganzen schienen die Übungen und Interventionen gut angenommen und als gewinnbringend erlebt worden zu sein. So berichtete eine Teilnehmerin: »Ich mochte die Übungen ohne Ausnahme. Besonders hat mir die Übung mit der Visualisierung der Wendepunkte gefallen. Als Wendepunkt hatte ich meine Scheidung ausgewählt. Das war sicherlich keine angenehme Erfahrung. Als ich dann aber begonnen habe, mir die Dinge mithilfe der Übung durch den Kopf gehen zu lassen, kamen mir viele positive Gedanken. Zum Beispiel, dass es mir durch die Scheidung gelungen ist, einen bedeutsamen Teil meines Lebens wieder zurückzuerobern.«

Zusätzlich berichteten viele Teilnehmerinnen, dass sich ihre sozialen Kontakte verbessert hätten. So seien sich viele, obwohl sie unter dem gleichen Dach wohnten, zuvor fremd gewesen. Durch das Teilen emotionaler und bedeutsamer Erinnerungen sei das Gefühl der Zugehörigkeit und des gegenseitigen Verständnisses jedoch gewachsen. Während die meisten am Anfang des Programms noch zögerten, sich zu öffnen und stark einzubringen, wurden sie im Verlauf der zwölf Sitzungen zusehends aktiver. Das verleitet uns zu der Interpretation, dass diese Gruppenintervention speziell in Wohn- und Pflegeheimen nutzbringend ist, einer Umgebung, in der Mobbing (Ignorieren der anderen, Beleidigungen, Tritte unter dem Tisch etc.) durchaus häufiger vorkommt. Eine Teilnehmerin berichtet: »Die Leute hier bedeuten mir jetzt mehr. Früher habe ich über die Leute, die ich auf dem Gang getroffen habe, nur gedacht: ›Was für eine alte Nervensäge.‹ Jetzt denke ich eher: ›Sie ist wohl älter geworden und musste eine Menge durchmachen.‹ Ich habe gelernt, die anderen mehr zu respektieren. Ich kann nämlich eine echte Giftspritze sein und Sachen sagen, die sehr verletzend sind. Ich klage viel über meine Schmerzen. Durch den Kurs habe ich Folgendes gelernt: Wenn ich den anderen gegenüber netter bin, dann beschweren die sich auch nicht so sehr über mich. Ich habe auch gemerkt, dass hinter jeder Geschichte ein einzigartiger Mensch steckt, und interessiere mich jetzt mehr dafür, was in ihren Familien los ist. Die Leute hier wissen jetzt erst richtig, was es heißt, Mitbewohner zu sein.«

10.4.3 Effektivität der adaptierten Version für ältere Erwachsene mit chronischen psychischen Leiden

Die Effektivität des adaptierten Therapiemanuals für ältere Erwachsene mit chronischen psychischen Leiden wurde – wie schon für die Pflegeheimversion oben beschrieben – im Rahm einer Pilotstudie mittels eines Prä-Post-Designs ohne Kontrollgruppe überprüft. Auch hier lag der Anteil von Frauen wiederum bei etwa drei Vierteln (weshalb wir auch hier im Folgenden das generische Femininum verwenden). Die Teilnehmerinnen waren 51 bis 83 Jahre alt (im Durchschnitt 67 Jahre). Etwa 70 % von ihnen lebten in psychiatrischen Kliniken, der Rest lebte in Einrichtungen des betreuten Wohnens. Im Durchschnitt lebten sie bei Studieneintritt bereits fünf Jahre (Spannweite: 0 bis 19 Jahre) in den jeweiligen Einrichtungen. 40% der Studienteilnehmerinnen hatten eine psychotische Störung, der Rest verteilte sich auf eine Reihe von nichtpsychotischen psychiatrischen Diagnosen wie affektive Störungen, Angststörungen und Delir.

Die Ergebnisse der Pilotstudie legen nahe, dass die Durchführung der Intervention mit Personen, die unter chronischen psychischen Krankheiten leiden, machbar ist und von der betroffenen Patientenpopulation akzeptiert wird (Willemse et al. 2009). Mehr als drei Viertel der Teilnehmerinnen nahmen an dem gesamten Kurs teil und fehlten im Durchschnitt bei lediglich einer der zwölf Sitzungen. 40 % gaben an, sie wünschten, der Kurs würde fortgeführt, und ungefähr die Hälfte der Teilnehmerinnen berichteten von einer Verbesserung ihres subjektiven Wohlbefindens durch den Kurs. Mehr als zwei Drittel der Betroffenen erlebten die Lebensrückblicksinterventionen als positiv, lediglich eine Minderheit gab an, die Rückschau auf das eigene Leben als negativ erlebt zu haben. Trotzdem nahmen auch Letztere zum Großteil bis zum Schluss an der Intervention teil. Bemerkenswerterweise waren laut qualitativen Aussagen Personen mit psychotischen Störungen etwas zufriedener mit dem Verlauf als solche mit anderen psychischen Störungen. Eine von ihnen erklärte: »Der Kurs war bedeutsam und lehrreich, weil wir da über Dinge gesprochen haben, über die wir sonst nie sprechen.«

Willemse et al. (2009) konnten zeigen, dass sich nach der Intervention die Lebenszufriedenheit der Teilnehmerinnen verbessert hatte ($d = 0.27$, $p = 0.02$). Obwohl dies lediglich einer moderaten Effektgröße entspricht, sind die Veränderungen durchaus bedeutsam für ältere Erwachsene mit chronischen psychischen Leiden, die häufig mit schwierigen Lebensumständen zurechtkommen müssen und zusätzlich unter einer Vielzahl von somatischen Beschwerden leiden. Die Behandlungseffekte waren auch in dieser Pilotstudie wiederum am stärksten bei Teilnehmerinnen mit klinisch relevanter depressiver Symptomatik ($d = 0.60$, $p = 0.03$). Die Verbesserung der Lebenszufriedenheit konnte größtenteils durch die verbesserte Einstellung gegenüber dem Alter, die die Intervention ebenfalls mit sich brachte, erklärt werden.

Besonders zu beachten ist ein Teilergebnis der Studie: Während der Anstieg der Lebenszufriedenheit bei Personen mit psychotischen Störungen vergleichbar war mit dem Anstieg der Lebenszufriedenheit bei Teilnehmerinnen, die unter anderen psychischen Störungen litten, stieg die Depressivität der psychotischen Patientinnen im Verlauf der Therapie an. Eine mögliche Erklärung wäre, dass diese Patientinnen zunehmend frustriert sind von ihren Einsamkeitsgefühlen. Es ist nicht klar, ob dieser Anstieg der Depressivität nachhaltiger oder temporärer Natur ist. Weil aber die meisten Teilnehmerinnen mit psychotischen Störungen – ungeachtet ihrer Depressivität – angaben, sie hätten gerne an der Intervention teilgenommen, ist es noch zu früh, psychotische Störungen als klare Kontraindikation für das Gruppenprogramm zu definieren. Weitere Forschung, die diesen Zusammenhang näher beleuchtet, könnte hier aufschlussreich sein.

10.5 Schlussfolgerung

In diesem Kapitel wurde ein gruppentherapeutisches Programm vorgestellt, das seinen Schwerpunkt auf Lebensrückblick und Erinnerungsarbeit legt. Das Therapiemanual für dieses Programm, das ursprünglich für ältere Erwachsene entwickelt wurde, die ohne Unterstützung durch Pflege- oder Gesundheitsdienste leben, wurde angepasst, um bestimmten Zielgruppen gerecht zu werden: älteren Erwachsenen, die in Wohnheimen oder Pflegeeinrichtungen wohnen, sowie älteren Erwachsenen, die unter chronischen psychischen Störungen leiden. Für alle drei Gruppen konnte ein Nutzen der Intervention gefunden werden.

Bislang unklar ist jedoch die Frage nach den Wirkmechanismen der Intervention. In zukünftigen Studien gilt es zu untersuchen, ob die Verbesserungen spezifisch sind für die Erinnerungsarbeits- und Lebensrückblickselemente der Intervention oder ob das Gruppenzugehörigkeitsgefühl und die im Zuge der Intervention erfahrene soziale Unterstützung den Behandlungseffekt besser erklären. Darüber hinaus gibt es keine empirisch gestützten Kriterien für die differenzielle Indikation zur Durchführung der Intervention im Einzel- oder Gruppensetting. Auf der einen Seite könnte es sein, dass Personen mit sehr ausgeprägter depressiver Symptomatik Schwierigkeiten haben, sich an positive Lebensereignisse zu erinnern, und mit ihrer selektiven Erinnerungsverzerrung den Gruppenprozess behindern. Auf der anderen Seite könnte es ebenso gut sein, dass die gleichen depressiven Personen, die häufig unter Einsamkeit und fehlenden sozialen Kontakten leiden, besonders vom Gruppensetting profitieren, weil hier wichtige, vielleicht über lange Zeit frustrierte Grundbedürfnisse befriedigt werden. Eine wissenschaftliche Untersuchung dieser Frage steht bislang noch aus. Auch ist die Aussagekraft der bisherigen Studien in dieser Hinsicht eingeschränkt, da bei der Rekrutierung nur gefragt wurde, ob die angesprochenen Personen Interesse hätten, an einer Gruppenintervention mit Lebensrückblick teilzunehmen. Aufklärung könnte hier eine Studie verschaffen, die den Betroffenen die Möglichkeit einräumt, sich je nach persönlicher Vorliebe selbst dem Gruppen- oder dem Einzelsetting zuzuweisen.

Das Programm »Auf der Suche nach Sinn«, so wie es in diesem Kapitel beschrieben wird, zeigt das große Potenzial von Lebensrückblickstherapie und Erinnerungsarbeit im Gruppensetting auf. Es ist naheliegend, dass die beschriebenen drei Versionen des Manuals nicht die einzigen Versuche darstellen, die spezifischen Probleme von älteren Erwachsenen mittels einer strukturierten und fokussierten Lebensrückschau zu lindern: Auch in anderen Regionen der Welt wurden für sehr unterschiedliche Zielpopulationen ähnliche Therapiemanuale entwickelt und mit großem Erfolg eingesetzt. So haben sich bereits Lebensrückblickstherapien im Gruppensetting für Personen mit Demenz (▶ Kap. 8; Akanuma et al. 2011; Wang et al. 2009), ihre engen Bezugspersonen (Charlesworth et al. 2011), ältere Erwachsene mit geistiger Behinderung (van Puyenbroeck u. Maes 2006) und für ältere Kriegsveteranen (Wu 2011) etabliert. Insgesamt ist festzuhalten, dass die wissenschaftliche Überprüfung und Anwendung von Lebensrückblicks- und Erinnerungsinterventionen im Gruppensetting in den letzten Jahren erfreulicherweise einen beachtenswerten Sprung nach vorne gemacht hat.

Im Rahmen dieses Kapitels wurden alle Sitzungen des Gruppenprogramms kurz beschrieben. Wenn Sie Interesse haben, das Manual »Auf der Suche nach Sinn« selbst anzuwenden, dann zögern Sie nicht, die Autorinnen zu kontaktieren.

10.6 Anhang: Gedicht »Alte Hände« (»Oude handen«)

》 Wenn ich alt bin, will ich alte Hände,
die sich, wie die Reliefkarte
von einer Grundschule,
ihr Gebirge, ihre Flüsse
trauen zu zeigen – ferne Länder,
in denen ich wohnen kann,
erfahrene Adern,
Finger mit Geschichten.
Hände,
die irgendwo waren;
auf Schultern, um ein Herz,
in anderen Händen.
an Relings winkend,
streichelnd entlang der Wände,
von einem Haus, weit weg von ihrem Haus.
Hände will ich
voll Geschichte
und Erdkunde.
Reisende, nach vielen Abenteuern
sicher zu Haus. 《

》 Edward van Vendel (1997). *Literatuur zonder leeftijd*, 11, 302 (Übersetzung: Maximilian Geiger) 《

Literatur

Akanuma, K., Meguro, K., Meguro, M., Sasaki, E., Chiba, K., Ishii, H., & Tanaka, N. (2011). Improved social interaction and increased anterior cingulate metabolism after group reminiscence with reality orientation approach for vascular dementia. *Psychiatry Research, 30,* 183–187.

Asch, I. F. M. van, Lange, J. de, Smalbrugge, M., & Pot, A. M. (2011a). »Op zoek naar zin«, een groepscursus voor bewoners van verpleeg- en verzorgingshuizen. *Denkbeeld, 23,* 22–25.

Asch, I. F. M. van, Lange, J. de, & Pot, A. M. (2011b). *Op zoek naar zin, een cursus rond het eigen levensverhaal voor bewoners van verpleeg- en verzorgingshuizen [Looking for meaning: a course on the own life-story for long-term care residents]*. Utrecht: Trimbos-Instituut.

Bluck, S., & Levine, L. J. (1998). Reminiscence as autobiographical memory: A catalyst for reminiscence theory development. *Ageing & Society, 18,* 185–208.

Bohlmeijer, E. T., Smit, F., & Cuijpers, P. (2003). Effects of reminiscence and life review on late-life depression: A meta-analysis. *International Journal of Geriatric Psychiatry, 18,* 1088–1094.

Bohlmeijer, E. T., Valenkamp, M., Westerhof, G., Smit, F., & Cuijpers, P. (2005). Creative reminiscence as an early intervention for depression: Results of a pilot project. *Aging and Mental Health, 9,* 302–304.

Bohlmeijer, E. T., Roemer, M., Cuijpers, P., & Smit, F. (2007). The effects of life-review on psychological well-being in older adults: a meta-analysis. *Aging and Mental Health, 11,* 291–300.

Butler, R. N. (1963). The life-review: An interpretation of reminiscence in the aged. *Psychiatry, 26,* 65–76.

Cappeliez, P., & O'Rourke, N. (2002). Personality traits and existential concerns as predictors of the functions of reminiscence in older adults. *Journals of Gerontology, 57,* 116–123.

Cappeliez, P., O'Rourke, N., & Chaudhury, H. (2005). Functions of reminiscence and mental health in later life. *Aging & Mental Health, 9,* 295–301.

Charlesworth, G., Burnell, K., Beecham, J., Hoare, Z., Hoe, J., Wenborn, J., Knapp, M., Russell, I., Woods, B., & Orrell, M. (2011). Peer support for family carers of people with dementia, alone or in combination with group reminiscence in a factorial design: Study protocol for a randomised controlled trial. *Trials, 15,* 205.

Cohler, B. J., & Beeler, J. A. (1996). Schizophrenia and the life course: implications for family relations and caregiving. *Psychiatric Annuals, 26,* 745–756.

Cuijpers, P., Smit, F., & van Straaten, A. (2007). Psychological treatments of subthreshold depression: A meta-analytic review. *Acta Psychiatrica Scandinavica, 115,* 434–441.

Depla, M. F. I. A., Graaf R. de, & Heeren, T. J. (2005). Does supported living in a residential home improve QoL and mental stabiliy of elderly with chronic mental disorder? *American Journal of Geriatric Psychiatry, 13,* 124–133.

Franssen, J., & Bohlmeijer, E. T. (2003). *Op zoek naar zin, een cursus rond het eigen levensverhaal voor ouderen met depressieve klachten [Looking for meaning: a course on the own life-story for older adults with depressive symptoms]*. Utrecht: Trimbos-Instituut.

Haight, B. K. (1988). The therapeutic role of a structured life review process in homebound elderly subjects. *Journal of Gerontology, 43,* 40–44.

Haight, B. K., & Haight, B. S. (2007). *The handbook of structured life review*. Baltimore, MD: Health Professions Press.

Korte, J., Bohlmeijer, E. T., Westerhof, G. J., & Pot, A. M. (2011) Reminiscence and adaptation to critical life events in older adults with mild to moderate depressive symptoms. *Aging & Mental Health, 15,* 638–646.

Kuyken, W., & Brewin, C. R. (1995). Autobiographical memory functioning in depression and reports of early abuse. *Journal of Abnormal Psychology, 104,* 585–591.

Perrotta, P., & Meacham, J. A. (1981). Can a reminiscing intervention alter depression and self-esteem? *International Journal of Aging and Human Development, 14,* 23–30.

Pot, A. M., Bohlmeijer, E. T., Onrust, S., Melenhorst, A., Veerbeek, M. A., & Vries, W. de (2010). The impact of life-review on depression in older adults: a randomized controlled trial. *International Psychogeriatrics, 22,* 572–581.

Puyenbroeck, J. van, & Maes, B. (2006). Program development of reminiscence group work for ageing people with intellectual disabilities. *Journal of Intellectual & Developmental Disability,* 31, 139–147.

Raaijmakers, M., de Gouw, A., Willemse, B. M., Bohlmeijer, E. T., & Depla, M. F. I. A. (2007). *Op zoek naar zin, een cursus rond het eigen levensverhaal voor ouderen met een chronisch psychiatrische aandoening [Looking for meaning: a course on the own life-story for older adults with a chronic mental disorder].* Utrecht: Trimbos-Instituut.

Serrano, J. P., Latorre, J. M., Gatz, M., & Montanes, J. (2004). Life review therapy using autobiographical retrieval practice for older adults with depressive symptomatology. *Psychology and Aging, 19,* 272–277.

Wang, J. J., Yen, M., & OuYang, W. C. (2009). Group reminiscence intervention in Taiwanese elders with dementia. *Archives of Gerontology and Geriatrics, 49,* 227–232.

Watt, L. M., & Cappeliez, P. (2000). Integrative and instrumental reminiscence therapies for depression in older adults: Intervention strategies and treatment effectiveness. *Aging and Mental Health, 4,* 166–177.

Willemse, B. M., Depla, M. F. I. A., & Bohlmeijer, E. T. (2009). A creative reminiscence program for older adults with severe mental disorders: Results of a pilot evaluation. *Aging & Mental Health, 13,* 736–743.

Williams, J. M., & Scott, J. (1988). Autobiographical memory in depression. *Psychological Medicine, 18,* 689–695.

Wong, P. T. P. (1995). The processes of adaptive reminiscence. In B. K. Haight & J. D. Webster (Hrsg.), *The art and science of reminiscing: Theory, research, methods, and applications* (S. 23–35). Washington, DC: Taylor & Francis.

Wu, L. F. (2011). Group integrative reminiscence therapy on self-esteem, life satisfaction and depressive symptoms in institutionalised older veterans. *Journal of Clinical Nursing, 20,* 2195–2203.

Techniken der Visualisierung und Verbalisierung

Wolfgang Jänicke und Simon Forstmeier

11.1 Einführung – 188

11.2 Die Lebenslinie – 189

11.3 Chronik der Familienlebensereignisse – 191

11.4 Das Beziehungsrad – 191

11.5 Arbeit mit dem Genogramm – 193

11.6 Brief an eine wichtige Bezugsperson – 198

11.7 Sieben Säulen – 198

11.8 Bilder und andere Erinnerungsgegenstände – 199

11.9 Selbstentdeckungs-Wandteppich – 200

Literatur – 201

In diesem Kapitel werden Techniken der Visualisierung und Verbalisierung dargestellt, welche im Rahmen des Lebensrückblicks bei verschiedenen Patientengruppen eingesetzt werden können. Diese Übungen ermöglichen es, sich des Einflusses der Vergangenheit bewusster zu werden, biografische Einflüsse zu verstehen, welche gleichermaßen als Beschränkung wie als Ressource bei der Bewältigung gegenwärtiger »Entwicklungsaufgaben« erlebt werden können. Bei jeder Technik werden die Ausgangsüberlegungen beschrieben, es wird eine konkrete Anleitung gegeben sowie, wenn sinnvoll, eine wörtliche Instruktion vorgeschlagen.

11.1 Einführung

Wolfgang Jänicke

Das Erinnern und Erzählen von Geschichten ist ein besonderes Merkmal menschlichen Erlebens und Handelns. Der Schriftsteller Max Frisch (1998) glaubte, dass sich jeder Mensch früher oder später eine Geschichte erfinde, die er, selbst unter gewaltigen Opfern, für sein Leben halte, obwohl sie doch letztlich eine Fiktion sei.

In vielen Geschichten rückt Vergangenes in den Mittelpunkt der Aufmerksamkeit. Es besteht ein natürliches Spannungsverhältnis zwischen Vergangenheit, Gegenwart und Zukunft. Soll die Vergangenheit unsere Gegenwart und damit auch unsere Zukunft bestimmen, oder wollen wir den Einfluss der Vergangenheit auflösen, um »in Freiheit« entscheiden und leben zu können?

Nietzsche spricht von den »zwei Naturen des Menschen« und meint mit der ersten Natur – so R. Safranski (2006, S. 46) – das, wozu man gemacht worden ist, das, was einen geprägt hat und das, was man an sich selbst und um sich herum vorfindet: Herkommen, Schicksal, Milieu und Charakter. Die zweite Natur hingegen sei das, was man aus sich selbst mache, und dies setze ein Nachdenken und Wissen über die erste Natur voraus. Ich meine, dies beschreibt sehr schön den Prozess und den Sinn der Auseinandersetzung mit der eigenen Geschichte.

Niemand bezweifelt, dass die Vergangenheit einen großen Einfluss auf unser Verhalten hat, auch wenn Verhaltenstherapeuten die Bedeutung der in der Gegenwart auffindbaren aufrechterhaltenden Bedingungen des Verhaltens betonen. Klaus Grawe (1998) sieht in der Erlangung eines klaren Bewusstseins unserer wichtigsten Schemata das Ziel einer klärungsorientierten Psychotherapie, und humanistisch orientierte Therapeuten und Therapeutinnen thematisieren insbesondere das Erinnern, Bearbeiten und das Sichversöhnen mit der eigenen Geschichte.

Diese Auseinandersetzung mit unserer Vergangenheit, ihr Einfluss auf unser Fühlen und Denken und die Wirkung biografischer Erfahrungen auf gegenwärtiges Verhalten sind von besonderer Bedeutung für die Psychotherapie (vgl. auch Gudjons et al. 1986).

In der Ausbildung von Psychotherapeuten wird der Einfluss der Vergangenheit auf gegenwärtiges Handeln und Erleben in der »Selbsterfahrung« thematisiert. Die nachfolgend dargestellten Übungen zur Biografiearbeit stammen überwiegend aus dem Kontext der Selbsterfahrung (in Gruppen), können aber auch im therapeutischen Setting eingesetzt werden. Diese Übungen ermöglichen es, sich des Einflusses der Vergangenheit bewusster zu werden und biografische Einflüsse zu erkennen und zu verstehen, welche gleichermaßen als Beschränkung wie als Ressource bei der Bewältigung gegenwärtiger »Entwicklungsaufgaben« erlebt werden können. Die Gegenwart wird dabei bewusst mit der Vergangenheit verknüpft. Wir eignen uns individuelles Wissen über Wahrnehmungs- und Handlungsmuster an. Dies führt zu einer höheren Sensibilität und Flexibilität und zu einem deutlicheren Gefühl innerer Freiheit für zukünftige Entscheidungen.

Die folgenden Übungen können in unterschiedlichen Kontexten (Einzel- und Gruppensetting) eingesetzt werden und m.E. auch unabhängig von einer therapeutischen Begleitung. Dabei sollte man aber bedenken, dass einige der Übungen starke Gefühle zu aktualisieren vermögen, sodass es sicher sinnvoll ist, die Übungen mit unterstützender Begleitung durchzuführen (vgl. dazu auch die Ausführungen in Fliegel u. Kämmerer 2006, 2009).

Alle Übungen folgen der Überlegung, zunächst Vergangenheit über Imagination, anregende Fragen und Visualisierung zu erinnern, zu aktualisieren, um dann in weiteren Schritten diese früheren Erfahrungen zu vertiefen und zu bearbeiten. Schließlich ist die Bedeutung für die gegenwärtige Situation zu klären und auf dem Hintergrund dieser Klärung gegenwärtiges und zukünftiges Handeln ggf. zu verändern. Dies alles erfordert Zeit und Geduld und eine längere Unterstützung, die insbesondere durch eine Begleitung im einzeltherapeutischen Kontext oder die kontinuierliche Arbeit mit einer Gruppe gewährleistet werden kann.

11.2 Die Lebenslinie

Wolfgang Jänicke

>> Das Geheimnis der Versöhnung ist die Erinnerung. Talmud <<

- **Ausgangsüberlegungen**

Die kognitive Therapie betont die besondere Bedeutung von Grundannahmen, Einstellungen und Regeln, wenn verstanden werden soll, wie sich bestimmte Muster der Gestaltung sozialer Beziehungen, des Erlebens und Handelns entwickeln. Werte, die diesen Mustern zugrunde liegen, gehen auf frühe Bindungserfahrungen und die Einflussnahme wichtiger Menschen der Kindheit und Jugend zurück. Die übernommenen expliziten oder impliziten Regeln und Botschaften bestimmen die eigene Lebens- und Beziehungsgestaltung. Angst, Scham und Schuldgefühle können entstehen, wenn solche Regeln nicht befolgt werden. Daraus entwickeln sich entsprechende Bewältigungsstrategien (oftmals Vermeidungsstrategien), die durch positive oder negative Verstärkung aufrechterhalten werden und sich so im Laufe der Zeit verfestigen.

Wir entscheiden oft, ohne genau zu wissen, welche Wertvorstellungen unserem Handeln zugrunde liegen. Deshalb macht eine reflektierte Auseinandersetzung mit handlungsbestimmenden Regeln und ggf. deren Veränderung Sinn, sofern sich diese Regeln beeinträchtigend auf die Gestaltung unserer Beziehungen in der Gegenwart auswirken.

Diese Übung hilft, sich bewusst zu machen, welche Ereignisse, Erfahrungen und Lebensabschnitte die individuelle Lebensentwicklung entscheidend beeinflusst und geprägt haben.

- **Anleitung**

Es werden ein großes Blatt Papier und mehrere farbige Stifte benötigt. Zunächst soll auf einem quer liegenden Blatt in der Mitte eine waagerechte Linie gezeichnet werden, die den Lebenslauf symbolisiert (von der Geburt bis zum heutigen Tag und dann noch ein paar Jahre weiter). Die Lebensjahre werden markiert (nicht unbedingt proportional), und dann sollen wichtige Lebensereignisse eingetragen werden (z.B. Schuleintritt, Schulwechsel, Umzüge, besondere Ereignisse in der Familie, Ausbildungsende, erste Liebe, Trennungen etc.). Auf diese Weise soll so genau als möglich der eigene Lebensweg »nachgezeichnet« werden (vgl. ◘ Abb. 11.1).

Man kann sich auf diese Übung durch eine angeleitete Imagination vorbereiten, um sich stärker auf bestimmte Zeitabschnitte und Erfahrungen zu fokussieren. Es ist wichtig, sich viel Zeit für diese Übung zu nehmen. Die Übung kann auch unterbrochen und später fortgeführt werden. Die unterschiedlichen Fragen können auch im Rahmen anderer Übungen (z.B. mit der Genogrammarbeit oder dem »Beziehungsrad«) bearbeitet werden, wobei eine gewisse Redundanz durchaus beabsichtigt ist.

- **Wörtliche Instruktion**

»Suchen und finden Sie verschiedene Spuren Ihres Lebens, indem Sie die wichtigsten Stationen Ihrer Lebensgeschichte in Ihre Lebenslinie eintragen. Dazu gehören wichtige Entwicklungsschritte und prägende Erfahrungen, die für die heutige Lebenssituation entscheidende Einflüsse darstellen, Ereignisse, Wendepunkte, Krisen, Erfolge, Misserfolge und Zeiten, in denen besonders intensive Gefühle erlebt wurden. (Gab es bestimmte Gefühle, die Sie in bestimmten Lebensphasen besonders intensiv begleitet haben, und waren diese Gefühle mit bestimmten Lebensereignissen verbunden?)

Tragen Sie also für Sie wichtige Ereignisse in diese Zeitlinie ein, und notieren Sie stichwortartig, wie Sie sich damals gefühlt haben (oberhalb oder unterhalb Ihrer Zeitlinie). Sie können auch durch die Benutzung von bestimmten Farben verdeutlichen, wie das jeweilige Ereignis auf Sie wirkte (pechschwarz, grau in grau, strahlend gelb usw.). Sie können Symbole und Begriffe dazu suchen (Blitz, Smiley, Regen, Sonne u.Ä.).

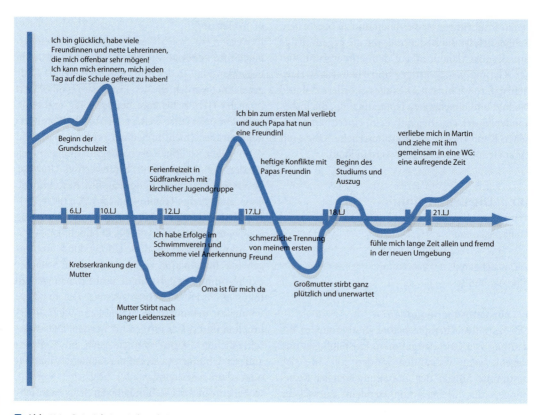

Abb. 11.1 Beispiel einer Lebenslinie

Sie können die Ereignisse mit einer Linie verbinden. Die Linie kann sehr gerade – stellvertretend für ein geradliniges Leben – sein, sie kann Höhen und Tiefen aufweisen, gezackt oder abgerundet sein, auf und ab verlaufen, geschwungen oder ganz anders sein.

Anschließend können Sie sich auf die Suche nach den Quellen Ihrer Stärken und Schwächen begeben. Markieren Sie dazu die wichtigsten ‚Quellen' (positive Erlebnisse, Stärken, Ressourcen) und die wichtigsten ‚Krisen' Ihres Lebens sowie die wichtigsten Wendepunkte mit einem farbigen Kreis.

Wenn Sie in der Gegenwart angelangt sind, betrachten Sie das Gesamtbild, und schreiben Sie an Ihren Zukunftsstrahl, welchen Sinn Sie den Ereignissen Ihres bisherigen Lebens für Ihre Zukunft geben.

Denken Sie anschließend noch einmal für sich über Ihre Erfahrungen nach, und lassen Sie sich Zeit, Ihre emotionalen Reaktionen auf diese Erinnerungen wahrzunehmen. Wenn Sie die Möglichkeit haben, tauschen Sie sich mit anderen über Ihre Erfahrungen, über Ähnlichkeiten und Unterschiede in den Lebensläufen aus. Erzählen Sie einander Ihre ‚Geschichten', und konzentrieren Sie sich dabei auf die ausgewählten prägenden Erfahrungen!«

Mögliche Fragen, die im Sinne einer weitergehenden Reflexion thematisiert werden könnten:
- Welche Lebensabschnitte/Ereignisse haben Ihre Entwicklung nachhaltig beeinflusst und sind auch heute noch wirksam? (Wählen Sie drei positive und drei schwierige Erfahrungen/Ereignisse aus.)
- Wie beeinflussen sie noch heute Ihr Handeln und Erleben?
- Welche individuellen Regeln/Einstellungen/Überzeugungen/Wertvorstellungen haben sich aus diesen Erfahrungen heraus entwickelt (z.B. über den Umgang mit Nähe und Distanz, mit Macht und Kontrolle, mit Konflikten, mit Entscheidungen, mit Gefühlen)?

- Gab es bestimmte Lebensphasen, in denen besonders viele Krisen/Konflikte aufgetreten sind, und waren diese Krisen mit bestimmten Lebensereignissen verbunden?
- Wie kann die Krisensituation erklärt werden, und welche Auswirkungen hat diese Erklärung?
- Gab es bestimmte Gefühle, die in bestimmten Lebensphasen besonders intensiv erlebt wurden? Gibt es einen Zusammenhang mit bestimmten Lebensereignissen (Krisen, Wendepunkten)?
- Haben sich Gefühle im Laufe des Lebens verändert? Gab es früher Gefühle, die heute gar nicht mehr oder nur noch selten auftreten oder umgekehrt?

11.3 Chronik der Familienlebensereignisse

Wolfgang Jänicke

- **Ausgangsüberlegungen**

Während die Lebenslinie die individuelle Lebensgeschichte nachzeichnet, soll die Chronik der Familienlebensereignisse die besonderen Begebenheiten im familiären Leben und ggf. auch Einfluss nehmende gesellschaftliche und historische Ereignisse erfassen.

- **Anleitung**

Es werden mehrere große Papierbögen und Stifte benötigt. Bei dieser Übung sollen alle Daten und Ereignisse zusammengetragen werden, von denen die Teilnehmer und Teilnehmerinnen annehmen, dass sie ihnen helfen zu verstehen, wer und was sie heute sind.

Es beginnt mit der Geburt der Großeltern und wird fortgeführt bis zur Gegenwart. Die Chronik kann unterschieden werden nach den Ereignissen in der Herkunftsfamilie des Vaters, der Herkunftsfamilie der Mutter und der eigenen Herkunftsfamilie, die mit der ersten Begegnung von Vater und Mutter beginnt. Wenn das Datum eines Ereignisses nur geschätzt werden kann, wird ein Fragezeichen dahintergesetzt.

In diese Chronik gehören nicht nur Geburtstage, Todestage und Eheschließungen, sondern ebenso Krankheiten, schulische Veränderungen, Erfolge und Misserfolge, geschichtliche Ereignisse u.Ä. (vgl. ◘ Abb. 11.2). Natürlich kann sie historisch-gesellschaftliche und familiäre Ereignisse unterschiedlich differenziert und detailliert umfassen.

- **Wörtliche Instruktion**

»Stellen Sie sich folgende Fragen:
- Welche Ereignisse haben eine besondere Bedeutung, und welche Erfahrungen sind damit verbunden, welche sind heute noch wirksam, und wie haben sie Haltungen, Einstellungen und Wertvorstellungen geprägt?
- Schauen Sie auf Ihr Leben zurück und fragen Sie sich, in welchen Phasen Sie sich am lebendigsten gefühlt haben. Bei welchen Ereignissen haben Sie sich am lebendigsten gefühlt?
- Fragen Sie sich, was genau Ihnen dieses Gefühl der Lebendigkeit verschafft hat.«

11.4 Das Beziehungsrad

Wolfgang Jänicke

» Das Leben muss rückwärts verstanden und vorwärts gelebt werden. Kierkegaard «

- **Ausgangsüberlegungen**

Ein erstes Verständnis für die eigene Geschichte zu entwickeln und die Bedeutung biografischer Erfahrungen zu erkunden ist das Anliegen dieser Übung (vgl. Nerin 1992). Es werden die Bedeutung und die Einflüsse von Menschen, die uns in der Vergangenheit nahegestanden haben, zunächst visualisiert und dann im Gespräch vertiefend reflektiert. Erinnerungen werden auf diese Weise ausgelöst, emotionale Schemata aktualisiert, und Haltungen und Wertorientierung können auf diesem Hintergrund identifiziert und hinterfragt werden.

- **Anleitung**

Es werden große Papierbögen und Stifte benötigt. Der Patient nimmt ein Blatt Papier, schreibt seinen Namen in die Mitte eines großen Blattes und malt einen Kreis darum. Von diesem Kreis werden Li-

Geschichtliche Ereignisse	Jahr	Familienchronik
	2001	Beginn des Studiums in Köln
	2000	Tod der Großmutter / Abitur
Krieg im Kosovo / Rot-grüne Bundesregierung	1998	Vater heiratet erneut (ungeliebte Stiefmutter)
		Große sportliche Erfolge
		Ferienfreizeit in Südfrankreich
		Wechsel auf das Gymnasium
	1992	Tod der Mutter
Nelson Mandela wird aus der Haft entlassen	1990	Meine Mutter erkrankt an Krebs
Mauerfall	1989	
	1988	Beginn der Grundschulzeit
Helmut Kohl wird Kanzler	1982	Geburt
Demonstrationen der Friedensbewegung, an der meine Eltern teilnehmen	1981	Mein Vater arbeitet nun ebenfalls als Lehrer an einer Schule in derselben Stadt
	1979	
	1976	Meine Mutter beginnt als Lehrerin zu arbeiten, während mein Vater noch studiert
Anti-Atomkraft-Bewegung	1974	Meine Eltern lernen sich während des Studiums kennen
Studentenbewegung	1968	
Bau der Mauer	1961	Meine GM geht mit ihrem 7j. Sohn, meinem Vater, in den Westen und verlässt ihren Mann
	1954	Geburt meines Vaters / Heirat der Großeltern (vs)
	1950	Geburt meiner Mutter
Ende des 2. Weltkrieges	1945	Heirat der Großeltern (ms)
Beginn des 2. Weltkrieges	1939	
	1930	Geburt Großmutter und Großvater (vs)
	1926	Geburt des Großmutter (ms)
	1925	Geburt des Großvaters (ms)

Abb. 11.2 Beispiel für eine Chronik der Lebensereignisse

11.5 · Arbeit mit dem Genogramm

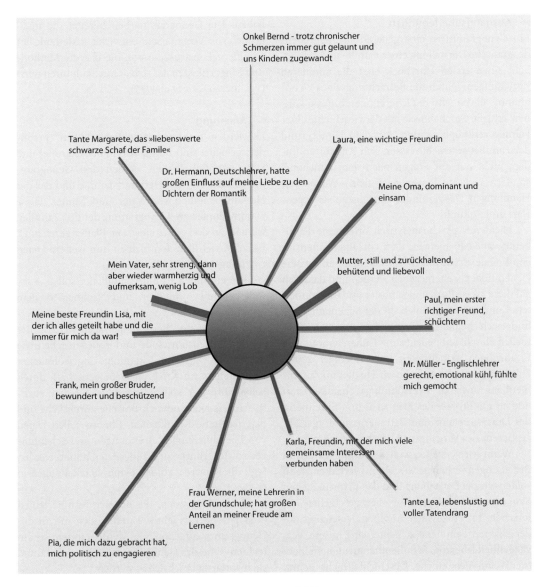

Abb. 11.3 Beispiel eines Beziehungsrads, adaptiert nach Nerin (1992)

nien zu jeder Person gezeichnet, die von der Geburt bis zum Alter von etwa 18 Jahren Einfluss auf ihn oder sie genommen hat. Die Linie wird umso kürzer und dicker gezeichnet, je stärker der Einfluss war, und umso länger und dünner, je geringer er war.

Neben jeden Namen der Personen in diesem »Beziehungsrad« soll ein Adjektiv oder ein kurzer Satz geschrieben werden, mit dem die Art ihres Einflusses charakterisiert werden soll (vgl. Abb. 11.3). Anschließend kann eine Reflexion im Gespräch oder auch allein stattfinden. Die leitende Frage ist: Welches innere Erleben, welche Gefühle, Erinnerungen und Bilder werden dabei ausgelöst?

11.5 Arbeit mit dem Genogramm

Wolfgang Jänicke

>> Rückkehr zu den alten Situationen mit neuen Augen. Virginia Satir <<

- **Ausgangsüberlegungen**

Ein Genogramm ist eine generationsübergreifende, grafische Darstellung einer Familie und ermöglicht einen ersten Überblick über die familiären Beziehungen. Durch die Betrachtung eines Genogramms über mehrere Generationen hinweg können aktuelle Geschehnisse mit der Geschichte einer Familie verknüpft werden. Auf dem Hintergrund der Familiengeschichte lassen sich Antworten finden, nicht nur auf Fragen nach dem »Warum«, sondern auch auf Fragen nach dem »Wozu« von Handlungen. Das verbindet Vergangenheit, Gegenwart und Zukunft.

Nicht nur psychoanalytisch orientierte Familientherapeuten meinen, dass vor allem intensive emotionale Erfahrungen intrafamiliär an spätere Generationen weitergegeben werden und dass sich auf diese Weise Beziehungsmuster und unverarbeitete Konflikte wiederholen. In der Schematherapie findet sich ebenfalls die Auffassung, dass sich in aktuellen Konflikten bedeutsame frühere emotionale Erfahrungen aktualisieren (vgl. Roediger 2009). Die therapeutische Aufgabe wird in diesem Zusammenhang auch als »Versöhnung« charakterisiert und als ein Prozess des Erinnerns und Erkennens, des Durcharbeitens und Betrauerns und ggf. Akzeptierens des Vergangenen beschrieben.

Wenn wir verstehen wollen, warum wir uns in Beziehungen verhalten, wie wir uns verhalten, dann sollten wir die Entstehung und den ursprünglichen Sinn dieses Verhaltens, seine »Lerngeschichte«, erforschen. Im Prozess der Auseinandersetzung mit der eigenen Familiengeschichte wird unsere Vergangenheit lebendig. Familientherapeuten meinen: Wer seine persönliche Geschichte nicht kennt, nicht wahrhaben will, wer sich der Auseinandersetzung mit ihr verweigert, der wird diese Geschichte wiederholen. So werde die Vergangenheit zur Gegenwart gemacht.

Szenen der Familiengeschichte in der Imaginationsarbeit – angeleitet durch eine Therapeutin oder mit Unterstützung einer Gruppe – wiederzubeleben und sie auf eine Weise wahrzunehmen, die uns als Kind verschlossen war, führt zu neuen Antworten auf Fragen nach dem Sinn des eigenen Verhaltens. Es befreit von Prägungen, die in gegenwärtigen Situationen immer noch wirksam sind, obwohl sie ihre eigentliche Bedeutung verloren haben. Die Genogrammarbeit bereitet die maßgeblich von Virginia Satir entwickelte Methode der Familienrekonstruktion vor, die u.a. die Methode und Möglichkeiten der Arbeit mit Skulpturen nutzt (vgl. hierzu Satir et al. 1995).

- **Anleitung**

Es werden mehrere große Papierbögen (besonders geeignet sind Bögen von Flipchartgröße) und Stifte benötigt. Erstellt werden drei Genogramme: das der eigenen Herkunftsfamilie und das der Herkunftsfamilien von Vater und Mutter. Diese Stammbäume bzw. Genogramme der drei Familien werden auf drei getrennte große Blätter gezeichnet. Es sollte viel Platz frei bleiben, um weitere Daten einzutragen.

Die einzelnen Familienmitglieder sollen – soweit bekannt – mit Vor- und Nachnamen, dem gegenwärtigen bzw. dem (bei Verstorbenen) erreichten Alter und Beruf eingetragen werden. Besondere Lebensumstände und Todesursachen wie früher Tod, Unfalltod, Tod infolge ungewöhnlicher Krankheiten, im Krieg, in Gefangenschaft, durch Selbstmord u.Ä. sollten angegeben werden, ebenso schwere akute oder chronische körperliche und psychiatrische Krankheiten. Ebenso sollen Daten von Eheschließungen, Trennungen und Scheidungen sowie Geburts- und Todesdaten notiert werden (vgl. die Hinweise zu den Symboldarstellungen in ◘ Abb. 11.4).

Andere Personen, die bei der Familie lebten oder besonders wichtig waren, sollen mit in das Genogramm aufgenommen werden, indem sie am rechten Rand des Genogramms eingezeichnet und stichwortartig beschrieben werden.

Die bedeutsamen Familienmitglieder und die Art der Beziehung, die zwischen Vater und Mutter, Eltern und Kind bestand, werden mit ein oder zwei Worten beschrieben. Außerdem kann die Beziehung beschrieben werden, welche die Protagonistin bzw. der Protagonist zu diesen Personen hatte. Die Art der familiären Beziehungsmuster wird durch die Form des Striches zwischen den Personen gekennzeichnet (vgl. ◘ Abb. 11.5). Es können auch Sätze aufgeschrieben werden, die Botschaften ausdrücken, die einer dem anderen gibt. Beispiele für derartige Botschaften sind (Nerin 1992, S. 219): »Sei gut und mach mich glücklich«, »Reiß dich zusammen«,

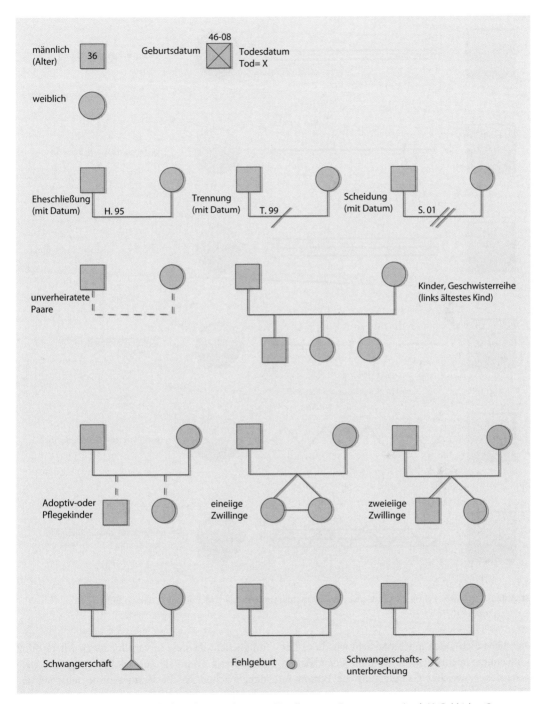

Abb. 11.4 Standardisierte Symbole und Konventionen zur Erstellung von Genogrammen (nach McGoldrick u. Gerson 1990)

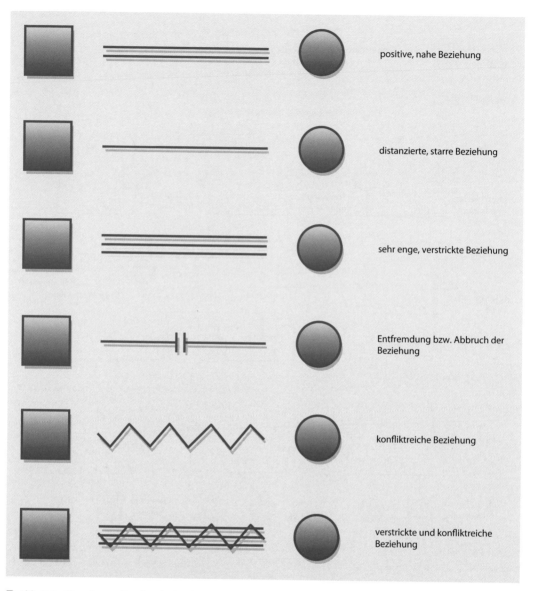

● Abb. 11.5 Hinweise zur Notation der familiären Beziehungsmuster (nach McGoldrick u. Gerson 1990)

»Ich liebe dich«, »Ich möchte so sein wie du«, oder »Akzeptiere mich!« Dann wird unter jeden Namen geschrieben, welches Grundgefühl die Person in der Familie vermutlich hatte. Beispiele hierfür sind »verletzt«, »vernachlässigt« oder einfach »Au!« (ebenfalls aus Nerin 1992, S. 219). Für eine detaillierte Anleitung sei auf Nerin (1992) verwiesen.

Zusätzlich können Familienfotografien einbezogen werden (z.B. Fotografien wichtiger Familienmitglieder, die diese in verschiedenen Altersstufen darstellen). Wenn sie auf das Papier geklebt werden, machen sie die Genogramme sehr viel anschaulicher und lebendiger, da nun mit den Namen der Personen auch konkrete Bilder verbunden sind. Eine aufmerksame Betrachtung der Bilder führt manchmal (insbesondere bei Gruppenfotografien) zu spannenden Entdeckungen.

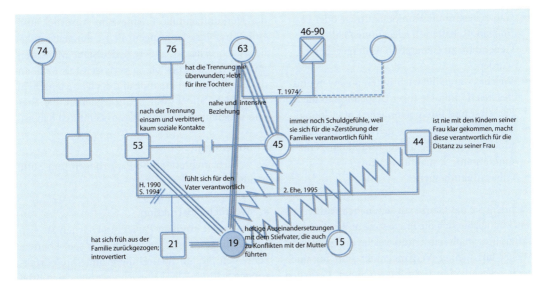

- **Abb. 11.6** Beispiel eines Genogramms

- **Wörtliche Instruktion**

Wenn das Genogramm aufgezeichnet ist (vgl.
- Abb. 11.6), können verschiedene Fragen thematisiert werden, entweder mit dem Einzeltherapeuten, in der Gruppentherapie oder allein:
— »Wer hat mit wem Ähnlichkeit?
— Wem sind Sie ähnlich? Von wem haben Sie welche Eigenschaften? Wie unterscheiden Sie sich von den Menschen, denen Sie ähnlich sind?
— Wie gehen die Personen, denen Sie ähnlich sind, mit ihren Stärken und Schwächen um, und wie gehen Sie damit um?
— Schauen Sie sich die drei Ehen an. Was hat die Partner aneinander angezogen?
— Ähnelt Ihr Partner/Ihre Partnerin irgendwelchen Mitgliedern Ihrer Familie?
— Was zieht Sie an Ihrem Partner/Ihrer Partnerin an und umgekehrt?
— Stellen Sie sich Vater/Mutter vor. Was haben Sie an ihm/ihr geliebt, was mochten Sie an ihm/ihr gar nicht?
— Versuchen Sie zu spüren, welche Beziehung der Vater zur Mutter und die Mutter zum Vater hatten. Was hätte anders sein sollen an der Art, wie sie miteinander umgegangen sind?
— Welche drei Eigenschaften sind für Ihren Vater/Ihre Mutter charakteristisch? Welche glauben Sie übernommen zu haben?
— Wenn Sie hätten wünschen können, dass Ihre Mutter/Ihr Vater eine Verhaltensweise im Umgang mit Ihnen geändert hätte, welche wäre das gewesen?
— Welche Lebenserfahrungen waren für die einzelnen Personen (nur besonders wichtige auswählen) prägend, bzw. was war das wichtigste Ereignis im Leben der Generationen?
— Lassen sich Wiederholungen erkennen? (Achten Sie hierbei u.a. auf generationsübergreifende Parallelen wie Namen, Berufe, Scheidungen, uneheliche Kinder, Geschwisterfolge und Krankheiten.)
— Welche Auffassungen/Regeln galten in der Familie bezüglich bestimmter Gefühle wie z.B. Freude, Wut, Angst, Schmerz, Hilflosigkeit, Eifersucht, Zuneigung, Trauer und Liebe?
— Welche anderen impliziten und expliziten Regeln waren vorhanden (im Sinne von ‚ich darf/ich darf nicht', ‚ich soll/ich soll nicht', ‚ich muss/ich muss nicht' etc.)?
— Welche typischen Rollenmuster in Bezug auf Vater/Mutter, Mann/Frau, Kind etc. wurden in der Familie vermittelt?

- Gab es bestimmte Familienaufträge oder Familienbotschaften ('Delegationen'), die von Generation zu Generation weitergegeben wurden?
- Welches waren die wichtigsten positiven und negativen Einflüsse Ihrer Ursprungsfamilie auf Sie selbst und Ihre persönliche Entwicklung?
- Was haben Sie von wem gelernt (insbesondere im Umgang mit Gefühlen, Konflikten, Nähe und Distanz, Sexualität, Regeln)?
- Gibt es Tabuthemen?

Nachdem Sie das Ganze auf sich haben wirken lassen, können Sie sich die Frage stellen: Was lerne ich daraus über mich selbst, und welche Ereignisse und Muster aus meiner Vergangenheit sind für mich noch relevant, d.h. beeinflussen mein Verhalten noch heute? Schreiben Sie auf, was Ihnen einfällt.«

Diese Übung zur Biografiearbeit kann mit den folgenden Fragen fortgeführt werden.

- Benennen Sie drei der für Sie heute wichtigsten Ziele.
- Formulieren Sie ausgehend von den Genogrammen, den Tabuthemen und Ihren Zielen ein übergeordnetes Thema für Kindheit, Gegenwart und Zukunft.
- Entwickeln Sie eine mögliche Fragestellung für die Arbeit in der Gruppe. Beispiele: Was an meiner heutigen Lebensgestaltung scheint mir hinderlich? Welche Aspekte meiner Familiengeschichte belasten mich oder geben mir Rätsel auf? Was möchte ich verändern oder besser verstehen, was wiederholt sich ständig? In welchen Konflikten und Problemen lebe ich derzeit (gegenwärtiges Dilemma), und gibt es Zusammenhänge mit meiner Lerngeschichte?

11.6 Brief an eine wichtige Bezugsperson

Wolfgang Jänicke

- **Ausgangsüberlegungen**

Diese Übung könnte auf die in ▶ Abschn. 11.2 bis ▶ Abschn. 11.5 vorgestellten Übungen folgen und helfen, Gedanken und Gefühle über das in der Herkunftsfamilie Erlebte zum Ausdruck und zum Abschluss zu bringen. Es ist durchaus möglich, auch Briefe an andere bedeutsame Menschen im Leben des Patienten zu verfassen (also z.B. an die Großeltern, an Freunde und auch an Menschen, denen der Patient zwar nie begegnet ist, die aber sein Leben in besonderer Weise beeinflusst haben).

- **Anleitung**

Es werden mehrere große Papierbögen und Stifte benötigt.

- **Wörtliche Instruktion**

»Nehmen Sie ein Blatt Papier, und suchen Sie sich einen ruhigen Platz, wo Sie für sich sein können. Schreiben Sie auf dem Hintergrund Ihrer Erfahrungen während der Erinnerungsarbeit einen Brief an Ihre Eltern (jeweils an Vater und Mutter, ggf. Bruder und Schwester), um ihnen gegenüber das Erlebte und Ihre Gefühle zum Ausdruck zu bringen.

Sinn und Zweck eines solchen Briefes ist es nicht, die Gefühle oder das Verhalten Ihrer Eltern oder Geschwister zu verändern. Es geht auch nicht darum, diesen Brief tatsächlich abzusenden. Es geht einfach darum, diesen Brief zu schreiben und Erfahrungen und Gefühle während des ‚Erinnerns' auszudrücken. Nehmen Sie sich Zeit für diese Aufgabe und versuchen Sie, das auszudrücken, was Ihnen im Moment wichtig ist.«

11.7 Sieben Säulen

Wolfgang Jänicke

- **Ausgangsüberlegungen**

Dies ist eine Übung, die auf den Zusammenhang der Lebensgeschichte mit gegenwärtigen Ressourcen orientiert und eine positive Selbstsicht fördert. Die folgende Instruktion wurde mit freundlicher Genehmigung des Verlags aus dem viele Anregungen bietenden Buch von Gudrun Görlitz, *Körper und Gefühl in der Psychotherapie – Aufbauübungen*, Klett-Cotta (Leben lernen 121), Stuttgart 1998 (4., aktual. Aufl. 2009), S. 261ff., übernommen.

■ **Anleitung und Instruktion**

»Setzen Sie sich bitte auf Ihren Stuhl, die Füße etwas auseinander, fest auf den Boden, die Hände auf den Oberschenkeln, die Augen geschlossen. Achten Sie darauf, wie Ihr Atmen beim Einatmen die Brust hebt und wie sich die Brust beim Ausatmen wieder senkt ... hebt und senkt in Ihrem eigenen Atemrhythmus. Stellen Sie sich nun vor, dass Ihre Füße (symbolisch für Ihr ganzes Leben) auf den wichtigsten sieben tragenden Säulen Ihres Lebens stehen. Diese sieben tragenden Säulen verkörpern alle wichtigen

— Talente ... Begabungen ... Stärken ... Fähigkeiten
— alles, worauf Sie sich stützen können
— Bevorzugungen
— Hobbys
— Erfolgserlebnisse
— alles, was Ihnen im Leben Spaß macht
— alles, was Sie voranbringt
— das, was Sie tröstet
— Dinge und Menschen, die Ihnen ganz besonders wichtig sind
— alles, was Sie gut können
— alles, woraus Sie Kraft und Energie schöpfen können

Machen Sie zunächst eine innere Stoffsammlung von allem Positiven, Angenehmen, von allen Stärken und Talenten, Fähigkeiten und Begabungen, die Sie bisher in Ihrem Leben erfahren und gepflegt haben.

Es geht also darum, dass Sie die sieben tragenden Säulen Ihres Lebens suchen und finden, aus denen Sie Kraft schöpfen können, die Ihr Leben bereichern und ... auf die Sie sich verlassen können ... Erinnern Sie sich dabei auch an alle Stärken und Fähigkeiten, die Ihnen Ihre Bezugspersonen, Eltern, Erzieher, Lehrer usw. in Ihrem bisherigen Leben vorgelebt haben ... Nehmen Sie sich nun ein wenig Zeit, Ihr Leben nach diesen Kraftquellen zu durchforsten.«

Anschließend können die gefundenen Ressourcen aufgeschrieben werden, oder es kann ein Bild von den sieben Säulen gemalt werden.

Eine andere Möglichkeit bietet sich für die Anwendung in der Gruppe: Die Teilnehmer werden gebeten, »alle Kraftquellen, Begabungen, Stärken, positiven Aktivitäten usw.« (Görlitz 1998, S. 262), die sie gefunden haben, zunächst auf einem Blatt zu notieren und sich dann in der Kleingruppe über die Frage auszutauschen, wie sich diese Ressource in ihrem Leben entwickelt hat (die »Lerngeschichte« dieser Ressource): Eine Teilnehmerin stellt die von ihr gefundenen sieben Ressourcen vor, während die anderen im Halbkreis um sie herum sitzen und zuhören. Anschließend entscheiden die Zuhörer, welche der genannten Ressourcen auch für sie selbst von Bedeutung sein könnte und welche sie deshalb gern ausführlicher »explorieren« würden.

Die Protagonistin wird dann zu der ausgewählten Ressource befragt (ca. 15 Minuten). Dann gibt es einen Wechsel, bis alle Teilnehmer diesen Prozess durchlaufen haben (Dauer der Übung: ca. 60 bis 90 Minuten, in Abhängigkeit von der Größe der Kleingruppe).

11.8 Bilder und andere Erinnerungsgegenstände

Simon Forstmeier

■ **Ausgangsüberlegungen**

Gerade zu Beginn einer Erinnerungsarbeit bzw. eines Lebensrückblicks kann es dem Patienten besonders schwerfallen, Erinnerungen zu aktivieren. Aus der Gedächtnisforschung ist bekannt, dass Triggerreize Erinnerungen stimulieren können. Daher bietet es sich an, verschiedene Arten von stimulierenden Erinnerungsreizen einzusetzen. Dies ist besonders bei lange zurückliegenden Ereignissen und bei Demenzpatienten sinnvoll (vgl. ▶ Kap. 8).

■ **Anleitung und Instruktion**

Der Patient wird gebeten, zur nächsten Sitzung Fotoalben und andere Erinnerungsstücke mitzubringen, die zu der Lebensphase gehören, die in der Sitzung Thema sein wird. Die Instruktion kann etwa folgendermaßen lauten:

»Weil es nicht immer so einfach ist, sich an Erlebnisse zu erinnern, werden wir Hilfsmittel benutzen, die das Erinnern erleichtern sollen. Bitte bringen Sie daher Fotos oder andere Erinnerungsstücke zur nächsten Sitzung mit.

– Das wichtigste Hilfsmittel sind Fotos. Haben Sie ein Fotoalbum? Am besten sind Fotos von Verwandten oder Freunden, mit denen Sie etwas erlebt haben. Es können aber auch Fotos von Gebäuden oder Landschaften sein, die für Sie bedeutsam sind, z.B. ein Foto von einer früheren Wohnung. Wenn Sie viele Fotos besitzen, bringen Sie am besten alle zur kommenden Sitzung mit. Vielleicht schauen Sie sie aber vor der nächsten Sitzung schon durch und suchen Ihre Favoriten heraus.
– Neben Fotos gibt es noch andere Hilfsmittel, z.B. alte Postkarten und Briefe, alte Zeitschriften und Zeitungsartikel, Tagebuchaufzeichnungen, Musikstücke und anderes. Bitte bringen Sie zum nächsten Mal alles mit, was für Sie irgendeinen Bezug zu dieser Lebensphase hat.
– Ihre Angehörigen können Ihnen selbstverständlich bei der Suche behilflich sein. Vielleicht gibt es auch Kinder oder Enkel, die Spaß daran haben, im Internet Bilder von früheren Wohnorten zu finden.«

Wenn keine oder nur wenige Fotos vorhanden sind, bieten sich Bilder an, die allgemein an frühere Zeiten erinnern und auf diese Weise auch den Rückblickprozess erleichtern können. Ein Beispiel ist die Mappe *Als ich Kind war: Fotografien und Geschichten zur Erinnerungspflege mit alten und dementen Menschen* von (Günther-Burghardt u. de Freese-Weers 2005).

11.9 Selbstentdeckungs-Wandteppich

Simon Forstmeier

■ **Ausgangsüberlegungen**

Ursprünglich wurde der Selbstentdeckungs-Wandteppich (»self-discocery tapestry«) von Meltzer (2001) entwickelt, um die berufliche Biografie älterer Menschen in visueller Form darzustellen. Damit konnte der Einfluss von Lebensereignissen auf die berufliche Entwicklung untersucht und visualisiert werden. Feldmann u. Howie (2009) setzen dieses Instrument ein, um Zusammenhänge zwischen Lebensereignissen und Wohlbefinden zu untersuchen.

■ **Anleitung**

Der Selbstentdeckungs-Wandteppich ist eine Matrix, deren Zeilen mit verschiedenen Lebensbereichen bzw. typischen Lebensereignissen und deren Spalten mit Zahlen von 0 bis 90 (für die Lebensjahre) beschriftet sind. Die englische Originalversion kann über die Autorin käuflich erworben werden (www.lifecoursepublishing.com), eine deutsche Version existiert unseres Wissens nicht. Ein Formular kann aber relativ einfach selbst gestaltet werden. Dazu legt man ein DIN-A4- (oder besser DIN-A3-)Blatt quer und zeichnet ca. 35 horizontale sowie 90 (bzw. eine dem aktuellen Lebensalter entsprechende Zahl) vertikale Linien ein. Links werden folgende Begriffe auf die Zeilen geschrieben:

1. Beziehungen
    – Zusammengelebt mit Mutter
    – Zusammengelebt mit Vater
    – Zusammengelebt mit Geschwister (eine Zeile pro Geschwister)
    – Zusammengelebt mit Partner
    – Kinder, die bei mir gelebt haben (eine Zeile pro Kind)
    – Intensive Freundschaft
    – Wichtiger Kollege
    – Haustier
    – Freiwillige Tätigkeiten
    – Kirchliche/religiöse Tätigkeiten
    – Aktivitäten in einem Verein/Club
2. Beruf
    – Jahre in der Schule
    – Berufsausbildung
    – Arbeit
    – Hobbys
    – Sport
    – Selbst erworbene Fertigkeiten
3. Kritische Ereignisse
    – Eigene Gesundheitsprobleme
    – Gesundheitsprobleme in der Familie
    – Finanzielle Probleme
4. Wohlbefinden
    – Turbulenzen/Unruhe
    – Kreativität
    – Glücklichsein
    – Unglücklichsein
5. Weitere Informationen

Die vertikalen Linien für die Lebensalter werden nummeriert, beginnend mit 0. Der eigentliche Prozess beginnt mit dem Einzeichnen farbiger vertikaler Linien in jeder Zeile. Dazu werden verschiedenfarbige Stifte verwendet. Beispielsweise wird in der Zeile »Zusammengelebt mit Mutter« eine Linie gezogen, beginnend bei 0 bis zu dem Lebensjahr, in dem der Patient von zu Hause ausgezogen ist bzw. die Mutter ausgezogen ist. Falls zu einem späteren Zeitpunkt Mutter und Patient wieder zusammengelebt haben, wird entsprechend eine weitere Linie eingezeichnet. Wenn Veränderungen auftreten, beispielsweise bei »Arbeit«, wird empfohlen, eine andere Farbe zu verwenden.

Besondere Lebensereignisse können zusätzlich hervorgehoben werden, indem man in dem Lebensalter, in dem sie sich ereignet haben, eine vertikale Linie von oben bis unten einzeichnet. Dadurch sticht visuell hervor, wann bedeutsame Lebensereignisse aufgetreten sind. Eine Nummer wird unten an die Linie geschrieben und auf einem gesonderten Blatt oder unter der Matrix mit einem Begriff näher bezeichnet. Beispiele sind: Hochzeit, Geburt eines Kindes, neuer Job, Tod eines Angehörigen.

Ebenfalls können unter der Tabelle oder auf einem gesonderten Blatt Hobbys und verschiedene berufliche Stationen aufgelistet werden.

Der Selbstentdeckungs-Wandteppich kann innerhalb einer Sitzung ausgefüllt werden. Falls sich beim Ausfüllen Themen herauskristallisieren, die weiter bearbeitet werden sollten, können diese Themen in weiteren Sitzungen wiederaufgenommen werden.

Literatur

Feldmann, S., & Howie, L. (2009). Looking back, looking forward: Reflections on using a life history review tool with older people. *Journal of Applied Gerontology, 28,* 621–637.
Fliegel, S., & Kämmerer, A. (Hrsg.). (2006). *Psychotherapeutische Schätze*. Tübingen: DGVT.
Fliegel, S., & Kämmerer, A. (Hrsg.). (2009). *Psychotherapeutische Schätze II*. Tübingen: DGVT.
Frisch, M. (1998). *Mein Name sei Gantenbein*. Frankfurt a.M.: Suhrkamp.
Görlitz, G. (1998). *Körper und Gefühl in der Psychotherapie – Aufbauübungen*. München: Pfeiffer.
Grawe, K. (1998). *Psychologische Therapie*. Göttingen: Hogrefe.
Gudjohns, H., Pieper, M., & Wagener, B. (1986). *Auf meinen Spuren*. Reinbek: Rowohlt.
Günther-Burghardt, B., & Freese-Weers, H. de (2005). *Als ich Kind war: Fotografien und Geschichten zur Erinnerungspflege mit alten und dementen Menschen*. Dortmund: Verlag Modernes Lernen.
McGoldrick, M., & Gerson, R. (1990). *Genogramme in der Familienberatung*. Bern: Huber.
Meltzer, P. J. (2001). Using the self-discovery tapestry to explore occupational careers. *Journal of Occupational Science, 8,* 16–24.
Nerin, W. F. (1992). *Familienrekonstruktion in Aktion* (2. Aufl.). Paderborn: Junfermann.
Roediger, E. (2009). *Praxis der Schematherapie. Grundlagen, Anwendung, Perspektiven*. Stuttgart: Schattauer.
Safranski, R. (2006). *Nietzsche. Biografie seines Denkens*. Hamburg: Spiegel-Verlag.
Satir, V., Banmen, J., Gerber, J., & Gomori, M. (1995). *Das Satir-Modell*. Paderborn: Junfermann.

Stichwortverzeichnis

A

Adoleszenz 141
Adoptiv- und Pflegekinder 29, 92, 95, 97
Aids 102
Aintegration 17
Alter 130, 133, 141
Altersunterschiede 60
Anamnese, biografische 113
Angehörige 152
Anklagen 38
Anpassungsstörung 86–91, 93
– Störungsmodell 88
Anstellung, erste 82
Auf der Suche nach Sinn (Programm) 172, 173, 184
Autobiografien 26, 27, 32, 99

B

Befinden 50, 54, 56, 61
Beruf 177
Bewältigungsfertigkeiten 79
Bewältigungsstrategien 114
Bewertung 143, 156
Beziehungsgestaltung, therapeutische 108, 115, 133
Beziehungsrad 189, 191, 193
Bilanzieren 17
Bilder 146, 149, 152, 196, 199
Biografiearbeit 29–31, 33, 97, 98, 162, 188
– mit Älteren 32
– mit Jugendlichen 29
Brief
– an das Kind, das man war 130
– an die Gruppe 180
– an eine Bezugsperson 198
Buch Hiob 38, 39
Butler-System 164, 166
– Module 165
– Wirksamkeit 168

C

Chronik 191, 192
Chronologie 34, 72
Copingstrategien 79

D

Dankbarkeit 82, 113, 115
Demenz 31, 50, 58, 62, 145–151, 163, 199
Depression 49, 52, 54, 56–58, 61, 101, 108–110, 112, 116, 164, 165, 173, 181
– funktionales Bedingungsmodell 113
Desorganisation 124
Details, sensorische u. emotionale 72
duales Repräsentationsmodell 123

E

Effektstärken 172
Einschränkungen, kognitive 163
E-Mental Health 162
E-Mental-Health
– bei Älteren 163
Emotionen
– positive 74
Emotionsregulation 19
Entwicklungsaufgaben 13, 14, 92, 188
Entwicklungsphasen 142, 143
Erfolge 89
Erikson'sche Entwicklungsaufgaben 13, 92, 141
Erinnern
– bewältigendes 69
– einfaches 31, 68
– eskapistisches 69
– integratives 69
– negatives 69
– obsessives 69
– selbstgefälliges 42
– transmissives 69
Erinnerungen
– autobiografische 16
Erinnerungsarbeit 146
– mit Kindern u. Jugendlichen 29
Erinnerungscafés 31
Erinnerungsfunktionen 15
Erinnerungshäufigkeit 12
Erinnerungshügel 12
Erinnerungskompetenz 32
Erinnerungsspezifität, reduzierte 126
Erinnerungsstile 9, 10
Erkrankungen, körperliche 58
Erwachsenenalter 141, 155

Erzählen 8, 9, 31, 68, 80
– Lebendigkeit 72
Erzählprozess 71
Expositionsbehandlung 116
Extremtypen 38

F

Fakten (Wer? Was? Wo?) 71
Familie 141, 154
Familienprobleme 77
Fehlanpassungssymptome 87
Fotos 31, 95, 146, 149, 150, 168, 178, 196, 199
Fragen
– geschlossene 74
– offene 74, 75
Fragmentierung 124
Freunde 82, 178

G

Gedächtnis
– autobiografisches 4, 5, 16, 122, 123, 164
Gedächtniselaboration 16, 93
Gedächtnisphänomene 123
Gedächtnissystem, transaktives 8
Gedanken
– alternative 117
– selbstabwertende 109
Generativität 102
Genogramm 98, 189, 193–195, 197
Gerüche 175
Geschlecht 60
Grübeln 39
Gruppenbedingung 60
Gruppensetting 144, 172, 184

H

Hausaufgaben 175, 177, 180
Hilfsmittel ▶ Requisiten 33
Hobbys 81, 167
humanistische Therapieansätze 110
Humor 71

Stichwortverzeichnis

I

Ich-Integrität 49, 53, 54, 59, 61
Identität 13, 14, 30, 95, 180
– Patchwork-I. 14
Imaginieren 34
Individualbedingung 59
Integration 17, 151, 156, 166
Integrative Testimonial Therapie 129, 133, 134
integratives kognitives Störungsmodell 124
Integrität 141
Interessen 81
Internet 133, 162, 165
Interviewer 70, 74–77, 79, 142
Introspektion 73
Intrusionen 87, 125
ITT ▶ Integrative Testimonial Therapie 129

J

Jugend 154

K

Kindheit 141, 153, 154
kognitive Einschränkungen 163
kognitive Leistung 50, 54, 59
kognitive Neubewertung 129, 167
kognitive Therapie 189
Kohärenz 113, 115, 134, 168
Kommentare, nonverbale 75
Konfrontation 91, 93, 129
körperliche Erkrankungen 58
Krebs 102
Kriegserlebnisse 35, 39, 41
Krisen 94
Kunsttherapie 172
KZ-Überlebende 27

L

Lebensalter 11, 60
Lebensbilanz 92
Lebensbuch 95, 97, 98, 166
Lebensbücher 29
Lebensereignisse 86, 201
– kritische 87, 94, 102
Lebensgeschichte 7, 13, 17, 70, 162, 164
Lebensgeschichtenbuch 150–152
Lebensherausforderungsinterview 76, 95
– Fragen 82
Lebenslinie 37, 113, 189, 190
Lebensqualität 80
Lebensrückblick 57
– Funktionen 15, 16
– in Gruppen 30, 172
– strukturierter 32, 49, 95, 111, 140–142, 144, 146–148
Lebensrückblickbogen 141, 142, 153
Lebensrückblicksinterview 70, 73, 76
– Abschluss 75
– Dauer u. Phasen 73
– Fragen 81
Lebensrückblickstherapie 32, 49, 56, 57, 127
Lebensspanne 11
Lebenszufriedenheit 54, 55, 183
Lebhaftigkeit der Erzählung 75
LH-Interview ▶ Lebensherausforderungsinterview 76
Life Challenges Interview ▶ Lebensherausforderungsinterview 95
Life Review Form 141, 153
Life Review Interview ▶ Lebensrückblicksinterview 96
Logotherapie 99
LR-Interview ▶ Lebensrückblicksinterview 70

M

Memory Books 29
Metaanalysen 49, 50, 52, 59, 111, 172
mittlere Altergruppen 44
Musikaufnahmen 31

N

Namen 175
Narrativ 8, 18, 19, 70
Narrative Expositionstherapie 37, 128
narrative Prozesse 7
narrative Therapien 70
NET ▶ Narrative Expositionstherapie 128
Neue Medien 165
Neue Medien mit Therapiebezug 162
Niederlagen 70

O

Onlineberatung 162, 163
Onlinetherapie 162, 163
Operationen 96
Oral-History-Interviews 27, 28
overgeneralised memory 126

P

Paradigma des weißen Bären 17
Partner 99
Persönlichkeitsakzentuierungen 115
Persönlichkeitsstörungen 115
Perspektivwechsel 117
posttraumatische Belastungsstörung 17, 62, 116, 122
– bei älteren Menschen 128, 134
– Gedächtnisphänomene 123
– nichttraumatische Erinnerungen 125
Problemlösestrategien 176
psychoanalytische Therapie 110
psychodynamische Therapie 110
PTBS ▶ posttraumatische Belastungsstörung 35
Publikationsbias 54
Publikum 27

R

Rational, therapeutisches 33
Referenzpunkte 126, 127
Reflexion 34
Rekonstruktion, biografische 129
reminiscence bump 12
Reminiszenz 53, 68, 140
– bewältigende 69
– einfache 49, 56, 57, 68
– eskapistische 69
– integrative 69
– Kategorien 68
– negative 69
– obsessive 69
– transmissive 69
Reminiszenzarbeit 31
Reminiszieren 31
Requisiten 146, 149, 150, 152
Ressourcen 76–78, 94, 101, 109, 176, 198, 199
Ressourcenanalyse 89
Rollen 144
Rollenspiel 114
Rückfallprophylaxe 113, 114

S

Schemata 6, 7, 109
Schematheorien 6
Schematherapie 194
Schlaganfall 96
Schlüsselereignisse 82, 84
Schlussfolgerungen, generalisierende negative 109
Schreiben
– Autobiografien 26, 27, 32, 44, 99
– expressives 19
– Tagebuch 26
Schuldgefühle 109
Selbstentdeckungs-Wandteppich 200, 201
Selbstenthüllungen 39, 40
Selbsterkenntnis 12
Selbstgestaltung 12
Selbstheilung 26
Selbstkonzept 110
Selbstreflexion 73
Selbststilisierung 40, 41
Selbstwirksamkeit 114, 134
Selbstwirksamkeitserwartung 68, 76, 94
sensorische Übungen 174
Shoah Foundation 28
Sinnfindung 92
Sinngebung 18, 19
Sitzungszahl 59
social sharing 20
Soldaten, ehemalige 78
soziales Teilen 20
Spurensuche 96, 101
Stärken 77, 78, 94
Stimmungsinduktion 166
Stimmungsstabilisierung 116
Störungskonzept, individuelles 113
Stressoren 86
Stressreaktionssyndrom 87, 91
strukturierter Lebensrückblick 32
Supervision 145

T

terminale Phase 102
Testimony-Therapie 36, 128
Themenwechsel des Erzählers 71
therapeutische Software 162, 163
Todesfälle 77
transaktives Gedächtnissystem 8
Trauer 96, 99, 100
– prolongierte 87
Traumaerinnerungen 123–125
– Verknüpfung 126

Traumafolgestörung 33
traumatische Erlebnisse 33, 34

V

Verbitterung 38, 182
Vergangenheitsdarstellung, geschönte 42
Vergewaltigung 40
Verhaltensexperimente 117
Verlust 100
verlustbezogene Störung 87
Verlust-Gewinn-Bilanz 92
Vermeidungssymptome 87
Vermeidungsverhalten 100
Verstärkerverlust 109
Videos 147
virtuelle Spaziergänge 166

W

Wendepunkte 179
Wiedererleben 125
Wiederholungen 148
Wirkmechanismen 184
Wirksamkeit 48, 53, 62, 78, 79, 96, 110–112
Wohnform 61
Wohnorte 176
Wohnumgebung 101
Wohnungswechsel 101
working self 5
Würdetherapie 103

Z

Zeitleiste 179
Zeitzeugen 28
Zeugnis ablegen 36
Zögern 74
Zuhause 141, 154
Zusammenhänge herstellen 78

springer.com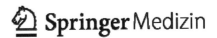

3. A. 2009. 522 S. 17 Abb. Geb.
€ (D) 69,95
€ (A) 71,91 | *sFr 87,50
978-3-540-88488-0

Das Handbuch zur PTSD.

- Hier finden Sie alle Aspekte der posttraumatischen Belastungsstörung
- Aktualisierter Therapieteil mit Schwerpunkt auf die ausführliche Darstellung der psychotherapeutischen Intervention

Jetzt bestellen!

springer.com

Springer Medizin

2002. 394 S. 15 Abb.
Geb.
€ (D) 24,95
€ (A) 25,65 | *sFr 31,50
978-3-540-42077-4

A. Maercker (Hrsg.)

Alters-psychotherapie und klinische Geronto-psychologie

Springer

Der unentbehrliche Leitfaden für die Praxis.

- Das Grundlagenwerk
- Breit gefasste kognitiv-verhaltenstherapeutische Konzeption inklusive der Therapieansätze

Jetzt bestellen!

springer.com 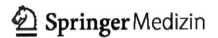 Springer Medizin

2012. 172 S. Geb.
€ (D) 29,95
€ (A) 30,79 | *sFr 37,50
978-3-642-05051-0

**Stoll
Ziemainz**

**Laufen psycho-
therapeutisch
nutzen**

Grundlagen
Praxis
Grenzen

 Springer

Joggen, Laufen und Walking gezielt für die Therapie nutzen.

- Trend: Breitensport für die Therapie nutzbar gemacht
- Solide: Grundlagen, Praxis und Grenzen
- Praxisbezogen: Praktische Schritte zur Lauftherapie, störungsbildbezogen

Jetzt bestellen!

springer.com

Springer Medizin

2011. 169 S. Geb.
€ (D) 29,95
€ (A) 30,79 | *sFr 37,50
978-3-642-15302-0

Erziehung als kulturspezifischer Prozess.

- Praxisnah: Die wesentlichen Punkte in der transkulturellen Erziehung
- Erfahrene Fachfrau: Forschung und Anwendung zum Thema
- Gut lesbar: Verständlich aufbereitet, mit vielen Fotos

Jetzt bestellen!